张玉彬（左 5）与著名教育学者魏书生老师（左 4）合影（2009 年 6 月摄于深圳）

张玉彬与华东师范大学终身教授
钟启权先生合影（2010 年 8 月摄于上海）

张玉彬在美国布朗大学教育系做访问学者
（2011 年 11 月摄于 Providence）

张玉彬在首届全国中学化学教育高峰论坛
做学术报告（2012 年 4 月摄于成都）

张玉彬在北京大学教育学院学习
（2014 年 1 月摄于北京）

张玉彬率领深圳教育科研团队赴贵州龙里县支教送教（2013 年 10 月摄于龙里）

张玉彬在陕西师范大学为国家级骨干培训班教师授课 (2014 年 3 月摄于西安)

张玉彬应邀在云南师范大学讲学（2016 年 10 月摄于昆明）

张玉彬（左 3）应邀在新疆师范大学讲学（2015 年 5 月摄于乌鲁木齐）

做有思想的教师

ZUO YOU SIXIANG DE JIAOSHI

张玉彬◎著

江蘇鳳凰教育出版社
Phoenix Education Publishing, Ltd

图书在版编目（CIP）数据

做有思想的教师 / 张玉彬著. —南京 ：江苏凤凰教育出版社，2018. 5

ISBN 978-7-5499-7438-2

Ⅰ. ①做…　Ⅱ. ①张…　Ⅲ. ①中小学教育—研究
Ⅳ. ①G63

中国版本图书馆 CIP 数据核字（2018）第 133304 号

书　　名　做有思想的教师
作　　者　张玉彬
责任编辑　雷利军　沈倩倩
出版发行　江苏凤凰教育出版社（南京市湖南路 1 号 A 楼　邮编 210009）
苏教网址　http：//www. 1088. com. cn
照　　排　北京世纪鸿文制版技术有限公司
印　　刷　三河市九洲财鑫印刷有限公司
厂　　址　河北省三河市灵山大口
开　　本　787 毫米×1092 毫米　1/16
印　　张　18
字　　数　295 千字
版　　次　2018 年 9 月第 1 版　2018 年 9 月第 1 次印刷
书　　号　ISBN 978-7-5499-7438-2
定　　价　45. 00 元
网店地址　http：//jsfhjycbs. tmall. com
邮购电话　025-85406265,85400774　短信　02585420909
E - mail　jsep@vip. 163. com
盗版举报　025-83658579

序言一

为播种者引航

细读张玉彬老师的新作《做有思想的教师》，思绪踊跃，深有感触。张玉彬老师根据自己从教三十年来对教育思想、教育理论的不断学习与实践，对教育教学中出现问题的深入思考与持续研究，融合中外教育的精髓和自己教育教学的实践经验，凝练成自己的教育思想，形成了认识与研究教育教学的独特视角。本书论点新颖，文笔流畅，对教师的专业发展、教学方法改革和教师评价等若干问题进行了科学的阐释，引人思索，有助于促进基础教育理论的创新和发展。

百年大计，教育为本。教育是立国之本，教育先进是民族兴旺的标志。当今中国教育中出现的各种问题不是因为教师的教学水平不高，也不是因为学生的能力不够，而是我们的教育缺乏有灵魂的东西，这都是当今教育的急功近利和短视误导造成的。因此，如何引导广大教师尤其是青年教师正确地认识什么是教育、如何做有思想的教师就显得尤为重要。

在本书中，张玉彬老师引用德国哲学家、教育家雅斯贝尔斯的教育名言“教育就是一棵树摇动另一棵树，一朵云推动另一朵云，一个灵魂唤醒另一个灵魂”，来解释“什么是教育”这个命题。张玉彬老师对“教书匠”的概念进行了辩证的分析，指出不管是哪个行业中的优秀工匠都一定善于总结经验、善于思考、善于创新。一名优秀的教师也要有工匠精神，对工作兢兢业业，热爱教育事业，不断学习，与时俱进，愿意付出艰辛的劳动。

对于教育界常见的一些错误言论，张玉彬老师也在本书中进行了深入剖析。比如，“没有教不会的学生，只有不会教的教师”，片面地强调了学生发展过程中教师的作用，把学生发展的责任简单地归纳为教师的责任，忽视了家庭、社会、学生自身的责任和学生的特点，对学生的自我认识产生误导，不利于学生主体精神的发挥，同时对教师造成了一定的精神压力，不利于教师的专业化发展和教育思想的形成。

张玉彬老师指出了某些教育工作者在认识方面的误区。例如，“对于教师，教学方法比教师专业知识更重要”，此观点过于强调教师对教学方法的运用，忽视了教师对专业知识的学习，事实上，从教师专业化发展的角度来讲，应该是两者并重。任何一种好的教学方法，必须基于教师对教学内容的准确把握。教师只有具备扎实的专业功底，才能将科学、合理、高效的教学方法发挥到极致。另外，教师还需要不断学习学科专业以外的知识，如教育学、心理学、管理学、生理学、认知科学等知识，需要不断加深学科专业知识的学习，不断反思，提炼思想。

由于当前的孩子绝大多数是独生子女，不少家长往往会娇惯孩子，为孩子提供优越的物质条件，给孩子买名牌衣服和手机。许多家长秉着“不要让孩子输在起跑线上”的原则，不顾孩子的兴趣和特点，无视孩子的成长规律，热衷于给孩子报各种兴趣班、特长班，想尽办法把孩子送进名校。孩子遇到一点困难和挫折，家长就非常心疼并越俎代庖。孩子成为温室的花朵，这对他们的健康成长非常不利。如何培养孩子吃苦耐劳的精神和锲而不舍的毅力，是摆在当前教育工作者和众多家长面前的一个新课题，值得好好研究。张玉彬老师提出了挫折教育，认为教师和家长应该帮助孩子正确认识挫折，可以给孩子讲述名人或自己遇到挫折时如何战胜困难的故事，分析挫折产生的原因，让孩子认识到困难只是暂时的，学会从挫折与失败中认真反省、检讨、学习。教师和家长给孩子设立的目标要清晰、科学、合理，让他们依靠自己的努力战胜困难和挫折，从而获得积极的心理暗示，产生成就感，增强自信心。“宝剑锋从磨砺出，梅花香自苦寒来。”家长如果真正爱孩子，就不要让孩子成为温室的花朵，而应让他们历经磨难，在不断战胜挫折的过程中砥砺前行。

在课堂教学中提高课堂提问的有效性，发挥教育的最大功能是提高教学质量的关键。在课堂上是否给学生提供发表意见的机会是衡量课堂教学效果的一个重要指标。如何设计课堂提问、哪些问题适合集体回答、哪些问题适合个别回答等，这都是考量一名教师学科教学水平和教学技能的重要标尺。课堂上，教师要以学生为主体，引导学生独立思考、主动回答问题，为学生提供均等的机会，使每个学生都有发言的机会。遇到难点，应该给学生留有充足的思考时间，适时点拨，不要重问轻答。对课堂教学中出现的这类问题，张玉彬老师解析得十分到位。例如，某些教师将提问当成传授知识的方式，课堂教学中，教师提问后只将目光盯在自己所期望的正确答案上，张玉彬老师认为教师不应只盯着正确答案，而应通过引导学生探究，让学生认识到正确思考问题的思路是什么、自己的观点错在什么地方，从关注问转变为关注答，这样不仅能让学生心悦诚服地接受教师的观点，同时也能训练学生的思维能力，提高课堂效率。张玉彬老师指出，课堂提问的数量要少而精，难度适中，切中要害，教师要适时提问，注意启发。教师应在课堂上营造一种民主、开放、灵活的教学氛围，给学生多一些关爱、多一些宽容、多一些鼓励，允许学生犯错误，相信和尊重学生，只有这样才能培养学生的创新思维。这些思想方法对教师提高课堂教学质量有很好的启发作用。

张玉彬老师对校本教研和教师培训也进行了深入的思考和系统的梳理，针对当前一些教研和培训中存在的形式化、功利化、供需脱节等问题进行了比较深入的分析，提出培训应以教师的需要为本，多了解中小学的教学实际，多和一线教师沟通，拒绝浮躁和功利。

张玉彬老师介绍了他在美国布朗大学做访问学者期间对美国教育的观察和思考，介绍了美国中小学多元化的课程设置——学生所学的课程完全由学生自己的兴趣决定，课程设置体现了学校所倡导的开放性教学和多角度教学的教育理念。美国的教师将“以学生为中心”的教学理念在课堂上表现得淋漓尽致，采用合作学习模式，倡导每个学生都参与到课堂学习中去，感受学习共同体在课堂教学中的魅力。张玉彬老师也介绍了他所感受到的美国中小学的创新教育，美国的教育体制鼓励学生标新立异、自由想象、畅所欲言、动手实践、发展个人兴趣，这种实用主义的教育让学生具有更强的独立意识和自信心，敢于表达自己的想法，富有创新精神。民主、宽松的课堂教学氛围使学生敢想、敢问、敢说、敢做，思想得到解放，发散性思维得到培养。在课堂教学中充分体现对学生的尊重，反对教师“一言堂”和学生死记硬背，注重学生合作、讨论、探究和动手实践。

对学生与众不同的疑问、见解及异想天开的设想，挑战书本、挑战教师、挑战权威的勇气等表现出极大的耐心、宽容与尊重。对学习有困难的学生，教师总是给予最大的鼓励。直接感知和自己动手是美国培养学生创新能力的重要教学方式。每个学生都要经常做报告，从选题、撰写到演讲，全部独立完成。美国现行的教育模式是承认个体差别，尊重个体差别，并最大限度地利用这些个体差别激励学生的个性化发展，培养学生广泛的兴趣爱好，利用课堂循序渐进地培养学生的创造精神，利用课外的学习加深学生对社会的了解。张玉彬老师在本书中介绍的美国教育理念和教育思想，有利于一线教师开阔国际视野，在教育教学实践过程中融入国际元素。

赏识教育润物细无声。张玉彬老师引用了黎加厚教授对教师作用的定义“每一天，无论你是否意识到，你都在改变着你的学生的生活”，说明教师对学生的一生具有重要的影响。诺贝尔化学奖获得者、日本化学家福井谦一认为，教育可以改变人，能够让人高质量地生存。他在《直言教育——亚洲第一位诺贝尔化学奖获得者福井谦一谈教育》一书中写道：“教师需要有一些授课技巧，使授课变得十分有趣。不过，要真正使学生们自觉自愿地学习，我觉得教师就必须直接作用于学生。说得极端一点，有些老师，不用说话，只需和他一接触，就能点燃学生对学习的热情。要做到这一点，人与人之间的相互作用是非常重要的。”福井谦一还在书中介绍了他的老师是怎样细致入微地观察自己的学生的，他的老师不仅向学生传授知识，还高度关注每一个学生的精神世界。他的老师在与学生有些孩子气的对话中了解学生的各种信息。他认为教师的伟大之处在于注意观察每个学生的个性、品行，然后给他们施加不同的影响。

教师的专业化发展与教育思想的形成过程中需要教师充分认识到教育的意义和本质，认识到教师与学生之间的相互作用对学生成长的重要性。做一名有思想的教师离不开教学反思，教师需要自觉地把自己的课堂教学实践作为认识对象进行全面而深入的思考和总结，这是提高自身业务、改进教学实践的一种学习方式。著名教育家叶澜教授说：“一个教师写一辈子教案难以成为名师，但如果写三年反思则有可能成为名师。”著名心理学家林崇德教授也提出了“优秀教师＝教学过程＋反思”的成长模式。教学反思可以帮助教师从每天习以为常的教学方式、教学行为中发现自身存在的问题，并提出解决问题的方案，有助于教师专业化水平和教学研究水平的提升。张玉彬老师在书中提到他自己就是坚持撰写教学反思的直接受益者。他在江西省九江第一中学任教期间，坚持撰写教学反思，从教学方法、解题思路、学生反馈、同事观点、实验技巧等多方面不断进行研讨和分析，不断提升自身的教学能力和教育科研能力，最终成长为正高级教师。张玉彬老师谈到了有效的教学反思包括反思教学“特色”、反思教学“精彩”、反思教学“缺失”、反思教学“偶得”等，对这些方面都需及时、详细地记录下来。

张玉彬老师在书中阐述了培养学生核心素养应具备的教育教学理念，介绍了课例的组成要素和特点，介绍了常见的教学方式与学习方式，还积极探索了自主学习、探究学习、合作学习等实施方法和途径。他也关注教师评价与教师教育思想的形成以及教师专业化发展之间的关系，他认为，好的教师评价体制有利于教师的专业化发展和优秀教育思想的形成。在本书中，张玉彬老师介绍了一些常用的教师评价方法，分析了教师评价的案例以及现行教师评价制度中存在的主要问题，比如，过分强调学生的学业成绩，忽视学生的多元发展，无视教师内在的专业化发展的愿望、需求等。倡导发展性教师评价，充分调动教师的工作积极性和内在需要，促进教师的团结与合作，更有利于教师的个性化发展。张玉彬老师在书中比较详细地介绍了教师成长电子档案袋的建设及他自己作为深圳名师工作室的主持人，通过团队建设，形成合作学习共同体，激发群体智慧，促进教师专业化发展和教育思想形成的实例，能对一线教师起到借鉴作用。

张玉彬老师《做有思想的教师》一书的出版，将有助于教育工作者更好地认识教育本质，把握教育规律；对从事教育教学改革的研究人员，对奋斗在基础教育战线的广大教师，对教师培训和高等学校师范生的培养等，都能起到积极作用，为基础教育课程改革与教学实践提供有益的帮助。

张秀莲

（作者，理学博士，硕士生导师。系广东第二师范学院化学系主任、教授）

序言二

宁静致远　砥砺前行

对于张玉彬老师，原来我并不很熟悉，只知道他是一名优秀的教研员；后来一起成为深圳市首届教育科研专家工作室主持人，才有了稍微多一点的接触，发现他的确很优秀。他将专家工作室当作一份事业来做，取得了优异的成绩，收获了丰硕的成果。这么多年来，评特级教师，有张玉彬；评深圳市专家工作室主持人，有张玉彬；深圳市教育科研成果一等奖获得者，是张玉彬；2016 年评正高级教师，又有张玉彬。我心里感到疑惑：为什么总是张玉彬？

直到去年，我被调到了他所在的单位，并在同一个办公室办公，就坐在他的对面，终于有机会面对面观察这位优秀的同行。我一边观察，一边思考：一位整天被琐事缠身的基层教研员，何以能如此优秀？何以能取得如此丰硕的成果？他的成功，能给我们什么样的启示？我们该向张老师学习什么？

后来，我陆陆续续拿到了张老师的几本著作，拜读中发现了他的部分成功因素。最近，张老师准备出版他的新作《做有思想的教师》，并希望我能为他作序。能最先读到他的新作，是一件幸事，在拜读的过程中，他成功的秘诀在我头脑中也逐渐清晰起来。读其书，想其为人，有几句古人的名言浮现在我的脑海中。

最先想到的名言是唐代文学家韩愈《进学解》中的名句：“焚膏油以继晷，恒兀兀以穷年。”张老师的成功，首先在于他有勤勉之志。

张老师从教以来，发表了 80 多篇学术论文；从 2005 年至 2017 年，正式出版学术著作 16 本，共计 300 多万字。这对于一名基层教育工作者，尤其对于是一名理科背景的基层教师来说，实属难得。这 12 年的 4000 多个日夜，他几乎每天都在写作。如果加上他所写的公文和各种材料，他的实际写作量应该在 500 万字以上，平均每天的写作量超过 1000 字。这 12 年，他主要从事化学教研，还兼管深圳中心城区的环境教育与宣传，主持深圳市教育科研专家工作室，诸多的讲座、支教、公务，事务繁忙，加上办公条件有限，白天几乎没有写作时间。他这几百万字，应该全是挑灯夜战的成果吧？尤其令我敬佩的是，他的几百万字并非虚构写作，而是研究的成果，每一句话背后都有扎实的研究做支撑。如果算上研究的时间，可以想见，张老师在其中倾注了多少心血，非“焚膏油以继晷，恒兀兀以穷年”而不能，实在令人佩服！

我想到的第二句名言是清代诗人张问陶的诗句：“天籁自鸣天趣足，好诗不过近人情。”张老师的成功，也在于做扎实而接地气的研究。

张老师的研究是深入而扎实的。仔细阅读这本书，看看里面的数据和图表，看看里面鲜活的事例，你会发现他在研究上所下的功夫有多大。若有机会系统阅读张老师的十几本著作，更能发现他的研究是多么深入而扎实。如他对化学实验的研究，所形成的成果除了论文之外，还有厚厚的化学实验教学专著。又如他对课堂教学的研究，所形成的成果有《化学优质课堂教学方法与策略》《理想课堂的构建与实施——一个教研员眼中的理想课堂》《中小学课堂教学百问百答》《中小学课堂“学”与“教”》等著作。这些成果从化学课堂教学到整个中小学课堂教学，从课堂的实操技巧到理想课堂的构建，都进行了深入细致的探讨。再如，在对合作学习的研究方面，他的工作室集中了深圳市一批精英，花了几年的时间进行关于合作学习的调研、探讨，不仅完成了两部专著——《合作学习的理论与实践》《中小学生如何学会合作》，同时完成了一份高质量的研究报告，该报告获得深圳市教育科研成果一等奖。

张老师用他的研究告诉我们，什么是教研，该怎样做教研。不少人以为做教研就是写论文，就是引经据典，就是做课题，并没有明白为什么要做研究，以及研究的本质是什么。其实，一切研究，尤其是基础教育的研究，都是基于问题、基于需要的。张老师的研究充分说明了这一点。我们来看看他的研究的关键词：化学分级评价、化学高考复习、中学化学实验教学、高中化学新课程、高中化学校本培训、中学化学中的绿色化学与环境教育、优质课堂教学方法、理想课堂的构建、中小学课堂教学、合作学习的理论与实践、中小学生如何学会合作。从这些研究的关键词中，我们可以发现一个共同点，那就是基于一线的需要。在教学的一线发现什么问题，一线教师有什么需要，他就研究什么问题，这样，他的研究也就接地气，也就受欢迎。的确，教研，尤其是基层教育工作者的教研，套用张问陶的诗句，“好诗不过近人情”，好的研究无非接地气。

我想到的第三句名言是金代著名诗人元好问的诗句：“坎井鸣蛙自一天，江山放眼更超然。”张老师的成功，还在于他有广阔的视野。

张老师能转益多师，广泛接受各个流派的理论；他参加教育部新课程远程培训化学核心专家团队，参与全国教师资格考试试题的研制工作，广泛接触全国的化学教育名家；参访众多名校，如北京大学、清华大学、华东师范大学、东北师范大学、陕西师范大学、华南师范大学、新加坡国立大学苏州研究院、香港教师培训中心；还走出国门，到美国布朗大学等名校进行访问和学习。这一切，无疑大大开阔了他的视野。

他是一名化学教师，但他从化学课堂出发，研究化学教学，研究化学课程建设，然后跳出化学，研究课堂教学方式的转变，研究合作学习，甚至跳出教学，进入基础教育的各个层面，研究教师发展，比较中美教育，等等。正像他自己说的：“跳出学科看教育，回归学科求发展。”他成功地实现了跨界发展。

我想到的第四句名言是清代诗人宋湘的诗句：“若使自家无曲子，等闲铙鼓与笙竽。”张老师的成功，最重要的在于他立志做有思想的教师。

王夫之在《古诗评选》中说：“人胸中无丘壑，眼底无性情，虽读天下书，不能道一句。”这胸中的丘壑是什么？就是思想，就是你的价值发现。常常有一些教师问我怎么写论文，其实写论文有多少方法可言？有不少语文教师，天天给学生讲写作方法，自己却写不出论文。有的教师还说：“我天天在研究呀，可还是写不出论文？”为什么呢？你是怎么研究的呢？研究中你在深入思考吗？研究中你有所发现吗？没有思考，没有发现，你要写什么呢？论文写作，著书立说，实际上就是写出你在研究中的发现。张老师作为一名化学教师，并非研究写作出身，却能有如此丰硕的著述成果，除了他做了认真扎实而接地气的研究之外，更归功于他深入的思考和研究中的价值发现。这本《做有思想的教师》，是他从教多年来的思想小结，从中可以看出他绝不人云亦云，总是坚持自己的思考，正是在这样不断地学习、探索、思考、发现、积累中，他才能以自己对教育的独特视角，凝练成自己的教育思想。

当许许多多的教育领导、专家不厌其烦地催促教师要从经验型教师向研究型学者转型，要做课题、写论文、出教育科研成果的时候，张老师却冷静地发现其中隐伏的教育浮躁之风，大声疾呼："新课程不要拒绝'教书匠'!"他认为对大多数教师来说，首先要做一个脚踏实地、热爱自己从事的职业、教学技能娴熟的"教书匠"。对教师来说，教学是一项扎扎实实的实践工作，教学经验是一名教师最为宝贵的工作积累。实际上，张老师是在呼唤一种"工匠精神"。这充分体现了他慎思明辨的精神，体现了一个基层教育研究者的学术理性和思想深度。脑中有思想，所以研究有深度；胸中有丘壑，所以笔下有文章。

环顾基础教育领域的教师群体，勤奋的教师常有，肯思考的教师也不少，做扎实研究的教师并非罕见，做接地气的研究的教师当不在少数，视野广阔的教师也往往容易找到，但是像张老师这样五者兼备的，却是凤毛麟角。正是五者兼备，成就了张老师：勤奋，于是有持久度；肯思考，于是有深度；研究扎实，于是有厚度；研究接地气，于是有实用度；视野广阔，于是有广度，有高度。

五品俱全，六"度"齐备，想不成功，恐怕也难!

这是我向张玉彬老师学习的体会。

胡立根

（作者系教育部国培专家，广东省名师工作室主持人，广东省特级教师，中小学正高级教师）

目　录

教学变革

教师评价

团队建设

引 言

一直想对自己多年来碎片化的教育思考做一次系统的梳理和总结，但发现自己像上紧了发条的时钟，每天忙忙碌碌，很难找出大块的时间进行整理。再加上大量的行政公文和行政事务仍占据了我大部分的时间和精力，令我时时有心有余而力不足之感。2016 年 9 月，深圳市福田区教育局给我颁发了“从教三十年”荣誉证书和金牌。2016 年冬至，我又通过了中小学正高级教师评审。回想从教 30 年，自己从一个懵懵懂懂的教坛新人成长为一名特级教师，从风华正茂、充满理想甚至幻想的青年时期进入处事不惊、平淡如水的“知天命”之年，这期间的风风雨雨，不同时期各位师长的帮助和引领，个人的思索和实践，各种机缘巧合，共同构成我成长途中的坚实印迹。在农历丙申年之末，我对自己 30 年的教育人生进行整理的愿望愈加强烈，于是启动了这本书的撰写和编辑工作。

无忧的童年

我出生在华北平原的一个叫玄帝庙的小村庄。玄帝庙始建于明朝初期，至今已有几百年的历史，正好处于山东与河北的交界处，距离鲁西北重镇德州市区约 20 公里，骑自行车也就一个多小时。我 5 岁离家，在天津短暂栖居，后随父母去了西南“大三线”。当再次回到故乡时，我已经是 17 岁的大一学生了。那是 1983 年的春节前夕，我先乘船从江西九江到江苏南京，再乘火车到山东德州。当时是绿皮火车，没有空调，又舍不得买卧铺，晚上冷得难以入睡。当午夜火车过黄河大桥时，虽正值枯水季节，没有看到想象中的黄河滚滚东流、一泻千里的壮观气势，但当时我激动的心情难以言表，依依不舍地看着黄河从视野中逐渐消失。孕育了我们这个民族的母亲河，给每个中华儿女带来了一种挥之不去的黄河情结。后来，我又利用到济南、郑州、延安、银川等地开会、讲学的机会，在不同的时间，从不同的地点走近黄河，感受母亲河的魅力。浊浪滔滔的黄河有我对故乡的思念和寄托。

对故乡的记忆是模糊的。隐约记得，主要陪伴我的是奶奶。父亲在天津海军的一个研究所工作，一年才能见到一两次。母亲在距家30多里路的一所小学担任教师，一周左右才回家一次，每次她走的时候，我都会大哭一场，甚至躺在地上哭，不肯起来，可能是耍赖，但更多的是出于对母亲的依恋。

父亲秉承着山东人的“忠义”传统，忠诚厚道，是中国军工计量学的开创者之一。父亲很慈祥，在我印象中，只动手打过我一次。在四川时我和一些调皮的小伙伴到一个农民的地里偷红薯，农民告诉了父亲，父亲狠狠地揍了我一顿。父亲虽然很和善、谦和，但对认准的事情非常果断和坚韧。

母亲最大的特点是固执而自信，吃苦耐劳，坚忍不拔。她一生遇到过很多困难，但从不向困难低头。她的这种精神无形地渗透到我的骨子里。无论做教师，还是做教研员，我往往也是为了工作而竭尽全力，我想这可能源自母亲对我的影响。

2017年母亲节，在母亲78岁时，我写下了长篇叙事诗《永恒的记忆》，发表在文学刊物《莲花山》2017年第2期，以感激母亲的养育之恩。叙事诗全文如下：

无论走到北京、上海，还是台北、香港/无论走到曼谷、金边，还是纽约、西贡/记不清有多少次在美食面前大快朵颐/却在内心深处有一种永远不能忘却的味道/我知道，那是妈妈的味道。

妈妈烙的山东大饼，不规整，但是那么的有咬劲/妈妈包的韭菜饺子，肉不多，但是那么的有香味/妈妈熬的小米稀饭，黏黏稠稠，但是那么适合我的胃口。

记得在鲁西北的农庄里，午夜时分，我睁开睡意蒙眬的双眼，妈妈正在油灯下备课/记得在华北平原的原野上，一个小男孩的无理取闹，只因要妈妈多陪自己一会儿/记得在汉口火车站，妈妈循着我的哭声，找回了丢失的我/记得在西南“大三线”的山沟里，妈妈放弃了教师职业，重新学习，成了一名技术工人和管理干部/记得粉碎“四人帮”，举国沸腾，我穿上了妈妈给我做的第一件的确良衬衣去上街游行。

记得我上中学，妈妈给我准备的饭菜，让我无论走到哪里，都想到妈妈的味道/记得我上大学，妈妈摘下自己的上海宝石花手表送给我，而我却丢在了去南京的轮船上/还记得我娶妻生子时，妈妈的欣喜和激动/我离赣赴粤时，妈妈的不舍和无奈。

往事如烟，岁月如歌/而今的我已经年过半百，满头白发/妈妈也老了，腰弯了，耳朵聋了/但绝不会向权贵弯腰、向困难低头的精神已经渗透在我的骨子里，永远激励着我前行！

1972年6月，我随母亲到天津与父亲相聚，两个月后又随着一行几十号人浩浩荡荡奔赴四川。我们先在北京停留一周，而后乘火车到湖北武汉，再乘船三天三夜到四川万县。从万县市出发，乘车接近2小时到了我们这次旅途的终点——万县与梁平县交界处的谭家沟（也称白洋河），前后延绵十多公里，对外称7008工地。工程兵在大山间开出了一条路，建了宿舍和厂房，成团建制的民工投入这里的基本建设，海军一个汽车连保障整个工地的后勤运输和对外联系。后来查资料才知道，“大三线”建设是中华人民共和国在1964年至1978年间进行的延续时间最长、规模最为宏大的一次工业体系建设，国家总投资超过两千亿元，在以四川为中心的广大西南地区建立相对于全国独立的、“小而全”的国民经济体系、工业生产体系、资源能源体系、军工制造体系、交通通信体系、科技研发体系和战略储备体系。虽然这一举措改变了整个中国的工业布局，但由于交通不便和缺乏必要的研究、实验和生产条件，三线单位在20世纪80年代到90年代陆续迁出。2015年8月，我陪同父亲重返7008工地，宿舍、球场、车间、办公室都还是当年的样子，只是空无一人，只有这些建筑物无言地提示着当年这片土地上曾经出现过的人和发生过的事。

我们刚到7008工地时住20号楼，华北平原出生的孩子哪里见过这么多大山，一切都是那么新奇。父亲稍加安顿后，就和同事郭大爷带我去登了20号楼后面的那座小山。山间的小路似乎并不难走，我们很快到了山顶。当年山顶上土匪（当地人称为“棒老二”）修建的山寨石头城堡和掩体还保留得比较完整，野果四处可见，野兔和老鹰也偶尔出现在我们眼前。既来之，则安之。父亲首先考虑的是我的教育问题。由于当时是工地的建设初期，没有幼儿园和子弟学校。父亲找到附近的同心大队办的一所学校，印象中好像只有两位老师，几个年级的孩子集中在一起学习。虽然说是去上学读书，但是学校里低年级的学生并没有书，老师直接教我们认字、写字，不教拼音。我隐约记得一直到三年级都没有课本。四年级时，数学课本每人一本，语文课本是两个人共用一本。虽然条件艰苦，但我过得很快乐。学校没有操场，只有农民晒谷物的坝子。坝子上有很多农具，都成了我们玩耍的工具。

后来，我转到了金桥小学上学，几乎没有作业，也没有考试。有一件事至今还留在我记忆深处。金桥大队有位志愿军残疾复员军人，在朝鲜负伤，失去了一条腿，学校总是请他来讲战斗故事。我很喜欢听，当时就想长大后要去从军，保家卫国。

懵懂的少年

1977 年，我小学毕业，到哪里继续读书，这在当时成了一个难题。公社（乡）这一级是没有初中的，向东可到万县市或万县县城（沙河子）读初中，向西可到梁平县城读初中，但都比较远。比较近的是 20 多里外万县分水区（一个区管辖几个公社或乡）政府所在地的分水中学，可是在 1977 年没有招生。后来很幸运的是，分水小学办了附属初中班，又称初中“帽子班”。于是我就到了分水小学读“帽子班”。应该说，这里才是我接受正规教育的开始。通过语文学习，我爱上了阅读和写作；通过数学学习，我知道了几何和代数；通过物理学习，我知道了惯性、简单机械；通过农业基础知识学习，我知道了二十四节气和各种鱼类、牲畜的习性；通过社会发展简史学习，我知道了人类社会的发展历程。

我在分水小学“帽子班”读了一年半，其间发生了很多值得回忆的趣事。1977 年恢复高考，百废待兴，万物复苏。当时社会上很流行一句话：

“学好数理化，走遍天下都不怕。”也很流行一套教辅书《中学数理化》，人们在万县市新华书店排队抢购。父亲想了很多办法，才帮我买到一套，让我在学习教材之余，还可以看到其他的参考书籍。教数学的洪老师是一位老教师，书教得很好。很感激教物理的潭老师和教化学的于老师，他们不是照本宣科，而是尽量给我们做实验、举例子。于老师在课堂上给我们展示制取氧气以及氧气助燃的实验，让我体会到化学的神奇。此后我看了无数次化学实验，也做了无数次化学实验，但当时于老师做实验的情景至今历历在目，永难忘怀。一次，教语文的谭前军老师让我们写《我的家乡》。我把我所在的山沟沟描写得很重要，还瞎写了这么一句话：“白洋河是梁平和万县的咽喉，历来是兵家必争之地。”没有想到，谭老师大加赞赏，竟然当作范文在课堂上朗读并对我加以表扬。谭老师总是鼓励我好好读书，让我萌发了当作家的理想。我慢慢地喜欢上了读书，开始如饥似渴地阅读各类书籍。那时，教材内容很简单，课外读物也少得可怜。家里的一本《唐诗三百首》、一本《狂人日记》让我翻来覆去读了十几遍。实在找不到书，我开始读《马克思恩格斯选集》和《列宁选集》，算是我受到的最早的哲学启蒙吧。当时，杨沫的《青春之歌》刚刚解禁，我就迫不及待地借来一本，憧憬林道静对革命和爱情的追求，鄙视余永泽的懦弱和不坚定。这是我第一次看到有描写爱情章节的小说，读得津津有味，爱不释手。这就是当时的情况，整个社会是文化沙漠，而一个少年的心田已经干枯了很久，急需知识雨水的润泽。

我 11 岁进入初一学习，按当时的学制，初中两年，高中两年，15 岁就可以高中毕业了。父亲考虑到，如果万一我考不上大学，15 岁能干什么呢？“上山下乡”刚刚取消，招工又很少。于是，父亲决定让我留级，再多读一年初中。哪里想到，我留级以后，初中又改成了三年。这样我等于留了两级，17 岁才得以完成高中学业。但这次留级，我有幸进了我求学过程中最有名气的学校——梁平县红旗中学。学校位于梁平县城，是一所百年老校，现在是重庆市重点中学、重庆名校。这所学校课程开设得很规范，外语可以选修英语和日语。在这里，我大开眼界，第一次接触了英语、地理、生理卫生等课程。我在红旗中学只读了一个学期，又转到了分水中学。

1979 年上半年，我到了分水中学读初一下学期。在这里初中读了两年半，高中读了两年，完成了中学学业。分水中学虽然是一所农村乡镇中学，但有丰厚的底蕴和雄厚的师资，1956 年建校，1978 年被确定为四川省万县地区重点中学。很幸运的是，我在这里遇到了影响我一生的教师群体和我一生的同窗挚友。初中班主任是体育老师胡永良，虽然仅是中师毕业，但他把学校体育运动推到了极致。每天早上各班都要集体跑步（长跑或接力赛），每天下午 4 点多，全体学生都要完成自己的体育达标项目，每个学期都有田径运动会，学校教师、学生篮球队经常外出进行一些友谊比赛。在学校，我学会了爬绳、爬杆、跳马、跳远等体育项目，我最弱的项目是引体向上，但经过反复练习，最后也达标了。在高一第一学期田径运动会 100 米决赛中，我跑出了我一生最好的成绩 11 秒 9。这次的起跑、冲刺都达到最佳状态，竟然跑过了考体校的同学，所以特别难忘。胡永良老师把一所农村学校的体育工作做成了一个典范，也因此晋升为万县体委主任。高中班主任是数学老师秦继文，20 世纪 60 年代初毕业于西南师范学院（现改名为西南大学），具有非常扎实的教学功底。每天上课时，总要先在教室门口站一两分钟，起到一种无声的震慑作用，说话的同学自然停下来。待学生进入上课状态，才进入教室。每天晚上，总要在寝室外面听我们是否按时就寝。每天早上，督促我们起床晨跑。语文老师魏光鉴、物理老师刘崇仁、化学老师何世雄、政治老师向云笃、英语老师段世良都是在万县地区颇有影响力的中学教师。在一所农村乡镇中学，能有这么多名师，的确非常少见。后来，这些名师也都陆续调到重庆、成都或万县市区了。正因为强大的师资阵容，一所乡镇学校在当时能培养出清华大学、北京大学、国防科技大学、北京师范大学、华东师范大学等一流名校的学生就不足为奇了。

我初中、高中的同桌兼好友陈时春一直是我学习的榜样。他初中时是班长，高中时是团支部书记，还是学校男子篮球队的主力，后来考入清华大学仪表自动化专业，现在也有了一份比较成功的事业。我的同学唐继红在初中和我不在一个班，高中与我同班，在我高考失利进入师范专科学校学习时，总是写信给我以鼓励，让我鼓起勇气和信心去追求人生美好的理想。唐继红现在是重庆工程职业技术学院副校长、数学教授。当年他一句温暖的话语让我永远铭记在心："我们是一生的兄弟。"

在分水中学就读的四年半时间里，初中两年半很轻松，有大量的时间进行课外阅读和体育锻炼。高中两年就非常紧张了，当时很多地方高中都已经改成三年制，应对高考时间相对从容。我们要用一年半学完高中课程，还要留下半年的时间进行总复习，学习任务非常繁重。好在分水中学的高中教师团队是一个奉献敬业的团队，晚自习时老师都主动到班上辅导学生。学生们也都努力向上，不用扬鞭自奋蹄。每天晚上 10:30 自习课结束，教室关灯后，还有很多同学点着煤油灯或蜡烛学习。在被窝里打着手电筒学习的同学也比比皆是。1983 年的高考，我们班除了几个同学外基本都考入了大学。后来，剩下的几个同学也陆续都考上了大学，而且发展得很好。

高中毕业那年，我的户口已经随父母迁到了江西九江。本来经过四川省高招办和江西省高招办协商，我可以在四川借考（当时全国是统一的试卷）。但到 5 月，江西省高招办突然不同意了，要求我必须到江西体检，并在江西参加 7 月的高考。我读的是两年制高中，5 月才刚刚进行完第一轮复习，但也无可奈何，只得搭船两天三夜赴赣体检。体检完，在江西九江父亲单位的招待所住下，自己复习，迎接高考。当时，江西省高中已经全部改为三年学制，我面临着极大的挑战。高考时，又值洪水泛滥，交通堵塞，我住到了九江市国防公办招待所（九江同文中学旁边），步行到九江三中考点需要半个小时左右。记得那年语文高考是看图作文"挖井"，一个人挖了几口井都半途而废，其实只要再坚持一下，就可以挖到下面的水了。寓意很明显，告诉人们做任何事都要坚持不懈，持之以恒，不能浅尝辄止。高考结束后，我搭乘轮船返回四川。在武汉换船，江水已经超过大堤高度，人们用麻袋装土挡住江水。从武汉逆水上行，船速缓慢。我当时的心情非常复杂，既有对大学的美好憧憬，又有隐隐约约的担心，所以无心欣赏沿途美丽的三峡风景。后来高考分数公布，虽然名次比平时有所退步，但也还算班上中等成绩，班主任说考本科肯定没有问题。但没有想到的是，当年江西比四川的本科线高出 20 多分，因此，我想追随父亲学工科的愿望便没能实现。阴差阳错，我进入了九江师范高等专科学校（以下简称"九江师专"），从此注定了我与"教师"这个职业的缘分。说起来，父亲当年读中师辍学，母亲原来做乡村教师，也算是“天意”要我完成他们没有完成的事业吧。

奋斗的青年

考入九江师专确实出乎父母和老师的预料。他们一致的意见是让我复读一年，但在四川读还是在江西读又成了一个令人纠结的问题。我们在江西的房子还在建设之中，去江西复读很不现实。若在四川复读，考试又要跑来跑去。我大概是出于对高中学习生活的恐惧和对教师职业的好奇，对专科和本科的差别也缺乏清晰的认识，决定赴江西九江读书。1983 年 9 月 6 日，我又开始了我的长途旅行，从万县到武汉，再从武汉到九江。自此，离开了我生活 13 年的川东大地。一直到 2015 年 12 月，我应分水小学“帽子班”同学魏国校长邀请去重庆万州讲学，33 年后我才回到我的第二故乡。

初入九江师专，和我原来想象的大学生活相差甚远。九江师专基本是中学学习模式的升级版，没有选修课程，极少举办学术讲座，老师上课一讲到底，没有讨论和研究。与中学不同的是，没有那么多试卷和作业了，周末可以不用补课了。但开始最让我难以适应的是同学们都是以中学同学或老乡为圈子活动，只有我独立于圈子之外，倍感孤独。好在不久，就不断地有同学开始接纳我，让我有了新的朋友。姜志是我的老大哥，比我年长 7 岁，本来技校毕业后在瑞昌的一个军工厂做工人，和我同一年考入九江师专化学系。刚入校时，我们住上下铺，共同的军工厂经历拉近了彼此的距离。17 岁的我成了他的追随者。师专毕业后，他在九江五中工作了一段时间，后调入赣北名校九江一中工作，1998 年左右又调入上海名校育才中学，成为上海市骨干教师。而我后来的工作变动，与他的鼓励和影响也有一定关系。欧阳小平比我大两岁，江西彭泽人，为人处世要比我成熟很多，把我带入了他的朋友、同学圈子，因此，彭泽成了我去得最多的一个县。后来，他在彭泽一中从普通老师干起，做到主任、学校书记。还有梅旺生、罗俊、王水妹、柯爱华、李建敏、曹开喜、董学伯、张淑平、余红梅等诸多同学也慢慢成了我的好朋友。

在九江师专学习的三年期间，教有机实验的刘林茂老师、教物理化学的周应浩老师、教结构化学的蒋艳军老师与我非常要好，给我提供了很多帮助。刘林茂老师原来是某部队研究所的高级工程师，因想调回江西老家工作，就做了九江师专的有机实验老师。刘老师总是约我到他家里聊天，也向我传递了很多正能量。我的物理化学学得不错，得到了周应浩老师的赏识，他给我的指导、帮助很大。周老师是上海“老三届”学生，被下放到江西，九江师专毕业后在上海进修学习，然后回学校任教。后来，他调到常州工程职业技术学院任教。2000 年，他获得了中国科学院上海冶金研究所材料物理与化学专业博士学位。蒋艳军老师是吉林大学唐敖庆教授的学生，随军到了江西，说话干脆利落。结构化学枯燥难懂，估计能听懂的同学寥寥无几，但蒋老师仍是每节课严密推导，一丝不苟。毕业以后，她把她最喜欢的一个学生介绍给我做对象，也就是我现在的爱人。所以，蒋老师和我们的情谊持续了很多年。后来，蒋老师调到南京下关区教研室，并在南京退休。还有梁端全老师，虽然他没有教过我课，但他在实习中发现我教学的与众不同之处，认为我有做教师的天赋，经过他推荐，我被评为学校的实习优秀生（化学系只有两个），并作为理科唯一的代表在全校实习总结大会上介绍经验。其实我并没有天赋，但梁端全老师给我一种强烈的暗示和鼓励——我将来可以成为一名优秀的教师。

在九江师专学习期间，化学系的一些师兄、师姐勤奋好学，给我们做出了榜样。比我们高几届的师兄郑雪鹤拿到硕士学位后，又公费赴美国攻读博士学位，对我们这些师弟、师妹是很有激励作用的。很多同学拿出在中学时的拼劲来读书，一些同学确实也因为努力读书而收获了成功。我的同班同学聂爱华毕业后，考上了湖南大学硕士研究生，在汕头大学工作几年后，又考上了北京大学有机合成专业博士研究生，现在是中国人民解放军军事医学科学院正师职研究员、博士生导师。而我的选择是报考化学教学法专业（现在称化学课程与教学论）硕士研究生。我当时想，如果考不上，也熟悉了中学化学的基本教学理论，为今后的教师生涯奠定了扎实的理论基础。在备考研究生的那两年里，我通读了北京师范大学、华东师范大学、东北师范大学、西南师范大学四个版本的化学教学法专著。我敬重的华中师范大学杨先昌教授让他的学生把笔记借给我学习，天津师范大学的卫子光教授写信给我解答问题，并给我以鼓励。虽然1988年我考研失利，但这个学习的过程确实开阔了我的眼界，让我对化学教学的理解和认识提高了一个层次。在学校，虽然学术讲座不多，但我国著名医学翻译家王贤才（当时在九江市第二医院做医生）的讲座给了我前进的动力和很多启示。王贤才在最困难的时候，都没有放弃对理想的追求和持之以恒的学习。他在“文化大革命”时开始翻译世界医学巨著《西氏内科学》，克服了难以想象的困难，最终完成了960万字的译著。1984年，他被评为“国家级有突出贡献中青年专家”，后来又被国务院批准为“国务院政府特别津贴”享受者。我想，人要走向成功，一定要锲而不舍，持之以恒。我应该像王贤才老师一样，不管在什么样的环境下，都要坚持追求自己的梦想。

1986年7月，我被分配到九江市第八中学（以下简称“九江八中”），开始了从教生涯。我发现我非常喜欢上课，非常喜欢当班主任，非常喜欢和学生们在一起。所以在九江八中的六年时间里，很多学生成了我的好朋友。开始两年，我把主要精力放在考研备考上，每天读书到深夜12点左右，背英语单词成了我每天必做的一件事情。考试成绩出来了，只有有机化学考得不好，我本想再考一次，但学校不同意，学校规定每人只有一次考研的机会。而当时报考，是需要单位开证明的。读研是我的一个梦想，也成为我的一个挥之不去的情结。直到20年后，我才有幸进入西南大学攻读教育管理专业硕士学位，师从教育政策研究所所长李玲教授，完成了我的这个心愿。

九江八中是一所很有人情味的学校，也是一所很有教学教研规矩的学校。老教师真心实意地在业务、生活上帮助青年教师。化学组组长黄翠鹃，化学组同事包云霞、宋婷婷、戴敏珍、宋学武等老师对我的帮助都很大。黄翠鹃老师于1958年毕业于湖北师范专科学校（现改名为湖北大学），是一个特别较真的老太太，对我要求非常严格，经常听我的课，也让我听她的课。每周三下午，她都召开化学教研会议，进行集体备课，每个人对上周的课进行反思，对下周的课提出建议和设想。当时我觉得黄老师太死板和苛刻，但后来我才感到这对我来说是一种幸运，我在教师生涯的开始阶段就遇到了一位好的导师。我在她那里学到了严谨和务实，学到了很多课本上没有的东西。通过教研活动，我知道了初中化学的三个“分化点”，知道了“宏微结合”，知道了“盐酸是电解质”的说法不严谨等。陈美玉老师是我班主任工作的领路人，她善良朴实，勤勤恳恳，用她对学生的爱感染和影响着我，让我知道教师最重要的是对学生的爱。只有真心爱学生，你的教育教学才是最有效的。2015 年的一天，我在江西新闻上看到新评的特级教师有陈老师的儿子毕波、女儿毕瑶的名字，由此可见陈美玉老师作为表率不但影响着我这样的年轻同事，也影响着她自己的孩子。

我在九江八中的六年时间里完成了初中、高中的大循环，并担任了高中的班主任工作，也拿到了江西师范大学的本科毕业证书，完成了我作为一名教师最初的教育教学经验积累。这期间，我也发表了几篇教育教学论文，荣获了几次学校和市级的奖励。其中《浅谈如何在中学化学中适当增加食品化学内容》发表在《教学研究》1989 年第 1 期，《对“运动是物质的固有属性”原理的认识》发表在《师大函授（理科版）》1992 年第 2 期，《化学反应方向的热力学分析》发表在《九江师专学报（自然科学版）》第 12 卷第 6 期。1990 年 4 月，我在九江市教研室听了北京一位专家的高考化学备考讲座，给第一次担任高三化学教学工作的我很多启示。我当时就想，未来有一天，如果我可以站在化学教学的学术讲台上，给老师们讲高考、讲课堂教学，那该多好啊！20 年后，我实现了这个目标。1992 年 8 月底，恰逢百年名校九江一中选调教师。我通过试教和面试，调入九江一中。九江一中的间接历史接近千年，和南宋理学家周敦颐所创办的濂溪书院一脉相承。直接历史也超过百年，前身是近代新学兴起时 1902 年江西省成立的九江中学堂（1912 年改为国立江西省第三中学），名师荟萃，人才辈出。2002 年百年校庆，时任教育部部长陈至立亲自发来贺电。重点中学有丰厚的文化底蕴和较高的学术水平，我很清楚，在这样一个人才济济的单位要得到认可，必须有实力和业绩。最初三年，我担任初三 3～4 个班的化学教学工作，最多的时候一周上 18 节课。1992 年 11 月的婚假，我只请了 3 天。1993 年孩子出生，我也没有请假。这并不是因为我的思想境界有多么崇高，而是当时九江一中的老师基本都是如此，这可能就是一种学校文化吧。因为已经有了六年化学教学的经验和底气，我大胆地尝试新的课堂教学，启动以化学用语为基础的章节整体教学，力争使后进生在化学用语掌握方面基本过关。对于学优生，我鼓励他们参加全国初中化学竞赛，并利用周末对他们进行辅导，激发出他们进一步探索化学奥妙的热情。功夫不负有心人，我的学生不但在化学竞赛中取得全市最好的成绩，我们学校的化学中考成绩连续几年也是全市第一。1994 年 5 月，28 岁的我被授予“九江市首届十佳青年教师”光荣称号，是九江市区唯一入选的老师。1995 年，我开始教高中化学，并担任普通班班主任。九江一中一般分班有三个层级，最好的是农村班，是从九江市十几个县区招收的最顶尖的学生；其次是择优班，是从九江市区招收的学生；最后是普通班，大多数是没有达到重点学校分数线而花钱进来的学生。我记得当时一共有 9 个班，3 个农村班，4 个择优班，2 个普通班，而我就是其中一个普通班的班主任。非常巧的是，另一个普通班的班主任张成卓后来也成为特级教师，还担任了另一所重点中学九江三中的校长。所以说，普通班的教学经历很锻炼人，这种历练也是教师人生中不可缺少的财富。虽然我原来在九江八中走过初中、高中大循环，但是毕竟现在是在重点中学，是一个新的开始。于是，我抓紧一切机会去听同事的课，向大家学习。廖莉莉、黄厚华、张振河、刘次宝、刘堂新等老师的课都给予了我很多启发。张振河老师辞去九江五中教务主任职务，调到九江一中，担任教研组组长后，经常在课余时间和我交流教学问题，给予了我很多帮助，使我的眼界和视野逐步变得开阔。刘次宝老师长期担任高三化学教学工作，对化学试题和化学试卷有很精准的把握，而且方法多元，是我特别喜欢与之交流的一位兄长，因为每次交流，我都能有新的思考和提高。值得一提的是，我还非常荣幸地得到了全国著名化学教师廖可珍先生的指导，真是受益匪浅。廖先生于 20 世纪 40 年代毕业于上海光华大学化学系，80 年代在中国化学教育界享有很高的学术地位，当时化学教育界“大咖”刘知新教授、杨先昌教授等都给予了廖先生高度的评价。我调到九江一中时，廖先生已经退休。但出于对化学事业的热爱，他仍然坚持在化学实验室进行一些实验研究。他配制的洗洁剂、洁厕灵等在当地非常受欢迎。我把我写的教学论文拿给廖先生看，请他赐教。廖先生耐心地给我修改，告诉我从哪个角度入手比较合适，还告诉我论文写作的一些方法。我至今还记得廖先生对我说的几句话："要成为一个好的化学老师，一定要热爱化学实验，一定要浸在化学实验室里。""你要说明一个问题，最好要有对比，可以把几种情况做成表格，让读者一目了然。""要成为一名优秀教师，一定要集众家所长，吸收大家的优点，最终才能跳出自己的习惯思维模式，形成自己的教学特色。"这些真知灼见，在我事业发展的过程中给了我极大的指导和影响。

本来，按我的职业规划，第一个三年是适应和积累期，第二个三年要在教学上实现突破性的创新和发展。可是，一个偶然的机会让我步入行政岗位，改变了我的人生规划。

1998年6月，学校实行行政干部任期退出机制和竞聘上岗机制，三个处室中层干部岗位竞聘上岗。学校领导觉得我老实厚道、值得信赖，鼓励我参与总务主任的竞聘。为此，我思想斗争了很久。如果去，就难以在化学教学上有所突破，而这已经成为我生命的一部分；不去，就少了一个历练的机会和一段人生历程，也有负学校领导的期望。当然现在看来，我选择了自己不适合的事情，让我的教学工作受到了极大的影响。我确实没有想到，总务处有那么复杂的局面和那么多杂乱的事情。当时总务处有即将退休的老主任、采购员、基建管理员、水电工、会计、出纳、校产管理兼保管员，一共9个正式编制，还有长期聘用的木工、泥工、绿化维护工人等临聘岗位。

面对如此庞大的总务后勤队伍和基建、水电、财务、采购、食堂、绿化等繁杂事务，我感到有些应接不暇。上任伊始，我提出总务处的建设目标是建设一个高效、务实、快捷的后勤保障体系。我到总务处后做了很多受老师欢迎的事情。比如，把粉笔等办公用品送到各办公室（原来一直是老师来总务处领取）；为老师购买冬天取暖用的木炭、平价煤气；及时维修水电、桌椅；在食堂引入竞争机制，改善学生伙食，取消饭菜票，改为刷卡；为学校植树、铺草坪；整理校舍档案，规范固定资产和物品采购制度；等等。我在总务处前后工作四年，在报刊上发表总务后勤工作报道和文章8篇，有《九江一中硬件设施达到全省一流水平》《九江一中第二学生公寓破土动工》《九江一中食堂管理出新招》《迈向现代化的九江一中》《九江一中校舍发展综述》《发挥自主管理，搞好后勤服务》《漫谈中小学收费》等。这四年，我仍一直担任 2～3 个班的化学教学工作。学校领导对我说，你可以不上课，或者上一个班的课，但我实在不愿意放弃我热爱的化学教学。我心里也清楚，化学教学是我的立身之本。但是这四年的艰辛工作，让我心力交瘁、力不从心，如果我还想继续实现我的教育教学梦想，我必须重新做出选择。

2002 年 6 月，我向学校递交了辞职报告。学校领导们都很吃惊，对我极力挽留。最后协商的结果是，收回辞职报告，把我调到新成立的科研处，负责课题研究、研究性学习、新教师培养等。我权衡了利弊后，感觉到科研处和教学教研联系比较紧密，没有总务处那么多琐碎的事情，就同意了学校的意见。在科研处的两年时间里，有几件事情对我产生了极大的影响。第一，每天坚持阅读大量的教育教学报刊，特别是《中国教育报》《中国教师报》《课程·教材·教法》等，了解到最新的教育教学资讯，让我对教育教学的认识更加深刻。第二，每节课后都撰写教学反思。教学反思没有什么固定格式，有上课学生提的问题、课后新的思考、本节课的特点和收获以及缺陷和不足等。没有人要求我必须写，也没有人来检查，但我一直坚持写，这对提升我的教学水平起了很大的作用。第三，积极推进研究性学习工作。这对我来说是一个全新且非常有意义的工作。我们的做法是上课期间开展学科内研究性学习，暑假期间开展学科外研究性学习，集中进行研究性学习选题、方法和结题培训。每个班有重点课题和一般课题，学校科研处主要抓重点课题，重点课题的开题、结题、展示由学校科研处统一组织进行，一般课题只需要在科研处备案。2002 年 9 月，我为高一 20 个班的学生做了研究性学习基本方法讲座。为了解决指导教师不足的问题，我们也想了很多办法，比如，动员学校教师和社会力量支持这项工作，我们每年都要评选研究性学习优秀指导教师，并发放证书和奖励。对暑假指导学生进行研究性学习的教师，则给予每天 50 元钱的工作补助。由于大家的共同努力，学校的研究性工作开展得如火如荼、风生水起。成果展示时，每个班的重点课题都在一块展板上表现出来，研究过程和研究结果供师生交流和分享。时任清华大学校长顾秉林和江西省副省长胡振鹏来学校参观时，都给予了高度评价。

在九江一中工作的 11 年间，我得到了很多同事的支持和帮助，特别是张立国和范玉昆两位前辈。张立国老师才华横溢，20 世纪 60 年代毕业于江西大学中文系，书法和文章堪称一流，长期担任九江一中教务主任和九江市政协委员。张立国老师做事公正、刚直，敢于挑战学校的不良习气和某些领导损公肥私的行为。我从心里敬佩他的正直和勇气。从他身上，我看到了中国优秀知识分子的铮铮傲骨和对正义的坚守。范玉昆老师是数学特级教师，20 世纪 60 年代毕业于江西师范学院数学系，不管是担任教务主任，还是九江一中副校长、晨光中学校长，他都坚持承担两个班的数学教学任务，直至退休。他的课最为突出的特点是解题思路非常清晰，学生非常喜欢。处理行政事务，也简洁果断、雷厉风行，从不拖泥带水、优柔寡断。我遇到的很多事情，一经范老师点拨，便如拨开迷雾，醍醐灌顶。两位老师是九江一中百年文化传承的优秀代表。在这里，我不仅在业务上有所长进，而且学会了如何做一个大写的“人”。九江一中百年校训“严、实、诚、勇”已经深深地刻在了我的灵魂深处。

从 17 岁到江西求学、从教，前后一共 20 年，在红土地上度过了我最宝贵的青春年华。虽然中间有几年行政工作的羁绊，但我笔耕不辍，不断有教育教学论文获奖和发表。《如何在初中化学教学中对学生进行辩证唯物主义教育》《初中化学课堂教学改革的尝试》《“磨难教育”刻不容缓》《合理设计化学实验，提高课堂教学效果》《与时俱进，积极推进校本课程开发》《搞好理综化学复习的几点建议》《研究考试信息，把握高考动态》等文章的撰写为我后来的教育教学研究打下了比较坚实的基础。

与此同时，我所阅读的两本人物传记也给了我新的思考和启示，可以说影响了我人生发展的轨迹。22 岁时我读《丘吉尔传》，丘吉尔从一个战地记者到逐步被英国人民知道和认可，是从他的文章和演讲开始的。写作使人的思维更加深刻和精准，演讲使人的语言更加精练和缜密，我想，这是人向着更高平台发展的两翼。所以，我决定抓住写作和演讲，让其成为我发展的基石。30 岁时我读《李斯列传》，又给我新的启示。李斯是楚国人，原来只是一个地方小官。有一次，李斯发现厕所里的老鼠生存环境非常差，而粮仓里的老鼠生活环境特别好，有着吃不完的粮食，于是感慨道：“人之贤不肖譬如鼠矣，在所自处耳。”意思是人有没有出息，和人所处的环境密切相关。人的发展和平台的高低有很大的关系。这让我想到，以中国之大，我应该寻找比九江一中更高的平台。2004 年初，我联系了与九江一中同是百年名校的北京通县（现改为通州区）洛河中学，该校建立于 1867 年，为北京市重点中学。学校对我非常满意，通知我 5 月前往面试。但在 3 月，《中国教育报》上的一则招聘启事引起了我的注意。深圳市福田区面向全国招聘中学化学教研员和初中科学教研员，其中化学教研员要求地级市以上重点中学教师，担任教研组组长以上职务，40 岁以下，中学高级教师职称，在省级以上刊物发表文章 2 篇以上。我的条件完全符合，于是寄了材料给深圳市福田区教育局，经审核后，通知我 4 月 15 日带证书原件去验证，16 日参加笔试、面试。我在石厦学校参加了笔试。试卷分为两部分，一部分是高中化学试题，一部分是化学教学论知识。当时面试的考官有 6 个人，分别是福田区教育局党委副书记康素玲、副局长黄孔辰和李吉南、教研中心主任陈祥俊和副主任嵇成中、人事科长游伟硕（现任福田区人民政府督导室主任）。从考官阵容上可以看出福田区对教研工作的高度重视。主考官是黄孔辰副局长，他先让我做了自我介绍，然后向我提出了两个问题：你认为如何推进课程改革和化学课堂教学改革？如果你担任化学教研员，你如何有效地开展教研工作？对这两个问题，我胸有成竹，侃侃而谈。面试和福田区教育局领导们的谈话使我深深地感受到当时的深圳是多么重视人才和思贤若渴，深圳的活力与效率也让我留下深刻的印象。后来，我以笔试、面试第一名的成绩被深圳福田教研中心录取。

思考的中年

深圳的效率在我的调动一事上得到了充分体现，2004 年 4 月中旬组织考试，5 月 20 日就发出了商调函。2004 年 8 月，我正式调入深圳市福田区担任化学教研员。虽然是一个全新的工作，但我觉得找到了适合自己的岗位，积极性和创造性得到了最大限度的发挥。此时，我又遇到一个很好的机会，2004 年教育部启动高中课程改革，在海南、山东、宁夏、广东四个省份展开试点工作。全国都在看着这四个省份的改革。而深圳本身教师素质就高，硬件设施全国一流。我在思考：作为深圳中心城区的福田，化学教学教研工作应该有什么样的责任和担当？我们应该大胆进行尝试，出经验，出总结，出成果，出模式，要为一线教师创造更多的平台和机会，促进教师的专业化发展。我开始走进学校听课、调研、上课，开始和老师们研讨、碰撞，谋求发展，开始对课堂教学和高考进行深入的研究，开始与教育厅、教育部专家进行探讨和对话，深圳化学教育界开始逐渐接受我，慢慢地我也走进了广东省乃至全国化学教育界同仁的视野。

教研员最基础的工作是教学研究，离开“研究”谈“指导”和“服务”都是空中楼阁。而撇开考试谈教育，至少在现在的中国是不可行的。我在深圳工作的第一个切入点是对考试学的研究，尤其是对化学中考、高考命题的研究。我发表了几十篇有关考试命题的文章，对广东省高考化学命题进行质疑，并提出改进建议（相关文章发表于《化学教学》2006 年第 12 期），对新课程高考试卷进行整体分析（相关文章发表于《中国多媒体教学学报·化学》2008 年第 5 期、2010 年第 1 期等），对不同的考点和模块进行精细化研究和分析（《2006 年高考化学反应速率与化学平衡图像试题赏析》《高考中热化学问题的考核形式》《高考化学试题的新热点——绿色化学》《高考化学热点——纳米材料》等），编制了若干有关三聚氰胺的原创试题（相关文章发表于《广东教育·高中》2009 年第 1 期）、与载人航天相关的中学化学试题（发表于《中学生数理化·高二版》2006 年第 2 期），在《广东教育》《中学生数理化》《深圳青少年报》《考试报》等报刊发表了大量的试题分析和应试技巧方面的文章，在省内外产生了一定的学术影响。我成了深圳市乃至广东省高考化学复习的“金牌讲师”。从 2005 年开始，每年我都为深圳市全体高三化学教师开设高三备考讲座，一直讲到 2010 年，连续讲了 6 年，我对高考化学试题的精细化分析和对化学试卷的整体认识，受到了大家的认可和称赞。2007 年，我对一百余份深圳市各高中学校化学新课程模块考试试卷进行研究，撰写了两万余字的研究报告《高中化学新课程纸笔测验研究报告》。2007 年 8 月，这份报告作为深圳市高中化学教师培训的重要材料，受到深圳市高中化学教师的好评。该研究成果的浓缩版《高中化学新课程模块测试试题质量评析》发表于中国化学教学核心期刊《化学教育》2007 年第 2 期，该论文对全国的高中化学新课程模块命题具有良好的导向作用，对学生学业评价的改革，特别对高中化学模块测试命题方式的改革产生了较大的影响，对新课程高考命题也产生了一定的影响。以此为基础，我又对高中化学新课程命题提出建议，近两万字的《高中化学新课程模块验收纸笔测试命题建议》在2007年全国化学课程改革经验交流会上获“全国实验区高中化学新课程实施成果评比”评价类一等奖。2007年8月，我作为广东省实验区唯一的基层化学教师受到教育部基础教育课程教材发展中心的邀请，参加教育部新课程远程培训化学核心专家团队，为即将进入新课程改革的省份的化学教师进行远程培训。在这个团队中，我与国家基础教育课程化学标准研制组负责人王磊教授，北京师范大学刘克文教授和胡久华教授、魏锐博士、宋万琚博士、陈颖博士、支瑶博士，北京市海淀区特级教师吴琼，海南省教研室吴益民老师，山东省诸城实验中学张福涛老师等人朝夕相处，共同谋划化学新课程改革，和湖南、新疆、江西等省份的一线化学教师进行在线交流。这段经历让我的思维更加开阔，思考问题的角度更加多元。2009年4月，我在郑州举行的全国化学课程改革会议上对化学高考改革的方向做了详细的诠释，受到参会教师的一致认同。2010年1月，我受新疆维吾尔自治区教研室的邀请，在乌鲁木齐八一中学为全区高中化学教师上示范课，并开展有关化学考试命题的学术讲座，受到热烈欢迎，反响甚好。

对考试的研究促进了我的发展，也扩大了我的学术影响力，提升了我的学术地位，学生在化学考试中也取得了一定的进步。但眼中只有考试的化学教学能有长久的生命力吗？很多学生在化学“题海”中遨游，迷失了学习的方向，把考试当作学习的唯一目标，没有真正的学习兴趣。我开始对自己的教育理念和教学实践进行深度反思，对化学教学现状进行调研，我惊讶地发现，如今的化学教学试题越做越多，实验越做越少；教师讲授越来越多，学生自主合作探究活动越来越少。化学教学急功近利，教师缺乏对化学教学真正的认识，缺乏化学课程观，缺乏对学生精神世界的关注，缺乏对学生思维深度、广度和创新能力的关注，缺乏对学生未来发展和可持续发展的关注。我的研究主要是建立在学生对知识的精准掌握和应试技巧的训练上，更多的是对化学知识的分析。眼睛里只有考试的教学研究不是真正的教学研究，它会让教育丧失本真，走向功利，也会让研究者的视野窄化。我开始寻找新的增长点和发展契机，开始回归教育的本源，开始将研究的视角转向化学课堂教学方式。我经常在各种研讨会和学术讲座上表达我的观点：课堂教学研究是一线教师最有价值、最接地气的研究；抓好课堂教学，才是抓住了教育的根本；课堂要开放，领导和教研人员要走进课堂，如果每节课都是高质量的课，中考、高考就不是问题。

把研究重心逐渐向课堂教学转移，应该是始于2006年5月应深圳大学师范学院的邀请为中学教师讲授“新课程背景下的有效课堂教学策略”。在授课过程中，与一线教师就课堂教学的话题进行了多次讨论和探究甚至辩论，我的思路越加明晰。我逐渐由关注知识和考试过渡到更加关注学生的兴趣和情感，由关注教师的精细分析和讲授逐渐过渡到更加关注学生的课堂活动和积极参与，由关注考点的教学和试题训练到更加关注化学在生活中的应用，提出要在真实的情境中进行化学教学，尽可能地把课堂的时间和空间还给学生。2010年，我在公开课教学时提出化学课堂中学生的“三动”，即“动脑想、动口说、动手做”。2011年，在大量调研的基础上，我与福田区红岭中学的杨昌华老师合作，提出化学新授课知识有效建构五环节教学法，并在红岭中学进行教学实践，取得了良好的教学效果。该教学方法的核心是学生在教师的引导下进行自主合作学习，以“预习学案”为自主学习的基础，以个体自主学习和小组合作学习相结合为手段，以学生主动参与课堂活动为主要形式，充分体现“教师为指导，学生为主体”和“先学后教，以学定教”的现代教学观。相关文章《新课程背景下化学课堂教学方式的重建》发表在《中小学教材教学》2015年第2期，并被中国人民大学书报资料中心《中学化学教与学》2015年第6期全文转载。我积极在福田外国语高级中学推行“化学课堂导学式教学”，连续听课，提出改进措施，并在全校教师大会上做学术指导，相关文章《化学导学式教学模式的构建与实践》发表在《化学教与学》2012年第3期。2012年4月，我在首届全国中学化学教育高峰论坛做了“新课程背景下化学课堂教学模式”的学术报告，介绍了福田区化学课堂教学改革的情况；同年11月，我在第九届全国化学课程与教学论学术年会做了“化学课堂教学方式变革的实践探索”的学术报告，引起了化学教育界的关注和兴趣。我作为核心成员，承担了广东省《高中化学校本培训指导手册》的编写工作，

2008年9月由广东高等教育出版社出版，作为广东省高中化学教师的培训教材；由我主编的《化学优质课堂教学方法与策略》于2012年5月由广州出版社出版，是目前针对化学课堂教学论述较为完整的一部学术著作。关于化学课堂教学，我在《新课程背景下化学课堂教学的实践与思考》（发表于《中学化学教学参考》2014年第10期）一文中提出了五点思考：化学课堂教学要体现学生是化学课堂教学的主体，化学课堂教学要精心设计化学课堂教学问题，化学课堂教学要有效开发整合化学教学资源，化学课堂教学要实现多种教学方式的优化组合，化学课堂教学要实现教学评价方式的优质化。随后我又旗帜鲜明地提出几个观点：以“学”为主应成为化学课堂教学的主旋律（相关文章发表于《基础教育参考》2015年第10期）、让科学探究成为化学课堂教学的核心（相关文章发表于《化学教育》2015年第11期）、创新是化学课堂教学永恒的魅力（相关文章发表于《中学化学教学参考》2015年第13期）。关于课堂研究角度，我在我的研究团队中提出：“从研究课堂教学技术取向到实践反思取向，从研究教材教法到全面研究学生、教师行为，从重在组织活动到重在培育教研状态，从关注狭隘的经验到关注理念的更新和文化的再造。”

在转向对化学课堂教学方式研究的同时，我开始加大对化学实验的研究力度，在各种学术会议上呼吁重视化学实验教学。《中学化学实验常见的“数据标准”》《微型化学实验是实现绿色化学的有效途径》《科学课程中探究性实验教学的实施》《试剂滴加顺序与化学反应》《如何在中学化学实验教学中体现绿色化学思想》《谈中学化学实验的改进准则》《手持技术在“影响化学反应速率因素”实验中的应用》等研究成果分别在各级刊物上发表。应华南师范大学化学教育教研室邀请，我与钱杨义教授、肖常磊副教授合编的《中学化学实验教学论》于2008年1月由化学工业出版社出版，这是一部针对师范院校化学专业学生的具有权威性的关于中学化学实验教学的大学教材，也算对我国师范院校中学化学实验教学做了力所能及的贡献。2013年1月，我的化学实验教学专著《中学化学实验的实践研究》由广东教育出版社出版，这是一部具有实操性的化学实验教学专著。华南师范大学化学与环境学院分析化学研究所所长梁勇教授在这本书的前言中写道：“张玉彬老师对中学化学教学研究有自己独立的思路和观点，他深刻认识到我国目前中学化学实验教学存在的薄弱环节及对高层次化学人才培养的重大影响，历时多年，精心编写了这部《中学化学实验的实践研究》实验专著。……这部专著内容丰富，应用面宽，实用性强，提供给读者的不是死记硬背的教条，也不是无边的‘题海’，而是启发心智，碰撞出思想火花的实验规律总结与阐释，是化学实验方法、技巧、改进、设计的实践智慧。这本实验专著的出版对改变目前中学化学教学轻实验、重理论的现象，以实验带动化学理论教学开展，促进学生提高动手操作、分析问题和解决问题的能力，全面提高中学化学实验教学和研究的水平有着重要的作用。”2013 年 11 月，这本专著入选“全国中小学实验教学优秀案例展演”，并被广东第二师范学院选为化学教师实验培训教材，受到一线化学教师的欢迎。2013 年 7 月，我受《化学教育》编辑部的邀请，在延边大学全国化学教学研讨会上做了“中学化学实验教学的现状与思考”的学术报告，介绍了自己对化学实验的研究。

2013 年 7 月应邀在延边大学全国化学教学研讨会做化学实验教学专题报告

做自己喜欢的事情，虽然很辛苦，但很快乐。特别是大家的认可和鼓励，更激发了我工作的积极性和热情，基本上晚上和节假日我都在工作和写作。记得 2014 年，我椎间盘突出非常严重，影响到走路和正常的生活，有时疼得连穿衣服都非常困难，但我没有请一天假，照常去上班，照常写文章，照常拄着拐杖去参加学术会议和开展学术讲座。在最艰难的时候，我想到梁启超先生说过的一句话：“战士死于沙场，学者死于讲坛。”我没有梁先生那么崇高和伟大，但是我将教学研究视为我生命的重要组成部分，在其中，我思想的河水可以奔流不息，我生命的价值可以熠熠生辉。这些年，我受教育部基础教育课程教材发展中心、中国化学会化学教育专业委员会、人民教育出版社、广东省教育厅教育科学研究院、新疆维吾尔自治区教育厅教研室、深圳市教育科学研究院、惠州市教育科学研究院、汕头市教育局教研室、北京师范大学、陕西师范大学、广西师范大学、云南师范大学、新疆师范大学、广东第二师范学院、深圳大学、深圳城市学院、玉林师范学院等多家单位邀请，在全国各地开展了“化学教学疑难问题研讨及教学建议”“化学新课程课堂教学设计研究”等百余场学术讲座，积极推进化学课程改革，我在推进化学课程改革的过程中找到了自己的生命价值。我先后被聘为教育部新课程远程培训化学核心团队专家，陕西师范大学等七所师范院校教师“国培计划”“省培计划”专家和兼职教授，广东省高中教学水平评估专家。我连续多年被广东省教育考试院聘请为中考化学命题专家，参与广东省中考化学试题的命制工作。2010 年 9 月，我被评为广东省第八批中小学特级教师。2011 年 3 月，我被评为全国高中化学新课程实施优秀个人，在北京大学附属中学接受了颁奖。2014 年 5 月，我被教育部考试中心聘请为全国教师资格考试命题专家，参与全国教师资格考试试题的研制工作。2014 年，我当选为深圳市福田区首届首席教师和广东省第七届化学会理事，并被深圳市人力资源和社会保障局认定为深圳市地方领军人才。2016 年 12 月，我通过了中学化学正高级教师的评审。有幸进入中学“教授”行列，既让我欣喜，也让我惶恐。陕西师范大学杨乘印教授给我发来祝贺短信：“大学教授多如繁星，中学正高寥若晨星。你是为学问而生。在高手林立的广东深圳，这是真才实学的体现。”学界对我的认可和鞭策一直都是我前进的动力。

在化学教育界，我之所以能得到很好的发展，虽然和我个人的努力有一定的关系，但更得益于深圳“敢为天下先”的良好教研氛围，众多化学教育界先贤、同仁的提携、培养和支持。国家基础教育课程化学标准研制组负责人王磊教授，中国化学会化学教学专业委员会会长张健如教授，东北师范大学博士生导师王秀红教授，陕西师范大学化学教育教研室主任杨乘印教授，陕西师范大学博士生导师周青教授，广西师范大学化学教育教研室主任黄都教授，《化学教育》编辑部主任朱玉军博士，《中学化学教学参考》主编王军翔教授，广东第二师范学院化学系主任张秀莲教授，云南师范大学化学教育教研室主任孙晓春教授，广州市第八十六中学原校长李赤（吉林省特级教师），肇庆市化学教研员刘平（广东省特级教师），深圳宝安区化学教研员左香华（湖北省特级教师），深圳新安中学化学组组长周小凡（四川省特级教师），惠州市化学教研员谢本龙副院长，深圳市福田区红岭中学化学教研组组长杨昌华老师（广西壮族自治区特级教师），广东省化学名师工作室主持人于才老师（黑龙江省特级教师），深圳市化学名师工作室主持人刘伟基老师和杨晓琳老师，北京师范大学魏锐博士、宋万琚博士、李海刚博士等众多的化学界同仁给予我很多帮助，让我在化学教研路上不断克服困难，砥砺前行。

限于篇幅，我只叙述两个人对我的帮助。第一个是国家基础教育课程化学标准研制组负责人王磊教授。第一次见到王磊教授是在 2004 年 9 月，我刚上班的第一周，深圳市教研室通知我到南山区西丽参加高中化学新课程培训。我在会场远望这位中国化学新课程改革的领军人物，当时感觉她口才很好，讲话很精练。因为初来乍到，对深圳、对新课程比较陌生，我只是倾听、消化，没有和其他人交流。真正让王磊教授关注到我，是三年以后。2007 年 4 月，在海南三亚召开了全国第三届高中化学新课程教学成果交流会。福田区提交的化学课程改革成果无论从数量还是质量上都独占鳌头，引起了参会专家的关注。虽然我没有去参加会议，但王磊教授提议，为了表彰福田区对化学课程改革的贡献和引领，授予深圳市福田区教研中心“全国课程改革先进单位”的称号。当年暑假，王磊教授在课程改革实验区遴选全国化学新课程改革远程培训专家时，根据我的研究成果，在广东省选定了我，于是我和王磊教授有了近距离的接触。后来，我又参与了王磊教授领衔的《高中化学新课程 100 问》一书的编写工作。和王磊教授的每次交流和研讨，都让我获益良多。2016 年 12 月，王磊教授受北京市教委委托，开展北京市“名师工程”培训工作。北京市化学名师外出学习的第一站就是深圳市福田区，我们共同在红岭中学举行了化学同课异构和专家讲座活动，极大地提高了福田区化学教研活动的层次。王磊教授虽然是新课程改革的领军人物，但没有架子，平易近人，研究接地气，踏踏实实，做事大气，对基层化学教师的扶持不遗余力。论文、讲稿都和我们大家分享。近年来，王磊教授的北京师范大学专家团队与基层学校合作，帮助化学教师进行“高端备课”。我觉得，这也是一件功德无量的事情。

第二个我要说的是肇庆市化学教研员刘平老师。刘平老师是广东省特级教师，华南师范大学硕士生导师，是广东省最早评上的两位正高级化学教师之一。他从重庆江津调到广东后，一直在肇庆工作，成为广东化学教育界的领军人物。让我非常佩服的是，担任化学教研员多年后，他还能坚持给高中学生上课。2008 年 5 月，刘平老师受广东省教育考试院委托，遴选优秀教师组成广东省中考试题命制小组。他选中并推荐了我。在命题过程中，刘老师以他缜密的思维、求实的创新、表述的严谨，以及对课标和考纲把握的精准，赢得了教育考试院领导的赞赏和我们命题组老师的尊敬。从此之后，我们建立了亦师亦友的关系。每当遇到重要的问题，我总会向他请教，而他也总能做到诲人不倦，悉心指导。他为人朴实真诚，学术功底扎实深厚，永远是我学习的榜样。古人云："千里马常有，而伯乐不常有。"各位化学界"大咖"对我的扶持和栽培让我感动，也是我努力学习、工作的不竭动力。

在研究化学课堂教学的过程中，年轻时对化学课程和教学论的系统阅读给我提供了理论支持，而 17 年的一线化学教学经验给我提供了丰富的实践素材，一旦走上专职教学研究岗位，思想的岩浆就如火山一样喷涌而出。但随着时间的推移，我逐渐发现了我思维的局限性。思维定式让我研究的广度受到影响。于是，我实现了自己的第三次跨越——跳出学科看教育，回归学科求发展。我开始了比较广泛而系统的教育学学习，逐渐完善自己的教育学认知系统，从"学科"走向"课程"。从"广泛"的层面来说，近十年我去了北京大学、清华大学、华东师范大学、东北师范大学、陕西师范大学、华南师范大学、新加坡国立大学苏州校区、美国布朗大学等名校进行短期访问和学习。从"系统"的层面来说，2007 年，我以国家三门统考科目（英语、教育学、心理学）197 分的成绩，有幸成为西南大学教育学院的一名学子。在攻读教育硕士期间，我聆听了众多大师和专家的谆谆教诲，阅读了大量的教育类著作，视野得到开阔，理论水平得到提升。易连云、杨晓萍、伍叶琴、冯维、郭成、王德清、瞿堃等教授的课让我对教育的认识更加深刻。我的导师李玲教授在加拿大多伦多大学安大略教育学院获得博士学位后回国任教，悉心指导我的论文写作，让我的教育研究更加规范。我的毕业论文《新课程背景下发展性教师评价的理论与实践》受到教授们的一致好评。教育学院副院长朱得全教授评价说："这是近几年我们教育学院最好的硕士毕业论文。"这些广泛而系统的学习为我打开了一扇窗，让我感受到世界的广阔、教育的美好。步入中年后，多年的积淀与学习，使我的研究领域和看问题的视角更加开阔了。

《课堂提问深几许?》《常见教育界"谬误"言论剖析》《对中小学课堂合作学习的思考与实践》《对一个美国教授培训中国教师所用教学方法的整理》《古老的建筑　现代的内涵：来自美国布朗大学的见闻》《美国中小学"创新教育"之我见》等文章在各级刊物上发表。我撰写的课堂教学专著《理想课堂的构建与实施——一个教研员眼中的理想课堂》，于2010年4月由西南师范大学出版社出版。这是一本以课堂教学为中心，将教育理想与教学实践相结合，论述理想课堂构建元素与实施策略的教学专著。这本书没有华丽的辞藻和高深的理论，书中朴实无华的叙述和来自一线的真实案例凝聚着我对课堂教学的执着追求。国家基础教育实验中心副主任、东北师范大学博士生导师邬志辉教授亲自为这本书书写赠言："课堂是师生的生命际遇空间，是师生思想和情感聚会的场所。让一切可能得以发生，让无限丰富得以展现，这就是我对理想课堂的企盼。"这本书深受一线教师的欢迎，我接到来自全国各地教师的几十封来信，他们的赞扬让我受宠若惊。该书还被江西省上饶市确定为中小学教师职称资格考试用书。网上一位中学教师这样评论道："《理想课堂的构建与实施——一个教研员眼中的理想课堂》告诉我们一线教师课堂教学努力的方向，让我们在摸索和迷茫中看到光明。当今的世界缺乏理想，更缺乏为理想而奋斗的人。这本学术著作将引导我改变课堂行走方式，去实现自己的教育梦想。"我主编的《中小学课堂教学百问百答》，于2013年8月由江西高校出版社出版。该书对通过各种渠道收集的857个问题进行认真的研究和优化，合并了一些相近、相似的问题，剔除了一些价值不大或与课堂教学关系不大的问题，补充了一些当前课堂教学的热点问题，最后确定了最有代表性的150个问题，分为教学理论与实践、教学设计与预习、教学组织与管理、教学实施与评价、教学方式与转变、作业布置与复习六大部分。采取一问一答的形式，视野开阔，简明扼要；取材广泛，博而不杂；紧跟时代，讲究实用；书中精选的150个问题短、精、真，深思熟虑的150个回答简、明、实。《中小学课堂教学百问百答》因具有较高的学术性、科学性和较强的条理性、实用性，受到一线教师的好评。我主编的《中小学课堂“学”与“教”》，于2014年2月由光明日报出版社出版。《中小学课堂“学”与“教”》分为情景教学、互动教学、对话教学、自主学习、合作学习、探究学习、接受学习、网络学习、发现学习九个专题，从多个视角把教学理论与现代课堂教学的实际需求联系起来，阐述目前中小学课堂学习方式和教学方式的现状及思考，其最大的特点就是在“传承与创新”中思考与分析了诸多学习方式和教学方式的精华和不足，同时也更理性地帮助读者分析了如何让这些学习方式和教学方式更好地与实践相结合。当听到一线教师和相关专家对《中小学课堂教学百问百答》《中小学课堂“学”与“教”》的高度评价时，我觉得我的辛苦和付出是值得的，是有意义的。

在对教育学进行广泛而系统的学习、研究的同时，我开始扩大我的学术影响力的辐射范围。我分别在深圳大学师范学院和深圳城市学院开设了教师继续教育课程“新课程背景下的有效课堂教学策略”“理想课堂的构建与实施”，已坚持了7年共14个学期。我从一线而来，深知一线教师的需求。我在授课中穿插了大量的教学案例，和教师共同分析，得出结论。大容量的案例教学，受到了听课教师的欢迎，改变了很多教师对继续教育的态度。2012年7月，我被深圳市教师继续教育领导小组、深圳大学师范学院评为2010－2012年度深圳市教师继续教育优秀教师。我组建了一个以中小学副校长、主任为主要成员的教育科研团队，承担了深圳市教育科学“十五”规划课题“新课程背景下义务教育阶段教师评价的实践研究”，取得了一系列科研成果，在学校开展了非常有意义的教师评价实践。课题于2009年12月结题，受到了专家的好评。2011年9月，我的团队成为深圳市首批19个教育科研专家工作室之一。我们秉承“追求卓越、提升自我、区域辐射”的工作理念，以“研究、成长、辐射，做有历史责任感的教育领跑者”为核心理念，以“主动、严谨、创新”为工作要求，以中小学课堂教学方式研究为抓手，促进工作室成员课堂教学能力和教育科研能力的快速提升，为教师的专业成长搭建舞台、提供引领。工作室于三年周期内（2012—2014年）在课题研究、科研成果推广、工作室自身建设等方面取得了深圳市教育科研专家工作室和名师工作室的多项第一，成绩斐然。工作室形成了较为完善的规章制度，取得了丰硕的教研成果，提供了教育科研对教育实践具有指导作用的成功范式，探索出了教育科研团队成员专业快速发展的有效路径，实现了教育科研成果立足深圳、辐射全国的教育科研愿景。工作室研究课题“深圳市中心城区（福田区）义务教育阶段课堂教与学方式现状与对策研究”于2012年8月被广东省教育科学规划领导小组批准为广东省教育科研“十二五”规划2011年度研究项目。2015年12月，首届工作室研究成果荣获深圳市第三届教育教学科研优秀成果一等奖，是福田区唯一获得一等奖的课题成果。首届工作室在三年周期内培养出2名学校中层领导，5名市、区名师工作室主持人，2名区首席教师，2名深圳市优秀教师，2名广东省骨干教师，2名国家级骨干教师，为教师发展搭建了很好的平台。《新课程研究》《教育教学论坛》《深圳特区报》《南方教育时报》等报刊和深圳市教育局官网对我的工作室团队及研究成果进行了介绍和报道。基于信任和认可，深圳市教育局于2015年又成立了深圳市张玉彬第二届教育科研专家工作室。顺德北滘镇教育局于2016年9月成立了深圳市张玉彬教育科研专家工作室顺德北滘工作坊，将全镇16所中小学挑选出的“种子教师”委托我培养。应各高校、各地教育行政部门和教研部门的邀请，我进行了“教育革命与教学变革”“新课程课堂教学方法与策略”“课堂教学观察及评价”“课程建设与教学重建”“教育科研的基本方法和途径”“在校本教研中实现教师专业成长”“对美国基础教育与社会的观察与思考”“中美学校文化比较”“名师工作室建设的方法与途径”“教师职业发展规划与教师专业成长”“有效引领学生自主学习的课堂教学实践”“中外经典教育思想”等学术讲座，受到了各地教师的欢迎。认可、信任、欣赏，

2015年5月率领工作室团队
在湖南韶山向毛泽东主席铜像敬献花篮

是一个人发展最强劲的动力。我虽然已经到了“知天命”之年，但对教育事业的热爱和执着，使我不敢有所懈怠，想到自己的教育理想，想到领导和同仁对自己的信任和鼓励，想到这是我生命价值的体现，我感到幸福和快乐。

在深圳十余年，我遇到了很多有教育理想和教育追求的领导和同行。他们对我的工作给予了很多帮助和支持，他们为人的正直和真诚、做学问的求真和求实，影响着我的人生道路。很多领导、同事、朋友都成为我学习的榜样，例如，李贺春书记、刘玉新书记、李吉南局长、康素玲主任、陈祥俊主任、王玉玺局长、叶文梓院长、宾华院长、潘希武博士、李臣教授、张兆芹教授、于淑云教授、裴光勇主任、熊冠恒研究员、彭红玉博士、贾建国博士、郭其俊院长、徐素倪主任、嵇成中副院长、杨春生副院长、陶印宝老师、程光辉校长、徐连佳校长、柳金虎校长、王书斌校长、王华斌校长、程芳校长、肖萍老师、王建勋老师、胡立根老师、廖春风老师、余云德老师等。我由衷感谢我人生道路上遇到的各位良师益友，他们给我带来智慧和前行的动力，他们是一面面镜子，让我看到自己的不足，不断完善自己，做一个纯粹的人，做一个脱离了低级趣味的人。

限于篇幅，在这里我只记叙三个人对我的影响。第一个是福田区教研中心主任陈祥俊。陈祥俊主任担任基层领导近30年，正直、率真，每周坚持在学校听课，及时发现问题，扶持典型，我们很多教研员听课都没有他多。他强势推进课堂教与学方式的转变，在深圳市和广东省产生了很大的影响。作为教研中心的“掌舵人”，他对每个副主任、每个教研员都充分信任，努力让每个人的积极性和创造性都得到最大限度的发挥。

2009年国庆节，陈祥俊主任写给我一段话，从中可以看出他对课堂的认识和对教育的追求：“我在高中、初中、小学都做过校长，曾经不止一次地对老师们说过：人的生命只有一次，任何人都不可能说我这辈子，或者说我某个时段没有过好，我决定再来一次。人的生命能够再来吗？很显然是不可能的，因此，人的每一个阶段都是十分重要的，尤其是在青少年时代。作为老师，应该从生命的高度来认识我们所从事的工作，要让课堂成为焕发生命活力的能量场。也就是说，课堂中流逝的是时间，显现的却是生命的张力。这种生命的张力，不是三五位所谓“好学生”的，而是绝大部分学生，甚至是全体学生的。如果要达到这种状态，我想，对于人类进入工业化时代后在班级授课制条件下形成的传统的课堂，我们就必须进行认真的审视了。在传统的课堂上，教师自认为是全知全能者，因而，课堂上老师的教授代替了学生的知与行，学生处在被动接受的状态中。一个班级，少则 20 多人，多则近 60 人，学生的基础不可能整齐划一，教师为了完成进度，只能满足一部分学生的学习需求，于是，大部分学生成了陪读者。在这种课堂上，能有生命的张力吗？事实告诉我们，要想在课堂上真正凸显出学生的生命张力，就必须让全体学生都动起来。全体学生都能动起来的课堂，自然就不会是以老师讲授为主的课堂了。”陈祥俊主任永远是我学习的榜样。他对我的批评、鞭策和鼓励，我将永远铭记在心。

第二个是深圳信息技术职业学院的于淑云教授。于淑云教授是广东省中小学校长培训指导委员会委员、著名教育管理专家，是在广东省很有影响力的一位教育专家。其具有深厚的学术功底和高超的授课艺术，长期为深圳市校长培训班讲课，深圳市大部分校长都聆听过于教授的教导。我久闻于教授的大名和学术声望，但真正与其相识是在 2010 年左右。当时，于教授已经退休，被深圳市教育局聘为中小学教师继续教育首席专家，受市教育局教育科学研究院委托，对继续教育课程现状进行调研和评价。在没有提前通知我的情况下，她和其他两位专家走进了我在深圳大学师范学院的课堂，对我的课堂进行了观察和诊断。下课后，于教授向我做了自我介绍，并对我的课进行了鼓励性评价，同时提出了中肯的建议。让我没有想到的是，在后来的多个场合，于教授对我的教学大加赞赏。她的欣赏和称赞成了我努力的动力。任何授课，我都会仔细推敲和琢磨，尽量让听课教师能满载而归。后来，由于参加中航国际组织的“蓝粉笔”边远山区送教活动，我们有缘一起去贵州长顺、江西上犹等地，得以近距离地交流，让我学到很多东西。在于教授那里，我收获了永不停息、奋斗不止的精神力量。70 岁的老人，对事业的执着、对生活的热爱、对学习的专注、对弱势群体的关爱，给我们晚辈树立了一个榜样。

第三个是我的同事胡立根老师。胡老师早年在湖南担任团县委书记，后转入教师这个行业。虽然入道稍晚，但凭借自己的勤奋、努力和智慧，赢得了教育界的尊重，成为深圳市乃至广东省语文教学的领军人物。但胡老师总是对我说："我最大的缺点就是不勤奋，太懒了。"一个优秀教师，总是对自己高标准，严要求，善于反躬自问，反求诸己。迄今为止，胡老师的语文教学论文已经被中国人民大学书报资料中心转载了12篇，可见他的学术影响力之大。他虽然即将退休，但他的工作热情和对学术研究的执着追求，让人感到他还很年轻。他曾经借用一位专家的话，与我分享："年轻时和别人比拼搏，中年时和别人比智慧，老年时要和别人比胸怀。"仔细品味这句话，意义深远。胡老师不但在学术研究方面给我树立了一个标杆和榜样，而且为人谦和、低调、真诚，让我知道了什么是真正的名师和专家。

著名演讲家、教育家、书法家李燕杰教授曾赠予我一幅墨宝，上书："山阻石拦大江毕竟东流去，雪辱霜欺梅花依旧向阳开。"这副对联也代表着诸位教育界前辈对我的期望和鼓励。我将生命不止，奋斗不息！

张玉彬

2018年2月于深圳红树福苑

教育杂谈

德国哲学家、教育家雅斯贝尔斯在《什么是教育》一书中指出：“教育就是一棵树摇动另一棵树，一朵云推动另一朵云，一个灵魂唤醒另一个灵魂。”通过对教育规律的探索和认知，我们可以更好地把握教育本质。笔者从教三十年来，坚持不懈地学习、思考、实践、写作。本章从笔者多年的教育随笔中选取了二十篇短文，涉及教育观念、教育观察、教学实践、教学策略、教师发展等方面。

新课程不要拒绝“教书匠”

《现代汉语词典（第7版）》对“匠”的解释有两种含义，一是指工匠，二是指在某方面很有造诣的人。虽然工匠中也出现了李春、鲁班这些不朽的名字，但因国情所致，人们普遍对各种“匠”怀有轻视之意。对同样历史悠久的“教书匠”这一称谓，词典上的解释是指教师（含轻蔑意）。在轰轰烈烈的新课程改革中，很多领导、专家都要求教师不做经验型的“教书匠”，要做研究型的学者，要做高屋建瓴的教育家。潜台词似乎是新课程改革前教师是不总结教学经验，不进行教学反思，不进行教学研究，没有教育理想，只从事机械、简单、重复劳动的“教书匠”，现在已成为新课程改革的阻力。笔者对这一看法不敢苟同，将做研究型学者或教育家作为教师的努力方向固然没错，但对大多数教师来说，我觉得首先要做一个脚踏实地、热爱自己从事的职业、教学技能娴熟的“教书匠”。

“教书匠”和其他工匠一样，有敷衍和尽职之别，有蹩脚和优秀之分。如果不加区别，把“教书匠”当作墨守成规、不思进取、没有创新、全靠经验进行教育教学的一类教师的代名词是欠妥的，是骨子里对教师存有偏见和蔑视。不管是哪个行业中的优秀工匠，都一定善于总结经验、善于思考、善于创新。李春是隋朝的一个普通石匠，在修建赵州桥时，他和其他工匠一起认真总结了前人的建桥经验，独具匠心地设计方案，在设计和施工中创下世界桥梁史上的多项第一，把我国古代建筑技术提高到一个全新的水平。笔者认为，能做一个合格的“教书匠”是十分不容易的，做一个优秀的“教书匠”就更难了。《礼记·文王世子》中提出，“师也者，教之以事而喻诸德者也”；《师说》中提出，“师者，所以传道、受业、解惑也”。虽然新时代对教师职业要求有新的诠释，但教师的基本职业内容是不变的。要做好以上的要求，没有执着的追求，不加强学习、与时俱进，不付出艰辛的劳动是不可能的。如果你看不起“教书匠”，缺乏做好“教书匠”的热情，没有发自内心的职业情感，你就难以成为一个称职的教师，做所谓的研究型学者或教育家就只能是空中楼阁、海市蜃楼。

瑞士能成为世界钟表王国的一个重要原因是存在为数不少技术精湛、富有创新精神、受人尊重的钟表匠。瑞士学生完成九年义务教育即初中毕业后，约70%的毕业生进入职业学校（俗称徒工学校），毕业后成为各行各业的能工巧匠。瑞士在成为世界钟表王国的同时，也孕育了世界一流水平的金融、旅游、教育、酒店、机床、电子等行业。在瑞士，当一个优秀的工匠是很多青年的理想。而在我国，人们对工匠的偏见在现代愈演愈烈，这也是“教书匠”受到众多批判的深层原因。因为许多人认为，“匠”根本不能上台面，“教书匠”就是不求进取、当一天和尚撞一天钟、没有教学机智和热情的化身。叶圣陶是著名教育家，一生著作等身，但他谦虚地说自己首先是一个教师。这难道不会使当前众多不愿踏踏实实教书，却以专家、学者自居的“名师”们感到汗颜吗？

在不断深化的基础教育课程改革中，教学方式、教学内容等在不断发生变化。教师要不断调整自己的教学行为，不断总结自己的教学经验，才能适应变化不定的各种要求，才能成为一个合格的“教书匠”，进而成为一个优秀的“教书匠”。对教师来说，教学是一项扎扎实实的实践工作，教学经验是一个教师最宝贵的工作积累。要做一个让学生满意的“教书匠”，不热爱学生和教师职业，不善于总结自己和他人的教学经验是不可能的。但当前，某些教育界领导和专家在各种场合不厌其烦地催促教师要尽快转型，从经验型教师转为研究型学者，要做课题，写论文，出教育科研成果。很多学校把教师发表论文的数量、课题的级别与教师的评先、收入挂钩。由经验上升为理论当然不错，但要考虑教师的实际情况，如此“一刀切”的做法，只能逼教师“做”论文，出“伪”成果：东拼西凑，人云亦云，缺乏独立思考，忽略了本该记录、整理、反思的教学经验。时下，教师队伍中浮躁之风日盛，一心一意想做个好“教书匠”的人竟被视为没有理想的表现，这不是对教育的扭曲吗？

教师人人成为学者、教育家既是不可能、不现实的，也是没必要的。那就让我们首先做一个受学生欢迎、善于思考、勇于创新的“教书匠”吧！新课程不要拒绝“教书匠”！

教育界常见错误言论剖析

教育界有不少言简意赅的观点和提法，对引领教师的思想和推进课程改革起着促进作用。但同时也存在一些影响广泛的错误或部分错误的言论，或言论本来是正确的，却被错误地理解或使用。我们有必要对一些观点和提法进行认真的辨析，否则，将对教育工作贻害无穷。

一、“没有教不会的学生，只有不会教的教师”

这种言论虽然在一定程度上可以激发广大教师教育教学的信心，但更多的是给教师一个永远无法解脱的“紧箍咒”，摧残了教师的身心。由于把学生发展的责任简单地归结为教师的责任，忽视家庭、社会、学生自身的责任，对学生的自我认识产生误导，不利于学生主体精神的发挥，与新课程倡导的自主、探究、合作的学习方式背道而驰。

1. 过分夸大“教”的作用，忽视学生的“学”，是典型的唯心主义观点

唯物辩证法认为，外因是变化的条件，内因是变化的根据。外因通过内因起作用。学生的思想品德、学业成绩、技能技巧要提高和发展，最重要的是通过自我的学习和内化，外界因素（包括教师的“教”）的影响都是通过学生的“学”来实现的。而每个学生的情况都是不同的，这主要表现在两个方面：一是与学习内容相关的物质基础，比如教师硬要把华罗庚培养成一个运动健将，既不可能，也没有意义；二是学生对相关学习内容的兴趣，有些学生喜欢并擅长计数、运算，思维严谨、有条理，理科教师的“教”很可能取得良好的效果，但文科教师的“教”很可能效果就减半。虽然一个优秀教师可以培养学生的兴趣，但仍然无法替代学生自发的兴趣。

学生的发展、提高更多的是靠学生自己去体验、去探究的。“轮扁斫轮”的故事告诉我们，实践在学习中具有重要的作用。然而，传统的教育教学过分夸大“教”的作用，把“教”提到一个无所不能、至高无上的地位，因此导致了教师独霸课堂的局面，使课堂缺乏生机和活力。学生没有自主学习的机会和能力，何谈教学的高效？何谈“没有教不会的学生”？

2. 片面强调教师的作用，给教师的教育教学工作带来极大的压力

毋庸置疑，教师在学生的成长道路上起着重要的作用。但“没有教不会的学生，只有不会教的教师”把学生的失败完全归咎于教师，是不客观，也是不公正的。众所周知，影响学生身心发展的因素有很多，但最主要的是遗传素质、社会环境、学校教育以及作为个体的人本身的主观能动性。这四个方面的因素相互联系，共同作用于人的发展，从不同的侧面促进或制约人的发展的进程与质量。教师的“教”只是学校教育中的重要因素之一，是众多影响因素中的一种。

这一错误言论忽视了其他因素对学生发展的影响，对教师造成了莫大的精神压力，有可能使教师在受到社会指责的同时，一味自责，越来越不自信，甚至悲观沉沦；对学生的自我认识也是不利的，使学生认为自己的品行、学习、心理出了问题，都是教师的责任，都是教师“不会教”造成的，缺乏对自身思想和行为的反思；对家庭教育的健康发展也有着消极作用，既然学生发展的责任在教师，那家长就可以将教育的担子卸下，只要找个好老师就可以了。

二、“对于教师，教学方法比教师专业知识更重要”

这个观点产生的时间并不是很长，其产生可能与“授人以鱼，不如授人以渔”有关。在新课程推行教与学方式转变的今天，由于某些教育工作者的认识误区，又使这种观点得以强化。对于教师，教会学生掌握学习知识的方法比让学生掌握知识更重要；对于学生，学习方法比学习知识更重要，这是正确的。因为在知识大爆炸时代，知识不断更新、不断发展，人们对知识的学习是没有止境的，只有掌握正确的学习方法，才能不断地掌握新的知识。而教师在学校传授的知识是有限的，学生要掌握更多的知识，还要靠自己运用恰当的学习方法坚持不懈、持之以恒地学习。这并不意味着“对于教师，教学方法比教师专业知识更重要”。任何一种好的教学方法，必须基于教师对教学内容的准确把握。教师只有具备扎实的专业功底，才能将科学、合理、高效的教学方法发挥到极致。

一个合格教师除了具备一定的职业道德素养外，还必须具备一定的知识素养和能力修养。知识素养包括政治理论修养、精深的专业知识、广博的文化基础知识和必备的教育科学知识。能力修养包括语言表达能力、组织管理能力、教育教学能力、自我调控能力和反思能力。它们都是教学的基础，只有在具备扎实的知识和能力的基础上，科学合理地运用教学方法，才能取得良好的教学效果。传统课堂教学过于注重知识的传授，忽视教学方法的选择和合理运用；“满堂灌”“一言堂”“填鸭式”教学将知识的传授置于至高无上的地位，而忽视过程与方法。新课程实施以来，又出现了另一个极端，出现了重视教学方法、轻视专业知识的思想。一些年轻教师缺乏对本学科知识的深入研究和对教材内容的深入思考，无法灵活地驾驭课堂教学内容，一味地运用五花八门的教学方法，造成教学中对学生学习的误导。

“对于教师，教学方法比教师专业知识更重要”的观点是用一种片面性去克服另一种片面性，是从一个极端走向另一个极端，带有浓厚的功利主义成分。这种言论使教师的思想产生混乱，降低了课堂教学质量，不利于教师的专业化发展，不利于新课程改革的稳步推进。

三、“不要让孩子输在起跑线上”

这句话的本意是强调早期教育的重要性，但现在被误读为知识和技能的前移，窄化为升学的前奏，残酷地剥夺了孩子天真烂漫的童年，严重地摧残了孩子的身心健康。

1. 孩子的成长是有规律的，揠苗助长不利于孩子的可持续发展

《道德经》中有一句话：“企者不立，跨者不行。”意思是指踮着脚尖无法长久站立，跨着大步无法长远行走。这告诉我们做任何事情都要道法自然，不能急于求成。对于人的成长，一定要按人的成长规律去实施教育，超前教育、超负荷教育都是不可取的。而现实是“起跑线”被不断向前推移，专门为幼儿开办的各种兴趣班、提高班已经泛滥成产业，背唐诗、练乐器、读英语、学书法、学跳舞、学绘画等已成为很多幼儿的必修课程。在北京的公共外语考试中，可以见到很多参加考试的小学生，北京很多重点中学招生，也把“公共外语考试二级”作为报名资格。这种教育的实施忽视了孩子的年龄特征和心理特征，忽视了孩子的兴趣和发展，实际上是对儿童的摧残，是民族的悲哀。

2. 过分夸大“起跑”的重要性，弱化了“跑”的方向和过程

著名教育家吕型伟在《人生的起跑线在哪里》一文中指出：“看你跑什么。如果100米，起跑线很重要，如果跑一万米，跑马拉松，那么起跑线并不重要。人生又何止一万米?”吕型伟的观点很显然是正确的。人生漫漫，不需在起跑线上斤斤计较。北宋文学家王安石在《伤仲永》中介绍了一个名叫方仲永的神童，五岁便可指物作诗，天生才华出众，可谓起跑很早，但后天自己没有努力学习，就变得和普通人没有什么区别了。

“起跑线”是什么？仅是知识和技能吗？没有考上重点中学、重点大学或国外名校，没有一份高薪的工作就是人生的“输”吗？如果没有好的心态、好的品行，即使毕业于名校，即使腰缠万贯、声名显赫，非但自己没有人生的幸福，可能还会危害社会，更谈不上什么成功。

3. 对应试教育推波助澜，不利于素质教育的全面推进

该言论强化学生之间的竞争，尤其是中、高考的竞争，将愉快的学习演变为残酷的竞争。改革开放以来，学生的竞争由高中逐渐前推到初中、小学，现在已经到了幼儿阶段。残酷的竞争使孩子过早地失去了学习的乐趣，背上沉重的学业负担，不利于孩子学习兴趣的培养和智力的开发，是对应试教育的推波助澜。

素质教育是针对学生差异的教育，是在学生不同的基础上促使学生不同程度地全面发展的教育。而目前一些办学机构不遗余力地鼓吹“不要让孩子输在起跑线上”，引导家长将对孩子的教育窄化为知识和技能的教育，忽视孩子的个性特点和心理教育，忽视孩子创新思维和能力的发展，千篇一律地进行所谓“打基础”的教育。而“起跑线”的关键因素——健康阳光的心理，则没有引起家长和社会的足够重视。近年来，考入名牌中学或大学的学生的自杀现象日益增多，这正是片面追求“竞争”“升学”“出人头地”的结果。

“没有教不会的学生，只有不会教的教师”“对于教师，教学方法比教师专业知识更重要”“不要让孩子输在起跑线上”，这三种言论都具有片面性，应当及时对这些说法进行澄清与纠正，否则对教育教学的健康、和谐、持续发展是不利的。

挫折教育刻不容缓

很多孩子生活在以自我为中心的家庭环境中，过着衣来伸手、饭来张口的生活，缺乏吃苦和谦让的精神，缺乏勤奋和耐心的品质。他们的体质在下降，心理承受能力在减弱，意志和毅力在衰退。笔者不由得为我国未来建设人才的素质担忧。鉴于此，挫折教育势在必行，刻不容缓。

教育的投入和产出严重不成正比，这是因为人们在享受突飞猛进的物质文明的同时走入了教育的误区。随着经济的发展和生活水平的提高，很多家长不惜一切代价为孩子提供优越的物质条件；不顾孩子的兴趣和特点，无视孩子的成长规律，热衷于给孩子报各种兴趣班、特长班，想尽办法把孩子送进名校。孩子遇到一点困难和挫折，家长就非常心疼而越俎代庖。据调查，在深圳中小学，很多家长给孩子买名牌衣服和手机，这其实助长了孩子的虚荣心，对孩子的健康成长起着负面作用。这种教育带来的结果就是，成长道路上一旦遇到困难和挫折，孩子往往不能通过自己的努力积极主动地寻找解决策略，被困难和挫折击倒，从而成为失败者。更有极端者，觉得前途一片黑暗，生活缺乏意义，从而放弃生命。近年来，青少年自杀现象逐渐增多，成为教育界和全社会最为痛心的事情。

未来的世界充满着竞争。“物竞天择”“优胜劣汰”是每一个中小学生都会面临的问题。孟子云：“天将降大任于斯人也，必先苦其心志，劳其筋骨，饿其体肤，空乏其身，行拂乱其所为，所以动心忍性，曾益其所不能。”未来不仅仅需要知识和技能的较量，更需要意志和体力的较量，没有吃苦耐劳的精神和锲而不舍的毅力是不可能在激烈的竞争中获胜的。为了实现“中国梦”，为了下一代整体素质的提高，全社会，尤其是学校和家庭要抓好孩子的挫折教育，有意识地创设比较艰苦的条件，让孩子在与困难和挫折做斗争的过程中经受磨炼、受到教育，以提高他们战胜困难、应对挫折的能力。

“自古英雄多磨难，从来纨绔少伟男。”社会、学校、家庭应从孩子的未来发展出发，认识到实施挫折教育对下一代的重要性和必要性。孩子在成长路上遭受些磨难、遇到些挫折是正常的事情，家长和教师要鼓励他们不畏惧困难，勇于寻找战胜困难的策略；要像抓智力教育一样，抓好挫折教育，培养孩子与困难做斗争的勇气和能力，使孩子能深刻认识到挫折是人生道路上的必修功课，在战胜挫折的过程中才能得以成长。

教师和家长要根据孩子的不同性格，采取不同的挫折教育方法。例如，对性格懦弱的孩子，应帮助他们正确认识挫折。可以给孩子讲述名人或自己遇到挫折时如何战胜困难的故事。很多名人，像好莱坞巨星史泰龙遭受了导演 1300 次的拒绝，但他不气馁，每被拒绝一次，就认真反省、检讨、学习一次，然后再去寻找机会。他的努力和坚持最终感动了导演，也让他走向了成功。教师和家长也要教会孩子对待挫折的正确方法，和孩子一起分析挫折产生的原因，然后让孩子修正行为、继续努力，而不是代替孩子去完成。对娇生惯养的孩子，不妨让他受点冷落。教师和家长给孩子设立的目标要清晰、科学、合理，让他们依靠自己的努力战胜困难和挫折，从而获得积极的心理暗示。当孩子不能面对挫折时，教师和家长应以乐观的情绪感染孩子，鼓励孩子自己动脑动手克服困难，从而不断提高抗挫折能力。

引导孩子加强体育运动和劳动锻炼也是提高孩子抗挫折能力的重要途径。体育运动和劳动锻炼可以磨炼孩子的意志，增强孩子的体质。在挫折教育的实施过程中，还应循序渐进和持之以恒。

“宝剑锋从磨砺出，梅花香自苦寒来。”“不经历风雨，怎么见彩虹?”如果真正爱孩子，就不要让孩子成为温室的花朵，而应让他们历经磨难，在不断战胜挫折的过程中砥砺前行。

如何进行有效课堂提问

课堂提问是课堂教学中的“常规武器”，具有激发学生学习兴趣、启发和引导学生思维、调动学生学习积极性、增进师生交流、锻炼学生表达能力、提供教学反馈信息等重要功能。在新课程背景下，如何提高课堂提问的有效性？如何发挥其最大功能？这是很多教师都在认真思考的问题。下面笔者结合教学实践谈几点体会。

一、课堂提问的误区

1. 将提问当成传授正确答案的方式

在课堂教学中，一些教师在提问后只将目光盯在自己所期望的正确答案上，只要有学生能将这个答案说出，便对其他学生依然举着的手视而不见，继续自己的教学。比较恰当的做法是，教师此时可以让依然举手的学生回答，提出不同观点，然后引导学生探究，去伪存真，让学生认识到思考问题的正确思路是什么、自己的观点错在什么地方，这样不仅能让学生心悦诚服地接受教师的观点，同时能训练学生的思维能力，提高课堂效率。对于一些开放性问题，有时候学生的回答还可以对教师的答案起到补充作用。

2. “满堂问”，问题低级重复、漫无边际

新课程反对“满堂灌”，强调要充分发挥学生的主观能动性。有的教师在课堂上采用简单的问答式，一问一答，学生好像忙得不亦乐乎，但实际上学生的思维仍在同一水平上重复。一些课看似热热闹闹，学生能准确地回答教师提出的问题，但很少有学生能提出自己的见解。表面上看是师生互动，实际上是用提问的方式“灌”，直到让学生认同教师事先设计好的答案为止。其实，教师授课不在于多问，而在于善问、巧问。提问过

多、过滥，学生应接不暇，没有思考的余地，必然会影响他们对知识的深入理解和学习兴趣。

3. 提问只针对少数学生，不观察学生对问题的反应

教育应面向全体学生，课堂提问应有较大的辐射面，既要照顾点，又要照顾面，以点带面，培养学优生，转化学困生，全体参与，共同提高。教师在提问后应环顾全班，观察学生对问题的反应。当学生不能正确回答问题时，教师的提示与探询是必要手段。对学生答案中出现的错误或不确切的内容，或者思维方法上的不足，要及时给予提示或让其他学生补充。要善于运用探询的方法引导学生更深入地思考，给出更完整的答案，要运用追问、解释等方式引导学生回答，最终达到满意的效果。

二、课堂提问的设计

教师设计课堂提问时要做到问题精当、难易适度、思维含量高、切入点准确。

1. 问题数量要求少而精

教师要根据教学内容的特点，抓住知识的关键（重点、难点）与本质，运用归纳和综合的方法，尽可能设计启发学生思维的问题，避免问题过于烦琐或直白，以提高学生思维的密度与效度，达到以“精问”促“深思”的目的。

2. 难度控制要求适度合理

难易适度就是指问题要切合学生实际。一要切合学生的知识基础。如果问题要求的知识与学生已有的知识有密切联系，又有中等程度的差距，对集中学生注意力、动员学生积极思考最为有效，那么这个问题就属于难易适度。二要符合学生的实际水平。课堂问题的设计必须根据教学的需要，按照教学程序、课堂结构和学生认识发展的规律精心设计，由表及里，由浅入深，层层深入，环环紧扣，从而体现知识结构的严密性、科学性和层次性。教师设计的问题要让不同层次的学生通过积极思考都能解答。

3. 问题切入点控制要切中要害

教师要根据具体知识的性质和特点，结合课型在适当的环节设计问题。新知教学，要围绕教学要点设计问题；实验（动手操作）教学，要围绕实验原理、方法、结论推导设计问题；复习教学，要围绕知识的规律性、易混淆的知识点设计问题；习题讲评，要从思想方法、解题规律入手设计问题；等等。教师还要根据教学过程中学生出现的情况随机应变，在学生学习过程以及思维活动的疑惑处、受阻处、转折处、创新处设计问题，引发学生思考。

4. 适时而问，注意启发

课堂提问的目的，有的是为了强化学生对知识的记忆，有的是为了考查学生对已学知识的理解是否正确，有的是为了考查学生通过自学、思考得到的结论是否正确，有的是为了考查学生对知识的运用能力，但更多的是为了启发学生的思维，引导学生循序渐进、由浅入深地学习新知识，完成新的学习任务。教师要尽量避免“是不是”“对不对”这一类的无效提问，要精心设计一些具有拓展性、发散性和思维含量高的问题。依据教学内容和课堂进程的需要，有时候要创设新情境，设计新问题，巧妙设问，有时候要旁敲侧击，迂回前进，有时候要穷追不舍。

三、课堂提问的创新

课堂提问的目的不仅仅是要让学生“会答”，更要让学生“会问”。课堂要从教师提问向教师提问与学生提问相结合过渡。在教学中，教师要科学合理地设计和实施课堂提问，引发学生的认知冲突，发展学生的思维能力，在问题解决的过程中培养学生的问题意识，引导学生自己发现和提出问题。

1. 创造学生敢于提问的教学氛围

学生只有处在一种心理安全和心理自由的氛围中，才不会害怕表现自己，才能积极地思索问题、有效地发现问题、大胆地提出问题。培养学生的问题意识，教师具备提问的方法、技巧固然很重要，但更重要的是教师的教学观念。教师应该真正相信和尊重学生，为学生营造一种民主、开放、灵活的教学氛围，留给学生自主探究、独立思考的时间和空间，给学生多一些关爱、多一些宽容、多一些鼓励，允许学生犯错误，使学生相信自己有提出问题的能力，敢于大胆质疑。

2. 引发学生的认知冲突

课堂提问要有助于引发学生的认知冲突，给学生造成一种心理上的困境，驱使学生积极主动地进行知识的回忆和构建，诱发学生进行信息的收集活动和探索行为，帮助学生在探索新知的过程中产生新的问题。同时，学生在不断地分析问题、解决问题的过程中，逐渐将知识内化，形成自己的见解和观点，并且使思维能力逐渐得到提高，这有助于学生提出高水平的问题。所以，教师要科学合理地利用课堂提问，通过引发学生的认知冲突，发展学生的思维能力，促使学生有效地发现和提出问题。

3. 对学生提问进行方法指导

学生想问、敢问，却不一定会问。所以教师要给学生提供方法指导，使学生明白问什么、怎样问。教师可以教给学生对基本概念提问、对思维方法提问、对现实生活提问、对新旧知识的结合点提问、对实验提问等的方法，使学生知道从何处着手提问。教师还可以通过实例具体指导，就一个具体的问题引导学生多问几个“如何”，多问几个“为什么”，使学生掌握提问的技巧。教师也可以通过树立典型，对提出较好问题的学生进行表扬，并对其提出的问题进行分析，让其他学生知道问题好在哪里。通过方法指导，教师为学生提出问题搭建了“脚手架”，一开始学生可能是简单模仿地提出问题，久而久之，学生就会变得善于质疑，能提出高水平的问题了。

总之，教师的课堂提问既是一门学问，又是一种教学艺术。教师在教学中要努力研究学生的实际需要，紧紧抓住学生的求知心理进行设疑、导疑和释疑，只有这样，才能充分发挥课堂提问的教学功能，才能促进学生思维的发展和教学质量的提高。

谨防校本教研的异化

长期以来，由于教育行政管理体制僵化，评价方式单一，过分强调统一办学，盲目追求不符合学校教育教学实际的教研，因而忽视了学校的办学特色和教师、学生的个性，忽视了学校工作的中心——课堂教学，忽视了教师的专业化发展。当今，校本教研的理念被教育界同仁广泛认可。校本教研是促进教师专业化发展的必然要求，是在回归基础上的发展，是广大一线教师的迫切愿望。它将有利于创设教师之间互相关心、互相帮助、互相切磋、互相交流的学校文化氛围，使学校不仅成为学生成长的场所，同时也成为教师成就事业、不断学习和提高的学习型组织。

笔者调研了近年来广东、江西等地十余所学校的校本教研推进情况后感到担忧，很多一线教育工作者认为校本教研是“穿新鞋，走老路”，在实施推进过程中产生了异化，背离了校本教研的初衷。

一、理论的神秘化

随着校本教研的提出，各种校本教研理论、校本教研课题、校本教研操作模式、校本教研流程、校本教研制度体系、校本教研培训应运而生。相关专家到处应邀讲学，却缺乏实操性指导，缺乏理论与学校教育教学实际的有效对接。很多长期工作在一线的优秀教师感到迷茫，面对眼花缭乱的校本教研培训感到力不从心、无所适从，好像多年来的教学研究不是校本教研，要重起炉灶。

笔者认为，一个一线优秀教师的成长一定是长期进行校本教研的过程，一定是长期自我反思、同伴互助、专业引领的结果。一线教师和基层教研员的长处就是直接面对学生，开展有效的课堂教学，是真正的校本教研专家。试想，在知识日新月异、信息变化万千的二十一世纪，脱离了互助和专业学习，那就难以成为一个合格的教师。其实，校本教研并不是什么新出现的东西，广大教师在教学实践中都在长期自觉或不自觉地运用，当然由于学校和教师个体的差异，教师校本教研的层次和程度不同，方法相差较大，学校校本教研制度建立和完善程度也不同。不可否认，在新课程背景下，校本教研又有了新的使命和内涵，需要一定的理论研究，但不能高深化，而要强调校本教研是一种回归，是一种发展，而不是重建。新课程专家要深入学校、深入课堂，找出学校教学研究中存在的问题，帮助学校建立务实高效、切实可行的校本教研制度，帮助教师调整校本教研的方式。教育行政部门和学校要给教师“松绑”，使教师有充分的时间进入教学研究状态，反思自己的教学研究是否科学、合理。

二、形式的功利化

自时任教育部副部长王湛强调“建立以校为本的教研制度”是课程改革的重点工作以来，一些学校几乎所有的工作都和校本教研挂上了钩，所有的工作成绩都是重视校本教研的结果。学校领导不组织教师开展丰富有效的教育教学研究活动，不注重教师的专业学习，一些教研部门、课改专家不深入学校，解决校本教研的实际问题，却抓住了校本教研这个新的“卖点”，醉心于文字游戏，热衷于创建国家级、省市级“校本教研基地”“校本教研示范校”，创建名目繁多的校本教研组织，带有明显的功利性。更有甚者，为了展示学校的“校本教研”成果，教师和学生多次“彩排”。推广好的校本教研经验是必需的，但不踏踏实实解决教育教学实际问题仍然无济于事。形式上热热闹闹、轰轰烈烈，急功近利、做表面文章、走过场的现象在今天仍大有市场。曾几何时，倡导“科研兴校”，学校兴起一股课题申报热，学校、区县、省市、国家级课题铺天盖地，而真正去落实、去开展研究的课题却寥寥无几。前车之覆，后车之鉴。笔者发自内心地希望校本教研要多务实、少务虚，从学校实际出发，依托学校自身的资源优势和特色进行教育教学研究，不断改进教育教学方法，提高教师的专业素质，提高学校的教育教学质量。

三、行动的任务化

校本教研所从事的研究活动主要是指教师与自身教育教学行为的“对话”，所研究的是教师自身教育教学中所产生的实际问题、具体问题，是学校发展的自我觉醒、自我开发、自我提升。实质上，校本教研植根于学校的教育教学活动，贯穿于学校教育教学活动的过程中，并为所有的教师所体验、所认同，其研究的成果将逐步沉淀为学校的传统和文化。而在校本教研实施过程中，部分教育行政部门和学校不从教师实际出发，不了解教师的个体需求，盲目地组织一些教研活动。不可否认，这些教研活动具有一定的作用和价值，但由于没有基于教师的实际，教师只能被动地接受任务，导致校本教研的效果被弱化。学校领导、教研人员、专家要深入基层，了解教师在教育教学中遇到的问题及其在新课程实施过程中遇到的困惑，帮助教师把教育教学工作中存在的突出问题梳理出来，有针对性地组织开展适合本校、本地区实际的各种校本教研活动，制订出解决问题和改善现状的方案，然后用实践去验证。校本教研的目的是研究问题，而不是完成任务。只有教师变被动地接受任务为主动地参与和配合，真正成为校本教研的主人，才能实现真正意义上的校本教研的目的。

四、范围的狭义化

部分基层教育工作者认为“校本教研就是在学校中进行的教研活动”“校本教研就是学校的教研组活动或备课组活动”，这种对校本教研的理解停留在表层，将校本教研的活动范围缩小，误解了校本教研的实质。有些学校的校本教研活动流于形式，制度不全，方式不一，内容不定，没有中心，因而收效不大，没有体现真正意义上的校本教研。校本教研的真正内涵是行动研究。学校应重视建立在个人钻研、集体研讨、专业引领基础上的校本教研文化。随着新课程改革的实施，教师必然遇到各种各样的问题，仅靠学校内部教师之间的交流和互助是明显不够的，他们迫切需要的是更广泛、更深入的沟通与交流。地区间的教学研究和学校之间的合作、交流体现了其独特的价值。教研人员、学校领导要切实担负起理论指导的责任，引领教师开展广泛的教学研究工作，要服务于教育教学、务实求真、兼容并蓄、多元协同、适应需求、讲求实效，和教师一起以先进的教育理论为指导，对教学进行诊断与评价、研究与分析，经过反复探索和实践，把新的教育理念真正落实到教师的教学行为中。学校和教研部门要为教师提供具有针对性的学习资料，引导教师积极参与研究，做好研究工作，并总结推广，最大限度地实现教学资源的共享，同时组织教师参加各种不同类型的教研活动，吸收先进的教学经验，促使教学质量不断提高，缩短地区之间、学校之间的差距。

五、供需的脱离化

专业引领是开展校本教研工作的三大要素之一，而专业引领很重要的一项内容是教师培训。目前教师培训在新课程改革中显得尤为重要，但培训的重复低效也是一线教师普遍的感觉，往往是充满希望而来，带着惆怅和无奈而归。究其原因，就是提供的培训内容和教师的需求相差甚大。教师急需专家、学者帮助他们解决教育教学实际问题，而不少专家、学者重理论、轻实践，重宏观、轻实例。范围大、内容空、案例虚已成为教师培训的通病。笔者听了相当数量的关于新课程的培训报告，不少报告在不同场合、不同时间，针对不同的听众和地区，内容都是千篇一律的，一般都是告诉大家国内的课程“繁、难、偏、旧”，需要改革；世界各国课程改革形势；我国课程改革的形式和任务；新课程（新课标）介绍……而从不顾台下教师的需求，没有针对一线教师在教育教学中遇到的实际问题，缺乏解决问题的具体策略。培训能否以教师需要为本，多点务实和实例，多了解点基层实际，多点理论联系实际，多点和一线教师的沟通，从而提高培训的实效性？

校本教研是深化课程改革的关键，必须体现以教师为本、以学校为主体。学校领导和各级教研部门、教育行政部门、高校专家只是服务者、合作者，必须尊重教师的工作实际，尊重教师的辛勤劳动，要从行动要求、保障措施等方面着手，努力为教师的行动研究创设空间、搭建平台。我们必须进一步明确校本教研的真正内涵，端正思想，脚踏实地，规范行为，进行有效的研究活动，使校本教研在原有基础上能健康地发展。

深圳课程实施的两个问题

深圳的教育是否与一个国际化大都市相匹配？由于发展的历史短，高等教育相对薄弱，近几年虽然有所改观，但仍远远落后于北京、上海、广州等城市。深圳的基础教育是否可以异军突起？是否可以成为中国基础教育的一面旗帜？深圳市民和市政府对此都给予了厚望。虽然有着政府每年巨大的教育投入和在全国招聘的各类教育精英，虽然在解决外来人员子女入学、教师队伍建设等方面做了大量的工作，体现了深圳教育的担当和责任，但我觉得要达到“办人民满意的教育”的目标，还有相当长的路要走。

我从2012年亲自经历的两件事的侧面管中窥豹，希望深圳市政府和相关教育部门能发现和正视自己的问题，从而更好地提升教育品质。

2012年上半年的一天上午，已退休的深圳市福田区教育局黄孔晨副局长找我了解深圳市物理、化学、生物实验的开设情况。总体来看，深圳市的实验开设率偏低。究其原因，我分析有这样几点：一是“一切为了考试”的功利主义，实验习题化、考点化，实验只讲不做，照样可以考高分，而且节约时间；二是学校领导缺乏对实验的重视，实验员配备不合要求，实验室缺乏规范管理；三是仪器、药品采购过程不透明，仪器和药品不符合要求，使一些实验不能正常开设。很多学校配备了数字探究实验室，将基于传感器的计算机实时数据采集、基于计算机数据处理软件的计算机建模和图像分析等技术引入化学、物理、生物实验室。这本来是件好事，但一个实验室整套设备配备下来，需要花费几十万以至上百万元。最重要的是，配备好的数字探究实验室的使用率非常低。久而久之，很多学校就不再使用数字探究实验室了，有些甚至变成了学校仓库。

科学实验不仅在物理、化学、生物教学中有着举足轻重的作用，而且对学生的可持续发展和未来发展、对培养创新性人才有着重要意义。但我在多年对课堂教学的调研过程中发现，在深圳相当数量的学校中，科学实验不被重视，少开甚至不开是非常普遍的现象。科学实验教学被学校和教师漠视的现象非常普遍，不但学生没有机会去操作，教师也不愿意进行实验操作。对于应试教育来说，讲实验过程、放实验录像、做相关习题是一种更为高效的教学手段。很多教师重知识讲解，轻动手操作；重多媒体展示，轻实验观察；重分析实验原理，轻体验实验过程。在深圳，某个重点中学的学生在高中三年学习期间竟然没有进过物理实验室做过一次实验。我曾经对一个工作了五年的初中生物老师说："教材中的实验，你参加工作的开始几年，最起码自己都要做一遍。如果你现在不做，以后成为老教师了，更不会去做。连自己都不能去做，何谈让学生去做！"这种现象的出现与实验设备不齐全、药品不够有一定的关系，但更重要的是急功近利思想在教育教学中的体现，不少学校领导和教师认为开设实验浪费药品、时间和精力，在应试教育上事倍功半、得不偿失。看到这些现象及其背后的本质，我为科学教育的未来发展而担忧。

近几年，深圳市教育局也认识到实验教学中存在的问题，于是提出中考加考实验操作。这种重视当然是一件好事，但用考试来解决问题，可能治标不治本。我觉得更重要的是要加强常规教学的规范性，促使学校和教师对实验教学有正确的理解，认识到学生的动手操作、实验探究、过程体验对学生终身发展的价值和意义。

另一件也是发生在2012年上半年的事情。我去深圳市教育科学研究院开会，研究综合实践活动课程的开设工作。整个会议的中心话题是各区、各直属学校课表里每周排了几节课来对综合实践活动课程是否开设做判断。我觉得很多到会人员缺乏对这门课程的基本认识。目前，很多学校在开设综合实践活动课程方面存在这样一些问题：一是综合实践活动分为几个方面，这几个方面的发展是不均衡的，其中研究性学习相对薄弱。需要注意的是，我们不能因为研究性学习的薄弱而否定整个综合实践活动课程。二是把地方课程、校本课程与综合实践活动课程混淆起来。三是认为研究性学习是教师讲课讲出来的，按统一教材开展教学。这种做法是错误的。学校应让学生充分接触社会、接触自然、接触生活，从生活中来，回到生活中去。方法指导、开题、结题可以在课堂上进行，而更多的课程实施应在图书馆、博物馆、名胜古迹、自然保护区、工厂、农场、商场、部队等场所进行。综合实践活动课程的特殊性，不能一味教条地强调一周在课表里排了几节课。

综合实践活动课程对中小学生有着重要的意义。在活动过程中，学生掌握科学的研究方法，学会调研、查找资料、交流与合作，学会学习和生活，学会关心社会和他人，最终实现责任担当、实践创新，促进学生核心素养的发展。

在深圳，很多学校都开设了综合实践活动课程，但是只有小部分学生在做，而不是全员参与，与国家必修课程的要求不符合。要解决这个问题，首先要求管理者更新理念，只要管理者意识到位，解决这个问题不是难事。另外，广东省也有文件指出，要把环境教育、廉洁教育、国防教育、艾滋病教育等纳入综合实践活动课程或校本课程中，我认为这是可行的，我们完全可以以这些内容为载体进行研究性学习和社会实践。

正视问题，谋求改进，这是我们应该有的态度。我坚信，深圳基础教育的明天会更加美好！

一个教研员眼中的美国教育

布朗大学位于美国罗得岛州普罗维登斯市，是美国历史上第七所大学，也是著名的常春藤联盟成员校之一，其本科教育占据世界领先地位。2011 年 9 月—11 月，笔者有幸参加了深圳市教师赴美国布朗大学学习班。在学习过程中，将一些记录和感悟整理出来，与各位教育界同仁分享。

古朴典雅的布朗大学

布朗大学校门

从我们入住的酒店步行到布朗大学大概需要 10 分钟，一路爬坡上行，很快看到了那扇众多学子盼望进出的校门。校门建造于 1876 年，古朴典雅，虽称不上气派，但它的人文魅力让人倾倒，不管是入学踏进这扇门还是毕业走出这扇门，布朗大学的学子都感到无比自豪。

美国的大学通常是没有围墙的，大学校园与社区连成一片。附近居民随时可以漫步其中，呼吸学校的人文气息，也可以分享学校的文化、体育设施。虽然布朗大学的校门现在已经没有什么实际意义了，但它被赋予了布朗大学的人文精神，蕴含着深刻的历史和文化意义。它常年关闭，一年只开两次：一次是为刚入学的新生，进了这扇门就是布朗学子，希望他们要以学校为荣；一次是为毕业的学生，出了这扇门就是布朗毕业生，鼓励他们要为母校争光。

布朗大学校门后面的“大学楼”是一栋英国乔治王时代的四层建筑，建于1770年，已经有240多年的历史，是布朗大学最古老的建筑。漫步在布朗校园中，随处可以看见历经百年风霜的建筑，例如，建于1881年的塞尔斯楼、建于1879年的斯莱特楼、建于1830年的马多克校友中心、建于1864年的教师俱乐部、建于1885年的人类发展研究中心、建于1904年的约翰·卡特·布朗图书馆。这些建筑历史悠久，楼层都不高，也谈不上豪华。要说比较现代一些的就是建于1970年的十三层高的自然科学图书馆了。虽然美国历史短暂，却能让你随处感受到浓重的历史气息。

我们学习的地方在教育学院办公楼——巴拉斯楼，该建筑建于1885年，是一栋非常简陋的二层小楼。院长办公室、教授办公室、会议室、楼梯、走廊、洗手间都十分简陋和朴实。楼梯很窄，两人无法并行，如果相向而行，在相遇时，要侧着身子才能避免相碰；走廊两边的墙壁上有几个橱窗，张贴着学院的工作安排、学术活动介绍、教师最近公开发表的科研成果；除院长办公室面积稍大以外，教授的办公室都很狭窄，除了大量的书籍、一台电脑、一张办公桌、一把椅子以外，就没有多少空间了；会议室和普通教室的大小差不多，几张桌子拼在一起形成会议桌，三十多把椅子围成两圈，一个半人高的讲台供演讲者放电脑，但没有给演讲者提供椅子，墙上挂着约翰·杜威和泰德·斯瑞的画像，表明这两位教育家对美国教育的影响；一楼过道两边分别有两个洗手间，没有男女之分，因为空间小得只能供一个人使用，里面挂着我们早已经淘汰的白炽灯泡；复印机等办公设备都放在走廊里，没有专门的工作人员，教授和研究生都是自己复印资料。

对比国内很多大学豪华的校舍和气派的校门，我联想到两句话：一句是曾任清华大学校长的梅贻琦先生说的“所谓大学者，非谓有大楼之谓也，有大师之谓也”；另一句是曾任哈佛大学校长的科南特说的“大学的荣誉，不在它的校舍和人数，而在于它一代又一代人的质量”。

对教育充满危机感

布朗大学的 Luther Spoehr 教授为我们讲授了“美国公立教育的历史”。

美国虽然在经济和教育领域都走在世界前列，但充满危机意识，这是值得我们学习的。1958 年，美国出台《国防教育法》，联邦政府第一次为教育提供基金，并要求把教育的重点放在数学和科学的教学上。1965 年，美国颁布实施《初等和中等教育法案》。20 世纪 80 年代，美国政府又出台文件《一个国家面临危险》。文件指出：美国正面临危险，美国在商业、工业、科学和技术创新上一度无人能挑战的卓越地位正在被来自世界各地的竞争者超越。里根总统指出教育在美国生活中处于核心地位。1994 年制定的《2000 年目标：美国教育法》提出：高中毕业率至少要提高到 90%，美国学生要在数学和科学的成就上成为世界第一。

1997 年，克林顿总统敦促制定国家课程标准，到目前已出台从幼儿园到高中各年级的英语、数学、科学的教学标准。2001 年，布什总统签署《不让一个孩子掉队法案》。联邦政府要求各州政府必须对主要学科进行统考，所有公立学校注册学生都要参加。至此，从三年级开始，数学、英语、科学每年都要进行州统一考试，学校考试成绩登报公布。如果学校连续达不到标准，政府将采取包括关闭学校在内的一系列措施，以促进学校提高办学水平。

中小学课程设置多元化

在布朗大学学习期间，我们参观了罗得岛州、马萨诸塞州、康涅狄格州的 17 所中小学校，有公立学校和私立学校，包括公立学校中的特许学校和职业学校、私立学校中的教会学校和贵族学校。这些学校在课程设置上都有一个共同的特点，即除了州政府规定的统一课程外，都有自己的特色课程。各学校从学生的兴趣和本校的特点出发，设置了与众不同的课程。有 AP 课程、IB 课程，以及各学校自主开发的校本课程，呈现出多元化的特点。例如

Wheeler School 外语课除了开设有 AP 课程的西班牙语、法语、汉语、日语外，还根据学生的兴趣开设了韩语、阿拉伯语、俄语等十门外语课程，对于个别能力特别强的学生，还介绍其到其他学校或高校上课。被奥巴马和比尔·盖茨赞赏的 The Metropolitan Regional Career and Technical Center 没有普通意义上的必修课程，而是从学生的兴趣出发，对学生提出合理建议，让学生根据自己的兴趣选择相关课程，也就是说，学生选学的课程完全由自己决定，教师所采用的教材和教法也都围绕学生的兴趣展开。此外，学校与社会有关单位联系，学生一周有两天的时间进行实践学习。教会学校 La Salle Academy除了数学和拉丁语两门课按科目分科教学，其他课程都是按照学生所研究的课题进行跨学科的综合性教学。比如，在教授学生美国历史这部分知识的时候，由历史教师、英语教师、社会学教师共同承担同一课题的教学，让学生从多角度学习和了解相关内容，这种课程设置体现了这所学校所倡导的开放性教学和多角度教学的独特教学理念。

而我国的中小学课程开设大都缺乏自己的特色。虽然 1996 年国家教委颁发的《全日制普通高级中学课程计划（试验）》初步提出了国家、地方、校本三级课程管理的构想，新课程改革也把校本课程建设作为课程改革的重点工作，明确指出学生高中三年必须修满 6 个校本课程学分才能毕业。但在学校实际工作中，学校对国家课程，特别是中考、高考科目课程的重视程度很高，而对非中考、高考科目的国家课程及校本课程没有给予足够的重视。在我国，很多学校管理者还缺乏校本课程开发意识。笔者认为，根据学生和学校的实际情况创建优质的校本课程是学校课程建设的一项重要内容，必须引起学校管理者足够的重视。

教师职业不是铁饭碗

到达普罗维登斯市的第二个晚上，布朗大学教育学院为我们举行欢迎宴会。美国方面参加的人员除了为我们上课的教授外，还有三位官方人士——普罗维登斯市市长教育助理、地方学区学监（教育局局长）、布朗大学国际交流中心主任。在和他们的交谈中，市长教育助理 Angela 女士的谈话引起了我极大的关注。Angela 谈到由于遭遇可怕的预算赤字，政府的费用异常紧张，很多城市不得不关闭部分公立学校。在普罗维登斯市，近两年关闭了五所学校。正如在饭桌上一位布朗大学教授说的，美国是藏富于民、藏富于企业，而政府到处借债。这也是美国出现公立学校不如私立学校这一社会现象的原因之一。

关闭学校，必定造成部分教师下岗。2011 年 3 月，普罗维登斯市市长向该市所有公立学校的 1926 名教师发出终止合同的通知，然后重新择优聘用，引起了广大教师的示威游行。

普罗维登斯市教师在市政府前抗议、游行

第二天，我就教师下岗的问题专门请教了陪同我们学习的布朗大学老师黄驾平。黄老师告诉我，一般情况下，教师只要转为正式教师，即使表现很差，学校也比较难解聘。这主要是因为教师工会对校长的制约作用很大，教师工会都是由一些能力很强、能言善辩、熟悉有关制度和法律的人组成，极力维护教师的权益。但是由于近年来美国经济不景气，关闭公立学校的现象在各州都存在，所以就出现了统一解聘全州或全市教师，再重新聘任的事情。虽然遭到教师工会的极力反对，甚至示威游行，但政府态度很坚决，总统和联邦政府教育部也支持这一做法。但黄老师又告诉我，教师下岗后只要不懒惰，重新找份工作还是没有问题的。

每个人都说出来

为了能迅速提高我们的英语听说能力，布朗大学安排了 Amy 和 Lisa 两位老师晚上给我们辅导英语。

两位老师告诉我们，不管我们的英语水平如何，都必须讲出来，她们会用便签记录我们所犯的错误，等我们离开布朗大学的时候，可以将便签上的内容印在衣服上，永远牢记。

第一次教学，老师让我们两人一个小组，用英语互相介绍自己的基本情况，然后每个人再向全班同学介绍自己的伙伴。Amy 称之为“Peer introductions”，包括以下几项内容：名字、昵称、出生成长地、任教学科和年级、个人爱好和习惯、参加这个项目的原因、希望自己达到的目标。这个项目对英语口语和听力较差的同学来说确实是一个挑战，不仅要用英语告诉同伴自己的情况，还要向全体同学介绍同伴的情况。但最后的结果是，英语最差的同学都大胆讲了出来，让大家感到吃惊。其教学效果让我们感受到合作学习和学习共同体在课堂教学中的魅力。每个人都讲出来，每个人都参与到课堂学习中，这不正是我们的课堂教学所要追求的目标吗？我们在提高英语水平的过程中，教育教学理念也在悄悄地发生变化。我们的副班长是一位四十多岁的语文教师，已经多年没有接触英语了，但在同伴的帮助下，进步很大，获得了一致称赞。

残障学生得到真正关爱

布朗大学的 Maureen Sigler 教授为我们进行了题为“残障学生与特殊教育”的讲座。

美国以法律的形式保障残障学生享有与普通学生同等的受教育权，让残障学生与普通学生同校，以使他们更好地融入社会。学校不得以任何理由拒绝残障学生入学，而且要根据每个残障学生的不同情况制定 IEP（残障学生个体教育计划），采用有针对性的教学方法促进这些学生进步。制定 IEP 会议要求家长参加，教师和教育、心理、健康方面的专家与家长共同商讨合理方案。

美国教育中有一种与我们差异较大的思维，就是当学生学习困难时，教师往往从自己身上找原因，看是不是自己采用的教学方法有问题。教师必须针对不同的学生采用不同的教学方法，尤其是面对残障学生的时候，更要对教学方法进行研究。

在访美期间，我遇到一位原来在深圳高级中学任教的教师。这位教师来美国已经十年了，如今在肯塔基州的一所学校教中文。和她聊起美国残障学生的教育问题时，她非常感慨。她告诉我，美国对残障学生的投入是巨大的，不但学校的建筑有残障学生特殊通道，学校还针对每个残障学生制定特殊的教学计划，并有专门的教师对残障学生进行教学。她所教的班级有一个高度智障学生，学校专门派一位教师照顾他的生活。

美国公立教育体系没有专门为残障学生设立的特殊学校，但存在私立性质的特殊学校。残障学生必须经过严格的程序，由权威机构进行鉴定后，方可进入这种学校。

美国“coach”[①] 与中国教研员

2011年9月—11月，笔者在美国布朗大学进行访问学习。学习期间，布朗大学教育学院院长 Kenneth K. Wang 教授在“美国地方学校行政”的学术讲座中多次提到美国很多州在地方学区和学校设置“coach”岗位。担任“coach”的教师有着丰富的教学经验，大多数是专职，主要工作是指导一线教师教学，帮助一线教师解决教学中的实际问题，其岗位性质类似于我国各级教育教学研究机构的教研员。这个话题引起了我浓厚的兴趣，因为我一直认为教研员是我国基础教育中所独有的岗位，没有想到美国基础教育中也有类似的岗位。为了研究其基本情况，我走访了有关学者和学区、学校领导以及担任“coach”的教师。现对其基本情况进行介绍，期望对我国基础教育的教研员制度能起到指导作用。

一、基本情况

美国中小学的“coach”和我国的教研员一样，一般没有班级教学的具体任务，专门从事中小学教学研究、指导和培训工作。具体职责就是帮助教师改进教学策略和方法，提高教师的教学技能，促进学校不断提高教学质量。在形式上注重研培一体，将教学研究和教师培训有效地结合起来。这些专职教师一般都具有丰富的一线课堂教学经验和深厚的教学理论素养，在学校具有较高的学术威信和良好的声誉。

美国中小学的“coach”制度是美国提高中小学教师教学水平和课堂教学质量，特别是培养年轻教师、改造城市薄弱公立学校的重要举措。但各州对这一制度的重视程度和实施方案不同。2001年布什总统签署《不让一

① “coach”可翻译成“教师指导”或“教师教练”。

个孩子掉队法案》以后，由于各州相继进行数学、英语、科学的统考，所有公立学校注册学生都要参加，并且登报公布学校的考试成绩，“coach”的重要作用越来越得以体现，也越来越被学区教育委员会和学校重视。笔者所参观访问的罗得岛州、马萨诸塞州、康涅狄格州的一些公立学校都设置了“coach”岗位，在管理和招聘上有两种形式。一种是由地方学区直接管理，包括聘请、制定待遇标准、提出要求、发放工资。一个“coach”可以在一所或几所公立学校工作。在罗得岛州普罗维登斯学区就有30个左右的专职“coach”为所在学区的公立中小学教师提供指导和服务。他们被派到一所或几所学校，为新教师提供指导和随堂辅导，和新教师一起写教案、设计活动，并且还上示范课。每位“coach”都必须和新教师搭配，新教师任教的学科和年级大致都和“coach”的经验与能力范围相吻合。另一种是学校直接聘请，待遇和要求由所在学校决定。校长根据自己的专业判断，找出若干名专职“coach”，由学区负责统一培训。这些“coach”只为本学校教师提供指导和服务。学校聘请多少这样的教师，要看学校教师队伍的实际情况和学校的经费状况。如果新教师较多，经费又允许，每个学科都可以配一名“coach”。“coach”的工资待遇一般高于普通教师。不管哪种形式，“coach”一般都长期在学校观摩课堂，进行校本研究，指导教师开展课堂教学。与我国的教研员有所不同的是，“coach”对学科性不是十分强调，更强调课堂教学方法和教学技巧，也就是“教”与“学”的普遍规律，如示范说课，组织教师共同研讨教材和学生，帮助教师设计课堂中学生的活动、整合不同的教学资源、运用不同的教学工具，而对我国的教研员花费很多时间的试卷命制、备考复习指导、课题研究工作则很少涉及。在罗得岛州，一位担任过七年英语阅读“coach”的教师Susan Martin向我展示了她多年对阅读课的活动设计，厚厚的四大本，长达上千页，让我看到了一位“coach”的勤奋和智慧，看到了美国基础教育对学生学习活动的重视。

美国大多数学区非常重视“coach”素质的提高。“coach”除了在学校的工作外，另一个重要的工作就是接受不同内容的培训。例如，如何进行数据评估分析、如何把握和教师的谈话技巧、如何营造学术氛围等。事实上，“coach”要对学校不同年级、不同学科的教师进行引导和培训，仅仅依靠个人的学识和力量往往是不够的，所以“coach”要经常与教师进行沟通，了解和发现某位教师在某方面的特长和优点，然后向其他教师推荐，引导其他教师去观察和学习。这种形式实际上是在“coach”组织下的教师合作学习，是构建学校层面的教师学习共同体。

美国中小学的“coach”制度实际上是中国教研员制度在学校层面的延伸，是中国式教研、培训功能在学校层面的整合。

二、几点思考

第一，我国的教研员制度自 1956 年建立，已逐步形成了省、市、县（区）的各级教研队伍，全国从事中小学教学研究工作的教研员队伍十分庞大。而美国的“coach”制度起步较晚，设置目的和我国相似。但我国教研员的指导和服务更偏重区域，注重学校之间的交流，并且常常被赋予教学管理的行政功能，组织评比和比赛是其重要工作内容之一。虽然各地对教研员在学校工作的时间都有一定的要求，但大多数教研员在学校工作的时间偏少。而美国“coach”的指导和服务更偏重学校，他们主要的工作地点和时间在学校，其主要工作是观摩课堂教学，反馈教学信息，及时对教师课堂教学进行指导。他们更注重具体的课堂教学细节，更注重与教师之间的沟通和交流，更容易发现学校教师课堂教学中存在的实际问题，对教师的指导和服务更具体，且更具有针对性。其不足是很少开展不同学校之间的教师学术交流活动，很少像我国教研室（教研中心、教研所、教科院）一样经常组织开展一些区域性的教研活动。

第二，在我国，教学研究和教师培训往往是“两张皮”。教学研究主要是以学科教研组研究为基础，在省、市、县（区）教研员的指导下进行区域性教研活动，而教师培训一般是由各级教师培训学校（中心）或师范院校承办，教师的继续教育往往缺乏针对性和有效性。而在美国很多学区，“coach”在学校既是培训者，又是指导者，能有效地将教师培训和教学研究结合起来，培训的问题就是本校教师教学中亟待解决的问题，更具有针对性和时效性。

第三，在教研员队伍建设上，中美两国都注意吸收优秀的一线教师加入。不同的是，在美国要成为一名“coach”，不但要有丰富的教学经验和很强的人格魅力，还特别强调与人的沟通能力。美国的做法有两点是值得我国借鉴的：一是美国聘请了一些优秀的退休教师担任“coach”，使他们的教学经验能够发挥更大的作用；二是美国的“coach”队伍有较大的流动性，如果一些“coach”不称职，不能对学校教师进行有效的指导，就会被替换下来。反思我国的教研员队伍，其中不乏成功的优秀教师，但出于各种原因，有不少教研员缺乏对学科教学的深层次理解，缺乏课堂教学的实践，甚至有一些教研员从来没有从事过一线教学工作，其发挥的作用就大打折扣了。

第四，在学校“coach”的配备上，美国是根据学校的具体情况而定的。一些城市公立的薄弱学校，往往是学区教育委员会重点关注的对象，在“coach”配备的数量和学科搭配上更重视。“coach”关注的重点往往是没有教学经验的新教师。而在我国，教研员的指导和服务，往往不是针对某一所学校或某几个教师，更多的是统一培训、统一考试、统一编写资料等，是对参加国家、省、市上课、说课等比赛的优秀教师进行指导和帮助，缺乏对教师个体，尤其是教学能力薄弱的教师的指导和服务。

它山之石，可以攻玉。了解和研究美国基础教育的“coach”制度，挖掘其中值得我们学习和借鉴的因素，对改进我国现行的教研员制度，使教研员在基础教育改革中发挥更大的作用有着重要的意义。

一位美国教授培训中国教师所用教学方法

布朗大学是美国著名的常春藤联盟成员校之一，在本科教育方面具有领先地位。2011 年 9 月—11 月，笔者有幸参加了深圳市教师赴美国布朗大学学习班。出国前夕，深圳市教育局邀请了美国布朗大学教育学院科学教育研究室主任 Daniel Bisaccio 教授为我们 25 名即将去布朗大学学习的教师进行了四个半天的培训。

我们经常用“聆听”这个词表示认真听课学习，但在 Daniel 教授的课堂上，用这个词已经不准确了，应该叫“参与”或“投入”。因为他的课堂，讲述部分很少，更多的是靠设计活动来实现教学目标。笔者现对 Daniel教授在教师培训中所用的教学方法进行总结，以期对我国的教师培训和中小学课堂教学有所启示。

一、合作学习教学

在教学过程中，Daniel 教授设计了“变形金刚”、设计小组名称和标志、分组讨论和汇报、分组查找资料和社会调查等多项合作学习活动。

“变形金刚”是让学员按要求用肢体摆出不同造型，变身成雕塑，表达出不同的意思。难度是逐渐递增的，首先两人一组，一个人自由选择所变的目标，发出指令，另外一个人做动作，变身成各种雕塑，算是热身活动。然后五人一组，要分别合作完成艳阳高照、幸福高兴的人们、奔跑的小鹿等造型。在此基础上，Daniel 教授又提出了更富有挑战性的任务——全班学员共同设计一个场景，表达一个主题，每个小组构成这个场景的一部分。经过讨论，我们设计了一场车祸，有的小组组合成醉驾司机与乘客，有的小组组合成医生与护士，有的小组组合成记者与警察，有的小组组合成街道行人，有模有样，在大家的欢声笑语中，课堂教学在不知不觉地进行着。

设计小组名称和标志，这也是一个需要独立思考与合作讨论相结合的活动。既要用名称表达出一种意义，又要与名称的意义相吻合。我们组五个同学经过讨论，取名为“远航组”，标志为即将远航的帆船，五个桨代表我们五个组员，即将乘风破浪、扬帆远航。取这个名字，有两层意思：一是我们即将到大洋彼岸的布朗大学进行为期两个月的学术访问；二是寓意我们任何时候都应努力进取，在思想上、专业上都应该走得更远。

Daniel 教授并没有向学员讲授合作学习的要点和注意事项，而是通过实实在在的合作学习活动，让我们在活动中去体验、感悟。

二、绘画表达教学

第一天上完课后，Daniel 教授要求我们第二天上课时要带水彩笔或蜡笔，并说：“明天上课要你们绘画，你们每一个人都可以成为画家。”同学们大都感到惊讶和新奇，因为大家在参加教师培训的过程中，基本上没有遇到上课让大家绘画的，同时觉得绘画是孩子们的事情，好像早已离我们远去了，不知道 Daniel 教授的葫芦里卖的是什么药。

第二天上课时，Daniel 教授首先展示了几幅洞穴里的壁画，告诉我们它们所表达的意思。他告诉我们，图画是早于文字的一种表达形式，一个图画就是一个故事。当不能通过语言进行有效沟通时，用图画来表达思想和意图是一种非常好的方式。尤其在美国，不同习俗、文化、语言的多民族后裔集中在一个教学班中的时候，让学生用绘画来表达自己的意思是一种非常有效的教学方法。

Daniel 教授布置的第一个绘画任务是画出自己——Who am I（我是谁），要求画出学员自己的故事，至少包括下面四个问题中的两个。

1. 你出生在什么季节？
2. 你为什么要参加这个培训（研究）？
3. 在你的工作中，你最希望（最害怕）的是什么？
4. 你最喜欢的食物是什么？

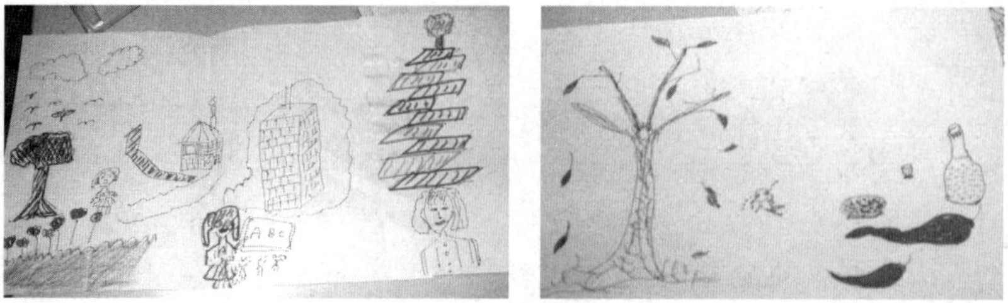

学员绘画作品

Daniel 教授布置的第二个绘画任务是画出小组的特点——Who are we（我们是谁），也就是如前文所说的一个合作活动——设计小组的标志。画出的这个标志应能代表所在学习小组的特点，不能用文字和数字，Daniel 教授形象地称其为小组的“crest”（肖像）。

在授课即将结束的最后一天，Daniel 教授又布置了几个绘画任务。

1. 对你最有挑战的教学活动是什么？

2. 你最喜欢的教学活动是什么？

3. 你希望到布朗大学学习什么？

4. 在这几天学习中，你最关注和担心的活动是什么？

5. 你最喜欢的学习活动的地点是哪里？

6. 什么活动最能推动你的思考？

学员们虽然是来自深圳市各学校的优秀教师，但完成 Daniel 教授的这种“异类”作业，都感到有一定难度。这暴露出我们教育的两个问题：一是发散性思维、创新意识薄弱，一旦离开按部就班的程序，自己独立设计时，就会遇到一定的障碍；二是综合素养欠缺，我们不少教师在自己专业领域还过得去，但一涉及其他学科，就望而生畏了。美国有很多教师跨学科教学，这与我们专业化教学有很大的差别，与我们相比，也许美国教师的个人素养更全面。

三、阅读答复链教学

Daniel 教授设计了一种很有新意的教学方法，他称之为“Reading Response Chain”教学法。其基本思路是针对一个有争议的问题，抛出两种不同观点，请学员阅读后，选择其中自己认同的观点进行摘录，并阐述自己的意见，然后交给组里的第二个学员，第二个学员对第一个学员的观点进行评价后，再阐述自己的意见，再交给组里的第三个学员，第三个学员对第二个学员的观点进行评价后，再阐述自己的意见。依此类推，直到本组学员全部都写出自己的意见，如此形成一个答复链。每个学员都是这个学习链的起始环节，也同时充当了其他环节。这种学习方法的前提是要对原始的文章认真阅读、理解，形成自己独特的意见，同时要理解同伴的观点，对培养学员的阅读理解能力、独立判断能力、批判意识有着重要作用。

下面以 Daniel 教授布置我们完成的学习任务为例，来对这种教学方法做进一步说明。

Daniel 教授向每个学员发放了一份有关 TFA 组织的阅读材料。

TFA 通过招募一些国家未来领导者来做一些教育的推动事业，以达到消除教育不平等的目的。

TFA 的目标：提高欠发达地区学生的学业成绩和受教育机会；招募精英大学生并培养他们成为关心社会公平的领导者。

TFA 的特色：通过严格的招募程序选拔优秀人才；把课堂教学当作领导艺术的高效的培训；要求参与者进行为期两年的执教；提供各种资源支持参与者实现理想；组建聚集教育改革力量的校友会。

TFA 的核心价值：短期内提高了服务学生的学业成绩和学校的教师质量；为美国培养了一批致力于改善欠发达地区教育质量的人才。

经过近 20 年的发展和积累，TFA 从招募和选拔优秀大学毕业生、培训、跟踪指导到组建支持毕业者职业发展的校友会，形成了一套成熟的工作模式。

正方观点：

1. 参加这个项目能得到认可，学生可获得一种成就感。

2. 能让学生体会到教育的重要性，并看到成功的可能性。

3. 虽然教育的不平等性难以消除，但是 TFA 组织的力量能带给学生良好的教育。

反方观点：

1. 这个项目让人感觉带有摆派头、大国沙文主义、殖民化的意味。

2. 这个项目对新手教师缺乏足够的辅导和支持。

3. 这个项目改变不了落后学校的教育现状。

Response Chain（答复链）：

从所给材料中摘录1～2个你感兴趣的观点。

对上面的观点你是否同意，阐述你自己的认识。

后面的学员必须围绕着前面学员的观点，阐述自己独立的见解。由于这个学习链中每一个学员所感兴趣的问题不同，所形成的小组学习链的内容就会不同。这种对阅读的训练，有开放的空间，有交流的平台，有辩论的依据，更给每一个人提供了取长补短的机会。同样是考查阅读理解能力，我们通常采用的办法是学生阅读完一篇文章后，教师设计几个选择题、填空题、问答题。这种作业形式，教师容易设定标准答案，学生的回答也基本在预设范围内，但缺乏思维冲突和发散，缺乏对同伴观点的了解，也少了一些批判精神和思辨意识。

四、数据调查教学

做任何科研都需要数据支撑。在做社会科学研究时，不可避免地要进行一些社会调查。Daniel教授在黑板上设计了一个坐标图：

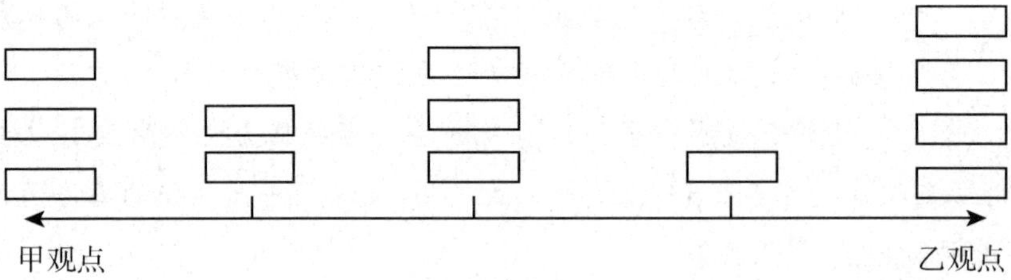

坐标图

在教学中，Daniel教授提出两个不同的观点让学员做出选择。完全同意甲观点的在最左边画一个长方形，完全同意乙观点的在最右边画一个长方形，认为甲和乙观点各占50%的在坐标柱中间画一个长方形，趋向甲观点（但不完全同意甲观点）的在中间偏左位置画一个长方形，趋向乙观点（但不完全同意乙观点）的在中间偏右位置画一个长方形。

这种现场统计的优点有两个：一是可以很快地统计出现场人员对某个问题的态度以及各种态度所占的比例；二是不署名画出图形，可以在一定程度上保护当事人的隐私。

五、实践活动教学

在教学中，Daniel教授设计了大量的实践活动，让学员独立或合作完成。比较突出的一个设计是让各组学员到室外去采访行人。每个组必须采访10人以上，主题是中国文化的特点，具体内容可以自己选择，采访后进行讨论、归纳、总结。我们几个小组分别就中国节日家人团聚、民族服装、饮食文化、孩子教育的投入、生女生男的观念等问题向路人进行了调查，然后经过小组讨论、查找资料，形成本组的研究报告，最后向全班同学和教授汇报。

这个教学设计很像我们现在开设的研究性学习课程。研究性学习课程是新课程的一个亮点，是基础教育的必修课程，可是出现了这样一种怪现象：教师让学生进行研究性学习，但教师自己从来没有做过。教师对学生的研究性学习缺乏指导，甚至没有指导的现象在全国各地普遍存在。很幸运的是，一位来自大洋彼岸的教授为我们补上了这一课。

短短四个半天的培训课程很快过去了，却给我们参加培训的教师留下了很多思考。Daniel教授在教师培训中并没有刻意去讲什么教学方法，也没有给学员讲多少教育理论，但在参加他设计的这些学习活动中，我们都自然而然地体验到了这些教学方法，感悟到了许多教育教学思想。他通过这些学习活动向我们传达了一个理念：只有独立思考，只有求异，只有合作，才能创新，才能与众不同，才能发展。反思我们的教学，都是教师讲、学生听，教师写、学生记，教师布置、学生完成，循规蹈矩，亦步亦趋，缺乏发散性思维的培养，缺乏合作和实践的机会。我们的教师这样教我们，我们也这样去教学生。因为我们把要传授的知识置于神圣的地位，认为只有知识才是课堂上至高无上的东西，所以我们的教育培养出了很多拥有丰富知识却不会运用知识的“书呆子”，培养出了很多考试状元，但培养不出科学大师和人文巨匠。

美国中小学创新教育之我见

美国是世界上最具有科技创新力的国家之一，它的教育体制鼓励学生标新立异、自由想象、畅所欲言、动手实践、发展个人兴趣，这种实用主义的教育让学生具有很强的独立意识和自信心，敢于表达自己的想法，富有创新精神。2011年9月—11月，笔者有幸参加了深圳市教师赴美国布朗大学学习班。在学习期间，参观了罗得岛州、马萨诸塞州、康涅狄格州的17所不同性质的中小学。这些学校办学形式灵活，结构也不一样，但它们都非常重视学生创新精神和能力的培养，而不拘泥于学生对知识的学习与运用。

一、尊重个体的人文环境，为个性的释放打开枷锁

在美国学校的教学楼里，没有令人紧张的标语，没有刺激神经的评比栏，到处是花花绿绿的学生作品，甚至连房顶上都是学生的手绘作品，这样的装饰让人感到无拘无束、没有压力。许多学校还在宽敞的走廊上摆上了沙发，为学生和教师提供舒适而温馨的休息场地。大多数学校对学生的着装没有要求，许多爱美的学生穿着时尚，戴着彰显个性的首饰。笔者在普罗维登斯市最好的公立高中 Classical High School 看到很多教师和学生穿着五颜六色的睡衣。校长 Scott Barr 博士告诉我们，今天是一个特殊的日子——“睡衣日”，大家可以标新立异，展示自我。大家不但穿着各式各样的睡衣，而且有的抱着枕头，有的抱着毛茸茸的小公仔，课堂呈现出与平时不同的风景。他说，学校里还有很多其他有趣的主题日，让学生有所变化，大胆发挥想象力。美国教育为了培养学生的发散性思维和创新能力，简直到了让人惊叹的地步。

人文关怀就是要重视人、尊重人、关心人、爱护人。我们常把“以人

为本”挂在口头、写在墙上，但在教育教学实践中，我们往往没有从学生的个体需要出发，而是从学校的需要、家长的需要出发。从学生的着装统一到思想的高度统一，从教师教学的绝对权威到试题标准答案的神圣不可改动，我们让学生失去了什么？失去了个性，失去了思辨能力，失去了打破常规的想象能力，也失去了创新能力。

二、丰富多样的课程设置，给学生自主选择的机会

在中国，校内课程大都由学校、教师安排，课外学习大多由家长安排，学生没有选择学习内容的权利，也无须关心课程的安排，只要专心学习就可以了。而美国的中学采用了和大学相仿的选课制，即每个学生都可根据自己的兴趣与需要选择课程。由于每个人的兴趣或学习计划不一样，所以每个人的课程表都是不一样的。学校实行走班制，以至于没有班级的概念。必修课是必须要选择的，但其中也有可供选择的模块，学生可以根据自身的特长和爱好选择不同取向、不同水平的课程模块。在许多学校七至十二年级的课程设置中，科学模块被分成初级、中级、高级三块，数学模块被分为运算、代数一、代数二、几何、统计、微积分六块，学生可以根据自己的学业水平选择适合自己难度的学习内容。对于同一年级的学生，因为选择的模块难度不同，也不要求所有的人毕业时要达到同一水平，只要学生通过了自己所选择模块的统考，就可拿到相应的学分。对于学优生，学校开设有与大学接轨的AP或IB课程，学生可以在中学阶段提前取得大学承认的课程学分，为大学的专业性学习打下良好的基础。

选修课相对必修课来说就更加广泛，各学校从学生的兴趣和本校的特点出发，设置了与众不同的课程，呈现出多元化的特点。例如，罗得岛州的Wheeler School外语课除了开设有AP课程的西班牙语、法语、汉语、日语外，还根据学生的兴趣开设了韩语、阿拉伯语、俄语等十门外语课程，对于个别能力特别强的学生，还介绍其到其他学校或高校上课。被奥巴马和比尔·盖茨赞赏的The Metropolitan Regional Career and Technical Center没有普通意义上的必修课程，而是从学生的兴趣出发，对学生提出合理建议，让学生根据自己的兴趣选择相关课程，也就是说，学生选学的

课程完全由自己决定，教师所采用的教材和教法也都围绕学生的兴趣展开。此外，学校与社会有关单位联系，学生一周有两天的时间进行实践学习。马萨诸塞州的 Hopkinton High School 开设了 30 多门选修课，有计算机类、艺术类、政治宗教类、体育类等。其中艺术类课程包括音乐（管乐、吉他、合唱、乐队、音乐制作）、美术（绘画、摄影、动漫设计、陶艺、手工制作）、戏剧（莎士比亚剧、公共演讲、MV 社、电影制作）三种课程。

这种课程设置充分体现了选择性，满足了学生的个性化需求，为学生的个性化发展留出余地，相对宽松的时间安排为学生个性、特长、兴趣、爱好的尽情发挥提供了必要的条件。反思我们国家的课程是大一统的，学校课程开设缺乏自己的特色。虽然 1996 年国家教委颁发的《全日制普通高级中学课程计划（实验）》初步提出了国家、地方、校本三级课程管理的构想，新课程改革也把校本课程建设作为课程改革的重点工作，但在学校实际工作中，学校对国家课程，特别是中考、高考科目课程的重视程度很高，而对非中考、高考科目的国家课程及校本课程没有给予足够的重视，很多学校管理者还缺乏校本课程开发意识和课程领导力。

三、民主实践的课堂教学，使学生的发散性思维得到培养

杜威的“以学生为中心”课堂教学理论和乔姆斯基的“先天主义”教育理论对美国基础教育影响很大，在课堂教学中充分体现出对学生的尊重。美国的课堂教学反对教师“一言堂”和学生死记硬背，注重学生合作讨论、探究和动手实践。对学生与众不同的疑问、见解以及异想天开的设想，对学生挑战书本、挑战教师、挑战权威的勇气，教师都表现出极大的耐心、宽容与尊重，并投以赞许的目光和会心的微笑。对学习有困难的或动作笨拙的学生，教师总是给予最大的鼓励。民主宽松的课堂教学氛围使学生敢想、敢问、敢说、敢做，思想得到解放，发散性思维得到培养。笔者在康涅狄格州一所私立贵族学校 Lawrence Academy 遇到了三位来自中国内地的学生，通过和她们的交流，了解了她们在这里的学习情况。这几个学生都是在中国读完初中后到这里读高中的。笔者询问她们，美国的课

堂与中国的课堂最大的不同是什么？她们都说了共同的一点：在中国的课堂上，老师具有绝对的权威，学生怕老师，不轻易向老师问问题。而在美国的课堂上，学生发言自由，什么问题都可以问，老师都会热情地回答，并鼓励学生把自己的想法说出来。一个学生告诉我，她刚来美国的时候，很不自信，不敢向老师提问，但看到美国同学提出那么低级的问题，老师还表示赞许，所以后来自己也敢经常问老师问题了。

直接感知和自己动手是美国培养学生创新能力的两种重要教学方式。每个学生都要经常做报告，从选题、撰写到演讲，全部独立完成。在我们参观的一所教会学校 La Salle Academy 里，校方专门安排了十几位七年级的学生与我们交流，他们展示了自己亲手制作的课件，用自信而流畅的语言介绍了他们的学校，与我们一起分享他们的学习生活。在不同的学校，我们看到，在化学课上，学生用实验的方法探究化合物中元素的化合价；在生物课上，学生亲自栽种番茄苗，给破土而出的小苗定量浇水、施肥，做观察记录；在艺术课上，学生自己制作陶瓷的、纸的、石膏的、木头的、金属的等各种艺术品，有时一件作品有许多道工序，要花几个星期甚至一个学期才能完成……教师不会轻易告诉学生结果，而结果往往在学生经历动手、观察、合作、交流、讨论之后才会浮出水面。这看上去有点儿浪费时间，但在这个实践过程中，学生的动手能力、研究能力和解决问题的能力都得到了有效的锻炼和提高。

有些学校还会在每周安排自主活动课，学生可以尽情展示自己的兴趣和特长，如参加烹饪课学习，做各种手工，或自己上网查找照片、资料，完成自己的研究。所有的成果都要在定期召开的家长会上进行个人汇报。这些课程和活动全方位地培养了学生动手、参与、写作、研究等能力，也让学生的各项才能得到了立体的展示和发展。

综上所述，美国现行的教育模式首先是承认个体差别，尊重个体差别，其次是最大限度地利用这些个体差别激励个性的发展，培养学生广泛的兴趣爱好，利用课堂循序渐进地培养学生的创新精神，利用课外学习增强学生对社会的了解，这些都为我国素质教育的推进和学生创新精神、能力的培养提供了很好的借鉴。

对创新教育的认识与思考

创新教育是继素质教育之后教育界讨论的又一热门话题。从本质上看，创新教育其实是素质教育的延伸和发展，是素质教育的核心。本文就目前学术界对创新教育认识的最普遍的观点以及如何理解创新教育做简单的分析，以期推进创新教育的实施。

一、创新教育的实质和起源

何谓创新？创，首先出现，从未有过的举动或事业；新，初次出现，初始。两字的含义大体相同，都强调未曾出现过。2000 年 5 月 9 日，《中国教育报》载文提出："创新能力是一个人整个精神品质的综合。创新是人的整个灵魂的产物。"这一深刻的论断把"创新"提到了一个相当高的高度。

20 世纪 40 年代，欧美教育界出现了"创造教育"的提法。美国麻省理工学院最早开设创造性开发课堂，进行创造方法、技巧的教育。我国在 20 世纪 80 年代中期引入了"创造教育"，一时成为热潮。"创新教育"一词在我国教育界出现，大致是第三次全国教育工作会议召开时。《中共中央国务院关于深化教育改革，全面推进素质教育的决定》中明确提出素质教育"以培养学生的创新精神和实践能力为重点"。应该说，创新教育的提法是在第三次全国教育工作会议上出现的。

目前学术界对创新教育的理解尚无定论，大致存在以下几种不同的说法：

创新教育，也称创造教育或创造性教育。广义的创新教育指对人的创造力的开发，主要是创造技法和创造性思维的训练；狭义的创新教育是指在学校教育中，对学生的创造品质和创造性思维能力的培养。

创新教育（创造教育）是使学生在德、智、体、美、劳等方面发展的同时，培养起认知结构和人格中构成创造力所需的一切特质的教育。广义的创造教育包括一切形式的创造教育，狭义的创造教育主要是指学校系统的创造教育。

创造教育是一种将人类的精神活力转化为个人的精神活力的传递或“遗传”，亦即人类精神活力的延续。

能够称之为创新教育的教育，应该是以创新能力和创新精神的培养为目的，以创造性思维或创新思维为桥梁的。也就是说，它是以学生创新性思维激发为实施手段，以创新人格养成为指向的。

上述说法都有一定的道理，都蕴含创新教育的精神。其实创新教育是对人的一个长期复杂的培养和教育过程，是需要全社会不断思考和探索的历史性课题。

二、国外创新教育的启示

近年来，无论是发达国家还是发展中国家，都强调创新意识和创新能力的培养。

亚洲金融风暴促使亚洲各国反思自己的教育。新加坡之所以没有卷入风暴中心，原因之一是有高素质的具有创新精神的科技人才，使新加坡的生产提前从劳动密集型转向知识密集型，因此他们的产品不与其他国家的低技术产品争夺市场。尽管如此，时任总理吴作栋仍然高度重视这场浩劫对教育提出的挑战。他提出了建立“勤于思考的学校，善于学习的国家”的目标，以确保新加坡在新世纪仍是一个具有竞争力的国家。

美国、德国、韩国、泰国等国家都把教育的重点放在培养下一代的主动精神、帮助他们获得掌握运用知识的能力和高度的创新能力上。他们倡导师生互相开展讲座的教学方法；指导学生学会独立提出问题，创造性地解决问题，大胆地探索全新道路；指导学生学会独立评论和系统地加工信息。

美国国家大气研究中心的资深科学家施耐德提出，学校应该把超过10%的课堂教学时间用来对学生进行创新能力的训练。在这段时间，引导学生推敲和构思、实验和发明、提出巧妙的主意。施耐德建议，应当允许学生针对所讲的内容向教师提出疑问，并能提出具体的论据支持自己的观点。

三、教师观念的转变是实施创新教育的关键

全体教师都应该认识到，培养学生的创新精神是我国教育改革的核心问题。没有培养出具有创新能力的人，也就是没有培养出适应21世纪要求的人才，就是教育的一种失败。

教师应树立科学的学生观、教学观。科学的学生观要求教师以全面的、发展的眼光看待学生，不因他们存在不足而过多地责备他们；教师应把学生看成正在发展的个体，尊重、宽容他们。科学的教学观要求教师转变传统的教学观念，不仅要使学生学好、学会，而且要引导他们好学、会学；不仅要让学生掌握人类已有的知识，而且要让他们学会自己去摸索和发现新的知识；不仅要教学生读、写、算，还要教学生学、思、创；要把教材变为“学材”，把教室变为“学室”，使学校成为名副其实的“学园”。总之，要在校园内形成崇尚创新、尊重创新人才的氛围。

马克思很早就明确指出：“自由是创造的前提。”只有营造宽容、宽松与自由的教育教学环境，才能使学生展开创造的翅膀翱翔。这就要求教师绝不能画地为牢、眼光偏狭。在教学中，要教育学生不迷信标准答案，要应用所学的知识和技能超越标准答案，从而培养学生的创新能力。

四、创新教育的几种有益尝试

课程改革是当今学校工作的核心。学校课程改革应把重点放在培养学生的创新精神和实践能力上，注重激发学生的学习兴趣，使学生在社会实践和知识学习的过程中，能够提出问题、研究问题，从而有所发现、有所创新。在保证学生拥有所必需的基础知识的前提下，打破原有的课程结构，调整必修课，开设一些有利于培养学生创新精神和实践能力的选修课。

目前，不少学校开设了各种选修课，如计算机、电子技术、天文观测、哲学史、文学欣赏、生物标本制作、摄影、围棋、珠算等，给学生提供自主选择和自主学习的机会，为发展他们的兴趣爱好、培养他们的创新能力提供了时间和空间。在开设选修课的同时，很多学校根据自己的实际情况，又增设了社会实践课、科学实践课、创造发明课、形体课、理化实验探索课、心理导向课、环境科技活动课、汽车模拟驾驶课等。这些课程的设置无疑对促进学生主动学习、培养学生的创新精神起着积极作用。

下面以江西省九江第一中学为例，简要介绍一下该校通过实施学生研究性学习方案培养学生创新精神的情况。该校的学生研究性学习完全以学生为中心，要求学生对进行的活动做出规范化记录。学生可以自选教师寻求帮助，但教师仅为参谋与顾问，不得代替学生查找资料和设计活动方案。研究课题的确定采取在充分研究调查学生兴趣的基础上公布参考题目的方式，如“石钟山的地质结构和文化研究”“瑞昌古铜矿的盛衰”“陶渊明研究”等，学生自主选择研究课题。通过研究性学习方案的实施，引导学生走向社会，思考社会问题，使他们在实践活动中学会综合地学习和运用知识，从而提高实践能力，培养创新精神。

总之，培养学生的创新精神和实践能力是一项长期的任务。学校、家庭、社会都应以高度的责任感，将培养学生创新精神的理念贯穿到日常方方面面的教育中去。

黎加厚：让每个孩子都成功

2010年10月27日，笔者到深圳市南山区西丽荔枝农场参加班主任教师培训，下午听了上海师范大学黎加厚教授的讲座“让每个孩子都成功”，收获颇丰。

黎加厚教授毕业于四川绵阳师范高等专科学校（现与绵阳教育学院合并为绵阳师范学院）化学系，在西北师范大学取得博士学位以后，任上海师范大学数理信息学院教育技术系主任，是全国教育技术领域的领军人物，在教育界具有很高的知名度。能现场聆听黎教授的讲座是一件很荣幸的事情。黎教授改变了“满堂灌”的讲座形式，而是让在座的教师通过参与获得感受。第一个环节是让教师回顾自己一生中最难忘的老师，小组交流，各小组派两个代表进行汇报，并请一位教师记录发言的关键词。教师在自己的记忆长河中追忆往事，一件件令自己难忘的事浮现于脑海。参加培训的教师通过回忆、交流、提炼，总结出了一位优秀教师应该具备的品质，从而达到自我教育的目的。其中令我印象最深的一段讲述是，一位教师的初中数学老师非常善于鼓励学生。这位教师当时在一次考试中因小小的作弊使自己的数学成绩多得了一分，获得满分，成为全班第一。虽然她的老师发现了她作弊，但没有当众揭穿她，而是不断地表扬她。这让她觉得，如果自己不诚实，就对不起老师的信任。于是，她向老师承认了错误，而且从此以后再也没有在任何考试中作弊。她非常感激她的老师，老师的信任和欣赏教育了她。由此可见，教育是欣赏，是润物细无声，是唤醒和激发学生内心深处的东西。正如古希腊哲学家苏格拉底所说：“教育不是灌输，而是点燃火焰。”这个故事对在座的所有教师都是很有教育意义的。

高明的教师就是让学生自己教育自己。黎教授在培训中做到了。学习者自我学习、提炼、感悟，从感性认识上升到理性认识，从而实现自我教育和自我提高。这是教育教学的最佳途径，这比教师越俎代庖的教育教学效果好得多。在其他环节，黎教授也没有空洞地说教，而是利用视频文件或PPT数字故事来达到说理的目的。如通过英国教育大臣戴维实现童年梦想的故事说明只有坚持不懈、执着追求才能获得成功的道理。怪不得上海师范大学有学生称黎教授是“中国的杜威”。因为黎教授深谙杜威教育思想“做中学”的精髓，让学习者在体验与活动中获得感悟、自我学习。

黎教授在讲座前就向在座的教师抛出一个问题：教师的含义是什么？最后，他在讲座结束时指出：“教师，每一天，无论你是否意识到，你都在改变着你的学生的生活。”教师对学生的一生都有影响，遇到一位好老师是学生的荣幸，遇到一个优秀教师群体更是学生的幸运。很多学生的命运就是因为教师不同的教育方法而改变。所以教师的工作性质要求教师必须神圣地看待自己的职业，而不是将其简单地看作谋生的手段。

黎教授把让每个孩子都成功的因素归结为七点：责任、文化、热爱、兴趣、技术、坚持、鼓励。学校、家庭、学生自己对学生的发展要有责任，缺乏责任是不可能成功的。教育是一种文化熏陶，学生只有在良好的学校文化氛围中才能健康成长。苏霍姆林斯基曾说：“只有每位教师都在自己的教育教学领域渗透思想道德教育和人格教育，整个校园才会洋溢着浓厚的人文气息。”教师对学生的热爱是搞好教学的基础，是学生获得进步的基石。而培养兴趣是成功教育的精髓，适合学生的就是最好的。苏霍姆林斯基曾说：“只有能够激发学生去进行自我教育的教育，才是真正的教育。”目前，很多学生存在的问题是，除了考试，不知道自己的兴趣，更不知道什么是适合自己的发展道路。此外，黎教授从一个全新的角度提出21世纪教师必须具备三大教学基本功：教育技术、数字故事、奥氏微笑。最后，他强调，教师应不断地鼓励学生，不断地给学生以信心，引导学生为了自己的目标不断努力，持之以恒，执着追求，不放弃、不止步。

仔细思考黎教授的讲座内容，品味着黎教授给我们带来的精神大餐，我更加坚信：只要我们遵循教育教学规律，不断给予孩子前进的动力和勇气，给每个孩子提供不同的机会和平台，每个孩子都能得到良好的发展，每个孩子都能获得成功！

魏书生：上好每节课的九个要素

工作多年的我养成了一个习惯——每天必看教育类报纸和杂志，如《中国教育报》《中国教师报》《中小学管理》等。即使工作繁忙，也是如此。

2010年的一天，中午休息时，我拿起《教育文摘》读起来，看到了魏书生老师在一个全国会议上的讲话。大概意思是，他在辽宁省盘锦市教育局当了13年局长，从来不给学校算平均分、算升学率，而是扎根在课堂，将抓统考的精力用在抓课堂教学上。魏老师认为，只要教师把每一节课上好，还用担心平均分、升学率不高吗？对这个观点我是完全赞同的。不管是教育行政部门的领导还是校长，都应该关注教师的课堂而非考试结果，因为课堂教学质量才是学生学习的基础和保障。但事实正相反，我们很多时候很少去过问课堂，更多的是对考试分数和考试试卷的精细化分析。功利主义教育的导向导致学校和教师产生急功近利的心态，课堂教学与考试关系错位。

如何上好一节课？仁者见仁，智者见智，不同的人有不同的理解和回答。

魏书生老师提出了上好每节课的九个要素。

第一，每节课的教案要公开。不用翻来覆去地写，老教案可以拿来用，有新的体会加到空白处。

第二，所有的学生都有学习的欲望，找准切入点，帮助其学习。

第三，教师讲授的时间不超过15分钟，把课堂时间还给学生。

第四，学生发言不少于10人次。

第五，学生动笔练的时间不少于10分钟。

第六，教师处理偶发事件的时间不超过20秒。

第七，提倡学生做课堂教学总结。临近下课时，教师要让后进生说说自己有什么体会和感受。每节课都这么上，教师会离学生越来越近。

第八，课间别离开学生。其实教师的幸福就是与学生近距离接触的时候、谈心的时候、深入学生内心世界的时候。

第九，在教案上写上这节课的成功之处。教师要学会总结自己的优点和长处，积累经验。

这九个要素包括了备课、上课、课下三个环节，实实在在，朴实无华，言简意赅，一看就懂，就像魏老师的性格一样平易近人、和蔼可亲。虽然看着简单，但并不容易做到。魏老师提出抓住九个要素最重要的基础是要信任学生，既要信任学生有学习的愿望，也要信任学生有学习的能力。把课堂这个舞台交给学生，使课堂成为学生学习的天地，教师成为学生学习的引领者和帮助者，成为学生学习的伙伴。具体落实到课堂上要看教师如何精心设计、如何精讲、如何让学生多练、如何提问、如何引入、如何开展小组合作、如何让学生展示和总结等。遇到课堂生成，教师还要富有教学机智，灵活地处理。要真正落实魏老师提出的这九个要素绝非一日之功，其中很重要的一点就是要不断地反思，反思每节课的优点和不足。一个优秀教师就是在对自己的教学进行不断的反思和总结中获得成长的。

2014年，教育部提出要培养学生全面发展的核心素养。2017年，教育部部长陈宝生吹响了课堂革命的号角。要想在课堂教学中真正落实培养学生全面发展的核心素养，就需要我们变革现有的课堂教学方式。现在回头去看魏老师在多年前提出的上好每节课的九个要素，是非常具有前瞻性和指导性的。教育科研部门对一线教师课堂教学的指导应该更加微观和具体，像魏老师提出的九个要素一样接地气，这样才能受到大家的认可和欢迎。

这些年我一直在思考，中国的课堂教学应该有什么样的价值追求？不同的价值追求会导致不同的教学方式。我们总是倡导“高效课堂”和“深度教学”，但很多人的认识是有偏差的。我们的“高效课堂”往往只追求知识和技能的高效，而忽视了学生情感和素养的发展。我们的“深度学习”往往只是对教学内容的深度挖掘，而忽视了教师对教学内容的深度理解和深入浅出的呈现形式。

魏老师提出的上好每节课的九个要素，犹如武林秘籍，让我如获至宝。如果每位教师都能这么做，中国的课堂一定焕然一新，欣欣向荣。

李希贵：打造理想的优质学校

如何将一所学校打造成理想的优质学校？曾当过多年校长和教育局局长的李希贵在《改造我们的学校——“新学校行动研究”之内蕴》一文中提出应从以下四个方面着手。

第一，开发适合学生的课程，促进学生的个性成长。我们必须对国家课程和地方课程进行二度开发，同时开设适合学生的学校课程，这样我们才能够真正使我们的国家课程、地方课程和学校课程成为校本课程，成为适合我们这所学校的课程。一所学校只有课程改变了，学校才会改变；只有课程有特色了，学校才会有特色。

第二，搭建学生自主选择、自主发展的舞台，创造自由呼吸的教育。因为有选择才有自由，有自由才有创造。我们要培养创新人才，就必须给学生选择的机会和选择的舞台。而审视当下的教育现实，我们会发现，标准化、大一统的东西居多。从课堂教学看，我们面对着大班额的班级，我们用一个声音来面对所有的学生；从学生的课外活动看，我们也有很多“一刀切”的东西，如课间操。为什么我们要用这样统一的方式，让不同身体状况、不同个性禀赋的学生做同样的事情？

第三，培养学生喜欢、敬佩的老师，把学校办成幸福的乐园。

第四，构建民主互动、健康和谐的领导管理体制，优化教育资源配置，塑造积极简单的学校文化。管理的本质是寻求合作，领导不是让部下服从于自己的权威，而是要让自己和部下都服从于一个共同的目标。一个校长，重要的是要和教师一起描绘共同的愿景、共同的使命和共同的战略目标，在这个战略目标之下，一起相处，一起合作，一起实现我们的梦想。

李希贵曾任山东省高密市第四中学校长、高密市第一中学校长、高密市教委主任、山东省潍坊市教育局局长、教育部基础教育评估中心主任，现为北京十一学校校长，是中国当代教育界比较有影响力的学者型领导。

他这些年一直从事“新学校行动研究”，为中国学校的发展提供理论和实践的指导。他提出了建立优质理想学校的四个方面，我简单地概括为课程要有特色、教育要有个性、教师要有水平、管理要有愿景。教师队伍的建设历来是学校办学的基础。一所缺乏学生喜欢、敬佩的教师的学校难以成为优质学校。这一点应该是没有任何争议的。实施新课程以来，开设多样化、具有特色的校本课程，为学生提供个性化的教育，促进学生个性化的发展，以及建立学校独特的校园文化越来越被人们认可。

一所学校要办出特色，校长应根据学校教师队伍和学生的特点、学校的地域特点，打造学校的特色课程，并经过数年的努力形成精品课程，对学生的一生产生深远影响。一所学校应该有丰富多彩的课程供学生选择，这是中华人民共和国成立以来长期被忽视的一个问题。几千年前孔子就提出了“因材施教”，但课程的“大一统”和大班额教学制约了这一教育理念的落实。哈佛大学心理学教授加德纳提出多元智能理论，每个学生都存在各方面的差异，每个学生都有自己不同的智能强项，办学者是否可以为学生提供更多的自由选择的机会？是否可以让学生的兴趣得到最大限度的发展，个性得到最大限度的张扬？这是每一个校长都应该思考的问题。正如李校长所说，课外活动除了课间操，是否可以更丰富一些？北京十一学校新入学的新生都有一本选课手册，每人有一张与别人不同的课表，从而实现学生的个性化发展。笔者曾经在多种场合说过，一所优质的学校不是看有多少优秀的学生获得了成功，而应该看是不是每个学生都得到了最好的发展。支撑每个学生都得到最好的发展的前提条件是让每个学生都有选择的机会，都能将自己最喜欢和最擅长的东西展现出来，从而获得自信和前进的动力。要想实现这一目标，就要保证学校开设有丰富的课程。课程有特色，教育有个性，才能真正做到以学生为本，将学生作为教育教学的出发点和最终归宿。

笔者一直主张打造和谐向上的校园文化是学校管理的最终目的，当教师、学生在一个愉快的环境中为一个共同的目标而努力的时候，管理者的重要职责是服务，而不是监督和奖惩。所以，树立一个共同的美好愿景是一个校长首先要做的事，大家有了共同奋斗的目标，就能实现学校管理的“无为而治”。

撰写教学反思的几点体会

教学反思就是教师自觉地把自己的课堂教学实践作为认识对象，对其进行全面而深入的思考和总结，它是一种有助于教师提高自身业务能力、改进教学实践的学习方式。著名教育家叶澜教授曾说："一个教师写一辈子教案难以成为名师，但如果写三年反思则有可能成为名师。"著名心理学家林崇德教授也提出了"优秀教师＝教学过程＋反思"的成长模式。教学反思可以帮助教师从每天习以为常的教学方式、教学行为中发现自己在教育教学中存在的问题，并提出解决问题的方案，提升自身的专业化水平。笔者就是坚持撰写教学反思的直接受益者。在江西省九江第一中学任教期间，笔者坚持每课撰写教学反思，反思的内容包括教学方法、解题思路、学生反馈、同事观点、实验技巧等。这一习惯，为自身教学能力和教育科研能力的提高奠定了可持续发展的基石。

撰写教学反思可以快速促进教师的专业化发展。进行有效的教学反思可以从以下五个方面入手。

一、反思"特色"是什么

教学特色是指教学过程中表现出来的独特风格。独具特色的教学，给人的感受是别样的，给人的回味是无穷的。它蕴含于教学评价诸多要素之中：在教学理念上，看学生主体地位的突出、教师主导作用的发挥；在教材处理上，看教材特点的把握、知识联系的沟通；在教学方法上，看教学层次的呈现、课堂活动的安排；在教学方式上，看学生参与的程度、知识获取的过程；在教学效果上，看教学目标的落实、创新意识的培养。

二、反思“精彩”在哪里

精彩的教学片段依附于教学过程的方方面面：引人入胜的新课导入、别有风味的氛围营造、得心应手的教具应用、新颖别致的难点突破、别具一格的智能开发、出神入化的学法指导、画龙点睛的诱导评价、留有悬念的课堂总结等。课后应及时进行反思，通过反思弄明白“为什么精彩”“精彩在哪儿”等问题，并详细记录下来，供以后参考，也便于在此基础上不断改进完善。

在课堂教学中，这些充满智慧的火花常常是突然迸发的，若不及时利用课后反思去捕捉，便会因时过境迁而烟消云散，令人遗憾不已。

三、反思“偶得”有哪些

在课堂教学中，师生思维发展及情感交流融洽，往往会因一些偶发事件而产生灵感，意外的收获往往来自对课堂偶发事件的处理：面对学生异想天开的发问，教师如何应付；面对学生的“歪答”，教师如何引导；面对学生与众不同的解题思路，教师如何评价；等等。意外的收获还来自对学生思维火花的捕捉：学生发现问题的独特渠道、提出问题的独特途径、分析问题的独特思路、解决问题的独特见解等。这些都值得我们积累与总结。

学生是课堂学习的主人，教师要在课堂教学过程中及时捕捉学生创新的火花，充分肯定学生在课堂上发表的独特见解，这样不仅能使学生的好方法、好思路得以推广，对学生也是一种赞赏和激励。同时，这些难能可贵的见解也是对课堂教学的补充与完善，可以拓宽教师的教学思路，提高教师的教学水平。因此，将其记录下来，可以作为今后教学的丰富材料。

四、反思“缺失”在何处

即使是成功的课堂教学，也难免有疏漏之处，总会或多或少有这样或那样的缺失：内容处理不当、环节安排不合理、重点突出不明显、问题设计不科学、合作落实不到位、交流时间不充分、语言评价不恰当等。课后应对这些缺失进行系统的回顾与梳理，并进行深刻的反思，以便总结经验、吸取教训。

五、反思“效果”如何

课后，我们应认真反思教案的实施情况。通过本节课教学，教学的目标是否达成，教学的效果是否良好，教学的组织是否科学，活动的安排是否合理。教学之后，应及时撰写教学反思，为今后的教学提供借鉴。

总之，撰写课后反思贵在及时、贵在坚持。撰写教学反思时，理论性的东西可以少写，尽量用描述性的语言把问题或闪光点记录下来，这样能够及时地、有针对性地发现自己的长处与短处。课堂教学精彩片段、学生精彩发言以及课堂教学案例，也可以成为教育科研的研究素材。教学反思在思想上，能体现新课程的理念、观点和要求；在内容上，一事一议，一得一记，有感而发，求真务实，能真实反映教师在课堂教学中的思考、发现、感悟、体会或困惑；在文体上，可以是教后记、教育随想、情景记录、案例分析、问题争鸣等；在篇幅上，长短不拘，以记促思，以思促教；在时间上，做到记录及时，使之成为教案的延伸和有效补充。

核心素养背景下的教师培训

近几年，核心素养成为我国基础教育的热点话题。核心素养的提出既是整个国际社会基础教育发展的趋势，也是我国基础教育改革进一步深化的需要。2016 年初，中国教育学会发布了《中国学生发展核心素养（征求意见稿）》。2016 年 9 月 13 日，中国学生发展核心素养研究成果发布会在北京师范大学举行。中国学生发展核心素养综合表现为人文底蕴、科学精神、学会学习、健康生活、责任担当、实践创新六大素养，分为文化基础、自主发展、社会参与三个方面，具体细化为国家认同等十八个基本要点。学生核心素养的培养是新课程标准修订的依据，对未来我国基础教育的走向起着重要的“风向标”作用。

一线中小学管理者和教师是将核心素养理念实施、落地的最重要、最关键的群体。如何及时、有效地帮助一线中小学管理者和教师理解和认识核心素养的内核和意义，并在学校管理、教育教学中做出相应的调整，成了当前教师培训工作的重要议题。笔者结合自己的培训经验，谈几点粗浅的思考，以期抛砖引玉。

一、帮助教师正确认识和理解核心素养提出的意义

通过教师培训，要使一线教师正确认识、理解核心素养的内涵和实质。我国基础教育核心素养的提出，不是盲目的国际跟风和模仿，而是基础教育课程改革进行到一定阶段的需要，是全面贯彻党的教育方针、落实“立德树人”根本任务的需要。当下进行的新课程改革已经进入“深水区”，迫切需要寻找进一步突破的“增长点”。中国学生发展核心素养，以科学性、时代性和民族性为基本原则，以培养“全面发展的人”为核心，正好适应了目前社会主义核心价值观全面落实和课程改革进一步深化的需要，成为基础教育改革的航标灯和推进剂。

二、促进教师形成与核心素养相适应的教育教学理念

开展基于核心素养的教师培训，以保证对学生核心素养的培养在学校得到真正落实。对学校管理者，应重在明确核心素养的要义和内涵，带动学校开展以核心素养为统领的教育教学，探索落实培养学生核心素养的有效方式。对教师，应具体明确在学科教学中如何体现核心素养的渗透和评价，帮助教师在理解核心素养综合表现的基础上，认识各学科核心素养的构建，引领教师开展基于核心素养的学习和教学。教师培训既要有核心素养的通识培训，也要有不同学科核心素养的分科培训。学科培训要从具体的学科特点出发，结合教学实际，帮助教师确定本学科层面学生发展核心素养的关键要点，深入细化与丰富学科层面的核心素养要点内涵，并将学生发展核心素养落实到具体学科中，落实到具体的教育教学活动中。例如，物理、化学、生物教师可以通过理性思维、批判质疑、勇于探究、社会责任等要素来实现对学生科学精神、学会学习、责任担当、实践创新等核心素养的培养。只有一线教师形成与核心素养相适应的教育教学理念，掌握培养学生核心素养的具体教学策略，并转化为实际行动，才能有效避免学生核心素养培养成为空中楼阁、海市蜃楼。

三、引导教师形成基于核心素养的课堂教学方式

培训者要正确认识核心素养背景下的课堂教学方式，挖掘和发现实施学生核心素养培养成功的课堂教学典型课例，并对其核心素养培养手段和策略进行提炼和分析，鼓励教师大胆探究更多促进学生核心素养发展的教学方式，以引导教师在设计和组织教学时将传统的“以知识和考试为核心”的教学转变为“以核心素养为导向”的教学。

正如叶澜教授所说：“每个学科对学生的发展价值，除了一个领域的知识以外，应该能够提供一种唯有在这个学科的学习中才可能获得的经历和体验；提供独特的学科美的发现、欣赏和表达能力。”每位教师的每门课程的每节课都肩负着培养学生核心素养的独特使命。具体来说，要在以

自主、合作、探究为主要形式的课堂教学的基础上，将培养学生的核心素养化解到每一节课的传递知识、开拓思维、组织活动、互动交流的具体环节中。要引导教师由单纯关注学科知识转向全面关注学科能力和学生核心素养。要引导教师积极进行课堂教学方式变革，以学生的“学”为中心，围绕着学生的“学”展开教学活动，通过自主学习、合作讨论、实验探究、思维转化、成果展示等过程促使学生由浅入深、由表及里地进行课堂学习，形成独立学习能力和创造能力。要引导教师积极探索多样化的教学形式和教学手段，有效整合课程资源，创设真实的学习情境，增加互动和交流，从而真正实现教学从知识本位、考试本位向学生发展本位的转化，将学生核心素养培养落实到具体的课堂教学中。

四、指导学校构建与核心素养相匹配的课程体系

新课程实施以来，课程建设成为学校工作的重中之重。笔者曾多次在学术会议上呼吁：校长要从学校的行政领导转变为课程领导，学校要构建多元化的课程体系，以满足学生多元化的需要。如何构建基于学生核心素养培养的校本课程？国家课程如何基于学生核心素养培养重新融会校本元素，实现校本化实施？教师培训要引导学校管理者和教师改变学科本位、知识本位的理念，以核心素养统领课程建设和开发，将各学科融会贯通，注重对跨学科核心素养和高级思维能力的培养。

综合实践活动是培养学生核心素养的重要载体。要根据学校具体情况和周边资源，建立以核心素养为基础的综合实践活动精品课程，重视学生的实践活动，在实践中提升学生的思维品质和动手能力，使学生学会学习、学会生活、学会创新、敢于担当，促进学生核心素养的全面提升。

五、指导学校重建以核心素养为导向的评价指标

核心素养的提出不仅催生了教育评价理念的改革，还为教育评价内容和指标的确立提供了重要依据。学校建立以核心素养为导向的考试评价、教学评价、活动评价，以及确定对教师和学生的评价内容和指标是目前急

需解决的问题。

教师培训要指导学校根据核心素养重新建立学业质量标准，规定学生在完成一定的学习内容后应该达到的程度和要求。学业质量标准要从基于学科内容表现的标准转化为基于能力和素养表现的标准。以基于核心素养建立起来的学业质量标准指导教育评价，有利于打破学科限制，使跨学科能力的综合评价成为可能。例如，作为六大核心素养之一的“实践创新”，在数学、物理、化学、地理、信息技术、美术等学科当中都有体现，学业质量标准可以结合各个学科的特点制订这一素养的分级能力表现，以实现对学生素养和能力的评价。

综上所述，核心素养背景下的教师培训既要仰望星空，又要脚踏实地，要将核心素养这一新的理念与学校教育教学实际紧密联系，将学生核心素养培养作为学校的中心工作，作为教育教学的出发点和归宿，从而借核心素养的“东风”，进一步推进学校的各项工作，深化基础教育课程改革。

中小学课例研究的方法与途径

在中小学教学研究中，课例研究是最接地气、对一线教师最有价值的研究方式，是将教育教学理论和课堂教学实践紧密结合的桥梁。2016年4月—5月，笔者受云南师范大学、广东省汕头市教育局、广东省化学名师工作室邀请，进行了中小学课例研究的专题学术讲座，反响良好。下面以课例研究为例，说明中小学课例研究的一般方法与途径。

一、对课例的基本认识

对课例的基本认识，学界有两种不同的观点。一种观点认为，课例就是一个实际的教学例子，是对一节课或若干教学片段的再现和描述，等同于课堂教学实录。另一种观点认为，课例不只是课堂教学的再现和描述，不能停留在课堂教学实录层面，还要交代之所以这样教学的理由，以及教学带来的启示和反思，要有研究的成分在其中。笔者更倾向于第二种观点，课例是以一节课或教学片段（也可以是若干课的集合体）为例，运用教学理论对课堂教学进行分析，找到成功之处或不足之处，总结出具有推广价值的教学经验，或者说是通过课堂教学，寻找某个特定的教学问题的解决方法和技巧。例如，初中化学实验教学与高中化学实验教学的衔接、有效化学教学情境的创设、化学探究活动的组织和评价、手持技术在化学原理教学中的应用、基于学生学习能力培养的化学导学案教学、化学教学中哲学思想的挖掘和运用等都可以作为特定的教学问题，通过对某一节课、某一单元、某一模块的化学教学进行实践，有的放矢，寻找相关教学路径和解决策略。

1. 课例的组成要素和特点

课例一般由主题与背景、情境与描述、问题与讨论、诠释与研究四个要素组成。一般的课例研究应该包含确定主题、选课、教学设计、研究探讨、实践反思、教学行为改进等若干环节。

课堂教学会面临很多问题，不可能通过某个课例全部解决。通过一个课例认识或解决某个研究问题，这就是研究的主题。教师在选择研究主题时，要注意结合当前教学的热点、难点问题和教师普遍感到困惑的问题，课例要交代研究这个问题的意义和价值。例如，《理清思路　让教学更高效——以广东省东莞市精品课例开发之“饱和溶液”为例》《高中化学教育游戏制作实践研究——以“富集在海水中的元素——氯”为例》《中学化学教师学科教学知识的课例研究——以“晶体的常识”为例》《知识的科学性是化学教学的原点——以电化学教学为例》等化学课例开门见山，以问题的提出作为文章的开头，实际就是在文章的开始交代研究的背景，使读者认识到整个课例的价值和意义所在，帮助读者理解课例研究的背景和条件。

课堂情境的描述要围绕课例主题，对课例的内容进行精选，描述要准确、精简、引人入胜。有时为了凸显与研究主题密切相关的问题，可以对课堂教学进行适当剪裁，甚至可以对一些教学内容进行整合。课例描述要由表及里，将教学表象和需要解决的问题有效地结合起来。课例描述包含提出的问题，以及由问题引发的后续讨论。把研究的问题及对问题的讨论梳理出来，展现问题解决的过程和方法，对他人具有启发价值。课例描述的最后必须进行总结提升，对教学加以解读，赋予它更高一层的普遍意义。这就需要对教学做出诠释，进行理论升华，通过教学的改进和研究反思，获得理性的认识、初步的结论、进一步研究的思考。例如，《中学化学教学中促进学生认识发展的问题设置有效性研究——以“基于代表物学习铁及其化合物的性质”为例》在描述了课堂的 21 个问题之后，分析了这 21 个问题设置的意义，最后对问题设置的有效性进行讨论：有效问题必须具备能够“帮助学生自主达成教学目标”“帮助学生思维得到提升”的功能。文章从“对学科本体知识的深入挖掘”“对学生已有认识的深入挖掘”“有效问题呈现方式——追问”“重视生成性问题”四个方面对如何设置有效问题进行阐述。这个课例是北京师范大学化学教育研究所“高端备课”项目研究成果，将课堂教学实践与研究的问题完美结合，从具体的课堂教学实践中得出普适性结论。

2. 课例与几种常见教育文体的比较

课例与教学实录、教学论文、教学设计都是教学研究领域常见的文体，它们之间既有区别，又有一定的联系。

（1）课例与教学实录

教学实录强调客观忠实地记录教学过程，不包括反思和评价，是教学研究的最原始素材；而课例是有针对性地选择相关内容，不是有闻必录，而是要有作者的思考、评价和结论。在写作方法上，教学实录以叙述课堂教学的真实情景为主，不发表个人观点；课例在写作上讲究夹叙夹议，要表明作者的观点。

（2）课例与教学论文

教学论文往往以建立某种教学理论观点为目的，追求教学理论上的建树；课例以课堂教学实践为基础，旨在解决某个具体的教学问题，找出问题解决的途径和策略。教学论文与课例往往相互融合。在撰写教学论文时，为了论证教学论点，常常用某一具体的课例作为论据；而课例的撰写，特别是问题讨论和理论升华时经常运用论文的写作手法。教学论文写作强调理性思辨和论述，一般运用演绎推理；课例则运用叙述、议论、说明等写作手法客观描述课堂中发生的真实情景，开展与课例主题相关的讨论，一般采用归纳方式，从具体到抽象。

（3）课例与教学设计

教学设计是课例的基础，课例是教学设计的具体实施。从顺序上看，教学设计是事先构想的教学思路和具体的教学措施、步骤，写在课堂教学之前；课例是对已发生的教学过程或事件的记录和反思，写在课堂教学之后。从写作上看，教学设计更倾向于预测和说明，是教师根据教学内容和学生特点等设计课堂教学活动的方案；课例通常采用夹叙夹议手法，通过具体的课堂教学实践来说明要解决的问题或寻找的策略。

二、课例研究的基本方法

1. 确定研究主题

课例研究主题的确定要从课堂教学的实际出发，与时俱进，从小处、细处、实处捕捉课堂教学中最有价值的教学问题，选取具备研究条件和具有推广价值的问题加以研究，做到“小题大做”“管中窥豹”。例如，《论化学概念的结构与教学组织——以“氧化还原反应”为例》《初、高中化学衔接教学研究——以“物质的分类”授课为例》《翻转课堂教学模式的实践与反思——以人教版选修5“卤代烃”一节为例》的选题都是教学中急需研究的问题，具有一定的推广和研究价值。

华东师范大学的占小红对2013—2015年《化学教学》上发表的109篇有关化学课例研究的文献进行分析研究，发现了化学课例的四个研究视角：特定内容主题的教学优化研究、教学理论的诠释研究、化学课例研究话语体系建设研究、化学教师研究中课例研究的应用。这四个研究视角给化学教师在确定课例主题时以有益的启示。

2. 进行教学设计

课例研究提倡教师团队进行合作设计。合作设计是协作互助、深度研讨、智慧碰撞，是教师团队形成真正意义上的学习共同体的有效手段，有助于教师更加全面、深入地理解教学内容，恰当地调整自己的最初设想。对教学进行合作设计实现了教师群体资源的优势互补和共享。合作设计要注意以往的教学经验、当前班组学生的基本情况、可利用的化学教学资源等几个方面的交流、研讨。

课例研究要加大对学生学习的关注力度，力求突破传统意义上只关注教师如何教的局面。新课程背景下的教学设计一般应包括教师活动、学生活动、设计意图三个部分。这种复线型的教学设计增加了学生活动，并将设计意图也写出来，有助于教师在课后进行教学反思。

3. 改进教学设计

基于观察的结果和课后研讨对教学设计持续改进是课例研究不可忽视的一个环节。教学设计的修改状况直接影响下一轮教学的效果。课后授课教师要在分析第一轮教学的基础上，对学生进行课后教学效果的调研和访谈，总结经验，找出需要进一步改进的问题和思路，对原教学设计进行调整和修改，改进不合理的做法，以便在随后的教学中避免出现同样的问题。

4. 进行课堂观察

课堂观察是指观察者带着明确的目的，凭借自身感官及有关辅助工具，直接或间接从课堂教学中收集资料，并依据资料开展有针对性的研究。观察目的必须与课例的主题相联系，将研究的问题具体化为观察点，将课堂中的连续性事件拆解为一个个时间单元，将课堂中的复杂情境拆解为一个个空间单元，透过观察点对一个个单元进行观察、记录和分析。

沈毅、崔允漷等人在《课堂观察：走向专业的听评课》中提出了课堂观察的4个维度——学生学习、教师教学、课程性质、课堂文化，20个视角——准备、倾听、互动、自主、达成、环节、呈示、对话、指导、机智、目标、内容、实施、评价、资源、思考、民主、创新、关爱、特质，并将20个视角具体细分为68个观察点。该框架为教师理解课堂教学提供了一个全新的支架，也为教师选择观察点、选择和开发观察工具提供了参照体系。

5. 开展课后研讨

执教者首先向观察者阐述自己的教学意图以及实践后的调整和反思。承担不同观察任务的观察者在进行观察信息汇总的基础上，和执教者分享教学体会及解决问题的方法和策略，并提出改进建议。课后研讨要围绕着课例主题，开展对问题的针对性研究，把“学生的学”作为研究的重要内容，避免就课论课。

三、课例的撰写

对课堂教学实例进行梳理、加工和分析，并赋予一定的背景意义，撰写成一个课例。课例撰写没有固定的格式，但一般都应该包含前文所提到的课例的四个基本要素。笔者的《让科学探究成为化学课堂教学的核心——以“化学能与电能”教学为例》课例主体分为三个部分：通过“探究教学设计思路”对教学设计中与探究主题相关的因素进行提炼，通过“探究教学实施过程”对课堂教学中与探究主题相关的因素进行描述，通过“探究教学课后反思”对探究教学进行反思和升华，分别从三个不同的角度诠释了本课例的主题，结构简单，言简意赅，条理清晰，让读者一目了然、有所启迪。

1. 回忆和追溯

很多教师都开展了主题明确的课例研究，其教学设计、课堂观察、课后研讨都是撰写课例的重要素材，在撰写时对这些素材进行加工和梳理，提炼出我们需要的文字材料。一些教师在开始教学时往往研究主题并不明确，但在观课、评课或自己上课的过程中会豁然开朗，激发出研究的兴趣和欲望。这时就需要提炼主题，对该教学实例进行回忆和追溯。该教学实例产生前后上过几轮课？教研活动是如何展开的？在不同阶段授课教师的心理感受如何？是如何处理遇到的问题的？有哪些人参与了教学研究过程？哪些人的观点给自己留下了深刻的印象？对这些问题的回溯性思考是为了再现当时的经历和感受，目的是抓住精彩教学实例产生的前因后果和重要细节。

2. 撰写和修改

围绕着课例主题，撰写出整个教学过程中与主题相关的事件片段，对事件片段进行思考和分析。思考当时的教学条件和背景、教学事件背后体现的教育教学理念、教学解决了什么问题、教学还存在什么问题、教学研究得到了什么结论，如果进一步改进，还可以从哪些方面进行。写好初稿后，用课例的几个要素来衡量，看看是否具备课例的基本条件，缺什么补什么，多余的可以删去。

3. 凸显课例的价值和意义

在课例撰写基本完成后，考虑一下所写课例的类型，也就是整体考虑课例的价值和意义究竟在哪里。这个阶段可以重新考虑修改标题，用比较贴切的主题词汇突出该课例的价值和意义所在。

中小学校本课程的开发与实施

在我国，校本课程开发这一概念比较正式地提出是在1999年召开的第三次全国教育工作会议上，《中共中央国务院关于深化教育改革，全面推进素质教育的决定》中明确提出："调整和改革课程体系、结构、内容，建立新的基础教育课程体系，试行国家课程、地方课程和学校课程。"那么何谓校本课程开发呢？有学者认为，校本课程开发是在学校现场发生并展开的，以国家及地方制定的课程纲要的基本精神为指导，依据学校自身的性质、特点、条件及可利用或可开发的资源，由学校成员自愿、自主、独立或与校外团体或个人合作开展的旨在满足本校所有学生学习需求的一切形式的课程开发活动，是一个持续和动态的课程改进的过程。

许多教育工作者对国家课程情有独钟，而在思想上对地方课程，特别是校本课程尚没有完全接受。本文从校本课程开发的意义和价值、偏差和误区以及实施几个方面入手，结合江西省中小学"校本课程的开发与研究"实验基地——江西省九江第一中学（以下简称"九江一中"）的一些成功经验，阐述校本课程开发和实施的必要性、问题及相关策略，旨在与教育界各位同仁达成共识，积极推进校本课程的开发和实施。

一、校本课程开发的意义和价值

我国长期以来严格执行"自上而下"的课程政策。20世纪90年代后期，开始试行国家、地方、学校三级课程管理体制，课程决策权逐步下放，课程管理由封闭型管理向民主开放型管理转变，这是政治体制和经济体制改革的必然结果。采取单一的中央集权的课程管理体制已不适应教育的进一步发展。实行三级管理，为创建宽松、和谐、积极向上、充满活力、鼓励创新的育人机制和激人奋进的校园文化环境，为促进人才的成长提供了管理上的保证。

当代科技和知识经济的快速发展、信息化水平的提高，必然要求教育向民主化、个性化的方向发展。教育不应按事先给定的、千篇一律的规格去生产人才，而应该创造条件促进每个个体的能力和潜能得到最大限度的发展。国家课程开发在解决课程的基础性与统一性方面具有优势，而校本课程开发则是对学校具体环境和师生的独特性与差异性的尊重。每一所学校的办学历史、特点及人文环境各不相同，每一个学生的生活经历、性格特点、兴趣爱好等更是千差万别，在提倡以人为本、发展个性的现代社会，采用统一模式培养学生显然有悖于教育规律。校本课程开发强调尊重学生的兴趣和个性，给予学生自主选课的权利，从而使学生的兴趣和个性得到充分发展。

校本课程是根据学生的需求而开发的，强调学生的主体性，努力发挥学生的主动性、独立性和创造性，要求课程与教学回归到学生的生活世界，给学生提供张扬个性的外部环境。九江一中根据学生的兴趣、爱好、特长、发展需要及学校的办学目标开设校本课程，形成了五个方案——学生兴趣小组活动方案、学生社区活动方案、学生社会实践方案、学生研究性学习实施方案、特长生培养方案，以体现学生的主体作用，使学生得到更好的发展。2001—2002 学年，九江一中开发了 69 门校本课程，其中《红楼梦》解读、盆景艺术、化学在生活中的应用、固态酒精的制作、陶艺制作、法制讲座等校本课程深受学生的欢迎，使学生的兴趣和个性得到进一步的发展。实践表明，校本课程的开发和实施，并没有影响国家课程的开设和正常教学，九江一中连续多年在全国奥林匹克竞赛及中考、高考中取得骄人的成绩。由此可见，校本课程的开发和实施有利于全面贯彻落实党和国家的教育发展方针，有利于学校办出特色，有利于学生个性的发展和教师能力的提高。

九江一中在校本课程开发和实施过程中，通过组织教师参与学校课程、教材的开发和建设，增强了教师的主体意识，激发了教师的潜能和创造力，不仅为教师提供了发挥专业才干的场所，而且提高了教师的教育理论水平与教学水平，强化了教师终身学习的意识。国家级骨干教师钟家琴通过校本课程“能源问题”的开发和实施，认识到校本课程是教学相长的加油站。她曾撰文指出，校本课程的开设对教师提出了更高的要求，其教材体系、教材内容和结构都与传统教材有很大不同，要求教师必须不断学习，完善自己的知识结构，充实自己的知识储备，以适应校本课程开设的需要。而在只有国家课程的年代，教师在课程教学方面的主要职能是国家课程的扩音器、传声筒和简单的实施者，教师的教育观念被禁锢起来，也缺乏实践自己教育观点的场所。校本课程开发为中小学教师发展提供了一个重要平台，使教师在认识课程、研究学习的过程中提高了自己。校本课程的开发还成为一种动力，促使教师不断地了解国内外课程和教学改革的动向，努力掌握课程教学理论，吸取最新的科技成果，运用最新的信息技术。这培养了教师不断探索的习惯，促进了教师的可持续发展和终身学习。

二、校本课程开发的偏差和误区

由于国家实行三级课程管理体制的时间并不长，不少教育工作者对校本课程的认识难免存在一些偏差和误区。由于认识的不到位，无形中影响了校本课程的开发和实施，这些偏差和误区主要有以下几个方面。

1. 认为校本课程开发会影响升学率

在九江一中校本课程开发的过程中，有部分教师离开了中考、高考的指挥棒，就感到不知所措、无所适从。出现这个现象是思想意识转轨时期的必然结果，也是校本课程开发的最大障碍。九江一中校长室、科研处的同志反复向教师介绍升学考试已向能力化、素质化、个性化、综合化的方向发展，而校本课程的开发目标和方向正是围绕发展学生的个性和特长、提高学生的综合素质确定的，从而卸掉了教师的思想包袱，使他们轻装上阵。实践表明，校本课程的科学开发和有效实施不仅不会影响学生中、高考科目的学习，反而会促进学生学习兴趣、学习能力的提高。

2. 认为校本课程开发就是自编教材

校本课程开发的重点不仅在于开发出具体的课程产品，更重要的是开发的整个过程。在这个过程中，学校得以发展，教师素质得以提高，学生的学习需求得以满足。教师开发的教材往往是非书本类的活页资料，是以学生为中心、以兴趣为中心、以问题为中心，而不是以知识为中心。把校本课程开发仅仅看成学校或教师自编教材，在实践上容易误导教师盲目自编教材，而出现“校本版”的知识中心课程。这种观点把课程看成一种产物、一个结果。而实际上校本课程体现“以人为本”的理念，强调开放性和民主性，强调交流与合作。校本课程在形式上不一定只以文本的形式出现，例如，九江一中比较成功的校本课程之一——“陶艺制作”，就没有文本材料，而在实施过程中同样发挥了课程所应有的功能。

3. 认为校本课程开发就是在日常教学中对国家课程进行调整

教师关起门来凭个人的经验或根据自己的喜好调整国家课程内容，这样的行为不符合校本课程开发以学校为整体的基本准则，不属于校本课程开发的范畴。但如果个人调整国家课程内容的行为是有计划、有目的的全校课程改革项目的一部分，或者是得到学校认可的需独立完成的课程改革项目，这些个别课程开发尽管从形式上看是个人独自开发的，但实质上仍然是以学校整体为依据的，应该属于校本课程开发的范畴。

4. 认为校本课程就是选修课、活动课

校本课程有不同的形式，可以是活动课，也可以是选修课，还可以是必修课。九江一中开发的绝大部分校本课程为选修课和活动课，因为这一部分课程国家控制得不十分严格，灵活性较强，学校及教师容易操作。

校本课程开发是一个崭新的课程理念，它倡导一种新的课程开发和课程改革模式，呼唤新型教师的出现。这些理念和目标是“活动课开发”“选修课开发”之类的名词所无法涵盖的。如果学校为了活动而活动，为了选修而选修，漫无目的，游离分散，则不能体现校本课程开发的基本精神。开发校本课程不仅可以使活动课和选修课真正得到落实，而且有利于课程质量的整体提高。

5. 认为校本课程与国家课程、地方课程没有关系

校本课程是根据党和国家的教育方针，在实施国家课程、地方课程的前提下开发的，是对国家课程、地方课程的有效补充，而国家课程和地方课程又必须经过教师和学校的再加工、再创造才能在学校中实施。实际上，学校不存在纯粹的国家本位课程和地方本位课程，也不存在纯粹的学校本位课程。校本课程开发的意义在于提升学校与教师进行课程开发的自主权，在形式上既包括根据学校和学生实际自行开发新课程，也包括学校和教师对国家课程、地方课程进行再加工、再创造后富有学校和教师个性特色的课程。将校本课程与国家课程、地方课程割裂开来，认为它们是相互独立的，对校本课程的开发和实施是极为不利的。

三、校本课程开发的实施

1. 加强领导，强化管理

学校领导班子的教育理念在校本课程开发过程中起着重要作用。如果领导班子的认识不到位，没有从传统的思维模式中走出来，认为国家课程十全十美、包罗万象，那么校本课程的开发就无从谈起。早在1996年，九江一中就正式启动了课程改革，开始构建以必修课为主体，选修课、活动课为补充的，符合学生实际的新课程体系，为校本课程开发奠定了坚实的基础。

在校本课程的开发和实施过程中，九江一中的日常管理工作由学校科研处负责。从校本课程的立项、编印讲义、开课到检查、督促、评价，学校科研处介入校本课程开发的所有环节，并及时与校长室、教研组和教师沟通信息，及时调整策略和步伐，及时进行评估和表彰。

2. 加强学习，搞好培训

教师参与课程开发的前提是教师能够比较好地理解和把握课程的本质。教师具有良好的态度和较高的素质是校本课程开发成功的关键。九江一中通过多种渠道宣传校本课程开发的意义，使全体教师明确校本课程的开发是学校实现培养目标的基本途径之一，是学校形成特色的保证，使全体教师在思想上形成统一，达成共识。九江一中对教师的培训主要立足于校本培训，内容包括两个方面：一是对教师进行课程理论的培训，让教师初步掌握课程的一些基本原理，明确课程目标、课程内容、课程实施、课程常识、课程探究等基本理论，为课程开发提供理论依据；二是对教师进行专业知识培训，不断拓宽其知识面，重新构建教师的知识结构，为课程开发提供知识和智力上的支持。

3. 合理分工，层层负责

将学校校本课程开发与研究的总课题分解为若干子课题，将其落实到各处室，落实到年级组、教研组、备课组，保证研究工作落到实处。

为此，九江一中成立了学校校本课程开发与研究领导小组。校长任组长，全面负责校本课程开发与研究工作；主管副校长和科研处主任具体负责教师培训方案的制订及实施，组织教师进行现代信息技术与校本课程开发研究和校本课程评价研究；教务处主任负责校本课程教学实践与研究工作；科研处副主任负责组织校本课程管理、考核办法、价值取向的研究以及校本课程教材的编写；政教处主任负责组织校本课程德育实施与研究；团委书记负责团队活动中校本课程的开发与研究。学校通过明确分工，将责任落到实处。

4. 注重实践，动态管理

校本课程要克服传统的基础教育课程脱离学生生活世界的状况，要求和鼓励学生投入生活，亲身实践体验，自主选择探究。九江一中充分尊重学生的个性和兴趣，将研究性学习活动作为校本课程开发的一项重要内容，仅2000—2001学年度高一年级学生就成立了研究性学习课题小组111个，学生深入农村、机关、社区进行调查，在实践中学习，学校给每个学生以广阔的空间，促使学生主动地寻找问题，主动地学习和思考，培养学生分析问题和解决问题的能力。

二十一世纪是信息化的时代，科学技术的发展给人们的生活带来日新月异的变化。校本课程的开发当然要遵循这些发展变化，不能一成不变，固守袭用，封闭在一个小圈子里，这样终究会成为教育进一步发展的阻力。只有将社会中的各种变化及时地反映在校本课程开发与实施过程中，充分利用校本课程灵活性强的特点，使校本课程开发处于动态管理和开放状态，才能充分体现校本课程开发的意义。

校本课程的开发是一个渐进的艰难过程。只要广大教育工作者站在为了中华民族的复兴的高度看问题，用严谨治学、甘于寂寞、力戒浮躁、潜心钻研、厚积薄发的治学态度来对待校本课程的开发，这朵教育园地中灿烂的花朵一定会开得更加艳丽。

教师 PPT 数字故事的价值与制作

2010 年 10 月，上海师范大学的黎加厚教授应邀到深圳市福田区讲学。讲学期间，黎教授向我区教师推荐了 PPT 数字故事这一新型的教学工具和教学方式。黎教授认为，PPT 数字故事是促进教师专业化成长的有效平台。随后，深圳市福田区开展了中小学教师 PPT 数字故事竞赛。各学校教师积极参与，将自己经历的教育教学故事制作成 PPT。在这个活动中，广大教师的教学实践得到反思、教育理念得到升华、信息技术素养得到提高，取得了良好的效果。笔者参与了前期整体活动方案的设计和后期教师参赛作品的评比，现对这一新型教学工具和教学方式做一下简要的介绍和整理，与各位教育界同仁分享。

一、PPT 数字故事的发展和内涵

数字故事产生于 20 世纪 90 年代初期，首创者达纳・温斯洛・阿奇利用电脑把自己的老照片配合讲述制作成了一部自传体小电影，得到了好评。2002 年 11 月底，在美国成立了数字故事协会。从此，数字故事迅速在世界范围内流行起来，并受到了教育者们的关注。目前，数字故事被广泛应用于欧美国家的课堂教学。很多教师将这种技术和形式用于课堂教学和日常教育中，创设教育教学情境、营造班级学习氛围、激发学生的学习积极性。美国社会学家 Rich Moran 指出，PPT 是 21 世纪新的世界语，比尔・盖茨对人类最大的贡献是他创造了人类社会交流的世界语 PPT。之所以用 PPT 制作数字故事，主要是因为 PPT 的使用率高，技术容易掌握，图片、声音、视频、动画可以有效穿插其中。PPT 数字故事整合了古老的讲故事的艺术和 PPT 制作技术，是将讲故事的艺术与现代信息技术结合而形成的一种新型讲故事方式。PPT 数字故事通过生动感人的故事情节及多媒体技术增强了表现力和感染力，充分展示了作者的经验和情感。

PPT 数字故事通过图片、视频和声音来讲述故事，使观众从声音和画面中获取故事内容，并能够获得直观的感受。作为一种特殊的表达方式，PPT 数字故事能够扩大作者的声音，使作者更具有成就感。另外，作为一种新型的传播方式，PPT 数字故事体现了一种新的课程理念，它强调故事要来自工作和生活，强调相互合作，强调对现实生活和工作进行探究，并在讲述故事的同时表达作者的观点和看法。在教师中开展 PPT 数字故事制作活动，让教师从自己真实的教育教学生活中挖掘故事素材，实质上是一个进行教育教学反思的过程。教师掌握这一技术的最终目的是用于教育教学实践。

开展 PPT 数字故事活动主要有三个方面的意义：一是将教师的个人体验以 PPT 的形式表现出来，这是一种全新的教育教学反思，增加了同伴分享和交流的机会与深度，拓展了校本研修的途径；二是图文并茂，且伴随音乐，趣味性强，比传统的讲故事方式更富有感染力，所表达的思想更容易被他人接受；三是教师通过素材收集和 PPT 数字故事的制作，提高了信息技术素养，并发展了创新思维和创新能力。

二、PPT 数字故事的制作与评价

PPT 数字故事的制作主要有两个关键环节，一是故事的写作，二是 PowerPoint 工具的运用。前者要求故事真实、典型、感染力强，有教育意义；后者要求画面、文字、音乐合理搭配，转场自然。

（一）PPT 数字故事的制作

1. 故事写作

通常写作的材料来源于教师教育教学中的真实情景和体会，经过反复修改形成文本故事。一般要求故事言简意赅，有一个主题，说明一个道理。

故事 1：她还会恨我多久？

丹婷是个转学生。开学第一天，因看到她头发过长，不符合学校规定，我命令她扎起来，并且不允许她解释。第二天，她把头发扎起来了，全班同学都看到了她的脖子上有一大片红色的胎记，我这才知道原来她留较长的头发是有隐衷的，后悔莫及。她在全班同学的指指点点下深受伤害，从此把自己封闭起来，看似孤傲地疏远大家。我虽采取了一系列挽救措施，可依然没有感动她，她甚至把我送给她的书都退还给了我。

临近毕业，她拒绝给我留言。我感到很难过。

毕业后，我偶然发现原来她给我写了一封信，就夹在还给我的书里面。看着信上真挚的文字，泪水滑下了我的脸庞。

故事 2：一张手机贴膜

国庆节前，小沈因疑似上课玩手机，手机被没收了，小沈与王老师大吵了一架。假期结束后，小沈仍然萎靡不振。王老师答应如果他表现好就把手机还给他，可小沈看到手机后更加萎靡不振，性格也变得孤僻了，几经教育无效。细心的文主任发现小沈被没收的手机上有一张刻满盲文的手机贴膜，事情的真相才浮出了水面。原来小沈的爸爸与妈妈离异时，妈妈带走了妹妹，而在一次事故中，妹妹失明了。小沈很想念妹妹，眼看妹妹的生日就要到了，小沈打算在手机贴膜上刻上盲文键盘，让妹妹也可以用新手机。在文主任的帮助下，贴膜重新做好，与手机一起寄给了小沈的妹妹。

这两个故事分别由福田区红岭中学的谭妙蓉老师和莲花中学的李维老师撰写，围绕不当教育行为对学生造成的伤害展开，告诉我们每一个学生都有自己不为人知的内心世界，教师不能用自己的惯性思维去对待学生，而应该多与学生沟通、交流，更深入、细致地了解学生。

2. 情节提炼

在文本写作完成后，把故事中的主要情节提炼出来，并用多媒体元素重建故事情节。所需素材可以自己用数码相机、录像机拍摄和创作，也可以搜索互联网上的图片、声音、视频和动画等。

3. 创建数字故事

用 PPT 把各种数字化媒体素材整合起来，形成完整的数字故事。需要注意的是，语言表达是贯穿在 PPT 各个环节中的，而且是以多种形式呈现的，有口头的、书面的、视频的，等等。

（二）PPT数字故事的评价

评价教师制作的PPT数字故事应该围绕故事性、艺术性、技术性、创新性四个指标进行。深圳市福田区第一届中小学教师PPT数字故事竞赛评价量规如下表：

福田区第一届中小学教师PPT数字故事竞赛评价量规

评价指标	优秀	良好	一般	权重	得分
故事性	故事真实、典型，结构明晰，语言生动，感染力强，叙事手法有创意，给人以思考、启迪。（40～50分）	故事真实、较典型，结构较清楚，语言较生动，感染力较强，能给人以一定的思考、启迪。（30～40分）	故事真实、不典型，陈述不清楚，语言欠生动，感染力不强，不能给人以一定的思考、启迪。（20～30分）	50分	
艺术性	与故事主题吻合，图片可视化效果好，字体使用得当，主题突出。（15～20分）	与故事主题较吻合，图片可视化效果较好，字体使用较得当，主题较突出。（10～15分）	与故事主题相关性一般，图片可视化效果一般，字体使用不得当，主题不突出。（5～10分）	20分	
技术性	画面转场自然顺畅，画面效果好；播放时间控制在5分钟以内；背景音乐能与故事的起承转合相契合。（15～20分）	画面转场较自然顺畅，画面效果较好；播放时间控制较合理；背景音乐选择较恰当。（10～15分）	画面转场欠自然顺畅，画面效果一般；播放时间过长或过短；背景音乐选择不当。（5～10分）	20分	
创新性	故事新颖，且有冲突，深度互动，画面的展现形式独特。（8～10分）	故事较新颖，有一定冲突和互动，表现形式有一定创新。（5～8分）	故事平淡，无冲突，表现形式无创新。（3～5分）	10分	
总分					
总体评价					

三、深圳市福田区教师PPT数字故事竞赛基本情况

1. 竞赛主题

本次竞赛活动以“观察、记录、思考、改进”为主题，旨在观察教师身边发生的教育现象、记录教师身边发生的典型事件、思考教育活动的价值追求、改进我们的教育方式。

2. 作品要求

（1）参赛作品应反映福田区中小学教师在教育实践中的真实、典型事件。可以是自己的亲身经历，也可以是学校其他教师的经历，切忌杜撰抄袭。

（2）参赛作品可以从课堂教与学方式的转变、学科教学改革、校本研修、校本课程开发、综合实践活动、学困生转变、家庭教育、文体活动等方面确定故事主题。

（3）参赛作品应能反映教师在教学实践中的探索、感悟、收获或困惑。

（4）参赛作品应使用PowerPoint软件制作，图片和音乐等素材可通过网络搜集，但不得在文件中直接插入其他动画或视频，参赛作品中所有的基本素材的源文件存放在“素材”文件夹中，并与作品一起打包。

（5）参赛作品文件应以“学校名称＋姓名＋作品名称”的形式命名，以PPT的源文件格式（扩展名为.PPT）保存。作品演示总时间控制在5分钟以内。如果作品有特殊的环境设置要求，请在“内容概述”中进行说明。

（6）所有作品鼓励原创，作者署名不得超过两个人，参赛者对所交作品权责自负，若发现参赛作品属非参赛者个人完成，有权取消其比赛资格。福田区教育局具有获奖作品的交流和使用权。

3. 参赛方式

本次竞赛活动分为校级竞赛和区级竞赛两个层面。

（1）校级竞赛

从2011年4月至9月，以学校为单位，广泛开展PPT数字故事制作

的理论学习、案例观摩、技术培训、量规研读、素材收集、脚本编写、作品制作和校内展示评比等活动。

(2) 区级竞赛

2011年10月，在校级竞赛的基础上，各学校按本校教师总数百分之三的比例报送参赛作品。

四、结语

深圳市福田区举办的这次活动，受到了广大教师的欢迎。教师制作出了很多有教育意义的PPT数字故事。PPT数字故事竞赛的有效开展，大大增强了福田区一线教师的教育信息技术意识，也促使不少教师开始在课堂上运用这一新型教学形式，从而发挥出PPT这一现代信息技术工具更大的作用。

以培养学生核心素养为导向的课堂教学

2014 年 4 月，教育部明确提出研究制定中国学生发展核心素养体系。近年来，核心素养成为我国基础教育领域的一个热门话题。2016 年 9 月，中国学生发展核心素养研究成果在北京师范大学发布。中国学生发展核心素养以培养“全面发展的人”为核心，分为三个维度、六大素养、十八个基本要点。学习、领会、实施核心素养培养成了当今基础教育阶段的重要工作。

核心素养的提出有其重要的国际教育背景，是中国教育的现实需要，但由于在理论和实践层面都还需要进一步研究和厘清，一线教师普遍感到迷茫和困惑。目前，核心素养培养更多的停留在理念层面和研究阶段，在教育教学中能得到良好的贯彻和实施还需要相当长的探索。本文旨在通过论述核心素养培养对基础教育的意义和以核心素养培养统领课堂教学的具体方法、策略，来推进核心素养培养在中小学的进一步落实，真正体现其价值。

一、核心素养培养对基础教育有着极其重要的现实意义

1. 与世界教育及时有效接轨

从“知识本位”走向“核心素养”已经成为当今国际社会的共识。1997 年，经济合作与发展组织启动了“素养的界定与遴选：理论和概念基础”这一国际性研究项目，1999 年、2001 年、2003 年连续发布有关学生核心素养的研究报告，并启动了具有重大影响力的国际学生评估项目（PISA）。受其影响，联合国教科文组织、欧盟，美国、英国、法国、德国、芬兰、日本、新加坡、中国台湾地区等也对核心素养进行了积极而富有成效的研究，并提出了自己的核心素养框架。

2. 是对素质教育的继承和发展

1999 年，全国第三次教育工作会议出台了《中共中央国务院关于深化教育改革，全面推进素质教育的决定》，提出全面推进素质教育是实现中华民族伟大复兴的希望。素质教育经过与应试教育的长期博弈，为基础教育健康科学地发展做出了不小的贡献。素质教育的重点是培养学生的创新精神和实践能力，核心素养培养是对素质教育的继承和发展，是一种完善和补充。我们可以把核心素养培养看成素质教育的 2.0 版。核心素养培养是素质教育的进一步深化和推进，是实现党的十八大提出的“立德树人”教育根本任务的具体抓手。

3. 进一步深化和推进课程改革

新课程改革自实施以来取得了举世瞩目的成就。当今课程改革已经进入“深水区”，急需新的“引擎”带来新的动力，以解决课堂教学改革中遇到的阻力和困难。核心素养在为基础教育带来新思维和新视角的同时，也将为基础教育改革带来新的活力。杭州师范大学的张华教授认为，核心素养的提出是我国基础教育改革的“再出发”，广大基础教育工作者和全社会要抓住这一机遇，用激情和智慧走出应试教育的泥沼，让每一位师生获得解放。

二、“以学生为本”是核心素养对课堂教学的核心价值追求

核心素养是学生在接受相应学段的教育的过程中，应具有的适应个人终身发展和社会发展需要的必备品格和关键能力。课堂教学应该通过传授知识，促进学生品格和能力的发展。知识的学习和日益丰富与素养的提升有一定的相关性，但不能混为一谈。学生知道环境污染和环保知识，未必能够低碳生活；学生知道历史上的民族英雄，未必对国家和民族有责任担当；学生知道科学原理，未必能解决实际问题。然而，一些教师和教育管理者把知识当作课堂教学的唯一追求，把考试分数当作课堂教学的最高评判准则，公开鼓吹“提高一分，干掉千人”“只要学不死，就往死里学”的非人性教育。教师通过大量的习题训练、测验、考试来强化学生对知识的掌握，将培养考试能力作为课堂教学的终极目标。教学的结果使学生缺

乏学习的乐趣和渴望，缺乏观察事物和提出问题的能力，缺乏假设和批判的科学探究能力，缺乏强烈的社会责任感和使命感，成为分数的奴隶和应试的机器。教育的极端功利主义让知识遮蔽了人，使分数成为禁锢学生发展的枷锁。

教学的使命与目的应当是发展学生的素养，那么，素养应当以人为核心，以育人为根本任务。知识是课堂学习的载体，教师要从知识和分数的背后看到学生品格和能力的发展，要从所教知识的背后或深处看到学生。教师应站在学生的角度，站在育人的高度，将学生作为课堂教学的出发点和最终归宿。教师要引导学生用经验来激活知识，用思维来构建知识，用情感来丰富知识，用想象来拓展知识，用智慧来批判知识，用心灵来感悟知识。这是给知识注入灵魂，使知识活起来，具有生命力。例如，小学数学的时间单位教学，如果只从数学知识的角度进行教学，就是单位的定义和换算，但是如果教师引导学生利用所学的时间概念，来计量自己的生活，来安排自己的生活内容，数学知识就有了生命意义，真正促进了知识学习向学生素养的有效转化。基础教育领域所倡导并进行了多年实践的“生命课堂”是符合人性的教育，是和发展核心素养理念相一致的教育思想。

三、对教学内容的重新审视和调整是发展学生核心素养的基础

在当今信息化时代，知识日新月异。新知识、新技能呈现爆炸式的增长。早在一百多年前，英国教育家斯宾塞就提出“什么知识最有价值”的问题。以知识为导向的课堂教学和以核心素养为导向的课堂教学对此有着不同的选择和回答。

以知识为导向的课堂教学强调对知识的精细化分析，尤其是对考点的精细化分析。“知识考点化，考点试题化”“考什么，教什么”是当今基础教育阶段课堂教学普遍存在的问题。教师和学生被层出不穷的考试信息所绑架和裹挟，学生只懂得自然科学和人文科学的相关知识，却缺乏应有的科学精神和人文底蕴。责任担当、实践创新、学会学习、健康生活更是一种奢望。

以核心素养为导向的课堂教学以促进学生核心素养发展来选择教学内容。教师要将学科知识的丰富内涵向学生敞开，使学生通过课堂学习不仅掌握具体的知识内容，同时使学生的品格得到熏陶，能力得到提升。例如，科学史在以知识为导向的课堂教学中，意义并不是很突出，但在以核心素养为导向的课堂教学中，有极其重要的教学价值。科学史对培养学生的坚强意志、社会责任、实践创新、科学态度与科学精神有着独到的作用。再譬如，人文底蕴这一核心素养的培养绝对不只是人文学科所独有的责任，自然学科也蕴含着许多人文知识。教师要善于挖掘科学知识本身蕴含的人文内涵，使其在对学生人文教育方面起到潜移默化的作用。一位化学教师在学生学习“钢铁”时，通过介绍、展示“高炉炼铁”的过程（铁矿石到生铁，生铁到普通钢，普通钢到不锈钢），引导学生思考“百炼成钢”“钢铁是怎样炼成的”有什么人生寓意，让学生领悟到在成长道路上，没有人能够一帆风顺，必须经过千锤百炼，才能成为真正的国家栋梁之材。

四、充分发挥学生的主体性是发展学生核心素养的必要条件

知识是不能直接转化成素养的，对知识进行简单的复制、记忆、理解也不能形成素养。学生只有通过主动地参与、加工、内化、升华，才能实现知识到素养的转化。以培养学生核心素养为导向的课堂教学把学生真实的探究发现、合作交流、质疑批判视为基本的教学方法。把结论直接告诉学生，虽然“高效”地传授了知识，使学生短时间内掌握了知识和技能，却无法培养出以创造能力和交往能力为核心素养的“高素养者”。

在课堂教学中，教师给学生讲的应该尽量少些，引导他们去发现的应该尽量多些，这样就能慢慢使学生掌握自己去钻研、自己去学习知识的本领。培养学生的创造能力比让学生学好书本知识更重要。学生要在学习中学会学习，在实践中学会创造。帕克·帕尔默在《教学勇气——漫步教师心灵》一书中写到，如果一位学生在完成教育时变成一个只会接收信息的内存，这位学生已经受骗了。优质教育会教学生成为知识的创造者，并能判断别人所宣称的事情是否正确。以培养学生核心素养为导向的课堂教

学，用激活、启发、质疑、思辨取代灌输和死记硬背，将课堂的时间和空间还给学生，让学生的主体性得到充分发挥。

五、运用综合知识解决真实问题是发展学生核心素养的重要因素

经济合作与发展组织在“素养的界定与遴选：理念和概念基础”研究项目中指出，核心素养着力解决的是提高学生面对复杂情境时的问题解决能力，使之能够适应飞速发展的信息时代和复杂多变的未来社会。传统教学以学科知识点为核心，人为地割裂不同学科知识之间的联系，难以使学生形成解决实际问题的能力。现实生活中的问题往往复杂多元，涉及对多学科知识的综合运用，教师要在教学中为学生创造解决真实问题的情境和机会，让学生在学以致用中提高解决问题的能力，从而促进核心素养的发展。

核心素养是跨学科的素养，体现的是一个学生所具备的综合能力与品格，这些能力虽然在各个学科中都有所渗透，但绝对不是一门学科可以单独完成的。非常重要的实践创新能力、问题解决能力等，需要个人具有坚实的跨学科知识框架，能够从不同角度对同一主题进行分析和重组。目前，国际上流行的项目学习、STEM 学习、新课程倡导的研究学习都是运用综合知识解决实际问题的有效学习方式。

所有学科对学生核心素养发展都有重要的作用。教师只有明确本学科对特定核心素养形成和提升的教育价值及其内在关联，才能发挥出本学科对学生核心素养发展的独特作用。课堂教学不能只局限于一个知识点，而要以核心素养统领教学，帮助学生形成融会贯通的知识框架以及从不同视角分析问题、解决问题的能力。

教学变革

新课程改革领军人物、华东师范大学钟启泉教授说，教育改革的核心是课程改革，课程改革的中心环节是课堂教学改革。新课程改革把“坚定不移地推进教学方式和学习方式的转变”作为主要任务之一。教师如何引导学生高效地学？教师如何成为学生开展自主、合作、探究学习的引领者和促进者？这是当今教育的热点问题。笔者主持并完成了广东省“十二五”规划课题“深圳市中心城区（福田区）义务教育阶段课堂教与学方式现状与对策研究”和广东省“十三五”规划课题“合作学习的理论与实践研究”。本章选取部分研究成果，与读者分享。

教与学方式的概念界定

新课程改革提出的六项具体目标中的重要一项是“改善学生的学习方式”，并把“坚定不移地推进教学方式和学习方式的转变”作为主要任务之一，同时明确提出“学习方式的转变”是本次课程改革的显著特征。

一、什么是教学方式

《教育大辞典》对教学方式是这样界定的：“教学方法的活动细节，教学过程中具体的活动状态，表明教学活动实际呈现的形式，如讲授法中的讲述、讲解、讲演，练习法中的示范、摹仿等。没有独立的教学任务，服务于某一方法所要完成的任务。同一教学方式可以用于不同的教学方法，不同的教学方式也可包含于同一教学方法之中。它能使教师的工作方法形成独特风格，赋予教学方法以个人特征，也影响学生掌握知识的个人特点。”① 也有学者认为：“教学方法是为达到教学目的、实现教学内容、运用教学手段而进行的，由教学原则指导的、一整套方式组成的师生相互作用的活动。”②

在我国的教学理论中，人们一般把教学方式看成教学方法的活动细节，认为教学方式是教学方法体系的一个组成部分，是师生具体的活动和行为。教学方式包括教师教学方式、学生学习方式以及师生互动方式。

笔者认为，教学方式是指教师在教学活动中，根据教学目标、教学内容、教学对象、教学环境的不同而具体采取的不同教学行为和活动方式，以培养学生良好的学习方式，并为顺利开展师生交互活动奠定基础。教学

① 顾明远．教育大辞典［M］．上海：上海教育出版社，1990：200.
② 王策三．教学论稿［M］．北京：人民教育出版社，2001：247.

方式是教学方法运用中的具体教学行为，教师教学方式恰当与否直接影响到学生学习方式的培养，同时也关系到师生交互活动的融洽度与有效性。

二、什么是学习方式

教育界在界定学习方式时，主要观点大致有两种：一种观点认为学习方式是学习者有倾向性的策略、方法和技术；另一种观点认为学习方式是学习者有倾向性的学习动机、情感、态度等精神品质。

通常认为，学习方式是一种个人的自然的、习惯的、有倾向性的学习方法。但有些学者认为，学习方式不应仅仅局限于学习者有倾向性的策略、方法等技术性层面，还应该包括学习者有倾向性的学习动机、情感、态度等精神性层面。学习方式不是指具体的学习策略和方法，而是学生在自主性、合作性和探究性方面的基本特征。刘树仁在《新基础教育课程与学习方式的变革》一文中指出："学习方式，是人们在学习时所具有或偏爱的方式，即学习者在研究解决其学习任务时所表现出来的具有个人特色的方式，它是学习者持续一贯表现出来的学习策略和学习倾向的总和。学习策略，指学习者为完成学习任务或实现学习目的而采取的一系列步骤，其中某一特定步骤称为学习方法。……学习倾向包括学习情绪、态度、动机、坚持性以及对学习环境、学习内容等方面的偏爱。"他认为，学习方式不是具体的某一种学习方法，而是学习者有倾向性的学习方法体系与学习情感态度因素的一个组合整体。

学习方式具有价值取向，在我国当前新课程改革的背景下，个性化学习、团体协作性的学习是学习方式的主要价值取向。在倡导以人为本、尊崇个性的时代，具有个性化特征的学习方式已经成为构建学生健全人格的必然选择。同时，学生也必须在团体协作中通过对话、交往、协商来学习，个体化的学习必须在不同主体间的相互交往中进行，个人的学习离不开主体间的"互识"和"共识"。

目前正在进行的新课程改革作为教学改革的重中之重，将促进学生学习方式的变革，其力图以学生学习方式的变革为着眼点，在教育领域发起一场彻底而深刻的变革，最终促成教学方式的变革，使学生得以主动健康地发展。

教学变革需将课堂还给学生

2013年11月13日上午，“深圳市名师联谊在线”启动仪式暨第一期名师讲座在深圳市电教馆举行，福田区教研中心的张玉彬老师给在座的校长以及教师们带来了一场题为“反思与展望：中小学课堂教学的变革之路”的演讲。张老师认为，只有把问的权利、读的时间以及讲的机会还给学生，才能激发学生学习的主动性、自主性和创造性，以学生为主的课堂才是高效的课堂。

改变课堂教学知易行难

“教育改革的核心是课程改革，而课程改革的关键则在于课堂教学改革。”张玉彬老师在讲座的开头列举了当前课堂教学的种种普遍问题，如教师教学就等同于教教材，学生学习就等同于学教材；把训练等同于教学，忽视学生复杂的心理活动，把学生当作机器来支配；重结论、轻过程，排斥学生的思考和个性，把教学过程变为只需听讲和记忆就能掌握知识……这些顽固的教学模式最终摧毁了学生学习的主动性、自主性和创造性。

作为深圳市首届教育科研专家工作室主持人，张老师在2012年3月至5月对福田区上步中学、景秀中学、南华中学、福田区外国语学校等14所中小学的部分教师和学生进行了义务教育阶段“教与学方式”现状调查。其中，教师部分涉及教师课前备课、课堂教学、课堂习惯、课后情况、反思收获等多个方面，共发出880份调查问卷，回收836份有效问卷。关于学生学习现状的调查，涉及学生课前预习、课堂表现、课堂习惯、课后复习、学习收获等多个方面，共发出2633份问卷，回收2595份有效问卷。

调查中，张老师发现改变教学方式存在知易行难的困境，虽然88%的教师认为课堂教学以学为中心，但实际在课堂中以学为中心的教师只有

58%；虽然有70%的学生喜欢多开展合作探究学习，但实际只有30%的学生表示他们经常展开合作探究学习。不仅如此，教师和学生对上课讲授的时间感受存在比较大的差异，虽然只有7%的教师认为在平时的课堂教学时间分配中，平均讲授的时间约占80%，而有相同的感受的学生却多达27%，有近一半的教师认为自己的讲授时间仅占课堂时间的40%，与此同时，却仅有24%的学生有此同感。

请多给教师一点时间和耐心

“28年前，当我刚成为一名教师时，国家就已提出改变以教为主的教学形式，然而28年过去，我们的课堂仍然坚守着‘满堂灌’‘一言堂’‘填鸭式’的形式，仍然将‘五段式教学’当作金科玉律沿用至今。”张老师说，要想改革并不容易，有超过一半的教师认为教与学方式的转变要达到理想的教学效果至少需要一个学年以上的时间。对此，张老师呼吁，学校应该给改变教学方式的教师多一点时间和耐心，甚至允许教师所带的班级，在教学方式改变之初其学生的成绩出现波动甚至退步。

在张老师看来，变革的课堂教学应该把问的权利还给学生，要彻底改变单纯教师“问”、学生“答”的现状，把课堂变成学生“问”的天堂。把读的时间还给学生，课堂40分钟，教师讲得多，无疑就挤占了学生的时间，把时间还给学生就是让学生多读，在读中发现问题，学到知识。把讲的机会让给学生，教师的精讲是必要的，但学生表达自己的认识、情感的交流更重要，要更多地为学生提供畅所欲言、各抒己见的机会。要把练的安排纳入课堂，培养学生动脑、动口、动手，解决问题及探究创新的能力。

“教师不是一桶水，也不是自来水，教师是一个帮助学生向上攀登的支架。”对于教师的职责，张老师认为，教师要为学生提供支架，使其主动学习，构建知识体系，在学生能力达到独立解决问题的时候方可撤去帮助。

（原载于2013年11月14日《深圳特区报》，记者姚卓文，实习生赖良）

教与学方式的分类和发展趋势

课堂教与学方式的分类在学界有多种观点，从“教学中心”角度可以分为两种，即以教师为中心的课堂教学和以学生为中心的课堂教学。从“教育心理学”角度，也可以分为两种，即接受式学习和发现式学习。

一、以教师为中心的课堂教与学方式

1806年，德国教育家赫尔巴特的《普通教育学》出版。他认为，在教育过程中，学生对教师必须保持一种被动状态，强调教师的权威，忽视学生的积极性，提出了学校教育的“三中心”：学校以课堂为中心，课堂以教师为中心，教师以书本为中心。他把以教师为中心的班级课堂教学程序化、模式化，这样教师就能有计划、有步骤地进行教学，而不会出现混乱无序的现象，从而使课堂教学步入规范化的轨道。赫尔巴特还提出“四步教学法”，将课堂教学划分为四个阶段，即“明了—联想—系统—方法”。

赫尔巴特的教学理论对欧美各国及日本的影响很大。20世纪40年代，苏联教育家凯洛夫主编的《教育学》基本上继承了赫尔巴特的教育思想，提出了为我国教育界所熟悉的课堂教学五环节，即组织上课、检查复习、讲授新课、巩固新课、布置课外作业。以赫尔巴特的教育思想为代表的教育理论让教师们领悟和掌握了课堂讲授教学的步骤和技巧，在一定的历史时期提高了课堂教学效率。但赫尔巴特的教学理论过分地强调教师的地位和知识的作用，把依据学生心理变化而变动的教学过程变成刻板的、机械的公式，使学生的发展处于被动、消极的状态，赫尔巴特的教学理论以及以他的教学理论为核心的教育思想被称作传统教育思想，受到了人们的批判。

凯洛夫强调教学工作的基本组织形式是课堂教学，强调教师在课堂教学中的主导作用，强调学科知识的系统传授，强调教学计划、教学大纲和教材的重要作用。五环节教学的优点是有利于教师主导作用的发挥，有利于教师对课堂教学的组织、管理与控制。但是它存在很大的缺陷，忽视学生的主动性、创造性，不能把学生的主体作用很好地体现出来；机械论多于辩证法，偏重于传授而忽视学生的探究过程，偏重于教师的主导作用而忽视学生的主体活动；教学凌驾于学生发展之上，不考虑学生的实际情况，不考虑教育与现实社会的关系。

二、以学生为中心的课堂教与学方式

美国教育家杜威批判了赫尔巴特的“四步教学法”。他指出赫尔巴特用教法和教材联系的观点来阐明教学方法上的各种问题，“教学方法必须注意提示新教材的方法和顺序，保证新教材与旧教材的恰当的相互作用”，这个观点的基本缺陷在于它从根本上只重视教材，而忘记了教育中的人，忽视了人的主动性。杜威认为，教学过程是学生通过亲身实践、探究获取经验的过程，同时也是学生思维发展的过程。在此基础上，他提出了课堂教学的“学生中心论”。在杜威看来，教学的中心不是教师，而是学生。在此基础上，他提出了“五步教学法”。第一，学生要有一个真实体验的情境；第二，在这个情境内部产生一个真实的问题，作为思维的刺激物；第三，他要占有知识资料，从事必要的观察，提出解决问题的种种方法；第四，他必须负责有条不紊地展开他所想出的解决问题的一种最佳方法；第五，他要有机会通过应用检验他的方法，使这个方法意义明确，并且让他自己发现方法是否有效。

杜威对教学的贡献主要不在于提出了某些具体的教学方法，而在于使教学方法迈入了一个新的时代，即唤醒主体意识、提升生活经验、关注个体独特性、促进个性自由与解放的教学时代。杜威的理论和实验极大地解放了学生，但是杜威的“学生中心论”导致了美国基础教育质量的普遍下降，其原因在于杜威及其追随者没有提出和形成一套以学生为中心的具有普适性的体现学校教育性质和特点的课堂教学模式和程序，学生知识的系统性受到较大的影响。

三、接受式课堂教与学方式

接受式学习是与学校教育相继产生的，自从有了学校就有了接受式学习。美国认知心理学家奥苏伯尔对接受式学习进行了系统研究。他认为，接受式学习是学生通过教师呈现的材料来掌握知识的一种学习方式。其主要特点是，在学习活动中，教师将知识以定论的形式呈现给学生，学生不需要有任何发现和实践，只需要接受或理解这些知识。奥苏伯尔将接受式学习分为三类：机械性接受式学习、被动性接受式学习、有意义的接受式学习。

机械性接受式学习即学习者通过机械记忆而获取知识的学习方式，这种学习方式的主要特点是学习者只靠记忆掌握知识，不理解学习内容的意义，无法使知识迁移并得以应用。被动性接受式学习是指学生缺乏学习的动机和兴趣的非主动性学习方式，其与机械性接受式学习存在的共同点就是限制了学习者学习的内在动力，以单纯地获取知识为目的，忽略了学习者能力的提升与学习兴趣的培养。与以上两种学习方式相比，有意义的接受式学习具有较大的优越性。有意义的接受式学习是指学习者在理解知识的基础上，积极主动地将新知识内化、整合到原有的知识结构中的学习方式。奥苏伯尔认为，有意义的接受式学习是主动的、有效的学习方式。同时，他指出，要实现其主动性和有效性，必须具备两个条件：一是学生要具有进行有意义学习的意向，即学生具有把新知识与认知结构中原有的相关知识联系起来的意向；二是学习材料对学生具有潜在意义，即学习材料具有逻辑上的意义，既可以使学生在原有的认知结构中获得心理意义，又可以使学生原有的认知结构经过吸收新知识而得到完善和重新构建。

四、发现式课堂教与学方式

发现式学习获取知识的方式与接受式学习迥然不同，它强调学习者通过对知识的再发现来获取知识。美国著名教育学家布鲁纳是发现式学习的积极倡导者，他认为学生的主要任务不是记忆、获取现成的知识，而是参与知识的发现过程，从而获得知识；教师的主要任务不是向学生传授现成的知识，而是为学生发现知识创造条件和提供帮助。

发现式学习的基本过程是，创设情境（教师）—提出问题（学生）—归纳结论（学生）—解决问题（学生）。在发现式学习的过程中，学生的主体地位得到提升，同时学生的探究精神和问题解决能力得到了培养。其优越性主要体现在三个方面：一是学生的内在学习动机得到了激发。发现式学习给了学生足够的思维空间和展示自我能力的机会，极大地调动了学生学习的积极性，并使学生在发现活动中体会到了发现的乐趣。二是学生的探究精神得到了培养，问题解决能力得到了提高。由于发现式学习主要依靠学生的独立探索来解决问题，因此学生成了学习活动的主体，学习过程的每一个环节都离不开学生的参与，这逐步培养了学生的探究精神和问题解决能力。三是学生的智力得到了开发。在发现式学习的过程中，学生为了找出解决问题的办法，充分发挥自己的聪明才智，创造性地解决问题，使自己的思维得到了训练和开发。

但发现式学习也具有一定的局限性，这种学习过程需要耗费大量的时间，并且发现式学习的结果并不一定是有意义的。

五、新课程背景下的教与学方式

建构主义认为，知识不是通过教师传授得到的，而是学生在一定的情境（社会文化背景）下，借助他人（包括教师和学习伙伴）的帮助，利用必要的学习资料，通过意义建构的方式获得的。由于学习是在一定的情境下借助他人的帮助，即通过人际间的协作活动而实现的意义建构过程，因此建构主义学习理论认为，情境、协作、会话和意义建构是学习环境中的四大要素（或称四大属性）。

1. 情境

学习环境中的情境必须有利于学生对所学内容的意义建构，这就对教学设计提出了新的要求。也就是说，在建构主义学习环境下，教学设计不仅要考虑教学目标，还要考虑有利于学生建构意义的情境创设问题，并把情境创设看作教学设计最重要的内容之一。

2. 协作

协作发生在学习过程的始终。协作对学习资料的搜集与分析、假设的提出与验证、学习成果的评价直至意义的最终建构均有重要作用。

3. 会话

会话是协作过程中不可缺少的环节。学习小组成员之间必须通过会话商讨如何完成规定的学习任务。此外，协作学习过程也是会话过程。在此过程中，每个学生的思维成果（智慧）都为整个学习群体所共享，因此会话是达到意义建构的重要手段之一。

4. 意义建构

建构意义是指事物的性质、规律以及事物之间的内在联系，是整个学习过程的最终目标。在学习过程中帮助学生进行意义建构就是要帮助学生对当前学习内容所反映的事物的性质、规律以及该事物与其他事物之间的内在联系达到较深刻的理解。这种理解在大脑中的长期存储形式就是“图式”，也就是关于当前所学内容的认知结构。

依据上述建构主义的基本主张，可以大致确立以下基本教学理念。

（1）学生是教学情境中的主角。传统教学偏重教师的教，现代教学侧重学生的学。教师不能代替学生学习，学生才是学习的主体。因此，教学情境中要尊重学生的主体性，学生只有在成为教学情境中的主角之后，才会积极主动地参与教学过程。

（2）教学是激发学生建构知识的过程。根据建构主义理论，知识是学生自我建构的结果，所以教学不是传授、灌输知识的活动，而是一个激发学生建构知识的过程。因此，教学就是要创设或利用各种情境，帮助学生利用已有的经验和知识在当前情境中进行认知和学习。

（3）教师是学生学习的引导者、辅助者和资料提供者。在传统教学中，教师的任务是传道、授业、解惑，教师多是知识的传授者、班级的管理者，但根据建构主义理论，教师的价值体现在引导学生以自主、合作、探究的方式进行学习，教师应该是学生学习的引导者、辅助者、学习资料的提供者。

（4）教学活动体现为合作、探究。传统教学强调规范和纪律，学生的学习则处于次要的地位。根据建构主义理论，教学活动要能引导学生主动参与知识的学习，一方面创设问题情境，激发学生思考、探究；另一方面营造人际互动的情境，让学生学会在合作中学习。

（5）教学活动的展开是一个过程。教学应该注重过程而不是结果。学生因疑难、困惑而主动进行探究学习。学生的冲突、混乱、惊奇实质上代表了学生的学习活动。所以，教师的职责不是给学生提供现成的答案，而是在等待、观察中，引导学生成长。

（6）教学评价要趋于多元化。传统的评价方式中，无论是“常模参照评价”还是“标准参照评价”，多以纸笔测验为主；评价内容多是知识性、记忆性的，以学生记住多少教师教的知识为基本依据。但既然知识是学生的一种建构结果，求取一致的答案显然是不合适的。教学评价应该多元化，不管是评价内容、评价主体还是评价方式，都应该多元化。

（7）学生的学习不仅限于教材。传统的教学就是教师教授教材的内容。建构主义认为，学习是一种积极的知识建构过程，那么教学就不应该仅仅局限于教材或相关的辅助资料，整个社会文化以及学生在生活中的所有问题和情境都有助于学生的学习和知识的建构。

六、教与学方式转变的发展趋势

学生的学习方式要从过去的被动接受式学习转变为自主、合作、探究的主动学习。相应地，教师的教学方式也需要转变。过去，教师习惯于从教师教学或师生之间的问题出发来思考教学方式，这必然是以教师为主导地位的教学。教与学方式的转变明确了学生在教学中的主体地位，“学”才是根本，教师的“教”应为学生的“学”服务。因此，新课程教学体现了以学生发展为本的理念。基于这一理念的教学是一种以学习为中心的主体性教学。具体来说，是民主平等的教学、沟通合作的教学、自主探究的教学。一句话，是促进学生全面和谐发展的教学。这正是新课程教学的基本出发点和理想追求。

新课程改革背景下教与学方式转变的发展趋势有以下几个方面。

1. 互动方式的多边性

多边性主要是指教学方式的转变不再局限于传统的单向、双向活动，而是强调教学是一种多边活动，提倡师师、师生、生生之间的多边互动。师生之间是对话与合作的关系，教师不是知识的权威者，而是与学生平等的对话者。互动教学、对话教学就是基于这种多边互动的理念而产生的教学方式。互动式的教学方式多种多样，如精选案例式互动、主体探讨式互动、多维思辨式互动、归纳问题式互动。对话教学中，学生是学习的主体，学生应主动探究并敢于向教师发问，通过与教师的对话探究解决问题；教师应在对话教学中具有生成性的思想，因为教学不是传递知识，而是生成知识。

2. 学习情境的合作性

合作性主要是指教与学方式的转变越来越强调教学中各动态因素之间的密切合作。这种合作，不仅是为了集思广益、相互切磋，也是为了培养学生的合作意识与合作能力，使学生形成良好的非智力品质。在课堂教学中，教师组织合作学习并非易事，要选择恰当的时机，要明确学习目标，要选择合适的讨论内容，要给予每一个学生同等的机会，要给予学生启发等。

3 价值趋向的个体性

个体性主要是指教与学方式的转变更加趋向于个别适应、因材施教，更加注意提高个体学习的参与度，更加注意发展学生的潜能。根据多元智能理论，学生的天赋因人而异，学生对不同学科的兴趣不尽相同，学生的学习能力也有区别，所以学习进度也不一致。

4. 目标达成的全面性

全面性是指教与学方式的转变越来越重视知识与技能、过程与方法、情感态度与价值观三维教学目标的整合，强调知、情、意、行的有机统一。例如，体验式教学强调体验对学习的作用，关注教学过程及情感、态度，要求教师努力创设情境，让学生经历知识产生和形成的过程，从而让学生既掌握知识，又形成知识以外的能力以及内化的情感、态度方面的经验。

5. 选择使用的综合性

综合性是指教与学方式在被选用时，人们开始注重多法结合，互相配合使用，以期达到更好的教学效果。教学过程复杂，教学内容非常丰富，所要完成的任务又是多方面的，因此应当有多种多样的教学方式与教学过程相适应。

自主学习的内涵及实施的必要性

1938年，陶行知先生到武汉大学演讲。他从皮包里抓出一只大公鸡，又从口袋里掏出一把米放在桌上。他用左手按住公鸡的头逼它吃米，公鸡只叫不吃。他又掰开公鸡的嘴，把米硬塞进去，公鸡挣扎着仍不吃。随后，他松开手，把公鸡放在桌上，退开几步，公鸡四下张望了一会儿，低下头，吃起米来。陶行知先生用这个生动的例子批评了生活中教师强迫学生去学习的现象，并启发教师要让学生主动地学习。学生学习同公鸡吃米一样，是自觉主动的行为。教师按住学生的头，把知识硬灌给学生、硬喂给学生，是不成的。陶行知先生几十年前的教诲对今天教师引导学生自主学习有着深刻的启迪作用。

一、自主学习的内涵

在国外，较有影响的自主学习的定义是由美国纽约城市大学的齐莫曼教授提出的，他所用的术语是 self-regulated learning（在我国译为“自我调节学习”或“自主学习”）。他提出，自主学习是指自主的（self-regulated）学生以对学习效率和学习技巧的反馈为基础，选择和运用自主学习策略，以获得渴望的学习结果。笔者认为，中小学所倡导的自主学习就是学生在教师的科学指导下，通过能动的、创造性的学习活动，充分发挥自身的主动性、积极性、创造性，围绕一定的学习目标主动学习、主动探索、主动思考、主动实践，以获得知识、丰富感情、发展能力、完善人格，成为学习的主体、认知的主体和发展的主体的过程。

自主学习的实质就是通过学生对学习过程的主动参与来培养他们的自主意识、自主能力、自主习惯，使学生成为学会学习的人、具有主体性人格的人。

二、实施自主学习的必要性

培养学生的自主学习能力是现代教育的一个重要目标，即要培养学生自求自得、独立思考、自我管理的能力。学生通过自主学习活动，学会学习，形成良好的学习习惯和学习品质。同时，多种形式的自主学习活动可以培养学生的创新精神、开拓进取意识、合作意识、效率意识、主人翁意识，而这些都是当今信息时代、知识经济社会的人们必须具备的基本素质。

1. 实施自主学习是社会发展的需要

在未来社会发展中，学生是否具有竞争力，是否具有巨大的潜力，是否具有在信息时代轻车熟路地驾驭知识的本领，从根本上讲，都取决于学生是否具有终身学习的能力。使学生在基础教育阶段学会学习已经成为当今世界诸多国家都十分重视的一个问题。自主学习能力已成为21世纪人类生存的基本能力。

21世纪，随着计算机技术的迅速发展和普及，网络信息化时代到来，经济信息全球化已成为现实。依赖于互联网技术的网络教育正悄然改变着人们的学习内容和学习方式，使学生的自主学习成为现实。一方面，互联网将研发单位、生产单位、学校、图书馆的各种信息资源联结起来，使之成为一个丰富的资源库；另一方面，教师或专家可以从不同的角度提供相同知识的学习素材和教学指导。任何人可以在任何时候访问，形成多对多的教学方式，学习者在学习时间和学习内容上有了充分的保障。

作为教育工作者，我们要清醒地认识到，在当今时代，任何教育都不可能将所有的知识都传授给学习者，教育的任务应由让学生学习知识转成为培养学生的学习能力，培养学生的学习能力才是学习的本质。信息化时代也要求学生具有良好的学习自觉性，树立自主学习观念，学会自主学习。

2. 实施自主学习是学生个体发展的需要

传统的教学忽略学生自身发展的需要，总怕学生“独立”后失败，总觉得教师不讲学生就学不会，也不希望学生在学习过程中有特别的想法或超越教学的需要。久而久之，学生错将学习当作教师的要求，是教师“要我学”，而不是“我要学”，阻碍了学习的主动性。

实施自主学习之所以成为必然，主要原因之一是自主学习对学生具有重要的价值，主要表现为以下几个方面。

(1) 自主学习有利于弥补个体差异。

学生存在个体差异是大家公认的事实。长期以来，教育界一直在探究形成学习个体差异的原因，试图找到一些合适的策略来弥补学生的这种差异。随着研究的深入，越来越多的学者认为，造成学生学习个体差异的原因既有先天因素，也有后天因素。先天因素是很难改变的，但是对后天因素则比较容易施加影响。在诸多后天因素中，学生的学习自主性是重要因素之一。

(2) 自主学习提高了学生的学习质量。

经过检验，学习成绩优异的学生往往自主学习能力较强，因为自主学习能够促进学生对所学内容的深度理解，符合深度学习的特征。

(3) 自主学习有利于培养创新人才。

我国学者调查研究发现，在中国大学生实用科技发明大奖赛中获奖的学生的学习活动都具有很强的独立性、自主性、自律性，这表明学生的创造性与他们的自主学习是密切相关的。

(4) 自主学习是个体全面发展的需要。

在自主学习中，学生有选择学习内容、学习方法、学习时间、学习环境，甚至教师的权利。学生只有在这种自主学习的环境中，才有可能全面发展自己的主体性，从而为自己的全面发展奠定基础。

(5) 自主学习是个体终身发展的需要。

自主学习是学生走出学校后采取的主要学习方式，如果没有自主学习能力，学生的终身发展就会受到极大的限制。有学者认为，一个学生在学校学习只能获得他所需知识的10%左右，其余的90%都须在以后的实际工作中通过再学习获得。

3. 实施自主学习有助于提高学生的学习效率

在传统教学模式下，一切以教师的教为中心，学生被看作被动接受知识的容器。教师在课堂上大讲特讲，唯恐有什么遗漏和不足，然而教学效果事倍功半，高耗低能。没有学生自主学习的教学过程是缺乏生机的、粗放的、低效率的。

学生的学习分为主动学习和被动学习。自主学习的学生在学习时都处于主动探索状态，当学生的大脑主动地去探索新知识的时候，就会激发一些情绪。大脑最好的记忆时刻，都是在大脑被激发出非常高的情绪的时刻，此时，大脑的记忆系统才能打开，也就是说，人的大脑有个情感系统，这个情感系统被激发了之后，大脑的长期记忆系统就打开了。因此，处于主动学习状态的学生会发挥出极大的学习热情，从而将所学的知识存储在长期记忆系统中。反过来，如果学生的学习是处于被逼迫的状态，学生的情感系统无法被激活，对学习就没有兴趣，也就无法记住所学知识或只能将知识暂存在短期记忆系统中。学生主动学习、自主学习，就会打开他的情绪系统，并与记忆系统连接起来，学生记忆得多，且记忆得牢，学习效率自然就高，学习成绩就提高了。

课堂教学实施自主学习有助于提高学生的学习效率，但自主并非指学生在课堂上我行我素，不听教师讲课，而是指课堂上学生的学习目标明确，认真听课，能主动识别教学目标与教学内容，充分调动主观能动性，积极配合教师参与各种活动，实现最大限度的输入和内化。

4. 实施自主学习有利于实现课程改革的目标

《基础教育课程改革纲要（试行）》明确指出，新一轮课程改革的具体目标是“改变课程过于注重知识传授的倾向，强调形成积极主动的学习态度，使获得基础知识与基本技能的过程同时成为学会学习和形成正确价值观的过程”。这一目标使“改变学习方式，倡导自主学习”成了这场课程改革的亮点。传统学习方式过分突出和强调接受与掌握，冷落和忽视发现与探索，从而在实践中导致了对学生的认知过程的极端处理，使学生学习书本知识依靠死记硬背，学生的学习成了被动地接受、记忆的过程。这种学习无视学生的思维和智慧，压抑学生自主学习的兴趣和热情，不仅不能促进学生的发展，反而成为学生发展的阻力，影响了新生一代的健康成长。基于此，《基础教育课程改革纲要（试行）》提出，要“改变课程实施过于强调接受学习、死记硬背、机械训练的现状，倡导学生主动参与、乐于探究、勤于动手，培养学生搜集和处理信息的能力、获取新知识的能力、分析和解决问题的能力以及交流与合作的能力”。也就是要转变学生被动的学习状态，提倡以弘扬人的主体性、能动性、独立性为宗旨的自主学习。因此，培养学生的自主学习能力成为课程改革的首要目标。

课程改革为培养学生的自主学习能力提供了条件和操作平台，同时，培养学生的自主学习能力也成为课程改革对教学提出的要求，怎样使学生学会自主学习，提高学生的自主学习能力成为教学中亟待解决的问题。

自主学习的特征及常用策略

在我国，有学者从新课程改革的角度和自主学习的基本含义入手，认为自主学习是在民主宽松的教学条件下进行的，学生具有自主学习的能力，他们对整个教学过程充满兴趣并主动参与其中，他们能对整个学习过程中的认知活动进行监控，并能对认知策略做出调整，而且每个学生的学习过程和学习进度有所不同。有学者认为自主学习作为主体性教学的核心，具有能动性、选择性、开放性、创造性等特点；有学者认为自主学习具有独立性、有效性和相对性的特征。

根据上述观点，自主学习的特征可以归纳为以下几点。

1. 能动性

自主学习是以尊重、信任、发展人的能动性为前提的，强调自觉、积极、主动地学习。北京师范大学的肖川教授指出，自主学习的重要特征就是学生在学习过程中有内在动力支持，能从学习中获得积极的情感体验。

2. 开放性

自主学习的过程是学生在教师指导下主动建构、自我监控的过程。学生的自主学习能力存在差异，这就要求课堂教学应有一定的弹性和空间，教学设计、教学时空和教学评价都应呈现开放性。

3. 相对独立性

自主学习要求学生尽可能摆脱对教师及其他人的依赖，但也不能完全脱离教师的指导，因此其独立性是相对的。鉴于国内外学者普遍认为大多数学生的学习具有自主性，只是因为个人能力存在差异，自主性高低程度有所不同，所以，在实际的教学活动中，我们要具体问题具体分析，看哪些方面是自主学习，哪些方面不是自主学习。

4. 相对有效性

自主学习的目的是协调好学生的学习系统中各种因素的作用，以使它们发挥出最佳效果。但由于学生的自主学习能力有高低，不同的学生在实际教学中获得的学习效果是不一样的，也就是说，其有效性是相对的。

很多人都容易把自主学习和自学混为一谈，其实二者是有本质区别的。自主学习通常是在一定教学条件下、在教师的指导下进行的，可以随时向他人寻求帮助；而自学通常指无一定教学条件，根据个人发展需要，充分调动主观能动性进行的自我学习。

在自主学习课堂中，经常运用的六种策略分别是记忆、做笔记、阅读理解、技能学习、学习时间的管理和计划以及向他人求助。

1. 记忆

关于记忆策略的研究有很多，在此仅列举几种较为主要的策略及其运用要点。

（1）复述

复述是指为了记忆学习内容而对内容进行多次重复的学习方法。这种策略在学习简单或复杂的陈述性知识时都适用。其具体做法为，对某一学习内容进行反复诵读或抄写，从而进行精确记忆。为了有效使用复述策略，必须注意三点：一是要多次复述，并在复述后核对；二是要及时复述，根据遗忘规律先快后慢的特点，及时进行复习；三是要采用多种方式进行复述，多种感官协同记忆，可以增强记忆的效果。

（2）采用记忆术

对材料赋予一些外在意义，以便于记忆。

（3）过度学习

心理学家认为，记忆一结束，遗忘就开始。而过度学习可以有效降低遗忘率。所谓过度学习，即对刚刚能背诵或回忆的内容的进一步学习。研究表明，过度学习量保持在最低记忆的50%～100%时效果最佳。如一个学生背诵一篇课文需要读8遍，那么为了取得更好的记忆效果，最好读上12～16遍。过度学习只适用于一些简单材料的学习，如外语词汇、人名、地名等的学习。

（4）组织

心理学家认为，学生如果把所学的新知识联系起来，并按照一定的规则将其组织起来，就能更精确、更长久地记住这些内容。所谓组织，就是把分散的、孤立的知识集合成一个整体并表示出它们之间的关系的方式，一般可以采用列课文提纲、画关系图的方法。思维导图是学生梳理相关知识、构建知识网络的有效方法，教师可引导学生运用思维导图进行知识的组织。

2. 做笔记

做笔记的策略几乎适用于所有学科的学习，它涵盖了多种技能，包括倾听、分析内容，选取其中的关键词或概括性地记录下来。做笔记的好处有三个方面：一是有助于学生保持注意力；二是调动了学生的听觉、视觉、语言感官系统，便于记忆；三是记录下的内容便于随时复习。

教师指导学生做笔记，应注意以下事项：一是教师要提供做笔记的范例，要求学生的笔记能完整反映教学内容，包括细节内容；二是教师讲到重要的内容时，应放慢语速，让学生有时间记下主要内容；三是教师要指导学生做笔记的技巧，如先记下关键词或用简略写法记下内容，事后再补写完整；四是教师要指导学生在课后重新整理和修改笔记，在空白处写下自己的思考和见解。

3. 阅读理解

由于文本的阅读在自主学习过程中经常出现，因此有必要指导学生掌握一些阅读理解的有效技术。

(1) 预测内容

指导学生进行阅读时，可以从标题入手，预测文章内容，也可以在某一段落阅读结束后，预测作者接下来可能会写什么，并尝试解释作者为什么要这样写。

(2) 寻找中心内容

教师可以通过指导学生寻找段落、文章的中心句来掌握阅读材料的主要内容。

(3) 做摘要

教师可以指导学生通过将学习内容中无关紧要的部分去掉，对其中重要的部分进行归纳总结，以获得对主要内容的理解。

4. 技能学习

认知心理学认为，技能作为一种程序性知识，要学习并掌握它一般要经历三个阶段：首先，学生能像获得陈述性知识一样知道这一技能是什么；其次，通过练习，学生能够有意识地运用程序和规则来做事；最后，经过不断巩固和练习，学生能熟练地运用技能的程序和规则，达到自动运用技能的程度。

5. 学习时间的管理和计划

为了更好地完成自己的学习目标，学生必须学会对自己的学习时间进行管理和计划。

（1）明确并列出自己的学习时间的管理状况，包括学习任务的开始时间与持续时间、学习伙伴、学习中遇到的干扰因素，以及在该段时间的学习效果等。

（2）制订学习计划，根据轻重缓急程度把学习任务安排好，注意留出一定的弹性空间。

（3）充分利用课堂时间。

（4）选择合适、固定的学习地点，确定有规律的学习时段。

6. 向他人求助

尽管在自主学习中提倡学生发挥个体的主动作用，但这并不意味着学生在任何时候都必须独自完成学习任务，向他人求助、资源共享也是自主学习的一种重要学习策略。学生在自主学习过程中总会遇到一些难以独自解决的困难，如果仅凭自己的能力一味坚持下去，很可能会浪费时间和精力，甚至会挫伤学习积极性。

向他人求助的过程，需要经过以下步骤。

（1）根据自己对任务难度和自身能力的了解，判断是否有必要向他人求助。

（2）选择合适的求助对象。

（3）选择合适的求助方式，如何提问才可以得到确切的回答。

除了指导学生向他人求助的具体方法外，教师还须引导学生正确看待向他人求助。首先，必须使学生认识到向他人求助是一种有效的学习策略，而不是表示自己能力不够；其次，教育学生在向他人求助的过程中，应该以掌握知识、发展自主学习能力为目标，而不仅仅是为了完成任务；最后，要培养学生乐于助人的态度。在鼓励学生遇到困难主动向他人求助的同时，也要培养他们乐于被求助的态度。

合作学习模式研究

合作学习最初兴起于20世纪70年代初的美国，它在改善课堂气氛、提高学生的学业成绩、促进学生形成良好的品质等方面成效显著，因此引起了世界各国的关注。

目前，合作学习模式可以概括为六种：罗伯特·斯莱文的“学生团队学习模式”、约翰逊兄弟的“共同学习模式”、沙伦夫妇的“团队探究模式”（或称“小组调研模式”）、斯宾塞·卡甘的“结构法模式”、伊丽莎白·科恩的“综合教学模式”（或称“复杂指导模式”）、伯里顿与巴内斯的“合作方法模式”。下面，笔者将着重对其中的三种模式进行解读和分析。

一、学生团队学习模式

20世纪80年代初，罗伯特·斯莱文构建了“学生团队学习模式”，期望将体育运动中的团队精神迁移到课堂学习中。这种模式的实例有学生小组成绩分工法（STAD）、切块拼接法（Jigsaw）等。学生小组成绩分工法的实施主要包括五个方面：课堂讲授、组建小组、实时测试、个人提高和小组认可。具体实施过程为：根据学生的学业水平、能力倾向、性别、民族、种族等进行异质组队，一般4人一组。首先，在课程的起始阶段，教师运用直观的方法授课，激发学生的学习兴趣；其次，学生以小组为单位进行共同学习，掌握教师所教的内容；再次，让所有的学生都参与本节课学习内容的测试，在测试过程中，不允许互相帮助；最后，小组成员因为测验或提问而获得奖励，同时将学生的测试得分与以往测验的平均分进行比较，根据学生达到或超过自己先前成绩的多少来计分（也叫提高计分制）。在此基础上，把小组成员的个人分数相加，构成小组总分数，达到一定标准的团队可得到奖励。

切块拼接法又被称为“拼图法”，一般5～6人一组，具体实施过程为：首先，把一项学习任务事先分割成片段分给每个小组，每个小组成员都只学习其中的一个片段或部分；接着，学习同一内容的学生组成“专家团”，轮流将自己所学的内容教给其他小组，直至对方完全掌握方能返回自己原来所在的小组；最后，各自参加测验。1986年，罗伯特·斯莱文又提出了切块拼接法修正型（Jigsaw Ⅱ），主要添加了两个方面的内容：一是在协作学习刚开始时，全体学生都必须事先了解本次学习的总任务，然后完成自己负责的那部分任务；二是引入了STAD积分法，并将个人分数纳入小组，鼓励小组之间的竞争。后来，又发展到了Jigsaw Ⅲ和Jigsaw Ⅳ，主要解决了两个问题：一是如何知道自己的回答是正确的；二是小组成员如何知道他们的答案是正确的。

二、结构法模式

斯宾塞·卡甘的“结构法模式”与其他合作学习模式相比，不同之处在于它没有一种相对固定的教学程序。简单地说，“结构法模式”就是运用一种或多种合作学习小结构来组织课堂教学的方法。卡甘认为，“内容+结构=活动”。教师必须掌握一系列简单的、即刻可用的团体活动小结构，并根据不同的任务，把特定的教学内容添加到这些结构中，以便生成一系列的活动，之后教师通过变换内容或结构，就可以创造出不同的教学活动。也就是说，每堂课都可以用现有的结构进行排列组合，以形成新的教学活动。卡甘和他的同事们设计开发出了200多种步骤明确、易学易用的合作结构，如“思考—配对—分享”“发言筹码”“四人头脑风暴法”“沟通建设者结构”“三步访谈法”“概念形成结构”等，教师的任务就在于如何更好地选择和组合运用这些最恰当的结构，并选择与之相配的教学内容的合作结构，将其很好地穿插于传统课型中。

下面，笔者简单谈谈几个合作小结构。“思考—配对—分享”是广为人知的卡甘结构。运用该结构时，首先，要把学生快速配对；其次，让配对的学生相互交换自己独立思考的内容，确保彼此都能够正确理解同伴的意思；最后，教师随机邀请学生发言，并要求发言的学生先谈谈自己的观点，再说说同伴的观点，然后说说两人经过怎样的思考和讨论，最终达成了一个怎样的共同观点。“发言筹码”结构主要用于课堂讨论失控时，如学生对教师提出的话题非常感兴趣，大家争相发表意见，致使场面混乱，或当教师抛出一个问题而无人应答时。具体来说，就是教师给每个学生相同数量的筹码来规定其讨论次数，所有的学生都可以发言，但发言次数和手中的筹码数相同。当学生手中的筹码用完时就不能再发言，当所有学生的筹码都用完后，教师再将筹码平均发给学生，继续讨论发言，直到问题解决为止。

“结构法模式”最大的优势在于它可以用于任何学科、任何学段，包括在课堂教学的任何环节中，教师都可以选取某一种结构进行授课。

三、综合教学模式

伊丽莎白·科恩首创的“综合教学模式”，源于它给予学生的任务和学生团体的组织方式的复杂性。这种模式原本只用于数学和科学学科的探究，但现在已经扩展到了其他领域。

在综合教学中，全班学生通常被分为多个小组，每组4～5人，分别探究不同但又有关联的问题，每一个小组成员在活动中承担不同的学习任务，在小组合作学习的基础上，向全班报告其研究成果。

这种模式在任务的确定和分配上类似于团队探究模式，但不同的是，探究活动是由教师和团队成员共同进行的，而不像团队探究模式中主要以个体方式进行。在这种模式中，学习任务是按照多种能力而设计的，这不仅要求教师有认知能力，还要有组织才能等。

“综合教学模式”最大的优点在于关注了班里的每一位学生，特别是平时受关注度不高的后进生。教师通过对他们的细致观察，发现他们的过人之处，并让他们把这种才能具体化，在班级里展示，以提高他们的认可度，从而让这些学生树立起在其他领域的自信心，以此来促进他们的转化。因此，“综合教学模式”对教师的能力提出了更高的要求。教师在分组时要进行多方面的考虑，既要考虑学生的学业水平，还要综合考虑学生在其他方面的优势与劣势，从而对学生进行合理分配，形成能力相对全面的异质组。

以上三种不同的合作学习模式从不同的视角阐述了对合作学习的不同理解。合作学习的倡导者们虽然在理论上和具体实施策略上有所不同，但他们的教育理念还是极其相似的。这也就是为什么虽然每种合作学习模式在形式及其侧重点上有所不同，但又具有明显区别于其他教学活动的共同特点。

对合作学习的思考与探索

合作学习是当代主流教学理论与教学策略之一，是近十几年来最重要和最成功的教学改革。合作学习有利于激发学生的学习积极性，帮助学生搭建学习互助平台，形成合作意识和团队精神，发展合作能力，促进课堂教学效率的提高。合作学习不只是一种学习方式，而且是学生未来可持续发展的一种不可缺少的能力和素质。

一、合作学习的定义与内涵

战国时期的教育论著《礼记·学记》中有“独学而无友，则孤陋而寡闻”的记载，这是我国对合作学习的最早论述。现代意义上的合作学习，则兴起于20世纪70年代的美国。美国的斯莱文教授将合作学习定义为“使学生在小组中从事学习活动，并依据他们整个小组的成绩获取奖励或认可的课堂教学技术”。加拿大著名教育心理学家文泽认为，合作学习是一种组织学生在课堂上互相学习、交互作用，以促使学习更为有效的教学方法。但笔者更倾向于我国学者对合作学习的定义：合作学习是以合作学习小组为基本形式，系统利用教学中动态因素之间的互动，促进学生的学习，以团体成绩为评价标准，共同达成教学目标的教学活动。

我国学者把合作学习的内涵归纳为：合作学习是以小组活动为主体进行的一种教学活动；合作学习是一种同伴之间的合作互助活动；合作学习是一种目标导向活动；合作学习把个人之间的竞争转换为小组之间的竞争；合作学习是教师设计教学、分配学习任务和控制教学进程的活动。

深圳市张玉彬教育科研专家工作室对合作学习进行了长期的跟踪和研究，归纳出课堂小组合作学习的基本要素：“科学设计”是合作学习的条件，“学生自学”是合作学习的前提，“小组讨论”是合作学习的主体，“组织交流”是合作学习的关键，“及时评价”是合作学习的保障。

二、开展合作学习常见的误区

教学中，开展合作学习有以下七种常见的误区。

1. 合作学习的采用功利化

通过调研发现，有的教师为了能够在公开课、优质课评比等活动中崭露头角，营造活跃的课堂氛围，以获得专家、评委的认可，才使用合作学习，而且生搬硬套，进行合作学习的内容和时机也不合适。由于平时不重视合作学习，临时抱佛脚，结果学生和教师对此都难以适应，从而使合作学习效果不佳。

2. 合作学习的开展随意化

课堂教学中，很多合作学习的开展随意化，如内容选择随意、分组随意、形式随意、任务随意、分工随意。小组合作缺乏长期性、计划性，想起来就进行合作学习，想不起来就不进行；小组合作学习的内容没有太大的探讨价值，组内缺乏必要的学习要求。这样的合作学习无法深化，降低了学习效率。

3. 合作学习的组织形式化

通常表现在以下几个方面：在小组的划分上，教师没有考虑教学目标和教学内容，只是依据位置的相邻关系，简单地把学生分成几个小组；在学习时间上，教师事先没有考虑好教学时间的分配，导致合作学习匆匆开始又匆匆结束，学生无法从容地进行实验、探索和讨论；在合作学习的任务设置上，教师有时设置的任务太容易，学生稍加思考即可完成，而有的时候设置的任务又太难，学生无从下手。

4. 合作学习的过程自由化

在合作学习过程中，教师没有对学生进行必要的培训和方法的引领，缺乏对过程的有效调控和指导。在日常教学工作中，一些教师为凸显以学生为中心，把自己置身于学生合作学习之外，对学生在合作学习中的表现、遇到的困难不能及时进行评价和提供帮助。合作学习的过程自由化使合作学习很难做到高效，很难让学生的合作能力得到真正的提高。

5. 合作学习的形式单一化

“小组讨论”是合作学习的主体，也是合作学习的主要形式，但不是唯一的形式。然而在合作学习的实施过程中，很多教师把“小组讨论”当成唯一的合作形式。事实上，“小组展示”“小组表演”“小组辩论”“小组接龙”“小组演讲”，在原定小组的基础上根据学习任务再将其拆分为更小的合作小组，小组派“观察员”对其他小组进行观察，或专门抽调学生重新组建“专家组”等都是很好的合作形式。

6. 合作学习的参与个别化

在小组讨论中，表现积极活跃的往往就是那么几位学生，那些平时性格内向、思维较慢的学生很少参与讨论，久而久之，小组讨论被个别学生“包干”，其他学生要么沉默不语，要么聊一些与讨论任务无关的话题。这与教师的关注点有很大关系，教师只关注小组的知识结论和个别优秀的学生，缺乏对每个学生的有效关注。

7. 合作学习的评价单一化

评价单一化体现在三个方面：第一，过于注重对某个学生的评价，而没有对小组进行整体评价；第二，过于注重对学习任务完成情况的评价，而忽略了对其他目标的评价，如缺少对学生情感、态度、价值观的评价；第三，过于注重对讨论结果的评价，而缺少对讨论过程的全面评价。

三、合作学习的实施策略

合作学习的实施策略主要有以下几种。

1. 确定合作目的

在开展合作学习之前，教师可以以书面或口头形式告知学生具体的教学目标、教学重难点以及需要完成的任务。此外，教师还可以告诉学生，除了与该任务相关的学术性目标外，教师也会对学生的社会能力、语言能力、情感态度等进行全面综合的考查评价。

2. 创建合作小组

教师创建合作小组一般需遵循“组间同质、组内异质”的原则。首先，教师要合理安排小组人数，一般以 4～6 人为宜，但具体人数要视任务的难度和类型而定；其次，小组成员要有流动性和固定性；最后，应明确每个人在合作学习过程中的职责。

深圳市福田中学的吴欣老师正在参与的“高中英语零课时”课题研究，由于取消了传统意义上的固定课时，因而合作学习被搬到了课外。教师综合考虑学生的各项指标，将学生分成4～6人的学习小组，每组设临时组长、记录员、时间管理员三种角色，由组员轮流担任。每月初，临时组长通过QQ群、微信群和电子邮件接收教师布置的阅读任务，利用校本课时间，各组自行寻找学习地点，如图书馆、操场、计算机房等，进行阅读和讨论。记录员按照规定格式记录下组员的谈话内容，时间管理员负责控制总时间和每位组员的发言时间。临时组长还需提前预约教师到讨论地点对小组的合作学习进行指导观摩。每位组员都必须完成阅读笔记、阶段测试，每个小组需提交小组讨论笔记。到学期末，教师通过综合评价以上三项作业任务，对学生进行量化打分。这种做法打破了传统的课堂空间限制，将合作学习地点延伸到课堂以外甚至网络空间，使得学生能够更加自由、自主地学习讨论，提高了他们的学习兴趣和学习效率。

3. 创设合作情境

教师根据课程的具体教学目标、教学任务，决定使用哪种类型的合作情境。一般来说，合作学习情境有小组间的竞争性合作情境和协作性合作情境。如果该课的内容适合以竞赛的形式呈现，那么教师可以考虑是设置速度类竞赛还是选拔淘汰类竞赛；如果该课的内容不适合以竞赛的形式呈现，那么教师可以创设小组间相互融合的学习氛围，鼓励每一个学生都参与讨论学习。

4. 鼓励合作行为

学校要力求构建一种合作学习的文化氛围，班级要建立一个合作学习共同体，从包括课堂学习在内的各个层面倡导学生之间的合作，将合作意识渗透在学校教育教学的各个方面。同时，要树立合作学习典型，鼓励学生之间互相帮助，共同发展和进步。

5. 培养良好习惯

教师要培养学生良好的合作学习习惯，使课堂“活而有序”。良好的合作学习习惯主要有五种：第一，学会倾听。教师要逐步要求学生在课堂上认真而仔细地倾听他人的发言，不随意打断他人讲话。第二，学会表达。教师要调动学生参与合作学习的欲望，多鼓励平时表现不太积极活跃的学生。第三，分工明确。在合作学习开始之前，教师应根据教学目标，详细说明学生在小组内担当的角色和承担的任务。第四，独立思考。要避免小组合作中出现人云亦云或无话可说的现象。第五，积极参与。教师要鼓励思维较慢或性格内向的学生先发言、多发言。教师和学生要耐心倾听，对他们的观点多加赞赏和肯定。

6. 合理安排时间

很多合作学习流于形式的原因在于教师没有安排好讨论时间。对于难度较大、涉及面较广的任务，教师应预留充足的时间给学生讨论、交流，甚至预留时间给学生查阅相关资料。而对于难度较小、涉及面不大的任务，教师预留的时间不宜过长，否则学生完成任务后将会无所事事。

7. 深入参与合作

在合作学习的各个环节中，教师都要积极参与，不能置身事外。在计划准备阶段，教师要与学生充分讨论，了解学情；在配对分组阶段，教师可以和学生一起商量，综合各种因素分组；在实施合作学习阶段，教师要深入到小组当中，观察、指导学生完成任务，而不是站在一旁看教案或做其他事情；在展示成果阶段，教师可以协助学生一起完成展示任务；在评价阶段，教师可以和学生一起进行多维度的评价。

8. 完善评价手段

评价标准的制订应该在计划准备阶段，而不能拖到任务结束后再来思考。评价一般分为学习过程评价和学习成果评价。学习过程评价包括外在形式、结构、内容、规模、原创性等方面，学习成果评价包含师生课堂观察、小组讨论记录、学习日志等方面。

合作学习虽然已在国内外研究、实施多年，各种相关文献丰富，但具体到教学实施方面的理论和实践的研究在我国时间还不是很长。对一线教师进行合作学习理论培训，为日常教学提供实际可操作的合作学习实施策略，将是合作学习本土化的努力方向。从实践中不断地总结经验，找到最适合学生合作学习的方法，将是我们今后继续研究的方向。

合作学习团队文化建设

任何一个团队要获得成就，必须要有团队文化。合作学习小组就是一个小团队，这个团队能不能促进小组成员共同成长，能不能形成一种团队合力，团队文化建设是一个重要因素。

一、形成独特的名称、口号和目标

学习小组固定后，由小组长带领组员共同商定自己小组的名称、口号、目标。原则上，名称、口号及目标要尽量简短，朗朗上口，健康积极，励志向上，能够反映小组的特色。根据实际经验，目标可以定位在认知与能力层面，也可以定位在交往、合作的精神层面。教师应该充分尊重小组成员的意见。下面是深圳市某学校某班级 6 个学生合作小组的名称、口号、目标。

小组名称	口号与目标
快乐无限组	口号：脚踏实地，挑战自我；人人参与，展现自我！ 目标：人人都做自信的我、勇敢的我、积极的我，做小组中的榜样，加油，努力！
勇于争先组	口号：参与就能行，争争就能赢！ 目标：我们要用实力证明自己，用勤奋改变自己，让爱心散播整个小组，让温馨温暖你我心扉，共同努力！
奋起上进组	口号：拥有一颗上进的心，才能取得成功！从哪里摔倒，就从哪里爬起来！ 目标：我们的目标不是超越别人，而是超越自己！

（续表）

小组名称	口号与目标
奇思妙想组	口号：不怕做不到，就怕想不到，做到做不到，试试才知道！ 目标：多学多问多思考，多听多写多动脑！
天天向上组	口号：荣誉来自努力，进步来自勤奋！相信自己，永不言弃！ 目标：我们要成为一个充满热情、拥有友情、努力向上、成绩优异的小组，争取每个人都提高，让每个人全面发展！
希望腾飞组	口号：有努力才有希望，有付出才有收获。让我们呐喊："我一定能行！"插上希望的翅膀，飞向成功的彼岸！ 目标：我们要以恒心为良友，以经验为参谋，以谨慎为兄弟，以希望为哨兵，像雄鹰一样展翅飞翔！

学生设计合作小组的名称、口号、目标的过程就是团队合作意识萌芽的过程，在讨论商定的过程中，小组成员各抒己见，相互辩论，最后取得一致意见，并为之共同奋斗。

二、制订合作学习规则

有团队，就得有规则。几个人形成一个学习共同体，必将面对争论、辩驳甚至争吵。如何让合作小组和谐存在下去，制订合作规则必不可少。教师可以与学生一起制订规则，也可以让合作小组自己制订规则，虽然让学生自己制订规则存在风险，但也是有好处的，因为学生总是比较乐意遵守自己制订的规则。当然，由于学生缺乏小组学习的经验，教师在学生制订合作学习规则时必须提供必要的指导，以保证学生制订出有利于开展小组合作的规则。

美国的约翰逊兄弟曾建议教师在管理时采用下面几条小组合作规则：

（1）我是批判观点，而非针对个人。

（2）鼓励每个人参与。

（3）如果我不理解，我会要求重述。

（4）我在改变立场时，必须有充分的理由。

（5）我们都是小组中不可缺少的一员。

（6）我倾听……即使我不同意。

（7）我试图全面理解观点。

（8）先把所有的观点提出来，再分析综合。

下面是某学校六年级（1）班制订的合作学习规则：

（1）要学会倾听别人的意见。

（2）要积极参与合作学习活动。

（3）要帮助有需要的人参与活动。

（4）尊重别人的建议。

（5）可以争辩，但不能进行人身攻击。

（6）可以保留意见，但不影响整体。

（7）相互帮助，角色轮换。

有合作就有规则，确立明确的规则能保证合作的高效与有序。每个学生不仅要了解规则，还要遵守规则，在合作中不仅要尊重他人，也要展现自我。

三、培养学生的合作学习意识

教育的根本目的不是选拔人，而是服务于人的发展或促进人的发展。合作学习的使命也在于推动小组成员的进步与发展。如何使每个学生在合作小组中获得归属感，感受到自身不可替代的存在价值与个性尊严，对学生合作意识的培养至关重要。当每个学生都有了与人合作的意识，所有的学生才能都参与到活动中去，也才能实现发展。

1. 明确的责任是合作意识产生的前提

首先，每个人都要对自己的学习负责，学习成效如何同个人是否尽责直接联系在一起。其次，通过把小组任务分解到个人，或者将全班任务先分解到小组，小组再分解到个人等办法，使每个人都承担特定任务。要让小组成员明白，一个人完不成自己承担的任务，不仅会影响他自己的成功，也会给整个小组或全班任务的完成带来不利的影响。

2. 义务感的培养是合作意识产生的要素

义务感是指在一个目标相互依赖、利益一致的学习小组中，每个人不仅把帮助、鼓励小组同伴看成不可推卸的责任，也看作一种道义上的承诺，大家有义务相互帮助，因为这不是单方面的受惠，而是互惠互利的“投资”。别人竭尽全力地帮助自己，自己也应真心实意、毫无保留地给予同样的回报。虽然一个学习小组中每个人的能力、成绩、性格、学习自觉程度等不可避免地存在差异，但是“人人为我，我为人人”的氛围保证了每个人发自内心、自觉乐意地合作，体现了学习活动的“公益性”。

3. 组间竞争是培养责任感和义务感的有效途径

竞争最大的好处就在于可以激发学生的内在需求，让学习的过程变得愉悦而有成就感。教师要善于激发小组之间的竞争。

（1）比纪律

比哪个小组严以律己，发言积极性高；比哪个小组认真投入学习，不开小差；比哪个小组的行动迅速，效果好。

（2）比学习

比哪个小组的课前预习做得充分，比哪个小组课堂合作效率高，比哪个小组家庭作业完成的效果好。课前预习小组间相互检查，促进了学生预习的及时完成；课堂练习当面批改，小组合作及时评价，提高了课堂教学效率；家庭作业每日通过家校交流平台反馈，有利于家庭作业保质保量地完成。

（3）比团结

比哪个小组和谐团结，遇到不同意见能够妥善解决；比哪个小组的成员能够互帮互助，共同进步。

（4）比成绩

成绩不仅代表了个人学习的好与差，更代表了整个学习团队的好与差，因此可以比哪个小组的平均成绩高、哪个小组的平均分提高得多、哪个小组低分数段的学生少。

对学生的合作学习培训

开展合作学习不能一蹴而就，要有一个循序渐进、逐渐提高的过程。在开展初期，对学生进行一系列培训是非常必要的。

一、对合作学习讨论的培训

在合作学习中，运用最广且最有价值的是讨论技术。一般情况下，教师会把全班学生分成 4～6 人一组，让大家围绕问题展开讨论。通过讨论，让小组成员充分发表自己的看法并分享别人的观点，从而达到创造性解决问题的目的。讨论的有效程度在很大程度上可以体现出合作学习的有效性。为了确保讨论的顺利进行，教师要对讨论提出要求，并让学生遵循这些要求参与讨论。盛群力与郑淑贞所著的《合作学习设计》一书中有这样关于学生讨论的要求：每个人都要发表自己的看法；要事先对讨论的话题有所准备，也就是我们常说的要有一定的预习；自己的观点没有被采纳的时候不能恼怒；要给别人发言的机会，不要垄断讨论，发言要简明扼要；有听不清或不明之处，可以请求对方复述或澄清；小组一旦达成一致意见，应全力支持。

以上只是对讨论过程中形式上的简单要求，更重要的是在教师的引领下，学生能够找到论题的关键点并展开有深度的讨论，这是需要一定的时间和经验积累的。

二、对学生问题意识的培训

我们必须在小组中树立这样的意识：汇报的学生即使是小组中最优秀的，他的汇报依然可能有漏洞，甚至可能连结论都是错误的。因此，教师要培养学生的质疑精神。在展示的过程中学生出现了一些疑问，教师不要急于肯定或否定，要舍得花点时间等一等，要相信那些掌握得好的学生是完全有能力帮助同学解决问题的，关键就是他们能不能发现问题，并对问题进行思考。让学生带着质疑去聆听应该是教师在课堂上要不断强化的学习理念。当学生的质疑意识培养起来，课堂才能真正迸发出火花，也才能激发学生表达的欲望。只有学生乐于发表意见的课堂才是灵动的，才能给课堂教学提供新的增长点。

敢于质疑、善于提出问题是一种宝贵的学习能力，教师要在合作学习的氛围中逐渐提升学生的这种能力，并促进学生探究能力的提升。

三、对学生课前预习的培训

很多学生都知道要提前预习，却不知道该如何预习、预习什么、预习到什么程度。俗话说："授人以鱼，不如授人以渔。"提高合作学习的效率，关键是引导学生掌握合作学习的方法。要培训学生"两个学会"：一要学会独立思考，敢于提出问题。根据教师提供的预习提纲自学，形成自己的见解，找出自己的疑难问题，做好笔记，以备交流。要敢于在小组内质疑，与同学交流自己的观点。发言时要有条有理，不断提高自己的语言表达能力。二要学会耐心倾听，鉴赏同学的见解。要告诉学生，倾听别人发言，既是一种文明礼貌行为，是对发言者的尊重，也是一种好的学习方法，从别人的发言中可以得到很多启发，收获更多的知识、方法。所以要认真听取同学的发言，不随意打断或插嘴，要鉴赏同学的见解，博采众长，收集信息，完善自己的见解，为自己发言做准备。发言时，要说出自己不同的想法和自己的疑难问题。

四、对学生学习成果展示的培训

展示合作学习成果是体验合作成就感的一个重要环节，但在实际操作中由于学生归纳总结能力和语言表达能力欠缺，常常让这个环节流于形式。学生在展示成果的过程中往往存在照本宣科的问题，针对这种现象，教师要有一定的应对策略，努力提升学生汇报学习成果的能力。如鼓励学生制作和运用需要的可视材料；要求学生在汇报时运用日常对话列举具体的例子；帮助学生通过多种渠道收集材料；对使用自己的语言进行汇报的学生给予表扬。

五、对合作学习组长的培训

在小组合作学习中，组长是学习活动的组织者。组长要进行分工，使组员明白自己要完成什么任务；提醒组员认真地听取别人的汇报，给予组员发言的机会；阻止组员的不当行为；讨论后要和组员一起总结小组的观点；等等。

在小组合作学习中，组长还是学习活动的协助者。组长就是小组里的“小老师”，小组中作业的收发需要组长完成；习题的使用情况需要组长汇总；小组成员的学习情况需要组长观察并汇报给教师；课堂上教师的指令需要组长贯彻。

因此，必须对合作学习小组的组长进行培训。

第一，定期召开合作小组组长会议，教给组长管理组员的方法。如对组员进行合理而简单的分工；不同层次的问题指定不同水平的组员回答。教给组长在交流过程中进行灵活协调的技巧，如对回答正确的组员给予肯定；当出现意见分歧时，组长应请组员说出理由；当出现冷场情况时，组长应带头发言，起表率作用。教给组长收集、归纳组员在交流中的不同意见的方法，组长要归纳组员的学习成果，并且负责把小组的学习成果去粗取精，向全班同学展示或及时准确地向教师和其他小组汇报。

第二，教给组长合理地安排班级活动的方法。每个学习小组都是班级的一个重要组成部分，且相对独立，应该对班级中的日常活动进行合理安排。如卫生由谁打扫、黑板由谁擦、音乐活动谁参加、体育活动谁参加、谁负责记录小组一天的表现等。

第三，调动和发挥组长的监督作用。小组讨论时有一部分学生可能会游离课堂，或只等待小组讨论的最后结果而不参与其中。此时组长应起到监督的作用，带领小组成员共同学习，督促小组成员共同完成教师布置的任务。

第四，当第一位组长已具备一定的组织能力时，就要更换组长，以培养每一个学生的组织能力，提高学生的团体协作能力、问题解决能力以及交流能力。

合作学习本土化发展趋势

合作学习在提高教学效率、提高学生学业成绩和增强学生合作技能等方面贡献突出，但在其本土化过程中出于种种原因产生了一系列的问题。本文将合作学习置于本土文化背景之中，在我国教育教学实践的基础上，简单分析合作学习在本土化过程中产生的问题，并对合作学习在国内发展的趋势进行展望，希望推动合作学习本土化继续向前发展。

长期以来，大班教学、对升学率的高度重视、对试题的精细分析、学生之间长期存在的竞争关系等诸多因素制约着合作学习在我国的开展以及合作学习本土化理论的研究，对合作学习本土化发展趋势的研究也几乎空白。笔者提出对合作学习本土化发展趋势的几点思考，希望抛砖引玉，引发教育工作者对合作学习本土化的进一步研究与探讨。

一、合作学习是现代人必备的素质和能力

在经济全球化发展、知识经济占主导地位的大背景下，一切的发展需要创新，一切创新的研究都将是整体性的工作，需要团队的合作。合作不仅是学习的需要，更是工作、生活乃至方方面面的需要，“合作促进成功”的理念已成为人们的共识。成功的意义已经不是个人之间的较量，它更强调双赢，或者说多方共赢。

新课程倡导“以人为本”“全面发展”的核心理念，合作学习成为体现新课程理念的重要途径。学会合作、学会与人交流、学会与人共享是现代人不可缺少的基本素质。与人合作的过程也是人的能力、情感、心理不断调整、适应的过程，合作为人们创造了多种横向、纵向交流或多方沟通的机会，在同伴的相互启发和鼓励中不仅可以发展一个人的认知能力，也对一个人的合作能力与团队精神的形成具有非常重要的作用。

合作学习顺应了未来社会的发展方向，合作精神是时代的呼唤，是现代人必备的一种基本能力。

二、合作学习将会应用到社会的各个领域

无论是政治、经济还是文化、科技，任何一个领域的发展都离不开合作。合作学习理论是目前最先进的教育理论之一，合作学习由于其具有的优越性，已经在教育领域产生了广泛的影响，并促进了我国教育改革的快速发展。相信在不久的将来，跨学科、跨领域的合作是任何一个领域都会面临的选择，合作学习将会增强社会各领域的合作，促进社会的发展。

当今世界，科学与技术的发展呈现出高度交叉、高度综合的趋势。科学与技术的进步与发展必然会进一步推动各个领域的相互交叉、相互渗透，这就使得各方面的合作变得尤为重要。科学与技术的相互融合也使得复杂科研项目的研发对合作的要求日益提高。科学与技术发展的合作化趋势对未来社会的人才所具备的素质提出了更高的要求，人与人之间的相互合作和联系变得更加紧密。合作将是未来世界的主流，将会应用到社会的各个领域，而合作学习是促进人们合作的有效手段。

三、合作学习将会进一步促进我国教育改革的发展

1999 年，我国新一轮基础教育课程改革正式启动。随着一系列课程改革方针政策的出台，合作学习成为新一轮课程改革所倡导的新型学习方式之一。

我国的教育一直在不断地尝试着改革和发展，不断从国外引进一些先进的教育理念、教育理论等，这在一定程度上促进了我国教育的发展。合作学习理论的引入，打破了我国基础教育课堂教学长期存在的“满堂灌”局面，极大地调动了学生主动参与课堂学习的积极性，培养了学生合作学习的意识和技巧，使学生养成了合作学习的习惯，从而提高了学生的学习成绩和心理品质。合作学习理论成为我国新课程改革与发展的重要理论依据。

四、合作学习将会促进各学科的相互融合

目前，经过广大一线教育工作者的不断探索和积极努力，合作学习理论已经与众多学科相结合，出现了如“合作阅读”“合作写作”等诸多学习方式，并被广泛地应用于教学过程中。随着合作学习理论与实践的不断发展，相信不久的将来，无论是自然科学还是社会科学，都会更多地应用合作学习。

小组合作研究是现代科学研究的主要方式之一。当今的科学研究大多都要组成课题组或项目小组，由小组成员分工合作，共同完成课题或项目。在研究性学习活动中采用小组合作学习的方式作为研究的基本组织形式，不仅能让学生获得科学研究过程的一种体验，更重要的是能使学会合作这种长期的教育效应对学生的终身发展产生积极的影响，从而实现“为了每一位学生的全面发展”的教育目标。

五、“互联网＋”时代使合作学习呈现更强大的优势

作为传统合作学习的延伸和发展，“互联网＋”时代的合作学习除了具有培养学生的合作意识和团队精神、提高学生的人际交往能力、调动学生主动学习的积极性等传统合作学习的优势外，还具备以下优势。

1. 可调用资源极其丰富

在传统的合作学习中，我们可调用的学习资源相对有限，而在“互联网＋”时代的合作学习中，可调用的学习资源极其丰富，甚至可以说是无限的。在“互联网＋”时代的合作学习中，就同一主题或同一内容，不同学校、不同地区甚至不同国家的人都可以共同开展研究活动，所获取的丰富的信息，与传统形式下的合作学习所收集到的信息不可同日而语，我们可以体验和共享海量数据及信息。

2. 真切认识信息的价值

“互联网＋”时代的合作学习能够让人真切地认识到自己获得的信息的价值。由于知道身处不同地区的人在与自己做同样的事情，正在为同一

主题研究积极地努力，因此我们能够亲身感受和体会到自己收集的资料和工作成果的真实价值。这样一来，在合作学习的交流共享过程中，我们意识到对方的存在和自己所收集信息的价值，所采用的信息表现方法就会有所不同，就会有意识地使自己的学习更加尽善尽美，充分地展示学习成果。

3. 学习环境更加开放

不同于传统的合作学习，“互联网＋”时代的合作学的学习环境是开放的、广阔的。在传统的合作学习中，我们接触的知识量是有限的，而且存在所学内容与社会现实脱节等问题。在“互联网＋”时代的合作学习中，开放的学习环境使得我们能够面向社会、面向现实，从而能够将知识与社会经济、政治生活紧密联系起来。

4. 扩大了参与人员的广度

“互联网＋”时代的合作学习将更多的人通过互联网集结在一起，扩大了参与人员的广度。由于信息技术的发展，互联网突破了地域的限制，使得不同学校、不同地区甚至不同国家的人能够在一起交流、学习。

5. 增加了学习的深度

与传统的合作学习相比，“互联网＋”时代的合作学习更能使人全身心地投入到学习当中去，有利于增加学习的深度。我们通过在网络上进行交流，开展合作研究，从海量信息中快速准确地收集、整理和甄别有用的信息，完成自己的知识建构。此外，在参与过程中，我们提高了自己与他人进行协作的能力，对不同的意见和观点、不同的价值观与世界观进行协调和思考的能力，有利于培养更为宽广的视野和开阔的胸襟，有利于树立合作互助的意识。

我国对合作学习的研究与实践起步比较晚，且相对滞后，理论基础较薄弱，要想全面推进合作学习本土化的发展，还要巩固对理论知识的研究，增加实践经验的积累。合作学习的本土化实施是一个长期且艰苦的过程，但是我们相信，随着社会的发展，社会分工日益精细，合作学习将越来越成为人们生活、学习、工作中不可缺少的组成部分，将焕发出勃勃生机和无穷魅力。

探究性学习的基本教学流程

探究性学习一般包括问题、假设与证据、解释与评价三个环节。根据不同的教学情境，其中假设与证据、解释与评价之间的次序可以灵活调整。在学生学习环节的基础上构建了“创设情境，提出问题—组织教学，互动探究—启发引导，整合拓展”的探究性学习的基本教学流程。其中，创设情境、组织教学、启发引导是教师活动，提出问题、互动探究、整合拓展是学生活动。

一、创设情境，提出问题

情境学习理论认为，知识是具有情境性的，而且是活动、背景及文化产品的一部分。知识是在情境中通过活动不断被运用和发展着的。学习者、知识以及知识在其中得以挖掘和展开的活动，三者是一个不可分割的整体，情境可以促进知识的建构以及知识、技能和体验的连接。情境限制着问题的结构及其解决的方式。学习发生在有意义的情境中才会有效。所以，学习者与情境是相互依赖的，知识必须在真实的情境中呈现。

心理学研究表明，在思维主体——人的内部条件中，问题情境占有极其重要的地位，可以说，思维总是在一定的问题情境中产生的，思维过程就是不断发现问题和解决问题的过程。发现问题既是思维的起点，更是思维的动力。因此，在课堂教学中努力创设恰当的问题情境，通过问题启发学生积极的思维活动，以问题为主线来组织和调控课堂教学，能充分调动学生学习的主动性，促进学生学习能力的形成和发展。

创设问题情境的实质就在于揭示事物的矛盾或引起学生内心的冲突，动摇学生已有的知识结构的平衡状态，从而唤起学生的思维，激发学生的内驱力，使学生进入问题探索者的角色，真正参与到学习活动之中。面对问题情境，学生会尝试用原有认知结构中的经验去同化它，这样便会激活学生原有的认知结构。但在大多数情况下，学生找不到可以直接利用的知识经验，因而会感到困惑，这就激起了学生的认知冲突，导致学生处于“心有余而力不足”的“愤悱”状态，进而提出与问题情境有关的问题。所以，教师上课的首要任务是创设与学习内容相关的问题情境。

二、组织教学，互动探究

教师在课堂教学中创设能引起学生认知冲突的问题情境，是实现师生、生生之间有效互动的基础。同时，教师要为学生创设良好的人际关系、民主的课堂氛围。近几年来，对师生关系的研究引起了很多人的关注。探究性学习中的师生关系应该是一种客观上不对等、主观上平等民主的关系。客观上不对等是指师生学识上的不对等，但在主观上，教师要将学生视为与自己地位平等的社会成员，要将他们视为真正的学习主体。只有这样，课堂上才会形成一个和谐的教育场，在这种场中，师生才会产生正向的互动。

学生的学习空间不能局限于教室，学习时间也不能依照教学进度而定。教师应以合理的时空观来指导学生对学习空间和学习时间的安排，即要给予学生更大的自由空间和更多的交流机会。在组织形式上多采用小组合作学习方式，在教室环境设计上尝试改变学生的座次排列方式，以便于学生更自然、更大胆、更主动地进行合作交流。教师要把更多的时间留给学生去探索、去思考、去创造，让学生在宽松的时空中得到全面发展。

探究性学习不仅强调师生之间的互动，也强调生生之间的互动。现代心理学研究表明，教学中，生生之间的互动有助于学生提高学习成绩和社交能力，改善人际关系，形成良好的意志品质。因为任何有效的学习都必须以学生的已有观念为基础，但学生在日常生活中形成的许多前概念或错误观念往往十分顽固，让学生独立地开展探究活动，难以使其观念发生转变，而小组形式的合作探究，则有利于他们在表达自己的观点与结论、反驳他人的观点与结论的过程中，转变原来不正确的看法，重建新观念。

课堂教学中的互动探究，主要包括以下内容。

1. 收集证据

首先，指导学生收集有关事实和资料。根据获取的途径，事实可分为两类：直接事实和间接事实。其次，指导学生对事实和资料进行处理，使学生更容易从中找出规律，形成假设。对事实和资料的处理是把事实和资料简明化和系统化的过程，经常使用的方法有科学用语化、表格化和线图化。

2. 提出假设

提出假设就是根据为数不多的科学事实和科学理论提出科学假设，并以此为基础进行推理和判断。教师要对学生的假设给予鼓励，并根据具体情况选择一些有代表性的假设，用教学媒体（如黑板、投影等）呈现给全体学生。

3. 验证假设

验证假设的方法有两种：实验验证和理论验证。根据教学内容的特点，假设的验证过程可以是在教师指导下的综合论证，既要有实验事实作为依据，又要用埋论说明学生所提出的假设的合理之处和不合理之处。其具体的教学形式可以是学生之间的合作式讨论。为了避免讨论的盲目性，教师要根据学生的假设提出一些有针对性的问题，或指导学生对其他学生的假设提出疑问，通过问题的解决对原来的假设进行论证。

在具体的教学情境中，收集证据、提出假设、验证假设等内容可根据不同情况灵活调整次序。

三、启发引导，整合拓展

启发引导学生通过解释、评价解释以及反思等形式，实现知识的整合拓展。解释是将所观察到的与已有知识联系起来学习新知识的方法。因此，解释需要超越现有知识，提出新的见解。对于学生来说，这意味着对他们现有理解的更新。评价解释，并且对解释进行修正，甚至是抛弃，是探究性学习的一个特征。核查不同的解释要求学生参与讨论，比较各自的结果，或者与教师、教材提供的结论相比较，以检查自己提出的结论是否正确。这一特征的一个根本要素是保证学生在自己的结论与适合其发展水平的科学知识之间建立联系。也就是说，学生的解释最后应与当前广泛为人们所承认的科学知识相一致。反思，可以培养学生的元认知意识。所谓元认知，就是对认知的认知，其实质就是人对认知活动的自我意识、自我控制与自我调节。教师可引导学生思考：我是怎样想的？为什么这样想？所选择的方法是否最佳？是否还有更好的方法？这些知识或问题之间有何联系？我还有哪些需要改进和注意的地方？这是学生以自我为参照来进行评价。另外，还要引导学生关注其他的研究者是怎样认识这个问题的，尤其是获得公认的科学领域内的有关观点，让学生以此为参照来评价自己的探究是否成功。

探究性学习的基本教学策略

探究性学习是以学生探究为基本特征的学习活动。为了帮助学生学会学习，掌握获取知识的本领，提高学习效率，实现预定的教学目标，教师必须研究和掌握探究性学习的基本教学策略。

一、引发学生探究欲望的策略

探究性学习的根本特点是学生能自主、独立地发现问题，其目标不仅仅是知识与技能、情感与态度的发展，更重要的是探索精神和创新能力的培养。探究就是探讨研究，是一种需要，探究欲实际上就是求知欲，是一种内在的需求。在课堂教学中，教师有一个十分重要的任务，就是培养和激发学生的探究欲望，使其处在探究的冲动之中，激疑生趣，提出问题，思考问题。

1. 创设良好的探究氛围

教师要使教学活动由封闭状态转变为开放状态，创设一个民主、平等、宽松的学习环境，让学生真正成为学习的主体，还学生心灵自由，大胆地拓展课堂时空，营造无拘无束的课堂氛围，使学生迸发出创造力。

2. 设计探究的问题情境

教师要通过创设情境引起学生的惊奇、疑惑和兴趣，激发学生探求知识的动机。

3. 培养学生的探究能力

学生探究性学习能力的形成和发展是渐进的而不是突发的，他们不可能一开始就能独立进行探究性学习，即使学生学会自主探究后，仍需教师在探究主题和实验设计等方面给予必要的指导。但是教师只能提供给学生需要的信息，绝不能承担解决问题的责任。对于问题的解释，教师应引导学生通过自己收集证据来获得，从而使学生独立自主地进行探究，发展他们的思维技能。

苏霍姆林斯基曾经指出："在优秀教师那里，学生学习的一个突出特点，就是他们对学习的对象采取研究的态度。教师并不把现成的结论、对某一定理的正确性的证明告诉学生。教师让学生有可能提出好几种解释，然后在实际中去对所提出的每一种假说进行肯定或否定。"在这种情况下，知识就不是消极和被动掌握的，而是靠积极努力去获得的。因此，这种知识就能变成信念，学生也会非常珍视自己的学习成果。

4. 尝试多样化的教学手段

探究性学习的特点包括空间上的灵活性、学生对活动的选择性、学习材料的丰富性、课程内容的综合性。探究性学习课堂要求教学手段多样。当然，教学方式和手段都应服从于教学目标，服从于提高学生的创新素质。例如，学习有机分子的结构时，教师可利用多媒体展示有机分子的空间模型，通过动画效果增强直观性。一些文献、资料通过投影展示出来，无疑增大了课堂容量，提高了课堂教学效率。

二、探究性学习的组织策略

探究的问题性、实践性、参与性决定了探究性学习必须有充分的自主学习时间，否则探究性学习就是一句空话，更谈不上把课堂还给学生。探究性学习的组织应发挥教师的主导作用，在探究活动中，教师应根据学习内容和进程的安排，采用恰当的组织策略。

1. 引导与自主的策略

引导探究是指学生所进行的探究是在教师提供大量的指导和帮助下完成的。如教师提供教学案例或课题，准备验证假设用的材料等。自主探究是指学生开展探究性学习时，极少得到教师的帮助，而是学生自主完成的。在这个过程中，教师起辅助者和组织者的作用。从引导探究到自主探究，并没有严格的界限，它表明教师的帮助在逐渐减少，学生的自主性在逐渐增强。一般说来，学生刚开始进行探究性学习时，由于缺乏探究经验，宜采用引导探究。学生有了一定基础以后，教师可以减少干预，逐步提高学生的自主性。与引导探究相比，自主探究对学生的要求更高，给学生的发挥空间更大，但比较费时，课堂教学中一般不宜大量采用。

2. 独立与合作的策略

苏霍姆林斯基曾说："在人的心灵深处，有一种根深蒂固的需要，这就是希望自己是一个发现者、研究者、探索者。"我们要尊重学生的个体差异和情感体验，正视学生的吸收感悟和操作实践，重视学生的独立思考和探求知识的主观能动性，只有这样，学生的个性才能得到发展，创造潜能才能得以挖掘。合作探究是新课程积极倡导的学习方式，它既可以培养学生的探索精神以及参与、合作、竞争、交往等现代意识，又有利于学生形成会学、善学的良好习惯。探究过程中要处理好独立与合作的关系，合作必须以独立为基础，学生要在独立思考的基础上进行探究、讨论、交流，通过合作共同解决问题。合作学习与传统的学习形式是互补的关系，而不是替代的关系，缺少独立探究的合作学习对学生的个人发展是不利的。

3. 师生交往的策略

教学活动是教师和学生之间的相互交往活动，在这个活动中，始终存在教师和学生两个主体。教师要尊重学生，相信学生，发挥学生的主体性，认真倾听他们的意见，了解他们的所思所想，鼓励他们去探索、猜想、验证、发表意见。教师要扮演好自己的角色：教师是教学活动中的组织者、引导者、合作者，是提供信息、创设情境的人，是帮助学生发现问题的人，是学生在探究过程中产生困难时给予合作和鼓励的人。同时，在探究活动中，要注意增强师生之间的交流，提高探索问题的广度和深度，通过平等对话来完成学生对知识的自主建构。

三、探究性主题的设置策略

探究性主题是以问题形式呈现的。问题是探究性学习的核心，整个探究活动围绕问题展开，并随着问题的解决而结束。但并不是什么问题都需要探究。教师设置的探究性主题必须让学生进行深入的思考或与同伴进行合作才能得出问题的答案。教师必须从内容和形式两方面努力设置出有一定探究意义的主题。探究性主题的设置关系到教学活动能否顺利进行和教学目标能否实现。教师在设置探究性主题时，应当力求做到以下几点。

1. 问题要难易适度

所谓难易适度，是指问题既有一定难度，又是学生经过努力可以解决的，太难或太容易的问题都不利于学生开展探究性学习。在内容上，教师设置的问题必须符合学生的“最近发展区”。苏联著名心理学家维果茨基把儿童的发展水平分为“现有发展区”和“最近发展区”，正是这种现有发展水平与潜在发展水平的相互矛盾，成为推动学生身心发展的动力。因此，问题只有设置在学生的“最近发展区”内，才能激发学生的思维，推动探究活动的进行。我们形象地称之为“跳一跳，摘桃子”。这个桃子不是伸手可得，而是需要跳一跳才能摘到手，但又不是怎么跳也够不到。在形式上，教师要从教学目标出发，更多地设置一些探究性和发散性问题。探索事物的原因、规律、内在联系的问题，需要回答“为什么”“你能从中发现什么”才有探究的价值。除此之外，还需要引导学生从多角度、多方面、多领域去认识客观事物，组织学生对发散性问题进行探究，诸如“除此之外，还有哪些方法” “你从中体会到了什么”等。

2. 问题最好由学生自己提出

创设情境不是目的，而是为提出问题、展开教学服务的。深入情境之中，教师要及时引导学生分析、观察事物，提出有价值的问题。只有学生对自己提出的问题产生解决问题的内在需求，学习的主动性才会大大提高。

3. 问题尽可能是真实的、有价值的

所有学科都能找到源于实际的真实背景，因此所提出的问题要使学生切实感到知识来源于生活，知识的运用就在我们身边。

4. 问题要能激发学生的好奇心、求知欲

好奇心、求知欲具有很强的内驱力，可以帮助学生克服探究过程中的困难，提高学习效果。

四、探究性学习的评价策略

1. 评价内容

对学生探究性学习活动的评价应注重过程，结合学生平时的表现进行综合测评，看重的不是成果的多少与学术水平的高低，而在于学生是否按科学规律掌握了调查研究、科学探索的办法。如果把学习视为一个建构的过程，就意味着对学生探究的前提条件做出有效的评估。在此基础上，再对学生在探究过程中所表现出来的智慧、能力、态度、信念等进行全面的考查，从整体上对学生的表现做出综合的评价。对结果的评价，既要包括对知识、能力的测试，也要对学生在探究活动中形成的情感和伦理道德观念做出一定的评价。

2. 评价方式

探究性学习评价重视正式评价，更重视非正式评价。教师因参与合作，既能够深入学生学习的过程中，依靠自身的专业判断能力对学生进行现场评价，也能够详细地收集学生的作品，对学生在多个领域内的努力、进步和成就做出评价。探究性学习评价还积极发动学生对自己和他人的探究活动做出评价，因此也可以采取小组自评、小组互评的方式进行团体评价。教帅对学生参与程度的评价一般多采用鼓励性的评语及颁发奖状、证书的形式（如最佳创意奖、最佳组织奖、优质小论文等）。

3. 评价标准

对于探究性学习，事先确定一定的评价规则和标准是必要的，但更重要的是让学生明白，这些评价规则和标准是可以随着探究活动的进展而有所调整的。而且，学习的建构性使评价的主体必须考虑到学生建构知识时的个体差异，运用多层次的评价标准来衡量不同的学生，给学生以弹性化、人性化的发展空间。

中小学教与学方式区域性现状调研与建议

新课程改革的六项具体目标中的重要一项是“改善学生的学习方式”，并把“坚定不移地推进教学方式和学习方式的转变”作为三项主要任务之一，同时明确提出“学习方式的转变”是本次课程改革的显著特征。深圳市张玉彬首届教育科研专家工作室为了积极配合深圳市福田区中小学推进“教与学方式转变进而构建学生自主有效课堂”的整体行动，了解义务教育阶段教与学方式的现状，于2012年3月至6月在深圳市福田区上步中学、景秀中学、福华小学、益强小学等15所中小学对部分教师和学生进行了调查。

调查采用了个别访谈、集中座谈、发放调查问卷等形式，其中以发放调查问卷为主。教师问卷共23道题，涉及教师的教育理念、课前备课、课堂教学、教学评价、反思收获等多个方面。学生问卷共27道题，涉及学生的课前预习、课堂表现、课后复习、学习收获等多个方面。本次调查共发放880份教师问卷和2633份学生问卷，其中教师问卷回收836份，836份问卷均有效；学生问卷回收2598份，其中2595份有效。工作室在统计、分析调查问卷的基础上，完成了教师和学生调研报告。本文选取调研报告的部分内容，与教育界同仁分享，以求反映课堂教与学方式的现状，寻求有效对策。

一、典型信息与分析

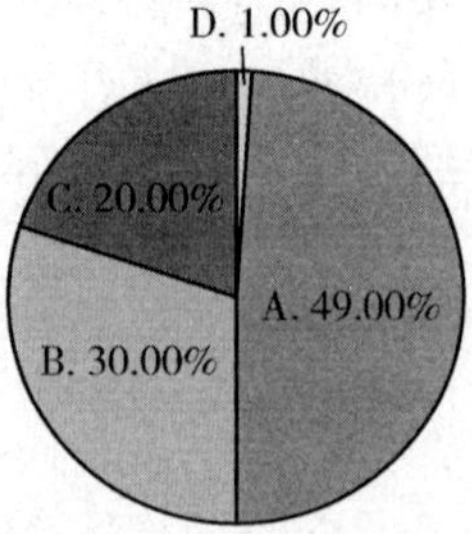

1.（教师问卷第1题）对课堂教与学方式的转变，您持（　　）态度。

A. 积极尝试，而且坚信能使学生终身受益

B. 能够尝试，但不能持之以恒

C. 持观望态度，面对升学压力担心其前景不乐观

D. 认为现在已经不错了，没有必要转变

从图中统计数据我们很清晰地看到，多数教师愿意积极尝试课堂教与学方式的转变。选择 A 项和 B 项的教师占了 79.00%，说明大多数教师认同转变课堂教与学方式的理念，但选择 B 项和 C 项的教师比例之和又让我们看到，目前教师对转变教与学方式的个人信念还不够强，不能持之以恒，主要是担心改变后学生的学业成绩会受到影响，这说明在教师层面上还需要一种外力的推动，帮助他们树立改革的信心和决心。

2.（教师问卷第 2 题）贵校领导对教师转变教与学方式的态度是（　　）。

A. 大力支持

B. 支持

C. 态度不明朗

D. 反对

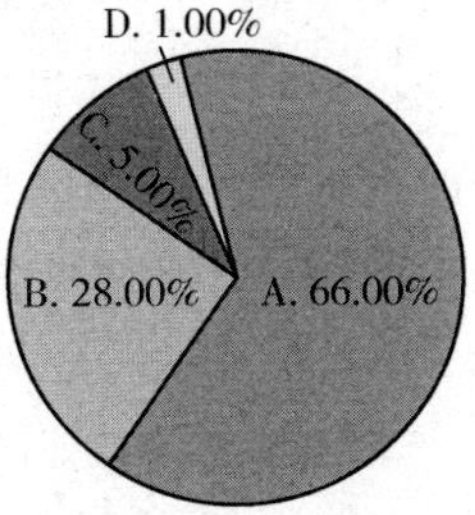

从图中统计数据来看，94.00%的校长对教与学方式的转变持非常明确的支持态度，说明整个福田区推进教与学方式转变有着非常好的领导层面的支持，这对推动这项工作来说是非常有利的因素。

3.（教师问卷第 4 题）对以下教学理念，你更支持（　　）。

A. 课堂教学以“教”为中心

B. 课堂教学以“学”为中心

C. 没思考过

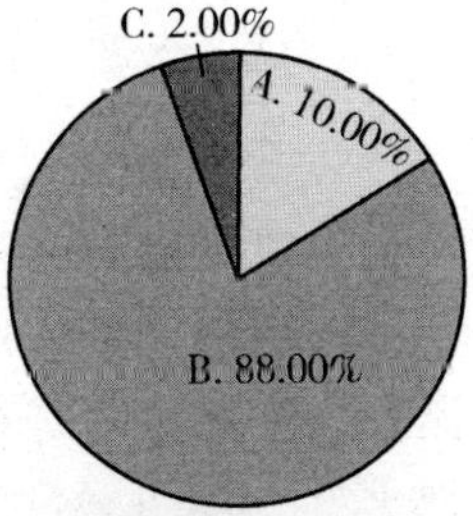

4.（教师问卷第 5 题）在实际课堂教学中，您主要采用（　　）的教学方式。

A. 以“教”为中心

B. 以“学”为中心

C. 说不清楚

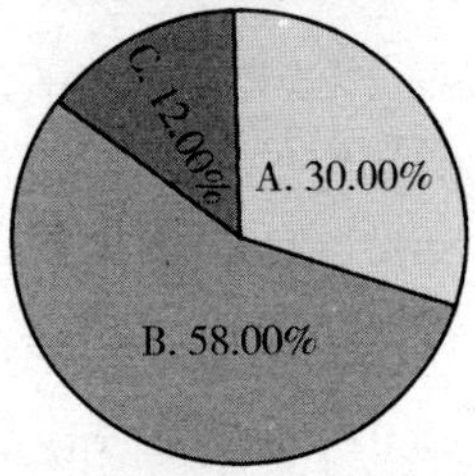

5.（学生问卷第 3 题）你感觉到自己现在的课堂教学是以（　　）为中心。

A. 教师的“教”

B. 学生的“学”

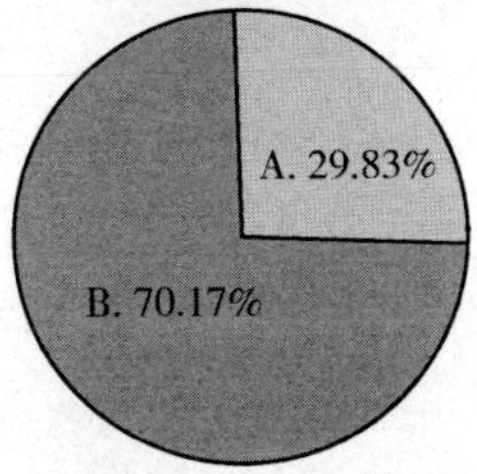

这三道题是直接相关联的：第一道题是调查教师的教学理念，第二道题是调查教师理念付诸行动的状况，第三道题是调查学生对教师、课堂的改变程度的感受。从图中统计数据来看，88.00％的教师认为上课应该以“学”为中心，但在实际课堂上只有58.00％的教师真正采用了以“学”为中心的教学方式。这说明在从理念改变到行动改变是一种“知易行难”的状态。再来看看学生对这个问题的看法：70.17％的学生认为当前的课堂以学生的“学”为中心。我们欣喜地看到，学生对课堂变化非常敏感，虽然一部分教师感觉课堂上还没有真正实现质的改变，但学生从教师点滴的改变中感受了以“学”为中心的变化，这对教师尝试改革是莫大的鼓舞。

6.（学生问卷第13题）对于小组合作学习，你的意见是（　　）。

A. 喜欢，希望多开展

B. 不喜欢，一个人做事效率高

C. 无所谓

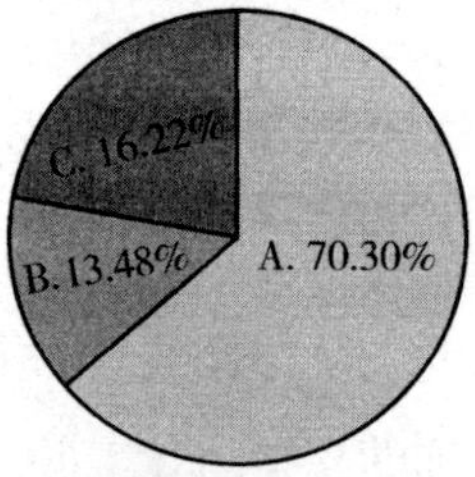

7.（学生问卷第15题）你们的小组讨论（　　）。

A. 经常进行

B. 偶尔进行

C. 几乎没有

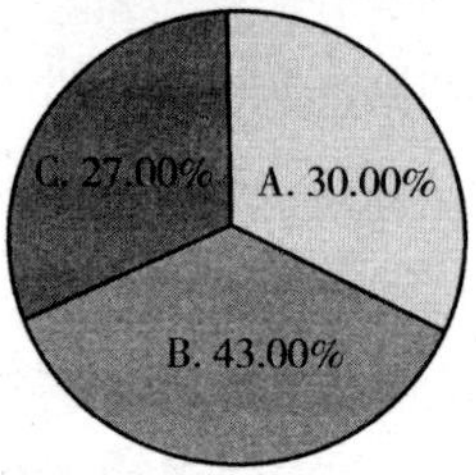

这两道题重在调查学生对合作学习这种方式的意见及课堂中实际进行合作学习的状况。从图中统计数据来看，70.30％的学生喜欢合作学习这种方式，但在实际课堂上只有30.00％的学生认为合作学习是经常进行的。这说明小组合作学习方式受到学生的欢迎，是值得推行和推广的，问题在于目前小组合作学习还没有被教师广泛使用，需要继续推动，更需要教师能把理念和行动统一起来，真正在课堂上实践自主、合作、探究的教学理念。

8.（学生问卷第10题）关于上课前预习，你（　　）。

A. 经常进行

B. 有时进行

C. 很少进行

D. 从来没有

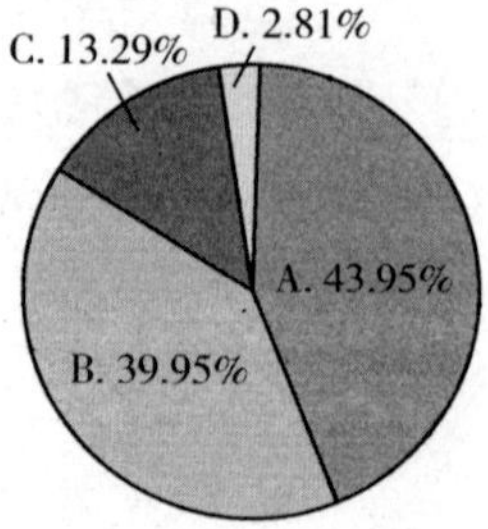

9. (学生问卷第 11 题) 预习时，能用笔画出重难点或加上批注、写出自己的思考。你（　　）。

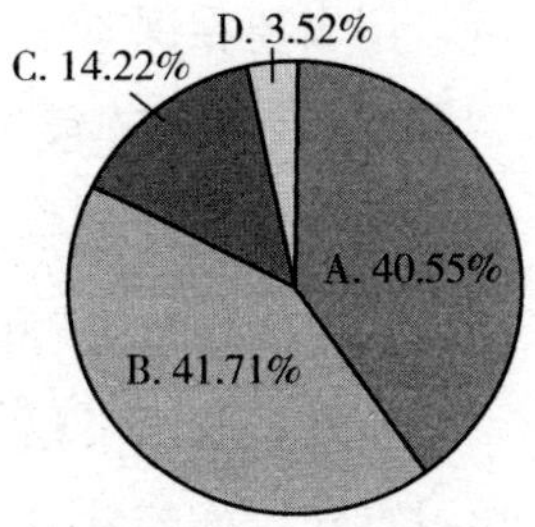

A. 经常这样

B. 有时这样

C. 很少这样

D. 从来没有这样

这两道题主要是调查目前教与学方式转变中推行的自主预习的实施情况及实施方式。从图中统计数据来看，83.90%的学生有预习的习惯，但预习的具体方法及有效性有待完善。学生预习什么？如何预习？可以采用哪些方法预习？在预习过程中教师应该给予哪些指导？这些都是目前教师要面对的问题，解决了这些问题，预习的有效性才能体现出来。

10. (教师问卷第 17 题) 关于教与学方式的转变，要达到你认为的理想教学效果，你认为至少需要的时间为（　　）。

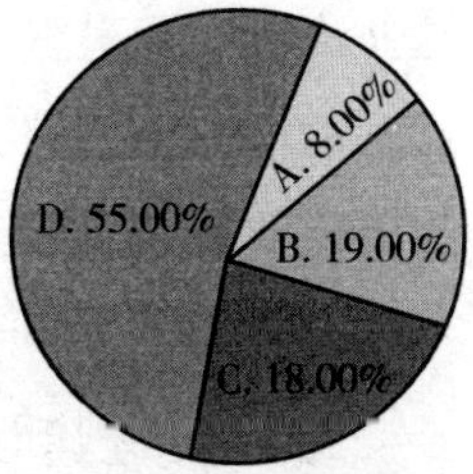

A. 半个学期

B. 一学期

C. 一学年

D. 一学年以上

从图中统计数据来看，大多数教师认为理念转化为行为需要足够的时间，不能急于求成。教师在转变过程中面临的一个很大的压力就是怕短期内看不到效果，从而挫伤了信心。如果能在心理上从容面对改革，相信压力会相应减轻。

11. (学生问卷第 7 题) 在课堂上，教师讲解的时间一般占课堂时间的（　　）。

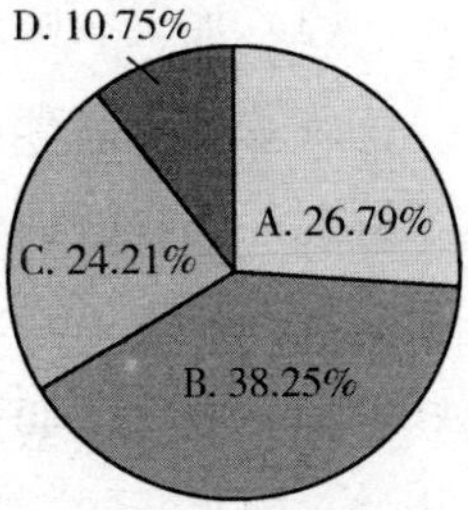

A. 80%左右

B. 60%左右

C. 40%左右

D. 20%左右

从图中统计数据来看，教师上课以讲解为主的授课方式还占一定比例，还需要在课堂上多给学生自主探究、合作的时间和空间。

12.（学生问卷开放性问题）请描述你最喜欢的课堂学习方式。

统计发现，学生描述的喜欢的课堂学习方式中排在前5位的关键词分别是“小组讨论”“互动”“自主学习”“小组合作”“当小老师”。

由此，我们可以得出这样一个推论：学生喜欢自主、合作、探究式的学习方式，教与学方式的转变是符合学生需求的。

13.（教师问卷开放性问题）关于教与学方式，您最想说的是什么？

统计发现，教师的回答中出现的关键词次数排在前10位的分别是“尝试”“改革”“鼓励”“坚持”“稳步”“适度”“困难”“分化”“考试”“评价”。

从教师的反馈信息来看，目前整个福田区范围内教与学方式转变理念的推广工作已经不再是重点，因为数据显示课堂改革的氛围已经形成。而这些出现频率最多的关键词在提醒着我们，如何帮助教师解决课堂实施中遇到的实际困惑将是下一步推进工作中面临的主要问题。一句话，现在教师更需要的是实际操作方法上的指导。

二、改进建议

根据对调查数据的分析，工作室对福田区教与学方式转变的工作提出了以下建议。

1. 对管理工作的建议

（1）加大教师培训的力度

改革离不开理论的引领和个人专业素养的支撑。从调研数据中我们也了解到一部分教师教育理念陈旧、专业素养差。如果教师的教育理念和基本功都不能过关，就根本谈不上改革。因此，提升教师的理论水平和专业修养是一项要长期开展的工作。建议各学校一定要多给教师提供学习和思考的空间与时间，鼓励教师多参加培训，多开展教学交流活动，以提高教师的专业能力。

（2）鼓励教师多读书

（教师问卷第 18 题）您每学年平均阅读（　　）教育类书籍。

A. 1～2 本

B. 3～5 本

C. 5 本以上

D. 0 本

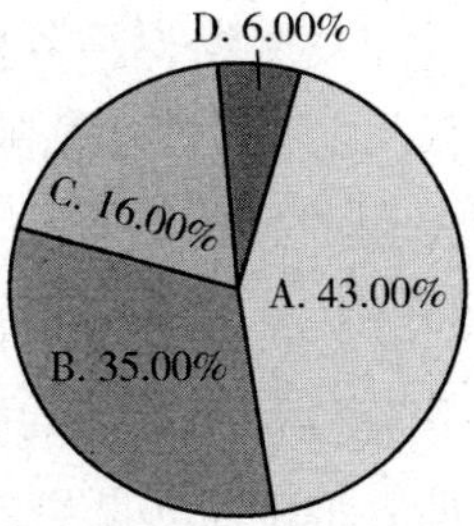

从图中统计数据不难看出，目前一线教师疲于应付课堂教学与学生学业成绩的提升，极少读书，忽略了智慧的寻求与知识的浸润。这也直接导致课堂教学缺乏艺术和智慧。建议各学校多建立读书、教研的交流平台，以研促教。一些学校开展的教师阅读沙龙、教育专题阅读、读书漂流等活动就很有价值。

（3）建立教师学习共同体

在改革的过程中，教师要经历模仿、适应、理念实质认同、实际改变、反思调整等多个阶段，每个阶段取得的成果还会出现反复的现象，如果没有团队成员的相互支持和鼓励，很容易让教师失去坚持下去的勇气。调查数据也显示，教师面对改革缺乏持久性。如何解决教师孤立无援、信心不足的问题？建议各学校一定要尽快建立起学习共同体，让做得好的教师在共同体中发挥“燎原之火”的作用，促使教师在教与学方式转变中共同学习、共同实践、共同研讨、共同进步，让教师找到心理上的支撑和依靠。

（4）提升教师的操作能力

目前教师急需的就是具体操作方式上的指导，应该加强对教师这方面的培训力度。可以先让一些有经验的教师针对预习、合作、探究等具体操作方式展示常态课堂，增强培训内容的可操作性。通过有针对性的培训，解决教师的困惑，提高其实际操作能力。

2. 对调控工作的建议

（1）给予教师心理上的支持，鼓励教师积极尝试，采取“滞后”的评价，给教师创造一个轻松愉悦的舆论环境。学校要注意保护教师的改革自信心，不宜给教师太多的心理压力，要鼓励教师完善做法、调整做法，而不是急于对教师的做法进行评价。

（2）不要给教师设置太多的条条框框。“教无定法”，同样，“学无定法”，只有适合教师和学生的方法才是最好的方法。在教学改革中，应该提倡“百花齐放”，鼓励教师和学生共同寻求适合自己情况的教与学方法。

（3）指导学生养成倾听、质疑的习惯。调研结果显示，目前合作学习实施过程中最大的困惑就是合作效果不理想。面对合作，学生不能做到倾听；面对交流，学生不懂、不敢、不会质疑，这就导致合作学习缺乏深刻性。因此，建议教师要专门对学生的倾听能力、质疑能力进行训练和指导。

（4）减少机械训练作业，增加操作性、探究性、体验性作业。

（5）尽快制订评价教师和学生的新方式、新标准。教与学方式转变最好的推动方式应该是评价方式和评价标准的改变，评价发生变化，才能引发本质的行为改变。

（6）关注后进生的学习行为。教与学方式转变过程中，应该把后进生的问题当作一个课题来研究。

教学改革的路任重而道远，需要各方力量的支持和配合，找到最佳的切入点，以长远的眼光来看待教育，给教师和学生充足的时间，这样才能让我们的教育走出一片新天地！

中小学合作学习区域性现状调研与建议

合作学习可以培养学生的合作意识、团队精神，发展学生的创造性思维，促进课堂教学效率的提高。

为了更深入地了解深圳市中小学课堂教学合作学习的现状，了解教师对合作学习有关问题的认识，依据现状探索出适合的合作学习方式，使合作学习成为真正提高学习力的一种有效手段。2015 年 10 月至 12 月，深圳市张玉彬第二期教育科研专家工作室在深圳市上沙中学、益强小学等 15 所中小学对部分教师进行了课堂教学合作学习状况调研。调研采用个别访谈、集中座谈、发放调查问卷等形式，以发放调查问卷为主。调研内容涉及教师的基本信息、受访者开展合作学习的环境和背景、教师开展合作学习的理论准备、开展合作学习的频率和方式等多个方面。

调查问卷包括 18 道客观题、1 道主观题，共计 19 道题。发出 1318 份调查问卷，收回 1195 份调查问卷，回收率为 90.67%，剔除无效问卷 75 份，共计收回有效问卷 1120 份。

总人数	学段						年龄段						学科					
1120人	小学		初中		高中		32岁以下		32至48岁		48岁以上		文科类		理科类		艺术健康类	
	511	45.63%	409	36.52%	200	17.86%	291	25.98%	613	54.73%	216	19.29%	604	53.93%	350	31.25%	166	14.82%

一、典型信息与分析

1. 合作学习在贵校的实施情况为（　　）。

A. 全面推进　B. 部分实施　C. 个别尝试　D. 没有开展

A		B		C		D	
527	47.05%	478	42.68%	104	9.29%	11	0.98%

分析：说明大部分教师都认可合作学习，愿意开展合作学习，被调查学校有开展合作学习的良好实施环境。

2. 关于合作学习的理论和策略，您（　　）。

A. 详细研究过　　B. 大致了解

C. 不太了解　　D. 没有了解过

A		B		C		D	
293	26.16%	760	67.86%	65	5.80%	2	0.18%

分析：总体上讲，中小学开展合作学习的人数比例总和较高，已经具备开展合作学习的理论认知条件。但在实践中，合作学习策略显得跟不上需求，需加强策略学习，这显然也是在中小学深入开展合作学习的一个突破口。

3. 日常课堂教学中，您组织学生开展小组合作学习情况怎样？（　　）

A. 经常开展　　B. 有时开展

C. 不太开展　　D. 没有开展

A		B		C		D	
476	42.50%	551	49.20%	86	7.68%	7	0.63%

分析：参与问卷调查的15所中小学中有近一半的教师有时会开展小组合作学习，不开展小组合作学习的人数比例相当小，与前面两个问题的调查情况匹配度高。这说明合作学习方式在中小学被大部分教师所认可。

4. 您是否支持学生利用小组进行问题交流和讨论？（　　）

A. 非常支持　　B. 比较支持

C. 不支持也不反对　　D. 不支持

A		B		C		D	
544	48.57%	491	43.84%	78	6.96%	7	0.63%

分析：这几项数据反馈出大部分中小学教师都认可小组交流的方式，在自己的课堂上有主动意愿去让学生开展小组合作活动，并期待开展课堂合作学习。

5. 你们班的合作小组是怎么分组的？（　　）

A. 随机组合　　B. 按成绩分组

C. 学生自愿组合　　D. 教师综合各种因素分组

A		B		C		D	
250	22.32%	82	7.32%	130	11.61%	658	58.75%

分析：小组分组的方式直接关系着小组合作学习的作用能否有效地发挥。从这几项数据可以看出，11.61%的教师尊重学生的意愿；7.32%的教师将不同等级的学习问题细化到个人——各个层级的学生都有相应的学习任务，使不同的学生都有不同的收获；22.32%的教师选择了随机组合的分组方式，这种分组方式的优点在于使小组合作学习更体现互补性和个性化；58.75%的教师选择了综合各种因素分组的方式，在学习过程中可以实现学习的分类合作交流，使学习更具有针对性。

6. 您认为如何在合作学习时分配角色？（　　）

A. 由教师指定　　B. 由学生讨论决定

C. 随机分配　　D. 其他

A		B		C		D	
252	22.50%	686	61.25%	114	10.18%	68	6.07%

分析：教师在合作学习时分配角色有不同的方法。选择的方法不同可能与所在学段、教师理解、学科类型等诸多因素有关。从这几项数据可以看出，在合作学习时分配角色的过程中，学生讨论的方式占主导，体现了教师尊重学生学习主体性的特征。一小部分教师选择了由教师指定角色，前提是教师对学生能力已经有一定的了解，学生能够接受教师的安排并能友好地合作。

7. 在小组合作学习之前，您是否有明确的目标设定？（　　）

A. 有，并且明确地告知学生　　B. 有，但没有明确地告知学生

C. 不确定　　D. 没有，即时即兴

A		B		C		D	
868	77.50%	213	19.02%	31	2.77%	8	0.71%

分析：大部分中小学教师在开展合作学习前都会有明确的目标设定，让学生有目标可循，这在一定程度上能够避免合作流于形式。没有明确的学习目标或不能明确告知学生学习目标都会导致合作学习活动无法顺利开展。

8. 在进行小组合作学习之前，您给学生独立思考的时间吗？（　　）

A. 不给，提出问题，马上讨论

B. 先独立思考，再讨论

C. 两者兼有，视具体情况而定

A		B		C	
52	4.64%	631	56.34%	437	39.02%

分析：有56.34%的教师认识到独立思考能力是一种很重要的能力。学生有了思考的兴趣，就会逐渐形成独立思考的习惯。39.02%的教师选择了“两者兼有，视具体情况而定”的方式，即根据问题的性质和学生的理解能力而定。也就是说，有充足的思考时间不应该成为一条硬性的规定。

9. 您在开展合作学习中遇到的最大障碍是什么？（　　）

A. 小组活动表面热闹，但学生学习效果不佳

B. 教师缺乏行之有效的组织方法

C. 不易控制教学进度，不能按计划完成教学任务

D. 讨论、展示、评价环节多，重难点突破不足，学优生“吃不饱”

A		B		C		D	
488	42.51%	91	7.93%	359	31.27%	210	18.29%

分析：学生不会合作，小组合作学习缺乏实效性等问题是小组合作学习的通病。其中A、C、D三项反映的都是小组合作学习缺乏实效性的问题，但教师缺乏行之有效的组织方法才是这一问题的根源所在。不过能认识到这一点的教师仅占7.93%，这说明一线教师要加强对合作学习理论知识的研读，反省教学设计和教学组织对合作学习效果造成的影响。

10. 您主要侧重从哪个角度评价课堂中学生的合作学习？（　　）

A. 成员间的协作程度　　B. 学习任务完成的质量

C. 是否有思维碰撞　　D. 其他

A		B		C		D	
260	21.76%	512	42.85%	375	31.38%	48	4.01%

分析：可以看出教师更侧重于通过学习任务完成的质量来评价课堂中学生的合作学习，这必然会束缚小组合作学习的发展。关注思维碰撞的教师占31.38%，说明多样化的评价方式正在悄然兴起，学校应该加以引导和扶持，以促进与小组合作学习匹配的多元化评价体系的建立。

11. 您会对小组合作学习进行反思吗？(　　)

A. 经常反思　　B. 偶尔反思

C. 很少反思　　D. 基本没有

A		B		C		D	
548	48.90%	522	46.60%	43	3.80%	7	0.70%

分析：对小组合作学习经常反思和偶尔反思的教师人数比例占到了95.50%，反映出本次参与问卷调查的教师总体上是善于反思的。不断地反思可以促进教师不断发现问题并找到解决问题的方法。

12. 关于合作学习，请您写1～2句话分享您的观点、建议和困惑。

在对主观题的回答中出现的关键词，按照出现频率从高到低依次为"合作意识""展示机会""课堂效率""教学进度""课堂组织形式""分层教学""重难点突破"和"交流学习"。

教师的回答主要分为对合作学习的认识、开展合作学习中遇到的困惑和开展合作学习的建议三类。

(1) 对合作学习的认识

合作学习更能调动学生主动参与的积极性，并且发挥各自的特点或特长，便于因人而异开展教学；合作学习有利于培养学生的合作意识，使学生在互动中学习，发展学生的创造性思维，提高课堂教学效率；做到真正的合作学习，任重道远；在不影响考试成绩的前提下才可以实施合作学习；学生可以共同发展，减轻了学困生对学习的恐惧感，但是合作学习一定要以充分的备课为基础和前提；合作学习能否有效地促进学生能力的提高，除了看教师的教学水平之外，也与班级的氛围和生源等其他因素有关。

（2）开展合作学习中遇到的困惑

开展合作学习时活动表面热闹，但没有收到预期效果；实施起来比想象中要难，要想坚持实施更难；课程目标规定的教学内容多，实施合作学习不能保证教学进度；合作过程占用时间较多，如何才能提高效率，如何确定合作学习的密度和深度，如何解决合作学习与传统学习的碰撞，可采用的小组合作学习的课堂组织形式有哪些等问题亟待解决；合作学习是“群言堂”，个别学生会玩闹、嬉戏；学优生锻炼了口才，但学生学习的广度和深度不够；合作学习中讨论、展示、评价环节多，重难点突破不足，学优生“吃不饱”。

（3）开展合作学习的建议

简化教材，明确教学目标；应该将学生进行分层，无论是学习方法还是知识深度，分层教学的效果都会更好；教师自觉自愿参与，学校层面应该将实验班与非实验班进行对照；改革教育评价，避免只关注考试分数的功利性；合作学习切忌搞统一模式，要因材施教，循序渐进；多组织教师通过各种方式开展学习，多展示成功的范例与经验；需要有更科学的小组合作方式的指导；把课堂教学中遇到的难题提炼出来作为课题研究，课题要具体，不要太空洞宽泛。

二、合作学习改进建议

1. 合作学习理论学习建议

从调研中可以发现，中小学教师在开展合作学习的过程中缺乏系统学习、经验交流、宏观督导，导致在反思中发现问题，却缺乏解决问题的方法。综合分析，提出以下五点建议。

（1）成立阅读小组

组织教师成立阅读小组，共同分享有关合作学习的有益书籍，如《合作学习的99个小贴士》《合作学习设计》等。

（2）写读书感悟

读书笔记不在于字数的多少，而在于内容的精要和个人的体会感悟。经常写读书感悟有助于把合作学习的理念经过思考、总结实现内化。鼓励教师全员参与，长期坚持必见成效。

（3）开读书交流会

请专家指导，把合作学习中遇到的问题梳理得更加透彻，避免教师在理论学习上走弯路。同时，教师之间的交流也是引发思考、加强学习的良好途径。

（4）互助结对

互助结对的形式包括合作学习实验校与专家结对子、学校与学校结对子、同一学校的教师结对子。互助结对，取长补短，是促进合作学习研究的有效途径。

（5）问题研究

收集合作学习中出现的问题，理论联系实际，针对问题进行分析，寻求有效的解决办法，形成富有实效的合作学习策略。

2. 合作学习实践操作建议

随着实践范围的扩大和深化，教师面临的问题和困惑也会越来越多，这就需要大家集思广益，以澄清认识、增强认同，逐步完善合作学习的措施，提高合作学习的实效。综合分析，提出以下十点建议。

（1）精心准备

开展合作学习对教师提出了更高的要求，如需要考虑哪些内容适合合作学习、如何开展合作学习、如何培养学生应具备的能力等。

（2）科学分组

科学分组、合理分工是小组合作学习顺利开展的前提。建议综合考虑异质分组，小组规模以3～4人为宜，让学生在小组内担任不同角色，尽量发挥每一个人的特长。

（3）起步宜小

开展合作学习需要时间，不能急于求成。可以先由两人一组来完成，再慢慢展开小组合作。

（4）能力培养

大多数学生缺乏良好的互动能力。要引导学生学会表达、聆听、等待、鼓励、表扬、宽容和妥协；学会接受他人的观点并能完善或修正自己的观点，体验在合作中的学习成就感，积极参与其中。

（5）选择任务

合作学习中学生积极性不高可能和教师选择的任务有关，教学任务的设计直接影响学习成果的质量。任务设置环节要清晰，任务分配和职责分工要明确，学习任务要具有一定的挑战性。

（6）提供帮助

教师应尽量避免在小组交流时进行干扰，可以引导学生从工具书、辅助学习材料中寻求帮助。教师只向主动提出问题的小组提供适当的帮助。

（7）噪音调节

合作学习期间常常会产生高分贝的噪音，可以在合作学习过程中播放安静的背景音乐。如果不能控制噪音，可以终止小组合作学习，等学生静下来后和学生共同讨论这件事，寻求解决方案。

（8）汇报形式

学生汇报时，教师不应做太多规定，应鼓励学生采用多样化的汇报形式，如两人一组汇报、接力汇报、参观汇报、混合小组汇报等。在学生汇报时不指手画脚，课后对汇报人的技巧和规范性进行个别指导。

（9）讲究实效

教师组织学生开展合作学习要注重实效性。合作学习要有价值，避免出现摆样子、走过场的现象。要留给学生充足的时间，避免合作学习流于形式。

（10）激励评价

评价的宗旨是激励学生学习，评价形式以鼓励为主，切忌以批评代替评价。可以让学生参与制订学习成果评价的标准，评价标准不能以学生的学习成绩为唯一标准，要尽量做到公平和全面。教师要对评价做出阶段性反馈。

要想真正在课堂中脚踏实地、富有成效地开展合作学习，还有很长一段路要走。推进合作学习、造福中国教育任重而道远，教师不仅要加强合作学习的理论研究，也要通过多种方式促进合作学习理论在课堂中的落实。

教师评价

教师评价就是对教师行为和工作的一种价值判断。只有适应社会需要、有效促进教师专业化发展的教师评价才是有生命力的教师评价。传统的以奖惩为目的的教师评价是一种面向过去的终结性评价，缺乏教师的认同和积极参与。新课程改革给基础教育带来了全新的课程理念，并对中小学教师提出了一系列的挑战和要求，课程改革的进一步深入必然要求改进教师评价不适应课程改革的现状，使其发挥应有的导向、改进和服务等作用，有效地促进教师的专业化发展。笔者主持并完成了深圳市教育科学“十五”规划课题“新课程背景下义务教育阶段教师评价的实践研究”。本章选取部分研究成果，与读者分享。

教师评价的相关概念

一、教师评价

有关教师评价的概念，主要有以下几种观点：教师评价就是按照一定的价值标准，对教师的教育教学活动及其相关因素进行系统描述，并做出相应的价值判断；[①] 教师评价是对教师工作现实的或潜在的价值做出判断的活动；[②] 教师评价就是依据学校的培养目标和人民教师的根本任务，运用现代教育评价的理论和方法对教师个体的工作质量进行价值判断；[③] 教师评价是指通过对教师素质以及教师在教育教学工作中的行为表现状况的测量，评判教师的素质水平和教育教学效果，为进一步提高教师的素质水平和教育教学效果提供切实可行的建议。[④]

综合以上观点来看，教师评价就是对教师行为和工作的一种价值判断，判断的目的是为学校决策提供依据或进一步促进教师的发展和成长。

二、奖惩性教师评价

奖惩性教师评价又称为行政管理教师评价，以加强对教师的绩效或行政管理为目的，通过对教师工作表现的分析，而对被评价教师进行优劣的区分，并做出解聘、降级、晋级、加薪、增加奖金等决定。[⑤] 美国教育管

---

① 冯茁．试论素质教育背景下教师评价机制的转变［J］．沈阳师范学院学报（社会科学版），2002，26（2）．

② 陈玉琨．教育评价学［M］．北京：人民教育出版社，1999：198．

③ 王汉澜．教育评价学［M］．开封：河南大学出版社，2006：354．

④ 陈永明．教师教育研究［M］．上海：华东师范大学出版社，2003：346．

⑤ 涂艳国．教育评价［M］．北京：高等教育出版社，2007：330．

理学家萨乔万尼认为，典型的教师评价是先定出教师的工作标准，然后通过现场观察和书面检查来考查教师是否达到有关标准。这种评价实际上是考查教师是否按照有关的规定去做，显得比较狭隘。

这种教师评价往往把评价作为选拔合格教师、奖励优秀教师、剔除不称职教师、表扬或处罚教师的一种手段，以此来保障教师完成所规定的任务。它是面向过去的，着眼于教师过去的工作表现，特别注重教师在评价之前的工作表现。通过评价，要表明教师是否履行了应有的工作职责，其工作表现是否符合学校的要求。它强调学校目标的实现，强调对教师的管理和领导者的权威，注重考查教师工作的效率和效果，以便最大限度地实现学校的组织目标。但由于奖惩性教师评价往往以奖励和惩罚为目的，只注重教师过去的工作表现，关心评价的最终结果，不仅难以使教师成为积极的参与者，而且时常引起部分教师的冷漠、抵制甚至反对，有时还会僵化领导者与教师、教师与教师、教师与学生之间的关系。

三、发展性教师评价

发展性教师评价是依据一定的发展目标和发展价值观，由评价者与被评价者共同承担实现发展目标的职责，动用评价面谈和发展性评价技术方法，对被评教师的素质发展、工作职责和工作绩效进行价值判断，被评教师在发展教育评价活动中，不断认识自我、发展自我、完善自我，不断实现发展目标的过程。[①]

发展性教师评价认为教师是不断发展的个体，通过内外部的努力而使他们胜任自己的工作，其教育教学能力能够通过自身的连续学习和改进得以培养和提高。发展性教师评价偏重于形成性评价，它的目的在于帮助教师诊断教学中存在的问题，促使教师总结经验、自我反思，以便进一步改进工作。

发展性教师评价是一种双向的教师评价过程，建立在评价双方互相信任的基础之上，以促进教师的专业化发展为目的，和谐的气氛贯穿评价过

① 王斌华．发展性教师评价制度［M］．上海：华东师范大学出版社，1998：131.

程的始终。发展性教师评价把教师评价从单纯的控制性监督管理手段变成了促进教师个人发展的手段，从简单的结果评价、鉴定选拔手段转变为引导、激励和帮助为一体的专业化服务，创造多种条件，合理配置，调动和激发教师的内在发展需求，转变学校和教师的对立管理关系，积极支持教师进行个人的专业化发展，帮助教师自我规划，获取信息，不断调整和完善自己的教育教学活动，进行自我反思，提升专业素养，促使专业化发展的早日实现和事业成熟稳定的发展。从这个目的看来，它不仅是管理的手段，也是教师专业化发展的途径和条件。因此，发展性教师评价制度是一种能够促进教师成长的评价制度。它彻底改变了奖惩性评价的片面性、短视性、压制性和封闭性，成为推动教师终身学习、持续发展的关键性因素。它强调评价者与被评价者共同参与，突出了教师的自评活动，形成了平等民主的评价过程。

教师评价的历史梳理

教师评价并不是什么新的活动，自学校产生的时候起，就有教师评价。然而，作为一种日常提高教师管理与学校教育管理水平的活动，它是从20世纪才开始的。教师评价的历史大致可以分为以下四个阶段。

一、自发教师评价阶段

20世纪前，世界各国对教师没有什么评价、看法之说，即使有评价，这种评价基本上是朴素的，属于自发性的。在这一阶段，还没有“教师评价”的提法，没有学校对教师进行评价，也没有学者对教师评价进行研究。学生与家长对教师的工作进行评价是一种自发的、不成体系的原始评价。

二、传统教师评价阶段

19世纪末20世纪初首次出现了“教师评价”这个概念。这是教师评价发展历程中里程碑式的重大事件，它改变了长期以来教师评价的自发状态，标志着教师评价制度作为一种日常提高教师管理与学校教育管理水平的制度正式形成。

20世纪初期，教师评价作为一种教育管理活动在英国、美国等国家开始出现。英国尝试采用由校长和学生家长负责的教师评价。美国教师评价的重点只是分析被评教师的教学方法是否与当时占主导地位的教育哲学、教育心理学理论一致。

20世纪20年代中期以后，美国、英国等国家开始正式实施教师评价。这一阶段是奖惩性教师评价制度的形成、发展和盛行时期。在这一时期，英国的中小学普遍采用官方色彩浓重的教师督导制度，由代表上级教育部门的督导员定期对教师进行评价。从1925年起，美国大城市中73%的学校开始开展教师评价，教师评价的标准也由教师的个性特征发展到涵盖个性、专业态度和一般教学行为等多个方面。1976年，美国的全国教育研究所提出了一个方案，该方案要求根据能力与表现来认定教师资格，而不仅是根据所取得的学历。1958年，日本全面推行教师评价制度。教师评价制度的总体框架由工作成绩、特殊贡献、总体评议三项构成，具体评价方法是对教师的工作态度、出勤情况、担当的职务等进行综合评判，然后分出A、B、C三个等级，由校长记入工作评定书。这个阶段的教师评价主要关注学生的学习结果，也被称作教师效能评价，其目的在于通过评价实现对教师的有效管理。在评价的内容上，主要关注教学过程的每一环节，是一种总结性评价。在实践中，这种教师评价方式的推行并不顺利，由于责任制与教师的自主性从根本上说是相互矛盾的，在实施评价的过程中，它排斥了教师的参与，难以调动教师的主动性和创造性，因而效果并不理想。

三、发展性教师评价阶段

20世纪80年代中期以后，许多国家开始尝试、倡导和推行发展性教师评价制度，逐步形成了奖惩性教师评价制度与发展性教师评价制度并存的局面。

英国在这场改革中起了“领头羊”的作用。为了进一步提高学校教育的质量，英国率先改革奖惩性教师评价制度。1983年和1985年，英国教育与科学部以及威尔士事务部共同相继发表了题为《教学质量》《把学校办得更好》的白皮书。在两本白皮书中，英国政府大力提倡由学校和教师进行的自我评价，并要求教师管理人员制定出一项对每个教师工作成绩进行系统评价又与学校课程政策相关的政策。自此之后，英国政府开始努力推行一种与传统教师评价有着根本区别的教师评价制度——发展性教师评价制度。

美国也开始指责奖惩性教师评价的缺陷。1986年，美国卡内基教育和经济论坛“教育专业工作组”发表了题为《国家为培养21世纪的教师做准备》的报告。报告严厉指责了奖惩性教师评价制度，认为奖励制度没有起到积极的作用，它不但没有奖励教师的成绩和高负荷，实际上反而使人泄气。

发展性教师评价在评价方向上立足于教师的未来，强调教师的自我评价。这种教师评价既是促进教师专业化发展的有力措施，而且是纠正缺点、发扬优势的有效途径，更是一项至关重要的教育改革。目前，国外中小学较多采用发展性教师评价和奖惩性教师评价相结合的制度，使两者互补，各自的优越性都能得到发挥。

四、教师评价专业化阶段

专业化教师评价的出现与教师专业化理论的发展有着紧密的联系。教师专业化理论认为，教师作为专业人员，应该享有充分的专业自主权，教师评价的标准应由教师自己建立，任何外在的标准和规范都不利于教师主动追求自己的专业化成长；教师评价的主体不是别人，而是教师自己，教师可以在教学实践活动中主动地以专家教师的标准来评判自己，并在持续的改进中不断趋向专家教师的标准。

20 世纪 90 年代中期，美国根据教育发展的需要，在反思传统教师评价弊端的基础上，提出了新的教师评价理念——把教育教学的质量保证与教师的专业化发展和素质提高整合起来的发展性评价理念。因此，美国的教师评价目的开始转变，即由传统的监督教师工作、鉴定教师工作好坏的单一评价目的开始转向双重统一的评价目的——既注重教师素质和专业的发展，确保每一所学校、每一个学生都有胜任的教师，又注重提高教育教学质量，确保学生达到学术高标准。为了满足教师的个别需要和各种选择，美国的许多州和学区都建立了个别化教师督导与评价体系。

20 世纪 90 年代中期以后，为了扭转国内教师评价不力的现状，加强对教育教学工作的管理力度，英国政府制定了新的教师评价体系，其最显著的特点是将绩效与薪金联系起来，并声称教师评价具有两个功能：一是按照量化指标决定教师的薪水，二是促进教师职业的发展。很明显，英国在试图寻求建立发展性教师评价和传统教师评价相平衡的新型教师评价体系，在保证高效的教学管理的同时，促进个人和组织的发展，结合定量与定性的测量方法，在评价的过程中不断调整和再评估评价体系。

现行教师评价存在的主要问题

根据调查，深圳市福田区义务教育阶段被调查学校在新课程改革的实施过程中，教师评价理念和措施正在发生可喜的变化。教师评价条例日趋完善，评价内容日趋丰富，评价形式逐渐走向多样化，评价主体逐渐走向多元化。例如，有的学校开设了校长信箱，评价条理非常细化，注重对教师平时行为规范的考核；有的学校开发了教师评价计算机“P”值系统，强化教师工作过程记录，使评价效率大大提高；有的学校建立了教师成长记录袋，注重教师教学心得、教学反思的存档；有的学校创设了教师创新工作展示台并设计了教师智慧卡，赋予了教师评价崭新的内涵；有的学校制定了两学年为一个周期的教师系统性评价方案，对教师进行发展性评价，采用教师面谈（初次面谈、评价面谈、复查面谈）的教师评价新模式，值得借鉴和推广。但从总体上看，各学校教师评价仍未摆脱以对教师教学效能的考核与鉴定为重心，片面强调评价的管理作用，教师在评价中的主体地位（民主参与和自我反思）尚没有体现，距离促进教师职业道德和专业水平提高的发展性教师评价体系还有一定距离。

福田区义务教育阶段现行教师评价制度在标准、功能、内容和方法上仍存在着缺陷，这些因素严重影响了教师积极性的发挥和教师的专业化发展，成为进一步深化课程改革的阻碍力量。

一、在评价性质上，对教育教学过程重视不够，多是静态的终结性评价

重结果、轻过程是现行教师评价普遍存在的问题。同时，评价仅注意到教师评价时的表现和行为，而缺乏对教师教学过程的背景、原因分析。在调查问卷中，很多教师对“您认为现行的教师评价制度的主要不足”的

回答显示，教师在教学中对学生情感、态度、价值观等方面的培养和体验性指标在现行教师评价中没有得到体现，现行教师评价只看结果，不看所耗费的人力、时间，在评价教师取得的教学成绩时缺乏成本意识。可见，现行的评价教条僵化，不能对影响教育教学相关的因素进行综合考虑，从而对教师进行矫正性评价。在实际工作过程中，由于教师受自身心理或身体因素的影响，其行为表现可能失常或不稳定，因而难以代表其真实的教学水平。学科不同，班级不同，教师的教育教学效果也相差很大。例如，一些学科频繁进行竞赛，获奖学生主要集中在某几个班，学校对辅导学生在各级比赛中获奖的教师进行奖励，而有些班级很少有学生获奖，甚至有些学科根本没有比赛，如何激励这部分教师的工作积极性，这是现行静态的终结性评价难以解决的问题。

二、在评价功能上，过分强调管理与奖惩，没有充分发挥教师评价的激励作用

现行的教师评价主要是回溯性评价而不是展望性评价，它着眼于教师个人在评价实施以前的工作表现。各学校的“以评促改”也只是在奖惩前提下教师的被动改进，难以促进教师积极主动地发展。在调查问卷中，认为现行的教师评价所起的主要作用是“晋级、评职称、提拔”的教师占总人数的 68.18%，认为现行的教师评价所起的主要作用是“激励、鞭策教师，促进教师发展”的教师占总人数的 16.75%。这显然是与教师评价的初衷相违背的，也是与新课程改革的精神不相吻合的。

各级教育行政部门和各学校都非常重视“优秀园丁工程”的建设以及年终评优、评先工作。毋庸置疑，这些工作对造就优秀教师和稳定教师队伍起到了很大的积极作用，但对全体教师的最优发展很难说是有利的。由于经济条件制约，只能奖励少数优秀教师，即使经济条件允许，也没有足够的职位使得所有应该得到晋升的优秀教师获得晋升的机会。竞争本是促进教师积极工作的动力，但过于激烈反而不利于教师间团结合作、互相帮助，也不利于教师间形成民主的气氛，甚至会在一定程度上危害教师的心理健康。评价直接影响着教师的职称、奖金、评先等的时候，其诚信度就

会大大降低。这种评价造成教师自我评价变成自我表扬，缺乏自我批评和自我反思。此外，教师人际关系的好坏也会直接影响教师互评的结果。缺乏公正的奖惩评价还会引起教师的逆反心理和无所谓心态。

以奖惩为目的的教师评价忽视了教师评价的激励、改进和导向功能，不利于面向未来、促进教师发展。

三、在评价内容上，过分强调学生的学业成绩，忽视学生的多元发展

在调查中发现，由于社会大环境的影响，一些学校仍然以考试分数和升学率为评价教师的唯一依据。评价方案中的考核指标以教师承担的工作量和教师取得的显性教学成绩为主，考核结果与教师的评先、评优、聘用、晋级、奖金等挂钩。在此评价思想的指导下，教师想方设法把提高学生的考试成绩和升学率当作自己工作的中心，即使对学生其他方面的发展不闻不问，也可以获得学校领导的认可，在教师评价中领先一筹，进而获得优厚的物质奖励、职务晋升的空间。这种教师评价在一定程度上是对应试教育的推波助澜。

以应试为中心的教师评价使得教师关心的主要问题是如何提高学生的考试成绩，对学生素质的全面发展关注甚少，对课堂教学方式的转变热情不高。加之备课、考试、批改作业等繁重的工作使教师无暇对自己的教学工作进行反思，新的学科知识、新的教育思想和新的教育方法不能及时补充和更新。教育理念的陈旧使得教师没有改革的动机和愿望，即使教师有改革的动机和愿望，他们的知识结构和观念态度也很难达到改革的要求。

四、在评价关系上，评价者和被评价者之间缺乏平等、互动

在实际的评价过程中，往往是学校领导或上级主管部门对教师的教学工作进行考核，是自上而下的鉴定过程。即使目前众多学校成立了教师考核小组，往往也演变成一种权力机构。在调查问卷中，认为学校教师评价过程中评价者与被评价者的关系是“被评价者被动接受”的教师占总人数

的49.76%，认为评价者与被评价者的关系是“民主、平等、理解、互动”的教师只占总人数的34.93%。

由于缺乏与被评教师之间民主、平等的交流和沟通，评价者与被评价教师之间形成隔阂，教师会对学校组织的教师评价产生抵触心理，从而使教师评价的作用大打折扣。在调查问卷中，选主动参与教师评价的教师只占总人数的28.7%，而选被动参与教师评价的教师占总人数的42.58%。由此可见，现行教师评价没有能调动教师参与评价的主动性和积极性。没有教师的积极参与，教师评价就无法起到促使教师自我反思、自我发展的作用。

五、在评价方法上，过于侧重量化，导致急功近利的浮躁之风在学校蔓延

教师必须完成一定数量的教学和科研任务后，才能获得相应的奖励。这种“以事为本”的评价，重成果而轻过程，重物质而轻精神，重形式而轻内涵。被调研学校的很多学校领导认为，教师劳动是难以在过程中表现和量化的，衡量教师的劳动成果，就是在同等条件下最后所体现出来的成绩和成果。在教师座谈中，不少教师认为教师评价就是甄别，所以量化分数与奖金、待遇挂钩越细越好。在评价实践中，很多学校也是这么做的，将教师一个学期或一个学年的教学表现、教学效果以分数的形式体现出来，“秋后算帐”。

评价案例：

1. 深圳市福田区某学校对教师政治思想评价分数制定情况

评价指标	评价标准	评价方式	分值	得分
热爱党的教育事业，全面推进素质教育	(1) 按要求认真完成本职工作。 (2) 在本职工作中主动学习、锐意改革、勇于创新。 (3) 在处理各种事件时，时刻以学生、学校的利益为先，有大局观念。 (4) 关爱学生，尽职尽责，树立新时期教师的良好形象。	根据学期出勤、工作量及各方面调查反馈意见进行评价 (年级组长评)	4	

（续表）

评价指标	评价标准	评价方式	分值	得分
认真参加政治理论学习，关心国内外大事	（1）按时参加学习，积极参与讨论。 （2）做好学习笔记。 （3）结合工作实际写或谈学习心得。	根据学校《教师发展性评价表》进行评价（年级组长评）	3	
掌握法律常识，增强法律意识	（1）贯彻实施《中华人民共和国教师法》《中小学教师职业道德规范》《中华人民共和国未成年人保护法》等法律法规。 （2）能有意识地运用相关法律法规和政策处理学校教育过程中发生的各种意外事件。	汇总各方面反馈意见进行评价（学校领导评）	3	

2. 深圳市福田区某学校教师评价加分、扣分情况

加分：

（1）班主任、年级组长：5分/学期。

（2）科组长：语文、数学、英语、科学、历史与社会2分/学期，其余学科1分/学期。

（3）备课组长：三人以上1分/学期，其余0.5分/学期。

（4）发表论文：区级、市级（1分），省级或以上（2分）。

（5）辅导竞赛获奖（按获奖影响大小及等级计分）：区级（1～2分）、市级（2～4分）、省级（3～5分）、国家级或以上（6～8分）。

（6）业务竞赛：校级（1～2分）、区级（1～3分）、市级（2～4分）、省级或以上（3～6分）。

（7）公开课：校级（1分）、区级（2分）、市级（3分）、省级或以上（4分）。

（8）男教师55岁，女教师50岁承担全部基准工作量的加3分。

（9）市级学科带头人（5分）、中青年骨干教师（3分）、区骨干教师（2分）。

（10）承担、参与课题研究：校级（2～3分）、区级（2.5～4分）、市级（3～5分）、省级或以上（5～10分）。

（11）编写出版教育教学专著或校本教材（4～8分）。

扣分：

（1）不服从工作分配和安排（含临时指定任务）（2～5分）。

（2）因工作失误造成投诉、因个人失职造成不良后果或损害学校形象和声誉（5～10分）。

（3）旷课（含监考、第二课堂、辅导课不到位）5分/次，私自调课3分/次。

（4）公物管理不善或造成学校损失（5～10分）。

（5）工作常规：无教案上课2分/节，参加各种会议或活动迟到1分/次，缺席3～5分/次，不及时上交各种材料和论文1分/次。

（6）对同事不友善或舆论责任感不良（5分）。

（7）体罚或变相体罚学生，造成不良影响（5～10分）。

（8）作业批改欠缺或不合格（1～3分）。

在这种评价标准之下，教师只要有结果就可以了，至于达到结果的方法和手段并不重要，所以形成了抢生源、实施“题海战术”、延长上课时间、抄袭他人成果等不良风气，造成教育教学方法的不得当和教育教学的急功近利。

变革现行教师评价制度的必然性

通过对现行教师评价制度的调查和研究，我们发现其理论假设为，现行教育中存在大量低效的教学和不合格、不称职的教师，要在一定时间内改变教学和教师的现状，提高教师的业务素质和教学水平，主要依靠对教师实施奖惩和施加外部压力，而教师个人的内在需求则可以忽视。变革现行教师评价制度的目的就是使得教师评价从区分教师优秀、合格或不合格转变为在理解、沟通、对话、平等的基础上促进全体教师共同发展。

一、变革现行教师评价制度是推进素质教育的需要

回顾中华人民共和国成立以来基础教育的发展，应试教育思想逐渐成为主导中国基础教育事业的核心思想。尤其是近年来，在应试教育影响下，"考试分数决定论"的评价制度有了生存的市场，学生的考试成绩和升学率就是教师的教育教学成果，被作为评价教师教育教学优劣成败的重要指标甚至唯一指标。在这种评价制度的影响下，教师为了获得学校领导、同事、社会、家长的认可以及进一步"发展"的机会，不得不想方设法地提高学生的考试成绩和升学率，而忽视了学生身心健康全面发展。现行教师评价制度既是应试教育的直接产物，反过来又在很大程度上推进了应试教育，使片面追求学生的考试成绩和升学率的观念得以强化。目前的教师评价制度如果不加以变革，国家所倡导的推进素质教育的目标是难以实现的。

二、变革现行教师评价制度是深化教育教学改革的需要

新课程改革之所以步履艰难，阻力重重，就是因为评价改革扼住了课程改革的咽喉，其中教师评价是制约课程改革的瓶颈。

教师是教育教学改革的主导力量，教育教学改革的成效在很大程度上由一线教师对教育教学改革的理解、认同和参与状况决定。应试教育的评价制度的主要评价指标是学生的考试分数，这使得教师认为教学就是努力提高学生的考试成绩，而对社会的发展变化缺乏敏感，对学生适应现代社会的素质很少关心，对教育教学改革的热情不高。如果教育教学改革不能提高学生的考试成绩，广大教师就难以对教育教学改革有深刻的理解和认同。由于教师长期致力于应试教育，缺少学习进修的机会、反思提高的时间，即使认同课程改革，其知识结构、教育教学观念等也难以适应教育教学改革的要求。只有通过教师评价制度的变革，建立发展性教师评价制度，广大教师才能够切实提高自己的专业素质和思想水平，正确理解和认识课程改革的理念和要求，使基础教育课程改革、教学现代化建设和其他的教育改革获得广泛的群众基础，使广大教师切实成为教育教学改革的拥护者和实践者。只有变革现行教师评价制度，才能真正全面扎实地推进我国的教育教学改革。

三、变革现行教师评价制度是激发教师工作积极性的需要

现行教师评价制度以管理和奖惩为主要目的，这导致教师评价只能引起少数教师的共鸣和响应，难以引起全体教师的高度重视，也难以真正调动教师的工作积极性。

由于教育经费的紧缺，往往只有少数教师得到物质奖励，而且不可能有足够的职位使所有工作成绩优秀的教师获得晋升的机会。在此情况下，现行教师评价制度可能引发教师之间的激烈竞争。竞争本是促进教师积极工作的动力，但过于激烈可能不利于教师间团结合作、互相帮助，不利于教师间形成民主的气氛，也会在一定程度上影响教师的心理健康。与此同时，有些教师也会产生另一种心理：反正只有少数人能在评价后受到奖励或晋级，或许自己无论如何努力，也难以跻身于少数优秀教师的行列，所以，只要达到学校的基本要求就足够了。因此，现行教师评价制度更多的是使教师达到最低的合格标准，而很难促进他们自觉地向优秀教师靠拢。

此外，评价者和被评价者之间不平等的关系也影响着教师积极性的调

动。由于地位的不平等，二者之间缺乏民主的交流、平等的对话、内心的沟通，教师对评价人员产生反感，对评价活动产生抵触心理，不能积极主动地配合学校的评价工作，从而影响了工作效率的提高。

四、变革现行教师评价是促进教师专业化发展的需要

教师工作是一种专业技术工作，其专业成长是一个逐步趋向成熟的过程，因而需要不断地改进和发展。这就需要教师评价为其提供有价值的反馈信息，以便教师客观地了解自己、改变自己、发展自己。而现行教师评价制度是对教师工作的简单认定与判断，而不是为教师工作提供信息、咨询和改进的建议，从而制约了教师的专业化发展。

现行的教师评价制度在某种程度上无视教师内在的专业化发展的愿望、需求和动力，使得教师不从根本上思考自己的专业化成长与发展。教师的一切教学安排，包括教学内容的选择、教学时间的分配、对学生发展的评价等都始终围绕考试“指挥棒”进行，“考什么教什么，怎样考怎样教，不考不教”，片面追求学生的考试成绩和升学率。教师所关注的是收集考试复习资料，并对这些考试资料进行认真分析研究，使学生掌握与考试有关的学科知识，不断训练学生的应试技能。这种残缺不全的工作方式会危害学生和教师的身心健康，不仅使学生难以自主、全面、生动、活泼、和谐地发展，难以形成创新精神和创新能力，也使教师没有时间学习和了解本学科领域的前沿问题和教育教学的最新成果，没有时间开展真正的教育科研，从而使教师很难得到专业化发展。

发展性教师评价的内涵和意义

在调查中，笔者曾让被评教师对确定评价目的、评价内容、评价方法和评价者进行排序，结果大部分教师把确定评价目的放在第一位，其次是评价内容和评价方法。可见，观念的转变是实现教师评价改革的根本和首要问题，是完善教育评价方法与内容的前提和基础。

一、发展性教师评价的内涵

20 世纪 80 年代末期，发展性教师评价在英国开始实行。它以教师的主体发展为目标，体现了对教师的尊重和信任，可以促进评价者和被评价者之间建立互相信任的关系，促进评价者和被评价者双向互动，促进教师积极参与。这种评价机制使教师能及时纠正自己工作中的不足，发扬自身的优点，促进自身的不断发展，让教师通过内心的体验、调整自己的工作方向和目标，高效地开展教育教学活动。其内涵包括以下几点。

第一，在评价目的上，强调促进教师和学校共同发展，最终促进学生发展。以人为本是发展性教师评价的基础，通过评价使教师认清自己的发展方向和目标，从而最大限度地实现教师的个人价值。

第二，在评价标准上，兼顾不同的评价对象，适应教师的个别差异。发展性教师评价的着眼点在于教师的进步和发展，主要所关注的是教师在原有基础上的进步，注重被评价者的个别差异与个性特征，评价体现个性化，而不是用同一个标准去评价所有不同的个体，更不是对被评教师进行鉴别和区分。

第三，在评价内容上，强调个别差异的适切性，注重将过去与未来相结合，重在促进教师不断发展。发展性教师评价将教师个人的现实工作情况与学校的未来发展结合起来，将教师个体发展与学校发展结合起来。

第四，在评价主体上，以教师自我评价为基础，注重自评与他评相结合。发展性教师评价需要被评教师积极主动地介入，是一种合作式评价。评价者与被评价者在互相信任、合作的基础上，通过对话交流共同制订评价目标和发展计划，共同承担实现发展目标的职责。

第五，在评价方法上，发展性教师评价注重定量与定性相结合，强调不同评价主体和内容对不同评价方法的适用性。

第六，在评价过程上，发展性教师评价自始至终贯穿于整个教育教学过程，体现在教育教学的每个环节中。

第七，在评价的结论上，发展性教师评价及时向被评教师反馈评价结果，强调评价结论的全面科学与解释的慎重。

二、发展性教师评价的意义

发展性教师评价是一种能够促进教师成长的评价，它的意义主要体现在以下几个方面。

1. 充分调动教师的工作积极性和内在需要

发展性教师评价以教师为中心，信任和尊重教师，充分考虑教师个人的未来发展目标，能满足教师展示才华、追求卓越、完善自我、不断发展的需求。

发展性教师评价强调教师在评价中的主体地位，重视培养教师的参与意识和主体意识，教师可以民主地参与评价，自由地发表意见。发展性教师评价把教师之间的交流提高到新的层次，教师可以通过听课、评课等活动相互交流思想，取长补短。发展性教师评价及时向教师提供改进工作的反馈信息，帮助教师反思和总结教学中的优势和不足，分析产生问题的原因，探讨解决问题的途径和方法，鼓励教师在原有基础上不断提高。发展性教师评价肯定教师的成绩和进步，发现和发展教师的特长，为教师改进工作提供明确的标准，激发教师的内在需求和动力。发展性教师评价注重教师的自评与互评，能够满足教师自我发展、自我实现的需要，最大限度地调动教师的积极性，充分发挥教师蕴藏的潜力。

2. 更好地促进教师的未来发展

发展性教师评价将教师的未来发展与现实基础紧密地结合起来。发展性教师评价制度作为面向未来的教师评价制度，不仅注重教师当下的工作表现，而且更加注重教师的未来发展。发展性教师评价使教师在评价中认识到自身的优点和不足，并在现实基础之上确定自己的未来发展需求，制订发展规划和目标，从而实现自己的个性化发展。

3. 促进教师的团结与合作

现行教师评价多以奖惩为目的，具有很强的功利性，导致了教师之间的不正常竞争，造成一部分教师只关注个人的“发展”，而不管学生和学校的发展，更不考虑社会发展需求，从而影响了教师的团结和学校整体的工作效率。发展性教师评价淡化了教师评价的功利性，在平等、民主的基础上，教师的评价材料与结论是保密的，而且不与对教师的奖惩直接挂钩。这种评价拉近了教师之间的心理距离，教师之间相互学习和交流，促进了教师的共同进步与发展。

4. 更有利于教师的个性化发展

不同的教师在文化素养、性格特点、专业水平、教学风格等方面存在着差异，加上教师工作具有个性化劳动的特点，因此教师评价不能用统一的标准去要求教师。发展性教师评价能从教师实际出发，根据教师的具体情况，考虑学科、年级、教学风格、学生特点和教学背景等，确定不同的评价标准、评价方法，有针对性地向教师提出发展建议。另外，发展性教师评价具有动态化的特点，从而使得教师评价根据教师的发展不断发生变化，能及时把握教师的发展动向和发展需求，全面了解教师的工作表现，从而做到对症下药、有的放矢，为教师的专业化发展提供有力的指导依据，同时充分挖掘教师的内在潜能，使教师的特长得到更好的发挥，有利于教师形成独特的教学风格和教学艺术，使教师的专业素质得到更好的发展。

发展性教师评价的实施策略

发展性教师评价以促进教师发展为目的，体现了对教师的尊重与信任，渗透着对教师的人文关怀，是与新课程改革相适应的教师评价方式。与传统的教师评价相比，发展性教师评价的实施策略主要表现在以下几个方面。

一、正确处理奖惩，以教师发展为教师评价的最终目的

根据调查，深圳市福田区大多数学校所采用的教师评价以奖惩为目的，注重过去和当前教师的表现。这种教师评价的弊端表现在缺乏与教师的沟通和对教师的关爱，也缺乏对教师未来发展的关注，甚至会使教师产生担心和惧怕的心理，从而降低工作效率，对教育教学工作产生负面影响。特勒和克利夫特的研究表明，教师对评价的担心和惧怕表现在这样几个方面：一是担心和惧怕不再被领导、同事、学生、家长信任；二是担心和惧怕教师评价的结果成为降级、转岗、解聘等的依据；三是担心和惧怕被人歧视或误解；四是担心教师评价过程是一个不愉快的过程，是一个担惊受怕或受到威胁的过程。[①] 从我国目前的国情来看，彻底取消奖惩性评价是不可能的。因此，在对教师进行评价时，要处理好奖惩和发展的关系，不能仅用奖惩而忽视了教师的发展。

在教师的职业生涯中，其专业成长是一个逐步趋向成熟的过程，因而需要不断地改进和发展。这就需要评价为其提供有价值的反馈信息，以便

① 王斌华．发展性教师评价制度［M］．上海：华东师范大学出版社．1998：29—30．

教师客观地了解自己的成功和失败。从这个意义上看，教师评价的目的已经不再是原来的对教师工作的简单认定与判断，而是注重为教师工作提供信息、咨询和改进的建议。通过评价，要对教师工作的现状做出诊断，找出问题，及时帮助教师改进工作，促进教师的专业化发展，倡导教师开展个性化教学，激励教师主动适应现代教育发展的需要。同时，也可以及时调整教师发展计划，为学校教育教学服务。

《基础教育课程改革纲要（试行）》提出："建立促进教师不断提高的评价体系。强调教师对自己教学行为的分析与反思，建立以教师自评为主，校长、教师、学生、家长共同参与的评价制度，使教师从多种渠道获得信息，不断提高教学水平。"学校在教师评价中不仅要看教师的过去，更应该着眼于教师的未来。在总结教师过去的工作，并根据教师的实际工作业绩进行奖惩的同时，也要关注教师的未来成长和发展，通过激励教师不断进步，从而使教师不断完善自我。我们必须认识到，教师评价的最终目的是发展性的，是着眼于未来的。如果学校只喊口号，在实际的教师评价中只重视对教师的总结，不对教师进行指导和帮助，或是象征性地走形式，那么教师评价的真正目的也就无从体现，也就失去了教师评价的真正意义。

发展性教师评价的目的是对教师的工作给予反馈，改进或完善教师的教学，明确个人的发展需求和相应的培训，提高教师的能力，以促进其完成目前的任务或达到将来的目标。在实施发展性教师评价时，应该注意以下几点。

第一，评价者和被评教师都要明白教师评价的主要目的是促进教师的专业化发展，而不是对教师进行奖惩，奖惩只是促进发展的手段。

第二，评价时，评价者应当从被评教师的实际出发，从多方面、多渠道了解被评教师，从而确定被评教师的发展需求，为被评教师的发展提供各种帮助。

第三，评价者应不断提高自己的业务素质，增强自己的服务意识，学习有关教育学、心理学知识和评价理论，力争为教师提供准确、科学的评价，使教师评价成为促进教师发展的助推器。

第四，被评教师要客观公正地看待对自己的评价，要以一种健康积极的心态认识对自己的评价，把评价看作促进自己发展的一种手段。

二、评价标准制订民主化，评价标准指标个性化

笔者在调查中发现，深圳市福田区的大多数学校采用的评价标准非常近似，而且这些标准多是教育局或学校领导班子自上而下制订的。例如，优秀教师的标准、优质课堂教学的标准等有各种规定，并且呈现量化。在标准制订过程中，往往缺乏一线教师参与，也没有考虑教师之间在个性心理、职业素养、教学风格、交往类型和工作理念等方面存在的差异。当这些评价标准被固化、程序化和定量化，成为高于一切的、指令性的、不容申辩的金科玉律时，教师只能默默服从。这样的标准往往都是通过测量用数据表达的，那些更多要凭主观判断、无法用工具测量而又很有价值的评价内容就会被排除在外，而且从评价开始就将教师限制在所谓的标准范围内，这会严重影响教师的教学创新和自身潜能的发挥。这种教师评价忽视了教师的个体差异和具体的教学背景，使他们削足适履，放弃个性，从而抹杀了教师的个性和创造性，挫伤了教师的工作积极性。新的教师评价一定要从教师实际出发，结合本地区、本校、本学科、本年级、本人的具体情况，构建适应新课程改革理念的教师个性化评价标准。

发展性教师评价标准的制定一定要有被评教师参加，评价者应当与被评教师共同分析具体情况，构建评价标准。在评价标准制订过程中，要注意以下几点。

第一，评价标准的目标和指标内容是根据学校和教师的发展不断发展变化的。要用动态的、发展的眼光看待教师的成长，要制订发展性的评价指标体系帮助教师成长。学校不仅要通过评价验证被评教师是否合格，而且要让被评教师明白自己努力的目标和方向。

第二，教师参与评价标准制订的过程也是学校与教师之间相互沟通、相互理解的过程，教师评价标准的制订，也为教师创造了一个比较正式的沟通机会。通过这种沟通，教师能更好地了解学校的发展以及先进的教学理念，更好地了解自己的教学水平以及自己和其他教师之间的差距。

第三，教师评价标准的制订要体现对教师个体的尊重，以人为本，尊重教师的个性特点、兴趣爱好、抱负志向，避免用同一把尺子去衡量所有

教师。要对不同的教师提出不同的要求，鼓励教师创造性和个性的发展，反对教师发展的模式化。

第四，要把教师当作动态的、发展的、成长的人看待。评价中，即使是对教师的具体教学行为等进行评价，也不能脱离人本身，因为这一切都是人的行为。因此，静态地、孤立地、片面地评价教师是必须要摒弃的。要有联系地把教师看作所有社会关系总和的人去制订评价指标。

第五，制订教师评价标准时，学校要在一般性标准的基础之上，综合教师的不同特点，关注教师的进步与发展。评价标准应该为教师的进步与发展提供目标和参照物，而不能制约教师进步与发展。

三、结合学生的学业成绩，实现评价内容的多元化

教师的工作涉及方方面面，大到“为人师表”，小到“备、教、改、辅、导、考、析”的具体教学环节。学生的学业成绩是教师评价的重要内容，但不是唯一的内容。片面追求学生的学业成绩将导致教师评价的极端片面化，影响素质教育的顺利推进和教师素质的全面发展。这种错误倾向与新课程对教师素养和专业水平所提出的要求是不相适应的。要纠正这种片面的评价方式，就需要在教师评价中加入能促进教师进步的发展性内容，实现评价内容的多元化。

我们是对教师做全面的评价，还是做某一侧面的评价，这要看评价的功能和目的。笔者认为，在评价教师时，“德、勤、能、绩”四个方面都是要考虑的内容，但在进行评价时要抓住那些影响学校教育质量、办学水平的关键因素。这主要包括以下几个方面。

1. 教师的基本素质

（1）职业道德。包括教师对教育事业的责任感和使命感、教师对本职工作的事业心和投入程度、教师的劳动纪律和敬业爱岗精神、教师对学生的态度以及为人师表情况。

（2）专业水平。包括教师的教学观念、教学思想、学科专业知识、实践经验知识、教育心理学知识、对新课程所倡导的教育理念的理解等。

（3）教育教学以及教研能力。包括课程的设计能力、对课堂教学策略

的运用能力、对课堂的把握能力、班级组织管理能力、组织教学能力、实验操作能力、语言表达能力、试题编制能力、调动课堂的能力、校本教研能力等。

（4）身体与心理素质。一个有广泛的兴趣爱好，有阳光的心态，有良好的自我控制能力，自尊、自信、自爱、自强的教师一定是受学生喜爱的教师。

2. 教师的职责履行情况

主要包括教师的育人管理职责和教学科研职责，以及教师工作协作情况。

（1）育人管理职责。主要是班主任工作情况，若担任学生导师，那么还应包括导师的职责履行情况。

（2）教学科研职责。主要是教师履行教学常规要求的情况，如课堂教学情况、作业的布置和批改情况、辅导效果、试题编制情况、考试测验成绩、教学研究情况等。

3. 教师的工作成效

教师劳动有着明显的个性化和再创造特点，教师的思想、动机、情感、信念、价值判断、个人风格等对学生的影响特别明显，优秀教师往往具有独特的人格魅力，并为学生所仿效。因此，教师的工作成效主要从学生的综合素质提高方面评价，即通过学生的进步程度来评价教师的劳动。另外，教师的教学科研成效、协同工作成效也是评价中要考虑的重要内容。

以上仅仅是对评价内容进行了简单的概括，还要根据不同的学校，以及学校工作的重点对内容进行精心设计，力求评价内容更加多元化，更加符合教师的实际，使被评价者心悦诚服。

四、重视教师自我评价，实现评价主体的多元化

心理学研究表明：内部动机比外部刺激更具有持续的动力，它贯穿于教师专业成长过程的始终。新课程改革理念下的教师评价从“以教师为本”的思想出发，主张让教师积极参与到评价过程中来。

提倡和重视教师的自我评价是突出教师主体地位的有效手段。在教师评价中要突出教师的主体地位，实行“他评”与“自评”相结合，以“自评”

为基础实现评价主体多元化。被评教师应自始至终参与教师评价的整个过程，使得教师评价的过程成为教师自我反思、自我认识、自我发展的过程。只有让教师了解评价的目的和依据，他们才能积极地参与配合，评价才能被内化，才能真正调动教师的工作积极性，促进教师专业素质的不断提高。

从深圳市福田区目前的实际情况来看，不少学校都采用领导评价为主、同行评价和学生评价为辅的形式，对教师的自我评价缺乏足够的重视。在笔者进行的问卷调查中，认为学校目前的教师评价方式以教师自评为主的只占总人数的 17.46%。因此有必要大力倡导教师自我评价，充分发挥教师的主体作用。要想使教师自评发挥其应有的作用，必须让教师正确认识教师评价的目的和意义，树立正确的评价观。教师评价是教师发展的需要，只有科学、公正、客观地进行自我评价，才能更好地认识自己的不足和优势，才能更好地进步和发展。

除教师的自我评价外，学校领导、同事、学生及家长都可以成为教师评价的主体。他们分别从自己所熟悉的角度对教师进行评价，提出发展性建议。学校充分听取不同评价主体的意见，协调各种评价主体的分歧，再综合形成整体评价结论。

行政领导可以作为评价者，重点评价教师遵守学校各项规章制度的情况、敬业精神、为人师表情况等。教学管理人员可以作为评价者，教研组组长、备课组组长是这一评价群体的中坚力量。教研组组长是学科教学质量的第一责任人，因此也是最了解本学科教师教学情况的人。教研组组长和备课组组长的评价内容和评价结果应引起足够重视。学校专家委员会可以作为评价者，对教师的专业素质提出评价建议。教师的同事可以作为评价者，对教师发展提出评价建议。学生可以作为评价者，反馈教学情况，作为评价结论形成的重要参考。家长可以作为评价者，对学生评价情况进行修正和补充。

五、量化评价与质性评价相结合，实现评价方法的多样化

现如今，深圳市福田区义务教育阶段的一些学校热衷于量化评价教师，将教师工作内容与评价分数相对应，根据教师的工作表现评定等级，

教师评价呈现出简单化、程序化、机械化的弊端。而事实上，教师的工作比较复杂，难以用分数简单量化。如果将教师的工作全部以量化的分数指标呈现出来，那么教师大量隐性的、无法量化的工作就没有办法反映出来。片面追求量化评价，可能会促使大家都努力做好可以量化的工作，而对无法量化的工作，大家就没有兴趣或不愿意去做，在某种程度上挫伤了教师的积极性。

教师评价应该根据学校的实际情况，把质性评价同量化评价有机地结合起来。教师评价是一项较为复杂的工作，评价的具体内容很多，教师的敬业精神、职业道德、创新意识、集体观念、人文素养、课时量、出勤、布置与批改作业、课外辅导、学生的学业成绩等都是教师评价的重要内容。任何一所学校的量化评价表都难以将这些内容全部包含进去，即使包含进去的内容，各因素的权重也难以做到科学合理。“对教师评价，多采用质性的软评价，这符合教育的复杂性和教师状况的丰富性，同时，质性研究虽然是建立在对量化研究进行反思批判和革新的基础上，但从根本上讲，质性研究应该包含了量化研究，作为一种新的评价方式，质性评定是为了更逼真地反映教育，因此，它从本质上并不排斥量化评价，而在于统整于自身。”①

经过调研发现，现行大多数学校的教师评价主要是通过统计教师完成教学、科研的数量，通过召开各种会议及发放学生问卷等方式进行的。这些方法缺乏具体情境，也不能把家长和社会评价吸纳进来，更不能反映教师在横向和纵向上的变化。笔者极力倡导的发展性教师评价，将量化评价与质性评价结合起来，努力使教师评价体现教师的参与和发展，与教师的具体工作联系起来。

在具体操作上，可以采用以下几种评价方法。

（1）教师互相观摩课堂教学法。课堂教学能力与水平是教师评价最重要的内容之一。通过教师之间的互相观摩与评价，可以开阔教师的教学视野，有效地提高教师的整体教学水平。

（2）研究分析教学案例法。案例可以包括具体的教学设计、课件、教

① 李雁冰．走向质性课程评定：从理论到实践［J］．上海教育，2001（11）．

学录像等。这种方法不受时间、学科、学段的限制，几位教师可以一起评价与研讨，可以在课前进行，也可以在课后进行。

（3）学生和家长调查问卷法。主要是了解家长和学生的需求和建议，以更好地改进教师的教学。

（4）教学日志（笔记）法。通过日志可以发现教师的真实想法与见解，以及他们的优点和不足之处。

（5）教学反思法。这实际上是教师的自我评价，要求教师对自己的课堂教学进行反思，从而不断提高自身的教学水平和教学能力。

（6）教师业务档案法。学校建立教师业务档案要以客观事实为依据，将重点放在教师的进步和发展上。教师业务档案可以帮助教师对自己进行横向和纵向的比较，为个案研究提供数据，也可以提供给其他教师考察。

六、及时反馈评价信息，建立双向互动的教师评价机制

在教师评价中，要及时将评价的有关结果和信息反馈给被评教师，这有利于评价双方的及时沟通，使教师能及时根据有关评价调整自己的教学行为和工作状态，促进教师正确认识与理解教师评价，从而积极主动地参与教师评价，对形成和谐的教师评价氛围、促使教学评价目标的达成有着重要意义。如果评价者能以平等的倾听者和对话者的身份出现，则能从心理上为评价双方的交流和沟通奠定良好的基础，在这种相互尊重、信任的健康的心理环境中，教师才可能改变原有的对评价意义的误解以及对评价者的心理成见，积极主动地参与到评价中。

对评价反馈的忽视是很多学校一直存在的问题。学校在评价反馈环节上没有引起足够的重视。很多学校都没有及时对教师进行评价反馈，只是将评价结果通知个别教师。教师缺乏参与，也缺乏对评价过程和评价结果的知情权。这一现象使教师评价的功能大大弱化，没有起到其应有的作用。

笔者认为，以人为本、以促进教师发展为本是教师评价反馈的首要原则。教师从事着一项复杂又具有创造性的劳动，其职业性质决定了教师有着强烈的自尊心、独立的人格与尊严，其人生价值的体现在很大程度上是

自己得到方方面面的认可，教师从内心深处非常看重外界对自己的评价。所以，学校管理者首先应该在思想上重视评价反馈，以平等、理解、尊重的态度和教师交流与沟通，在每次评价结束后及时将有关评价信息告之相关教师，让教师能及时了解自身的优点和不足，对优点继续保持，对不足及时改进。此外，反馈评价结果要注意方法技巧。评价者应该充分照顾到教师的情绪，换位思考，运用启发、讨论、倾听等谈话技巧和教师沟通，以理、以情与教师达成共识，使教师在评价反馈中有最大的收获。

教师成长电子档案袋的实践探索

建立教师成长电子档案袋是利用现代信息技术进行发展性教师评价的一项具体措施，是新形势下改革现行教师评价制度的一项新举措。建立教师成长电子档案袋评价制度，有利于教师进行教学反思，看到自己的成长过程，明确自己努力的方向和目标，是促进教师专业化发展的有效手段。

近两年来，笔者与深圳市福田区新洲小学合作，尝试开展促进教师发展的教师成长电子档案袋的教师评价方式改革，在学校领导和教师的支持下，取得了一定的成果。新洲小学教师成长电子档案袋内容包括个人简介（基本情况、人生感悟、获奖情况）、教育教学（任教科目、实验课题、我的教案、我的课件、我的计划、我的总结、课堂反思、最满意的一节课、教育教学故事、最喜欢的一本书）、我的团队（班级管理、班级相册、班级名册、班级组织、管理理念、班级特色、班级明星、要事活动、典型事件、班级成果）、师生互动（给我留言、最佳访谈、最佳建议）、我的发展目标（成长档案、发展目标）等。学校定期展示教师成长电子档案袋，能够帮助教师更好地取人之长、补己之短，有利于形成互相学习、互相帮助、共同进步的合作氛围，从而促进教师整体专业水平的提高。例如，在学校开展的“中青年教师论坛”“班主任工作经验交流”等汇报会上，教师们轮流登台汇报自己一学期以来的电子档案记录，每位教师都按要求展示自己的教育教学成果，并汇报自己最喜欢的、收获最大的电子栏目，最后就学习、整理情况做简短的自我评价和自我反思。部分教师将自己的电子档案挂在学校网站上，及时更新，与全体教师分享。

一、教师成长电子档案袋评价的意义

电子档案袋评价是依托于现代网络信息技术对教育教学过程进行真实性评价，关注评价的发展性、反思性功能的一种有效的质性评价方式。它是在学生成长记录和教师成长档案的基础上发展而来的，是教师自我学习、自我反思的平台，也是一种教师评价方式和激励手段。它可以帮助教师认真检查、反思自己的教学实践，为寻找自己的专业化发展与教育目标、学校规划之间的契合点提供资料，还可以为他人研究提供案例素材，展示教师成长进步的足迹。

1. 有助于激发教师的内在潜能和工作积极性

教师成长电子档案袋的建立过程是教师不断进行自我学习、交流、展示、反思、决策的过程。在此过程中，教师收集自己的一系列作品，记录自己进步发展的足迹，展示自己所取得的成就，对教师形成自己独特的教学风格、逐步发掘自己的内在发展潜能、确定未来的发展目标起着重要作用。教师成长电子档案袋的建设和教师专业化发展的自主权紧密地联系在一起。教师在回顾自己的工作历程、展示成就和体验成功的同时，就会产生自豪感和自信心，就会进一步明确自己今后努力的方向，就会激发内在的潜能，从而促进自己不断学习、不断进步。

2. 有助于促进教师之间互相帮助

每位教师都有各自的优点和长处。教师成长电子档案袋的展示交流促使教师与同伴、管理者等平等合作、互相学习，有助于在教师群体中形成同伴互助氛围，从而促进每位教师的专业成长。

首先，教师成长电子档案袋可以使学校管理者和同伴真正走入与教师的对话中，通过对教师电子档案袋进行分析与交流，找出教师的强项和不足，帮助教师更好地认识自己的现状和未来。分析同伴的成长电子档案袋的过程就是向同伴学习和借鉴的过程，这个过程促使教师和管理者共同提高。其次，教师成长电子档案袋的建立、展示成为学校管理者、教师共同学习的一个平台。教师们互相学习，通过对其他教师专业成长电子档案袋的观摩，激发互相学习的愿望，将别人的成长与自己进行比较，取人所长，从而更有效地促进自身的发展。

3. **有助于提高教师的自我反思能力**

自我反思是教师成长的必备条件。在教师成长电子档案袋作品的收集与创设过程中，教师对成长电子档案袋中记录的素材进行深入的分析、总结，从中找出成功的经验和失败的教训，并提出未来工作、学习的规划，促使教师不断思考自己进步的过程和方法，极大地提高了教师的自我反思能力。教师经常整理和检查自己的成长档案，有利于教师预测自己的教学行为所产生的后果，及时调整、规范自己的教学行为，克服教育理论与教育实践脱节等问题，提高教育教学的有效性。

4. **有助于为学校的发展提供决策依据**

教师成长电子档案袋中丰富的内容可以为学校的发展提供决策依据。学校领导在教师成长电子档案袋的展示过程中，在与教师平等交流、对话的过程中，可以了解教师的思想、工作现状和对未来的思考，可以了解本校教师队伍的基本情况，甚至可以发现教师为学校发展而谋划的“金点子”，进而为学校的发展提供决策依据。

二、教师成长电子档案袋评价的实施原则

1. **个性化原则**

教师成长电子档案袋应体现教师成长过程的个体差异性、成长方式的丰富性。教师应在档案袋中收集自己教育教学独特的过程资料，如教师个性化的自我介绍、发展方向、努力目标、教学设计、教学实录、教学论文、教学案例、读书随笔、教学反思、班级管理特色、计划与总结、指导学生获奖的作品、自己获得的各种奖励等。遵循个性化原则，有利于教师之间开展交流、取长补短。

2. **客观性原则**

教师成长电子档案袋所收集的材料应是客观的，能够实事求是地描述教师专业成长过程和所取得的成绩，能够为准确地评价教师提供翔实的依据。遵循客观性原则，有利于使评价的结果令人信服，使教师在学习别人、反思自己的过程中促进自己的专业化发展。如果教师成长电子档案袋

所收集的材料不符合客观事实，就失去了教师成长电子档案袋的价值和意义。

3. 发展性原则

教师成长电子档案袋是发展性教师评价的一种形式，其根本目的是促进教师的发展。所以教师成长电子档案袋所收集的材料应着眼于促进教师全面发展和专业成长，以激发教师的工作积极性为目的。学校通过组织定期的展示和交流，让教师既与自己纵向比较，又与别人横向比较，从而促进教师的可持续发展。遵循发展性原则，有利于教师更加爱岗敬业，工作变得积极主动，将思想上的职业倦怠感变为行动上的“愿教”和“乐教”。

4. 激励性原则

教师评价的目的是激励每位教师的进步和发展。教师成长电子档案袋在设计上要体现对教师的激励，要让教师在建立成长电子档案袋的过程中认识到自身的优点和不足，看到自己的成长和发展，特别是看到自己取得的成绩和进步，逐步明确自己前进的目标和方向，并且主动寻求改进自身不足的方法和途径，从而促使自身的专业水平在原有的基础上获得新的提升。

5. 自主性原则

教师成长电子档案袋的设计应采用以教师自主设计为主、多方面共同参与的方式。每个教师可以根据自己的目标和兴趣建立不同形式的成长档案。这突出了教师之间的个性差异，充分发挥出教师的主导作用。它能帮助教师对自己的教学和学习进行横向与纵向比较，体现自我价值，使教学富有个性化，形成独特的教学风格，有助于教师表达自己的思想，展现自己的发展过程等。遵循自主性原则，有利于改进学校领导、同伴、学生、家长及社会对教师的评价，能够有效提高教师自我认知、自我发展的能力。

6. 可操作性原则

教师成长电子档案袋评价活动的展开要简单易行，既便于教师掌握与操作，又便于学校开展工作。教师成长电子档案袋评价活动要与学校各个时期的中心工作紧密结合。比如，主抓课程改革，就应在档案袋中多添加体现教学设计、教学理念、教学反思等方面的内容；主抓校本培训，就应在档案袋中多添加体现专业学习、科研成果等方面的内容。遵循可操作性原则，有助于实现教师发展和学校发展的一致性，达到教师和学校的双赢。

三、教师成长电子档案袋评价的实施策略

教师成长电子档案袋评价为教师提供了一种崭新的评价模式，促使教师在一定时期内对自己的教育教学进行整理和反思，从而确定自己今后的发展方向，是教师感受发展、体验过程、追求卓越的有效途径。在实施策略上，要注意以下几点。

1. 规范要求，加强管理

教师成长电子档案袋评价是否能取得应有的效果，关键在于档案袋的结构和内容。由于教师在思想、认识、文化背景、专业化发展等方面存在差异，如果一开始学校不做统一要求，没有统一的规范，档案袋很可能成为一个“杂物袋”，从而失去其应有的作用与价值。在学校开展教师成长电子档案袋评价的初期，学校应对教师成长电子档案袋进行一定的规范要求，要在遵循大原则的基础上体现个性化。最好学校提供较成功的教师成长电子档案袋案例，供教师参考。

一般以教研组或年级组为单位，为每位教师在校园网上建立教师成长电子档案袋。教师每隔一段时间把相关信息和材料上传到校园网。学校要明确收集、展示、评阅、反馈、交流的方式和时间。

2. 多元评价，取长补短

教师成长电子档案袋评价要以教师的自我评价为基础，实现评价主体的多元化。

教师需要对自己创建的电子档案袋进行审核，找出各要素的不足之处，列出需要丰富和更新的内容，对自己一段时期内各方面的表现和发展状况做出描述性的评定。这个过程实际上就是教师自我评价的过程。

同伴评价时，首先让教师介绍自己的档案作品，然后由小组成员共同讨论，指出其优势与不足，最后提出改进建议。教师在相互交流展示中取长补短，相得益彰，强化了他们的反思意识和合作意识。学校管理者评价

时，要首先熟悉教师成长电子档案袋评价的内容和特点，了解教师的基本情况，并且通过面谈了解教师电子档案袋的主要要素和主要依据，最后双方对教师一段时期以来的成绩和经验、存在的不足和改进的建议等进行协商，达成共识。这种评价方法体现了发展性教师评价的原则，拉近了学校管理者与教师之间的距离，让教师在宽松和谐的环境中得以发展。

3. 展示交流，不断提升

新洲小学在实施教师成长电子档案袋评价的过程中通过各种展示，促进了全体教师的发展。这主要体现在以下几个方面。

（1）分层展示，体现特色。每学期初，在学校工作计划中制订本学期教师成长电子档案袋的展示形式，如学校骨干教师的成长电子档案袋展示、学校管理者的成长电子档案袋展示、学校青年教师的成长电子档案袋展示等。

（2）定期展示，各取所长。每学期，学校定期展示教师成长电子档案袋。定期展示能让教师及时了解自己在一个阶段内取得的成绩和不足，并对照他人的成长电子档案，明确自己今后努力的目标。

（3）活动展示，进行宣传。向前来学校参观的领导和教师进行展示，并把他们的意见和建议转达给教师。在家长开放日或召开家长会时，让家长观看本班任课教师的成长电子档案袋，了解任课教师的情况，看到教师的成绩，从而使家长对教师满意、对学校放心。

新洲小学实施教师成长电子档案袋评价的实践表明，教师成长电子档案袋的建设和使用会对教师的工作方式和生活方式产生重大影响，是学校教师评价的创新与发展。“（教师成长档案袋）绝不是另一场转瞬即逝的潮流，也绝不是陈酒换上一种新包装，但确实是一场实实在在的观念和实践的崭新变革。”[①] 福田区处于深圳市中心城区，具有雄厚的现代化教育教学设施，教师普遍学历层次较高，计算机运用水平也在全国先进行列，因此大力推行教师成长电子档案袋评价是符合福田区实际情况的。

① （美）巴顿，柯林斯．成长记录袋评价——教育工作者手册［M］．北京：中国轻工业出版社，2005：14.

教师评价案例分析

深圳市福田区M小学是一所开办才5年的新学校，位于市区中心。学校现有30个教学班，1500多名学生，教职工80人，专任教师近70人，研究生3人，本科学历37人，专科学历38人，中学高级教师3人，小学高级教师40人，平均年龄不到40岁，这是一个优秀的教师群体。学校秉承“以人为本，主动发展，营造乐园，追求卓越”的办学理念，致力于把学校办成“花园、家园、乐园、学园”式的现代名校。为了打磨这支教师队伍，促使教师积极参加教育科研、转变观念、扎实工作，该校从2005年开始实施《教师绩效综合量化评价方案》，将教师绩效综合评价分为“基本素质”“履行职责”“工作效绩”三个子系统，共计100分。各子系统又由若干项具体评价指标组成。如“基本素质”设三项评价指标，共计30分；“履行职责”设五项评价指标，共计40分；“工作绩效”设三项评价指标，共计30分。这项工作已经实行几年了，刚开始时大家都逐条认真打分，可随着时间的推移，评出来的分数慢慢地就有些水分了。

一、问题的出现

转眼间又到了期末，学校通知各年级组根据《教师绩效综合量化评价方案》进行期末考核，并说明考核的重点是教师的教学工作。一天，该校的几位教师正在办公室讨论即将进行的期末考核，下面是他们的对话：

许老师（青年骨干教师）：太好了，今年我上了公开课、竞赛课、研究课，论文也写了好几篇，这些都是加分的砝码，本学期评个“先进个人”“科研标兵”什么的，应该是十拿九稳的。

吴老师（老教师）：想当年我年轻时也辉煌过，可现在老了不行了。写文章，脑子不好使，上公开课，年龄大，形象欠佳，加分的砝码是捞不到了，可上课带班的踏实事没少干，而且干得不比别人差，拜托大家给我打一个“称职”分。幸好再过几年，我就退休了，不必再生这份闲气了。

李老师（语文科组长）：痛苦的时刻又要到了，对老师的教学业绩进行量化打分实在太难了！每个教师都认为自己是最好的，如果我给了某位老师一个好的评价，他会很高兴；如果给了一个较差的评价，他会认为我不公平，会恨我的。现在，干什么都得讲人缘，我可不想得罪人。唉，考核真是一件费力不讨好的差事。

朱老师（年级组组长）：我很怀念过去那种简单的考核方法，只看学生的考试分数，以分数论英雄。可现在评价的指标多，且大多数指标都是定性的，定量的考试分数、论文等只是其中的指标。我对一些定性的考核指标实在难以把握，所以，我来考核，就只好采取“平衡术”了，即在总分数上给组内每个人基本相同的评价，而在某些指标的评价上采取此消彼长的“平衡术”。

马老师（中年教师）：今年我不上不下，没有特别突出的业绩，可各方面都还过得去，绝不会成为末三位，考不考核，我无所谓。

刘老师（教导处主任）：我认为考核还是很有用的，能够促使我们对自己一学期以来的工作进行反思，发现不足，以便在今后的工作中加以改进。现在的主要问题是，怎样才能对老师的劳动做出科学、客观、公正的评价？

期末考核这件事受到了全校教师的关注。尽管各人的想法不一样，考核还得按原计划进行。

某年级组的考核结果如下：

许老师	吴老师	王老师	李老师	朱老师	马老师	刘老师
85	84	85	84	84	85	85

面对这份几乎没有拉开距离的考核结果，校长陷入了深深的沉思……

二、解决的办法

这次绩效评价结果出来后，学校的气氛比较紧张，大家都等着看学校领导怎样处理这件事。为了寻求解决问题的办法，校长召开了教师座谈会，了解教师们的想法。后来决定，量化部分的分数不公开，只供决策者参考。对排名末三位的教师，由分管的行政领导分别找其单独谈话，制订改进工作的措施；对排名前十名的教师，则大力表彰，授予“教学模范”称号。这样处理后，学校的气氛才得以缓和下来，教师们说：“我们现在太需要减压了。”最后，学校形成决议：将教师的绩效综合评价改为发展性评价，把评价的目标定位在引导教师树立正确的教育观念和规范自身的教育教学行为上。通过对教师的评价，促进教师更新教育观念，树立正确的质量观、人才观、学生观，为深化教育改革，提高教育质量发挥主动性、创造性。评价的实施者不再只是学校领导，而是在教师自评的基础上，实行学校领导、同事、学生、家长的综合评价，并确定相应的权重，体现了评价的客观、公正。此外，学校给教师发挥自身优势、展示个人才能提供了更大的空间——设立教科研突出贡献奖和重大事故一票否决处罚。

三、简要分析

教育是心灵碰撞的过程，教师的劳动有着明显的个性化和再创造的特点，很难用一把“尺子”去度量。教师的思想、动机、情感、信念、价值判断、个人风格等对学生的影响是一个潜移默化的长期过程。教师生命的最闪光之处就在于用自己的个人魅力去塑造学生，不同的学生发展是好是差，并不是教师的作用单方面所能完全左右的，它与教师的教育教学行为也不存在一一对应的关系，因此很难用分数来评价教师的绩效。如果管理者靠条文来量化教师的绩效，很可能将教师的教育教学行为引入歧途，也可能伤害一部分教师的工作积极性，影响教师评价工作的科学性。

该校的这次绩效评价事件在相当一部分学校的教师评价中普遍存在，其中有许多问题值得我们思考。

首先，从学校管理角度来看，运用绩效评价手段可以加强和改善对教师的管理，是全面提高教师工作质量的重要措施。但管理的过程由目标、计划、组织、协调、反馈、检查、评价、总结组成连续的管理周期，形成螺旋式上升的发展过程。教师劳动的复杂性，决定了学校绩效评价的量化结果越来越形式化，它可作为教师择优聘任、晋级、评先的依据，但不能作为唯一的依据。

其次，教育评价是制约教育改革与发展的一个瓶颈，运用得当与否，关系到教育改革的成败。恰到好处的绩效评价，有利于对教师的全面了解和正确评价，既可激励教师提高自身素质的自觉性，使其了解自己的成绩和不足，自觉调控自己的教育教学行为，不断改进和完善自己的工作，向更高的目标迈进，又能激发学校领导对提高教师素质和水平的紧迫感，使学校有目标、有计划、有针对性地采取有效措施，尽快提高教师素质和水平。

再次，应该多用几把“尺子”来评价教师的工作，不能将考核分数作为评价教师工作质量的唯一标准，评价时要关注教师工作的过程。同时，也不能将评价当作区分教师工作水平等级的手段，只用来为评优、评先服务。评价方法要讲科学，不能只凭主观意见，从印象、感情出发。对教师的绩效评价要客观、公正，多一些关心、体贴，少一些挑刺、加压，从而让绩效评价真正起到调动教师积极性和提高教育质量的作用，让教师在充满人文关怀的环境中生活和工作。

团队建设

深圳市张玉彬教育科研专家工作室形成了较为完善的工作室规章制度，取得了丰硕的教研成果，在省内外产生了较大的学术影响。工作室提供了教育科研对教育实践具有重要指导作用的成功范式，探索出了教育科研团队成员专业快速发展的有效路径，实现了教育科研成果立足深圳、辐射全国的教育科研愿景。工作室在课题研究、科研成果推广、工作室自身建设等方面取得了深圳市教育科研专家工作室和名师工作室的多项第一，成绩斐然。本章将从深圳市张玉彬教育科研专家工作室建设的实践出发，阐述教师专业化发展的经验和教师团队建设的路径。

责任与担当

今天是2016年10月14日，是一个天高云淡、空气清新的好日子。早晨7:30，我们从深圳市中心城区出发到这里，一路顺畅，没有遇到任何拥堵。我在想，这是一个好兆头，预兆着顺德北滘教育蒸蒸日上、大展宏图，预兆着顺德北滘工作坊必将成为一个真正的学习研究共同体，成为我们每一个种子教师成长的精神家园。

我今天发言的题目是“责任与担当”，这有三个层面的意思。一是北滘镇教育局以一种大视野、大魄力来发展教育，抓住了教育发展的核心因素，就是促进教师专业成长。1931年12月2日，梅贻琦先生在就任清华大学校长时，提出“所谓大学者，非谓有大楼之谓也，有大师之谓也”的著名论断。一个地区的教育没有大师，没有大家公认的名师，不是真正的优质教育。顺德北滘工作坊的成立必将会促进一批教师的迅速成长，从而带动北滘更多教师的专业化发展。这是北滘镇教育局为北滘教师、为北滘百姓做的非常有意义的事情。二是各位种子教师要有一种责任和担当，要有一种使命感来促进自己的专业成长。人云亦云不是真正的教育，照本宣科也不是真正的教学。各位种子教师一定要珍惜这个来之不易的机会，将专业化发展作为自己职业生涯中重要的事情。梁启超先生有一句话一直感动和鼓励着我。87年前（1929年），梁启超在病榻上说：“战士死于沙场，学者死于讲坛。”体现了中国优秀知识分子对真理和学术的孜孜追求，虽然悲壮，但这是中国知识分子的一种精神、一种正气。我们应该学习这种正气，对学生诲人不倦，对学问精益求精。唯有不知疲倦，不断学习、不断实践、不断反思、不断写作，才能让自己一步一步成为骨干教师，成为名师，成为专家型教师，享受自己的职业幸福。三是指导教师团队。我们的工作室团队成立于2011年9月，核心理念是“研究、成长、辐射，做有历史责任感的教育领跑者”。这些年我们去贵州龙里、重庆万州、新疆乌鲁木齐、梅州五华、河源和平、湖南湘潭等地上公开课，开展学术讲座，希望把我们的一些课改经验和体会与更多的教师分享，也希望在我们前行的路上找到更多的同行人。今天，我们在顺德区北滘镇看到北滘教育的责任和担当，看到北滘教育人的教育理想和坚守，更加坚定了我们的信念，我们会更加努力地工作来回报北滘教育对我们的信任。

此时此刻我的心情可以用三个关键词来表达。一是激动，因为这是载入北滘教育历史的时刻。二是感动，因为北滘教育对我和我的团队的信任与认可。三是惶恐，唯恐因能力有限，辜负北滘教育的信任和期待；唯恐因学识浅薄，影响种子教师的发展和成长；唯恐因视野狭窄，难以担当“引领”和“指导”的大任。

我下面的讲话分三个部分进行：一是介绍指导教师团队成员，二是汇报我们已经完成的工作，三是我对即将进行的工作的计划和设想。

我们以深圳市张玉彬两届教育科研专家工作室为基础组建指导教师团队。深圳市张玉彬教育科研专家工作室是深圳市教育局认定的首批教育科研专家工作室。首届成员 20 名，第二届成员 18 名，是以深圳市一线骨干教师为主体，跨学科、跨学段研培一体的教育科研团队。深圳市张玉彬首届教育科研专家工作室在三年周期内产生 2 名学校中层领导，5 名市、区名师工作室主持人，2 名区首席教师，2 名深圳市优秀教师，2 名广东省骨干教师，2 名国家级骨干教师。工作室的孵化、培养功能在深圳市教育科研专家工作室和名师工作室中名列前茅。深圳市张玉彬首届教育科研专家工作室提供了教育科研对教育实践具有重要指导作用的成功范式，探索出了教育科研团队成员专业快速发展的有效路径，实现了教育科研成果立足深圳、辐射全国的教育科研愿景。工作室在课题研究、科研成果推广、工作室自身建设等方面取得了深圳市教育科研工作室和名师工作室的多项第一，成绩斐然。

指导教师团队成员如下：

总助理兼初中英语指导教师解玉娟，深圳市福田区优秀教师。

小学数学 1 组指导教师杨淑艳，深圳市福田区中青年骨干教师，中国现代小学数学教育研究优秀教师。

小学数学2组指导教师康黎，国家级小学数学骨干教师，深圳市福田区小学数学名师工作室主持人。

小学语文1组指导教师侯少珊，深圳市优秀教师，全国教研工作先进个人。

小学语文2组指导教师林雪莹，深圳市优秀班主任，深圳市福田区优秀园丁。

小学英语指导教师岳旭，广东省第二批“百千万工程”名教师培养对象，深圳市小学英语名教师。

初中语文指导教师刘昕昱，深圳市福田区首届中青年骨干教师，深圳市优秀教师。

初中数学指导教师曹雅婷，国家二级心理咨询师，深圳市中青年数学骨干教师。

初中物理指导教师姚强，深圳市教育科学研究院物理兼职教研员，深圳市福田区优秀教师。

初中化学指导教师潚颖，深圳市南山区中青年骨干教师。

初中政、史指导教师段昆伦：深圳市教育科学研究院历史兼职教研员，深圳市福田区中学历史核心组成员。

我赠送给在座的种子教师和指导教师三句话。第一句话出自《论语·述而》：“三人行，必有我师焉。择其善者而从之，其不善者而改之。”第二句话出自《师说》：“弟子不必不如师，师不必贤于弟子，闻道有先后，术业有专攻，如是而已。”第三句话出自《诗经·国风·卫风》：“如切如磋，如琢如磨。”我们现在是一个团队，要互相学习，共同进步，实现双赢。

迄今为止，我们已经完成了八项工作，为今天的启动仪式奠定了良好的基础。

1. 2016年5月5日～5月7日，深圳市张玉彬教育科研专家工作室参加北滘镇“课改名家进北滘”的系列活动。分别前往北滘镇16所中小学进行调研，与一线教师进行交流，并开展学科教学学术讲座。张玉彬老师为全镇骨干教师做了《反思与展望——中小学课堂教学的变革之路》的学术讲座。

2. 2016 年 5 月 15 日，完成北滘镇课改区域性调研报告 1 份和各学校调研报告 16 份。

3. 2016 年 6 月 3 日，深圳市张玉彬教育科研专家工作室参加“课改名家进北滘示范课”活动。工作室推出 10 节精品课，分别是小学低年级语文《我家是个动物园》、小学高年级语文《我眼中的爸爸》、小学英语 *Brown Bear，Brown Bear，What Do You See?*、小学数学“分数的再认识”、初中数学“简单的轴对称图形”、初中物理“初中物理量的影响因素”、初中历史“一国两制与统一大业”、初中语文《猫》、初中英语“写规则”、初中化学“物质的构成和组成”。

4. 制订顺德区北滘镇种子教师选拔办法。顺德区北滘镇种子教师选拔测试分为笔试（40 分）、面试（60 分）两个环节。面试分为自我陈述（10 分）和模拟上课（50 分）两个部分。2016 年 6 月 24 日，协助北滘镇教育局教研室进行了种子教师的选拔。

5. 确定顺德区北滘镇首届种子教师团队组织架构。顺德区北滘镇首届种子教师团队成员共 36 人，班委 4 人，指导教师团队成员 14 人。

6. 制订顺德区北滘镇首届种子教师团队 2016 年暑假研修任务。共三大研究任务：专业发展三年规划、教育教学博客、教育教学专著的阅读。指导教师团队对三年规划和读书感悟进行了认真的阅读和评选。

7. 制订顺德区北滘镇首届种子教师团队建设积分方案。

8. 确定种子教师团队启动仪式暨研修交流会议程。

我们即将进行的工作如下：

1. 举行种子教师团队建设研讨、2016 年暑假研修交流。

2. 组织种子教师团队赴深圳市跟岗学习。

3. 组织种子教师公开课展示和首届种子教师课堂教学论坛。

对于公开课，我的计划是先在北滘镇推出，而后在深圳市进行同课异构，和深圳市的教师同台竞技，最后我们要把公开课推到广东省外，和省外名师进行交流。

4. 组织种子教师小课题研究沙龙。

5. 寒假期间，对种子教师课堂教学论文和课例进行征集，并编辑成册。

最后，我希望工作坊成为种子教师专业成长的平台，成为种子教师的精神家园！希望每位种子教师挖掘出自己最大的潜力，成为最好的自己！

（本文系作者在深圳张玉彬工作室顺德北滘工作坊启动仪式上的讲话）

天道酬勤，君子以自强不息

卯兔年末，辰龙岁首，乍暖还寒，福田外国语高中却春意盎然，福田区教育局在这里举行了隆重而简朴的深圳市教育科研专家工作室、深圳市名校长工作室、深圳市名师工作室的授牌仪式。刚才，我接过了局领导授予我的“深圳市首届教育科研专家工作室”的牌子，内心很是激动，肩头更感沉重。我的心里能够掂量出这块牌子的寓意和分量。

“工作室”是深圳教育对我们的肯定和认可，更是深圳教育对我们的信任和鞭策；“工作室”是深圳教育给予我们的机遇和舞台，更是深圳教育赋予我们对未来的挑战和对信念的追求的动力。我想，这里一定有一片蓝天，可以放飞教育的理想与信念；这里一定有一方绿野，可以孕育教育教学研究的快乐与智慧；这里一定有一泓清泉，可以洗涤课堂的浮躁与铅华；这里一定有一艘小船，可以迎着朝阳驶向美好的明天。

此刻，我的内心充满了喜悦和激动，也有些惶恐。我想用“感恩”和“责任”这两个词来表达我此刻的心情和想法，并对工作室的建设和发展做出郑重的承诺。

一是感恩。今天借这个机会，我代表与我一起有幸被选为工作室主持人和成员的老师们，对关心和培养我们成长的各级领导表示诚挚的谢意，对所有关心、爱护、帮助我们的良师益友表达一份感恩之情。

我们为自己是一名福田教育人感到无比的幸运和自豪，因为福田教育有一个具有国际视野、做实事、重实效、不断深化课程改革的领导班子，因为福田教育有一种宽松、民主、包容、催人奋进的学术氛围，因为福田教育有一个关爱青年教师成长、甘为人梯的名师团队。今天授牌的 8 位工作室主持人，其中有 5 人（玉玺、成启、吴磊、张娟和我）都是 2009 年结业于福田区首届“现代型中小学教学名师高级研修班”的同学。是福田教育培养了我们，是福田教育给予了我们成长的沃土，是福田教育给予了我们翱翔的蓝天。

二是责任。接过“深圳市首届教育科研专家工作室”的牌子，我诚惶诚恐，如履薄冰。这是信任、期望，更是责任。“天道酬勤，君子以自强不息。”在未来三年，我们一定勤学不倦、甘于寂寞、不辱使命，努力把工作室打造成深圳市中小学课堂教学研究的制高点、教育科研成果的辐射中心；通过课题研究、读书学习、教学观摩、研讨、撰写随笔、外出参观学习、建立工作室网站等方式，促进全体工作室成员的专业化发展；努力做有历史责任感的教育领跑者，为福田教育争光，为深圳教育添彩。

深圳市张玉彬教育科研专家工作室将以课题研究为主要依托，以课堂教学研讨为主要内容，在市、区教育局的领导下，三年周期内计划完成四个“一”工程。一是带好一支团队。工作室将通过三年周期的实施，有效推动工作室成员的专业成长，力求使工作室成员逐渐具有独立开展教育科研的能力，成为本校、本区教育科研的带头人。二是抓好一个研究。工作室将围绕课堂教学的关键——教与学方式，从理论与实践层面对中小学课堂进行研究，探寻教研教改的新思路、新方法，带领工作室成员开展积极有效的教育科研活动。三是出好一批成果。工作室的教育科研成果将以精品课堂教学实录、教学案例集、论文、课题报告、专著等形式向外输出。四是建好一个网站。工作室将遵循“高品位，高质量，求实效”的原则建设网站，整合、共享优质教育科研资源，及时传递工作室成员的学习成果，交流工作室的研究成果，使网站成为教育科研的示范田、课堂教学研究的成果辐射源和资源生成站。

未来的三年是努力奋斗的三年，也必将是硕果累累的三年。李白有诗云：“大鹏一日同风起，扶摇直上九万里。”在市、区教育局领导的关怀和支持下，我们将秉承“追求卓越、提升自我、区域辐射”的工作理念，为深圳教师的专业成长搭建舞台、提供引领，为深圳教育的发展竭尽全力。

（本文系作者在深圳市工作室授牌仪式上的讲话）

做有历史责任感的教育领跑者

在深圳市首届教育科研专家团队中，有一枚蓝色徽章引人关注，蓝色铺底，徽章中心两手相握成一个心形，象征着团结合作，用心做事，建设一个真正的教育研究学习共同体。这枚蓝色徽章属于深圳市张玉彬教育科研专家工作室。三年来，张玉彬工作室重点进行了课堂教与学方式的研究。

张玉彬老师始终觉得课堂教学改革“热闹之于表，却未及里”，如何突破？他领导自己的团队，从 2012 年起开始进行深入的调研。

问卷把脉，问出课改新问题

现在深圳市中心城区大部分学校的硬件设施已经很完备，有的学校的硬件条件甚至超过了张玉彬在美国学习考察时的私立学校。他认为，当下的教育应从硬件发展转变为内涵发展，重点是教与学方式的转变，是让教师从“灌输式”教学转型为“建构式”教学。

2011 年 12 月 14 日，深圳市张玉彬教育科研专家工作室召开首次学术会议，开始了对课堂教与学方式的研究。

研究之初，工作室成员进行了一次彻底的课堂教学现状调查。2012 年寒假期间，张玉彬和工作室成员数易其稿，完成了义务教育阶段课堂教与学方式现状调查问卷的设计工作，其中，教师问卷共计 23 道题，涉及教师的教育理念、课前备课、课堂教学等方面的内容；学生问卷共计 27 道题，涉及学生的课前预习、课堂表现、课后复习等方面的内容。

工作室成员深入福田区上步中学、福田小学、福南小学等 15 所中小学校，通过个别访谈、发放调查问卷等形式进行调研，发出 880 份教师问卷、

2633份学生问卷。随后，工作室成员用时三个月完成了对教师、学生的调研报告共30份，近60万字。通过这项工作，工作室对深圳市中心城区课堂教与学现状有了深入的了解。

课堂变化，不是光让学生围坐在一起

基础教育课程改革已经进行了十多年，中小学课堂教学发生了较大的变化，但仍存在不少问题。张玉彬认为，课堂教学改革不是对传统教学的彻底否定，在教学方式上应该由以接受式学习为主转向以自主合作探究为主的多种教学方式的优化组合。合作学习作为张玉彬工作室研究课堂教学改革的问题之一，是当今课堂教学的热点问题。

“现在好像不搞合作学习就不是新课堂，一些课堂教学过于形式化。合作学习必须在学生自主学习的基础上进行。课堂教学改革，并不是形式上的让学生围成圈，任何问题都让学生讨论。对合作学习的教学内容，教师必须精心挑选。”张玉彬一语道破课堂教学改革中存在的问题，他说有些课堂教学改革表面上看着热闹，其实学生缺乏深层次的思考。

张玉彬说，合作学习的组合应该是根据需求进行，是多样化的，而不是简单叠加的。他不赞成一个小组的成员太多，认为4～6人最佳，人太多肯定会有学生游离在讨论之外。在调查中也发现，学生在讨论的时候，有些教师游离于学生讨论之外。张玉彬给出的建议是，教师应该走进小组，倾听学生是怎么讨论的，从学生的讨论中发现问题，给予及时的指导。

要实现教与学方式的转变，课堂教学必须由以教师的“教”为中心转向以学生的“学”为中心，由教学生学会知识转向教学生学会学习，由重关注学科知识转向重关注人的发展。在此基础上，教师教学方式的转变促进学生学习方式的转变——学生学习方式由被动接受学习向主动探究学习转变，由个体独立学习向小组合作学习转变，由机械记忆学习向探究创新学习转变，这才是课堂教学改革的真正要义。

工作室成员、福民小学副校长康黎把在工作室里“合作学习”的研究成果引入了自己的数学练习课教学中。她说，她现在的练习课采用合作学习方式，课前各小组根据要练习的内容寻找不同类型的习题，每个学生需在课前找好习题并明白解法，在课堂上学生先进行组内交流，再进行组间交流，课后学生还会把自己找的题目贴在教室里，继续交流。学生从单纯地接受教师讲解习题，变为主动寻找题目并探索答案和解法，再加上教师的点拨拓展，练习课变得生动有趣了。

自从实施这种适合中高年级学生的教学方法以来，康黎所带学生的学习成绩和数学思维能力明显提升，即使是平时学习能力稍弱的学生也在小组的帮助下，开始积极主动寻找题目和探究解法。

课堂评价方式的改革也有助于合作学习的应用。工作室成员、上步中学教科室主任韩方廷对此深有体会："起初，大多数教师采用口头表扬和课堂上加分的方式进行课堂评价，最后进行评比。研究后，我对评价有了新的认识。"在韩方廷的倡导下，上步中学已经使用量化评比软件对学生分组学习进行系列的客观评价。"使用了量化评比软件后，每节课每个小组各方面的表现都在评价中一一得到展现，学生的学习情况一览无余。"韩方廷说。这样一来，任课教师可以结合口头表扬和客观评价，更好地帮助学生进步，课堂评价方式的改革也让课堂教学焕发活力。

良师益友，严格要求才能出成绩

"私下里，张老师是益友，但只要谈到工作，他立马成严师。"工作室成员廖海新说，张玉彬对教育科研特别认真。

张玉彬经常会推荐书，他要求工作室成员每年至少要读两本教育类著作，并且要求每人每年要完成不少于一万字的读书笔记。工作室每年均开展两次以上读书交流活动。工作室成员在三年周期里撰写读书感悟总数超过100万字，做了多场读书报告。同时，工作室还定期召开学术会议，组织外出学习、送教下乡、前往边远山区支教等活动，不仅让工作室成员得到成长，也让工作室的研究成果从深圳辐射全国。

张玉彬说，开设工作室的目的除了开展教育科研，还包括要把每个成员培养成教育科研高手，使他们成为深圳市教育科研的"领头羊"。三年来，工作室的教育科研成果以课堂教学实录、论文、专著等形式向外输出，出版学术著作4部，发表论文60多篇，开展学术讲座70余场，举办公开课51节。同时，工作室成员中产生了2名学校中层领导，5名市、区名师工作室主持人，2名区首席教师，2名深圳市优秀教师，2名广东省骨干教师，2名国家级骨干教师。工作室的孵化、培养功能在深圳市教育科研专家工作室和名师工作室中名列前茅。

出版著作，成为一线教师案头必备

工作室科研成果《中小学课堂教学百问百答》于2013年8月出版，这是第一部以深圳市教育科研专家工作室名义出版的课堂教学专著。随后，核心研究成果《中小学课堂“学”与“教”》于2014年2月出版，它填补了广东省课堂教与学方式研究专著的空白。

两本著作出版后，因学术性、科学性较高，受到各地一线教师的好评。同时由于其实践性强，成了很多一线教师的案头必备书目。三年来的不断积累让工作室成员成了其所在学校的教育科研中坚力量，成了市、区优秀教师。

深圳市张玉彬首届教育科研专家工作室主要成员

殷晓微（历史教师）、梁秋月（语文教师）、刘江云（英语教师）、皮琴静（语文教师，教科室主任）、康黎（数学教师，副校长）、王芳（信息技术教师）、游泓（化学教师，办公室主任）、王慧杰（地理教师）、廖海新（科学教师）、徐小勇（数学教师，政教处主任）、韩方廷（数学教师，教科室主任）、白杨（语文教师，教务主任）、陈思文（数学教师，副校长）、林志春（信息技术教研员，办公室主任）、李铭勇（心理学教研员）、郭恒武（质量监控教研员）、黄莺（数学教师）、邬晴（思想品德教师）。

深圳市福田区福民小学康黎：“我愿意”

在工作室里，我们有个口号是“我愿意”，它是发自内心的，因为在这里我真切地体验到了什么叫治学严谨，什么叫坚持不懈。张玉彬老师的严谨、真诚、投入让我对工作室充满了信任与感谢。对我来说，加入工作室不是为了得到名利，而是想在这里通过实实在在的学习、交流，提升自己的专业水平，对教育有更深刻的理解，而工作室给予了我需要的氛围和平台。

工作室的成员如果想拥有更宽广的视野，真正地成长起来，除了自己要勤于反思外，更重要的是能够和同伴互助，有专家的引领。三年来，我参加了工作室组织的学术讲座、公开课教学、送教下乡、课堂调研等活动。这些活动使我对教育教学热点问题的思考更深入，教育教学的视野更开阔。在我的课堂上，学生越来越自信，越来越自主。

三年来，我收获的不仅是个人教育科研能力的提升，还收获了友谊，收获了自信与宽容。感谢深圳市张玉彬教育科研专家工作室对我的培养，感谢各位队友的支持与鼓励！

（原载于2015年4月10日《南方教育时报》，记者邹晨璐，原标题为《课改不是表面热闹　需要更深层次的思考》）

名师工作室建设的方法与途径

——以深圳市张玉彬教育科研专家工作室为例

为了更好地发挥教育教学名师的示范、引领、指导作用，促进中小学教师的专业成长，各地教学研究主管部门相继组织成立了众多的名师工作室。虽然工作室的名称各异，但都被赋予了带动影响一批教师，提高一线教师教育教学水平和教育科研能力，从而提升本地区、本学校教育教学品质的职能和责任。让名师工作室带动团队整体发展的目标是非常清晰而正确的，但名师工作室在开展教育科研的过程中，情况不同，差异很大。比如，工作室主持人的个人风格和管理理念就存在很大的差异，各地对名师工作室的管理和评价也没有较为统一的标准，这就导致虽然各工作室在工作中百花齐放，但良莠不齐。有些工作室主持人对工作心有余而方法不当，管理上缺乏智慧，找不到合适的方法与途径，并没有真正发挥其应有的作用。笔者对广东省深圳市部分名师工作室进行了长达二年的跟踪和调研，希望能找出名师工作室建设的好的做法，从而有效地促进名师工作室的健康发展。现对在深圳市首届教育科研专家工作室评估中名列前茅的深圳市张玉彬教育科研专家工作室进行介绍和分析，以抛砖引玉。

深圳市张玉彬教育科研专家工作室是广东省深圳市教育局认定的首批教育科研专家工作室，是立足深圳市中小学、以一线骨干教师为主要成员的教育科研团队。工作室主持人张玉彬老师是美国布朗大学访问学者，广东省特级教师，深圳市地方领军人才，深圳市福田区首届首席教师。深圳市张玉彬教育科研专家工作室对教育理想执着追求，甘于寂寞，辛勤耕耘，锲而不舍，做了大量的卓有成效的工作，有效地促进了工作室成员的专业化发展，形成了较为完善的工作室规章制度，并取得了丰硕的教研成果，在省内外产生了较大的学术影响。工作室提供了教育科研对教育实践年内至少要上一次校级以上公开课或示范课，开展一次学术讲座。深圳市张玉彬首届教育科研专家工作室在三年周期内到龙岗、肇庆、河源和平县、贵州龙里县、贵州贵定县、贵州长顺县、重庆万州区、新疆乌鲁木齐市开展送教、支教活动，进行学术讲座70余场，上公开课51节，极大地促进了工作室成员的专业成长，陶冶了工作室成员的思想情操。

三、努力促进工作室成员的专业化发展

工作室的最终目标是促进教师的专业成长。团队通过例会、读书交流、课题研讨、培训、专著撰写、专家报告、外出学习和交流、支教、送教、讲座等系列活动，促使工作室成员迅速成长。深圳市张玉彬首届教育科研专家工作室在三年周期内培养出2名学校中层领导，5名市、区名师工作室主持人，2名区首席教师，2名深圳市优秀教师，2名广东省骨干教师，2名国家级骨干教师。工作室的孵化、培养功能在深圳市教育科研专家工作室和名师工作室中首屈一指。

工作室严格执行《深圳市张玉彬教育科研专家工作室考核评价制度》《深圳市张玉彬教育科研专家工作室成员年度总结要求》，对工作室成员进行规范化要求，每年都督促成员制订计划和进行年终总结。工作室成员在QQ群上交流教学及研究感悟已经形成习惯。每位工作室成员在工作室网站上开通个人博客，形成工作室博客群，定期上传自己的有关教育教学理论与实践的文章、图片、视频等。

工作室严格执行《深圳市张玉彬教育科研专家工作室学习工作制度》，在三年周期内总共进行了20余次学术交流活动。工作室主持人张玉彬老师在三年周期内给工作室成员做了“主动、严谨、创新”“对美国基础教育的观察与思考”等10场学术报告。深圳市张玉彬首届教育科研专家工作室在三年周期内邀请了20余位专家、学者、优秀一线教师进行学术讲座，课题涉及教育理论、课堂教学、教育科研、社会哲学等多个领域，如“教育是心灵的艺术”“从学习角度转变教与学方式”“对杜郎口教学模式的深层解析”“教育科研的选题和研究方法”等，这些高质量的专题讲座有效地促进了工作室成员的专业化发展，开阔了工作室成员的视野。

工作室要求每个成员一年内至少读两本与课题研究相关的教育类著作，三年内至少读10本教育、人生、哲学方面的书，完成不少于3万字的读书笔记，并上传至工作室网站。开通工作室和个人的博客与公众微信，及时传递工作室成员的学习成果，交流工作室的研究成果。深圳市张玉彬首届教育科研专家工作室在三年周期内共开展了10次读书分享活动，做了“走进大数据时代”“零距离感受美国教育”“《红楼梦》赏析”等多场读书报告。工作室对张人利的《后“茶馆式”教学——读读、练练、议议、讲讲、做做》进行专题学习研讨，每位工作室成员都要写出学习感悟。工作室成员在三年周期内撰写读书感悟总数超过100万字。工作室要求每个成员每半年至少要撰写一篇课题研究论文或研究体会，三年内至少要在公开刊物上发表一篇与课题研究相关的论文或文章。深圳市张玉彬首届教育科研专家工作室在三年周期内出版学术著作4部，发表论文60多篇。

此外，工作室还举行了课堂教与学方式转变的说课比赛，要求以一个完整课题为内容进行说课，主要包括说教材、说教法、说学法和说教学过程等几个环节。在工作室进行说课比赛，以促进工作室成员的专业化发展，目前在深圳市不仅是首次，而且是唯一。

四、做扎扎实实的教育教学研究

研究和学习是教师发展的基础。工作室要以教学研究为抓手，让工作室成员在研究中工作和学习，从而促使教师的专业成长。

深圳市张玉彬教育科研专家工作室承担了广东省教育科研“十二五”研究项目“深圳市中心城区（福田区）义务教育阶段课堂教与学方式现状与对策研究”。工作室对深圳市15所学校进行调研，完成教师、学生调研报告共计30份，近60万字。工作室通过多种途径向深圳市一线教师征集课堂教学疑难问题，经过反复筛选，挑选出150个具有代表性的问题，分成教学理论与实践、教学设计与预习、教学组织与管理、教学实施与评价、教学方式与转变、作业布置与复习六大模块进行研究。工作室科研成果《中小学课堂教学百问百答》于2013年8月由江西高校出版社出版，是第一部以深圳市教育科研专家工作室的名义出版的课堂教学专著。核心研究成果《中小学课堂“学”与“教”》于2014年2月由光明日报出版社出版，分别对课堂上最常见的学习方式和教学方式进行了理论和实践上的论述，填补了广东省课堂教与学方式研究专著的空白。2015年11月，工作室研究报告《深圳市福田区义务教育阶段课堂教与学方式现状与对策研究》荣获深圳市第三届教育教学科研优秀成果一等奖。《中小学课堂教学百问百答》和《中小学课堂“学”与“教”》将理论和实践相结合，对一线教师具有非常重要的指导意义。《教育教学论坛》《新课程研究》《青少年素质教育报》《深圳特区报》《南方教育时报》等媒体对深圳市张玉彬教育科研专家工作室及其课题研究成果进行了报道。

名师工作室建设带来的最显著变化是一定区域内教师的教育水平和教育科研能力的提升。名师工作室为教师们搭建了教育教学研究、交流的平台，拓展了广大教师的成长空间。在这里，教师可以放飞教育的理想与信念，可以碰撞出教育科研的智慧和火花，可以洗涤掉课堂的浮躁与铅华，可以感受到教学研究的快乐与幸福。

名师工作室的研究、引领、辐射之路不仅需要有智慧的主持人，也需要建立完善的管理制度并坚定不移地去执行，更需要执着的研究精神与深沉的教育情怀。精神互赖，和而不同，名师工作室应成为教师成长的精神家园。

（原载于《新课程研究》2017年第1期，作者白杨、康黎）

张玉彬工作室的定位和建设目标

深圳市张玉彬教育科研专家工作室旨在建设一个中小学教师学习与研究的共同体，形成特有的、综合的、跨学科的研培一体的教育科研团队；以中小学课堂教学研究为抓手，发挥特级教师的引领、示范作用，为有自我发展需求的教师提供成长的空间，促进工作室成员课堂教学能力和教育科研能力的快速提升。

研究性：这是工作室的本质属性。工作室以课题研究为平台，引领工作室成员自觉进行研究，掌握教育科研方法，提升教育科研能力。

辐射性：通过工作室成员三年甚至更长时间的共同努力，不断提升工作室在深圳市教育科研领域的影响力以及对周边地区的辐射功能。

成长性：吸纳中青年教师，加大对中青年教师的培养力度，使工作室真正成为中青年教师成长的乐园。

深圳市张玉彬教育科研专家工作室努力把工作室建成深圳市中小学课堂教学研究的制高点、教育科研成果的辐射中心。通过课题研究、读书学习、教学观摩、研讨、撰写随笔、外出参观学习、建立工作室网站等方式，促进全体工作室成员的教育科研能力快速提升。

一、具体目标

1. 工作室在三年周期内完成“深圳市中心城区（福田区）义务教育阶段课堂教与学方式现状与对策研究”课题的申报、立项和研究工作。

2. 工作室成员以公开课、研究课和观摩课的形式进行课堂教学改进研究。每个成员坚持上课后撰写教学反思，听课后撰写听课感悟。每个成员三年内至少要上一次校级以上公开课或示范课，开展一次学术讲座。

3. 工作室每个成员一年内至少要读两本教育类著作，三年内至少要读

10 本教育、人生、哲学方面的书，完成不少于 3 万字的读书笔记。

4. 每个成员每半年至少要撰写一篇课题研究论文或研究体会，三年内至少要在公开刊物上发表一篇与课题研究相关的论文或文章。

5. 每个成员三年内至少要获得一次区级以上的教育、教学、科研成果奖励。

6. 工作室在三年周期内完成与课题研究相关的教育专著。

二、主要任务

工作室以课题研究为主要依托，以课堂教学研讨为主要内容，在深圳市教育局“名师工作室领导小组”的领导下，在三年周期内计划完成以下任务。

（一）带好一支团队

工作室通过三年周期的实施，有效推动工作室成员的专业成长，力求使工作室成员逐渐具有独立开展教育科研的能力，成为本校、本区教育科研的带头人，实现工作室成员的专业化发展。

1. 自我规划

要求工作室成员在工作室主持人指导下制订三年自我发展规划，并细化到每一年，促使每位成员明确目标，找出实现目标的方法和策略，尽快提高教育教学和科研能力。

2. 自主学习

根据工作室对成员的培养目标，工作室主持人选择一部分书目推荐给工作室成员学习，丰富工作室成员的教育理论知识和业务知识，同时工作室成员可从自我发展的需要出发，自主选择一部分书籍学习，采取自主学习、自主实践、自主反馈、自主检查的办法来提高自己，在学习过程中要完成一定数量的读书笔记。

3. 同伴互助

建立工作室成员 QQ 群，每周定时上网交流一周教学及研究感悟。

建立工作室学习交流制度，每学期开展三次以上的学习交流活动。

4. 专家引领

工作室主持人每年为工作室成员及成员所在单位开展两次以上教育科研学术讲座，到成员所在单位指导课题研究工作。

每年邀请市内外知名教育科研专家为工作室成员及成员所在单位开展教育科研学术讲座。

5. 成果展示

工作室成员根据工作室的课题研究方向，确立自己的研究内容。定期向工作室主持人和其他成员展示研究情况，获得技术和智力支持。

6. 撰写博客

工作室成员在网站上开通个人博客，定期上传自己的有关教育教学理论与实践的文章、图片、视频等。

7. 积极参赛

工作室成员积极参加各级各类教育教学比赛，以此促进自身教育教学水平的提高。

8. 教育考察

组织工作室成员到市内外高校、知名度高的中小学或名师工作室考察学习。

（二）抓好一个研究

工作室围绕课堂教学的关键——教与学方式，从理论与实践层面对中小学课堂进行研究，探寻教研教改的新思路、新方法，带领工作室成员开展积极有效的教育科研活动。拟定“深圳市中心城区（福田区）义务教育阶段课堂教与学方式现状与对策研究”为工作室研究的主课题。

本课题以转变教师教学方式作为转变学生学习方式的切入点，转变教师的角色和教学行为，提升教师的教学智慧和机智，张扬学生学习的主动性、独立性、独特性和体验性，进而使课堂教学在师生互动中转变为师生共同发展的场所，促进学生思维方式、生活方式乃至生存方式的转变。本课题立足于课堂教学过程中的实际问题，不断探索转变教师教学方式的内容、途径、策略、方式方法。工作室成员在反复的课堂实践中，不断解决问题，并在解决问题的过程中不断增进体验和感悟，提升自身的专业水平，从而使课堂教学在新课程的轨道上形成新的教与学的生态，不仅使学生得到发展，也使教师得到发展。因此，本课题的研究不仅能提升教师的理性思考能力，而且对增长教师的教学实践智慧具有理论价值和实践价值。

（三）出好一批成果

工作室的教育科研成果以精品课堂教学实录、教学案例集、论文、课题报告、专著等形式向外输出。

每年通过公开课、学术讲座、发表论文、出版专著等形式推广工作室的科研成果。工作室拟在三年周期内举行区级以上公开课 10 节以上，进行学术讲座 20 场以上，在市级以上刊物上公开发表论文 15 篇以上，出版学术著作 3 部以上。

（四）建好一个网站

工作室遵循“高品位，高质量，求实效”的原则，致力于教育科研机构与高等学校及中小学的强强联合，整合、共享优质教育科研资源。开辟工作室网站（网站栏目设想：名师论坛、成长博客、教改前沿、成果共享等），及时传递工作室成员的学习成果，交流工作室的研究成果，使网站成为教育科研的示范田、课堂教学研究的成果辐射源和资源生成站。

张玉彬工作室文化建设与管理制度

深圳市张玉彬教育科研专家工作室经过几年的努力，已经逐步形成了独特的工作室文化和管理制度。

一、核心理念

研究、成长、辐射，做有历史责任感的教育领跑者。

二、工作理念

追求卓越、提升自我、区域辐射。

三、工作要求

主动、严谨、创新。

四、工作室标识

中心图案为两只手握成一个心形，象征着团结、合作，用心做事，为建设一个真正的教育研究学习共同体而努力。

五、工作室成员的选拔

深圳市张玉彬教育科研专家工作室在深圳市教育科学研究院指导下，在全市内（考虑交通因素，以中心城区为主）公开选拔条件，明确规定工作室成员的权利和责任，自愿报名（征得所在学校同意），择优录用，阳光操作。

招聘条件：

1. 对教育科研有浓厚的兴趣，有强烈的自我发展愿望，具有一定的教育科研能力。认可新课程理念，并进行了一定的课堂教学实践。

2. 专业基础扎实，在新课程改革中身体力行，对课堂教学有独特的见解和认识，能熟练运用信息技术手段，有上校级以上公开课（含区、市、省公开课或比赛课，校际或片区交流学习研讨课）的经历。

3. 大学本科以上学历，年龄在45周岁以下，小学高级教师或中学一级教师以上职称。欢迎具有硕士学位的老师和对教育科研感兴趣的学校行政领导报名参加。

4. 2010年以来，至少有1篇论文在正规刊物上发表，或者有2篇论文获区级二等奖以上奖励。

5. 报名参加本工作室者，需提交一篇3000字以上的文章。题目自拟，内容至少包括以下四个方面中的一个：我的成长规划、我与教育科研（或校本研修）、我参加工作室的原因和期待、对合作学习的认识和实践。

6. 本人主动提出申请，填报申请表并通过校长签字、学校盖章同意。工作室报市教育科研专家工作室领导小组组织相关部门审核，确定学员名单。

工作室成员的权利和义务：

参加工作室的三年将会是忙碌而充实的三年，你会付出很多劳动和艰辛，但你也会和同伴一起领略到美丽的风景。在做中学，在学中成长，工作室期待你的加入。

成员的权利：

1. 工作室主持人对成员的教育科研和专业成长进行直接指导。

2. 工作室聘请有较高学术声望的教研专家开展学术讲座，并对成员进行教学教研指导。

3. 工作室为成员学习和研究提供必备书籍和资料。

4. 工作室为成员组织教学研讨、课题研究、读书沙龙等各种活动。

5. 工作室为成员提供外出学习和学术交流的机会。

6. 工作室主持人帮助成员修改教育教学论文，并推荐刊物发表。

成员的义务：

1. 坚持书写教学感悟或反思，每月上交1篇给工作室主持人。每年要撰写年度总结并上交工作室主持人。

2. 积极主动撰写教育教学论文，三年周期内至少要完成2篇论文的撰写。

3. 积极主动承担学校、区、市、省和工作室组织的公开课教学。

4. 每年至少要完成1本教学专著的阅读，并在工作室和同伴分享。

5. 积极参加工作室的课题研究，并完成课题研究任务（3篇案例分析和1篇研究报告）。

6. 积极参加工作室组织的各项活动，完成主持人布置的各项任务。

六、工作室会议制度

1. 每学期召开一次工作室计划会议，讨论本学期工作室计划，确定工作室成员的阶段工作目标、主要学习内容、教育科研课题研究的分工与任务。

2. 每学期召开一次工作室总结会议，安排本学期需展示的成果内容及形式，分享成功的经验，探讨存在的问题。

3. 每学期至少安排两次阶段性工作情况汇报和研究、交流会议，督促检查课题的实施情况和自我学习情况，解决实施过程中的难点。

七、工作室学习工作制度

1. 工作室主持人与工作室每个成员签订《深圳市教育科研专家工作室工作协议书》，在完成工作室研究项目和个人专业成长方面制订周期发展目标，规定双方的职责、权利及评价办法。

2. 工作室主持人协助工作室成员制订具体的成长计划，安排培训活动。

3. 工作室主持人与成员所在学校经常联系和沟通，取得学校领导的支持与帮助，加强对工作室成员成长过程的管理。

4. 工作室定期邀请专家、名师对工作室成员进行新课程、教育科研培训，并组织外出参观学习。

5. 工作室成员每学年的自我发展规划中要明确学习内容、学习目标，确定阅读书目，工作室给予经费支持。

6. 工作室成员积极参加工作室组织的主题研讨、参观学习、专题讲座等各项活动。连续两次未参加工作室组织的活动，视为自动放弃工作室成员资格。

7. 工作室成员必须参加工作室布置的课题研究、培训工作，完成工作室的学习、研究任务，并有相应的成果显现，努力实现自我发展规划所确定的目标。

8. 工作室通过网站发布工作室工作动态、工作室成员论文、专题研究课例设计、典型案例及评析、教育教学故事、活动图片等。

9. 工作室成员每月必须在工作室网站至少上传1篇教育教学论文，或研究心得、学习体会、成长感悟。

八、工作室考核评价制度

1. 每学年，工作室结合学年初制订的自我发展规划，对每个成员在一学年内的学习、专业成长情况做出评价。以工作室成员的自我评价为主，将自评与他评相结合，使评价成为促进工作室成员成长的有效手段。

2. 考核内容包括读书学习情况、课题研究情况、论文撰写情况、举行公开课（示范课）情况、学术讲座情况、参加工作室活动情况等。

3. 对于按时参加工作室培训、研究的成员，工作室通过市教育局名师工作室领导小组对其继续教育学时进行认定。

4. 对于各方面表现优秀的成员，工作室通过市教育局名师工作室领导小组作为典型给予表彰和奖励，从而对其他工作室成员起到激励作用。对于各方面表现一般或不够积极进取的成员，工作室将劝其退出。

教师专业发展（三年）规划书

（深圳市张玉彬教育科研专家工作室暨顺德北滘工作坊）

一、个人基本概况

<table>
<tr><td>姓　名</td><td></td><td>性别</td><td></td><td>出生年月</td><td></td><td rowspan="3">相片</td></tr>
<tr><td>现教学学科</td><td></td><td>年限</td><td></td><td>担任职务</td><td></td></tr>
<tr><td>何时何院校何专业毕业</td><td colspan="3"></td><td>学历（学位）</td><td></td></tr>
<tr><td>现有职称及取得时间</td><td colspan="3"></td><td>工作单位</td><td colspan="2"></td></tr>
<tr><td>工作简历</td><td colspan="6">起始年月、工作内容及职称、职务</td></tr>
<tr><td>获荣誉称号或奖励情况</td><td colspan="6"></td></tr>
</table>

二、三年专业发展目标设定

请根据自己的实际情况，从下列选项中选择适合自己的发展目标（一项或几项），或在空格内填写自己确定的其他发展目标，然后在相应的（　　）中打“√”。

（一）荣誉类

A1. 省特级教师（　　）　　A2. 省优秀教师（　　）

A3. 省骨干教师培养对象（　　）　　A4. 省名师工作室主持人（　　）

B1. 市优秀教师（　　）　　B2. 市学科带头人（　　）

B3. 市骨干教师（　　）　　C1. 区优秀教师（　　）

C2. 区骨干教师（　　）　　C3. 区名师工作室主持人（　　）

（二）专业技术资格类

D1. 正高级教师资格（　　）　　D2. 副高级教师资格（　　）

D3. 中级教师资格（　　）

（三）行政职务类

E1. 校级领导（　　）　　E2. 中层领导（　　）

E3. 教研组组长（年级组组长）（　　）

（四）自我设定类（填写上述三类之外的目标）

三、三年目标分解

年度	第一学年	第二学年	第三学年
学历提升			
教学成绩			
公开课			
讲座			
教学竞赛			
论文发表或获奖			
课题研究			
专业进修（培训）			
指导青年教师			
其他			

（续表）

现状分析	外部环境分析（对学校和学校以外环境进行评估） 自我分析（个人目前状况和发展潜能）
存在的差距和解决措施	

备注：

1. “教学成绩”指学生的发展和进步，包括学科成绩和竞赛获奖等内容。
2. “公开课”“讲座”要指明大致时间、内容、听讲对象和范围。
3. “教学竞赛”要指明内容以及期望奖次。
4. “课题研究”要注明是某级某课题的主持人、核心组成员、子课题主持人或一般参与者。
5. “论文发表或获奖”要说明拟发表的论文题目、刊物名称或拟获奖的评审机构与获奖等级。

张玉彬顺德北滘工作坊积分方案

深圳市张玉彬教育科研专家工作室顺德北滘工作坊于2016年7月成立，共有成员36人，涉及12个学科和初中、小学各个学段，培养周期为两年。针对团队成员人数多，周期长，跨学科、跨学段，远程指导的特点，为有效激励工作坊成员努力学习、勤奋工作、善于思考、不断提升，在教育教学、教育科研方面成为省、市、区骨干教师，以至领军人才，特制订本积分方案，既为中期、终期考核提供依据，也为团队建设指明方向和努力目标。

一、积分细目

1. 建立个人教育教学博客，并积极更新内容，记2分。特别突出的，经3名以上指导教师共同推荐，经首席指导专家认可，可评为优秀教育教学博客，上浮1分。

2. 按要求完成三年教师职业发展规划，记1分。特别突出的，经3名以上指导教师共同推荐，经首席指导专家认可，可评为优秀教师职业发展规划，上浮1分。

3. 自觉阅读教育教学著作或自主学习教育教学理论，并写出读书笔记或感悟。读书笔记或读书感悟（1000字以上）1篇记1分，一年上限为6分。

4. 坚持撰写教育教学随笔，以教育教学反思为主，还可包括经验总结、学习体会、活动感悟等。提倡逐渐形成每天撰写教育教学随笔的习惯，原则上要求每周不少于4篇，字数、格式不限。每周至少有1篇上传个人教育教学博客，指导教师阅读，并签署意见。教育教学随笔每篇记0.5分，一年上限为25分（以上传博客，指导教师签署意见为准）。

5. 积极进行公开课教学。校级或工作坊公开课1节记2分，镇级公开课1节记3分，区级以上公开课（含区级以及顺德区以外的交流课）1节记4分。同一节课不重复记分，就高不就低，一年上限为8分。

6. 积极参加学术交流。在学校或工作坊做学术报告（10分钟以上，有PPT，包括读书分享）1次记1分，在镇级学术交流会做学术报告1次记2分，在区级以上（含区级以及顺德区以外）学术交流会做学术报告1次记3分。一年上限为6分。

7. 积极撰写教育教学论文。在学校或镇内部刊物发表1篇（2000字以上）记2分，获奖记1分，在省、市ISSN或CN类刊物发表1篇记3分，获奖记2分，在国家级ISSN或CN类刊物发表1篇记4分，获奖记3分。同一篇文章发表、获奖不重复计算。一年上限为8分。

8. 积极参加课题研究。主持镇级课题或参加区级课题记2分，主持区级课题或参加市级以上课题记3分，主持市级以上课题记4分。同一课题就高不就低，不重复计算。一年上限为6分。

9. 积极参加各类教学比赛。参加校级比赛获奖，记1分；参加镇级比赛获奖，记2分；参加区级比赛获奖，记3分；参加区级以上比赛获奖，记4分；特别突出的比赛获奖，经指导教师推荐、首席指导专家认可，可以记6分。同一项目就高不就低，不重复计算。一年上限为10分。

10. 积极参加工作坊活动。按时参加1次记1分，以每次活动签到表为准。无论因何种理由没有参加活动，均不得记分。

11. 积极为工作坊团队工作，为同伴提供帮助服务。视具体情况记2～3分。

二、积分使用

1. 积分以年度为周期，一年计算一次。工作坊成员根据积分条例，首先自我申报，指导教师初步核算认定，镇教研室进行最终复核，在工作坊公示一周，没有异议，做最后认定。

2. 工作坊实行淘汰机制。达到基本积分认定为合格，继续参加下一年度的工作坊研究。如没有达到基本积分，自然终止工作坊成员身份。

3. 积分作为成员工作坊研修活动结业和优秀学员评定的重要依据。

建设一个真正的合作学习共同体

东京大学著名教授佐藤学在《学校的挑战　创建学习共同体》一书中指出："唯有冲刺与挑战的合作学习，才是润泽儿童心田的课堂，才是宁静的教室里教师循循善诱的课堂。这种润泽性和缜密性正是培养孩童知性的关键因素。合作学习在不久的将来会成为世界上所有课堂的典范。"我国长期以来的大班额教学、对中考和高考升学率的高度重视、对考试试卷的精细分析、学生之间长期存在的竞争关系等诸多因素制约着合作学习的开展以及对合作学习理论和实践的研究。令人可喜的是，深圳市张玉彬第二届教育科研专家工作室的研究成果《合作学习的理论与实践》即将正式出版，这既是对合作学习理论研究的贡献，也必将对广大一线教师的合作学习课堂教学实践起重大的推进和指导作用。

2011 年，深圳市启动了首批教育科研专家工作室的创建工作，著名特级教师张玉彬的团队成为深圳市首批 19 个教育科研专家工作室之一。张玉彬工作室于三年周期内（2012—2014 年）在课题研究、科研成果推广、工作室自身建设等方面取得了深圳市教育科研专家工作室和名师工作室中的多项第一，成绩斐然。工作室形成了较为完善的规章制度，取得了丰硕的教研成果，提供了教育科研对教育实践具有指导意义的成功范式，探索出了教育科研团队成员专业快速发展的有效路径，实现了教育科研成果立足深圳、辐射全国的教育科研愿景。2015 年 12 月，首届工作室研究成果"深圳市中心城区（福田区）义务教育阶段课堂教与学方式现状与对策研究"荣获深圳市第三届教育教学科研优秀成果一等奖，是福田区级别最高的课题研究成果。"中小学合作学习的理论与实践研究"是该项研究的深入和进一步发展。基于对首届工作室的认可和对张玉彬老师的信任，2015 下半年，深圳市教育局又成立了以福田区教师为主要成员的深圳市张玉彬第二届教育科研专家工作室。第二届工作室初步研究成果《中小学"合作学习”区域性现状调研与建议》《对中小学课堂合作学习的思考与实践》等分别在《新课程研究》（2016 年第 5 期）、《基础教育参考》（2016 年第 18 期）等国家级刊物上发表。

张玉彬工作室的工作理念是“追求卓越、提升自我、区域辐射”，既有对自身专业化发展的执着追求，也有对区域教育的责任担当。在我看来，其工作室的核心理念“研究、成长、辐射，做有历史责任感的教育领跑者”体现了张玉彬老师和他的团队永不停息的追求。而这个团队的研究角度“从研究课堂教学技术取向到实践反思取向，从研究教材教法到全面研究学生、教师行为，从重在组织活动到重在培育教研状态，从关注狭隘的经验到关注理念的更新和文化的再造”更引人深思。脚踏实地，不忘仰望星空，当理论的光芒照亮黑暗的角落，凸显出存在于角落里的事物的基本轮廓时，便能很好地唤醒实践者审视其细节的冲动与渴盼，从而促使他们更好地改进，更高效地工作。张玉彬老师和他的团队正是这样一群接地气、有追求的思想者和行动者，《合作学习的理论与实践》是张玉彬老师和他的团队如切如磋、如琢如磨的研究成果，更是他们立足实践需求，获取理论滋养和提升实践水平的研究成果。

综观书稿，有两个特点非常突出。

一是针对性强，为一线教师提供接地气的有效帮助。2015 年 10 月至 2016 年 4 月，张玉彬第二届教育科研专家工作室在深圳市的上沙中学、上步中学、景秀中学、福田中学、红岭中学石厦校区、北环中学、益田小学、益强小学、福民小学、全海小学、水田小学、螺岭外国语实验学校、可园学校、桃源中学、松岗第二小学 15 所中小学对教师进行了长达半年的中小学课堂“合作学习”跟踪和现状调研。调研采用个别访谈、集中座谈、发放调查问卷等形式。调研内容涉及受访者开展合作学习的环境和背景、开展合作学习的理论准备、开展合作学习的频率和实施方式等多个方面。被调研的教师人数为 1120 人，其中小学教师 511 人，约占 45.6%；初中教师 409 人，约占 36.5%；高中教师 200 人，约占 17.9%。调研显示：上述 15 所中小学中有 42.5%的教师经常开展合作学习，有近半数的教师有时会开展小组合作学习，完全不开展小组合作学习的人数比例相当小，这说明合作学习方式在我市中小学已经被大部分教师所认可并在日常教学中广泛开展，小组合作学习已经是较为常见的课堂教学方式。然而，我们也能看到在具体实施的过程中，教师遇到了很多的障碍，依次是“小组活动表面热闹，但学生学习效果不佳”（约占 42.5%）、“不易控制教学进度，不能按计划完成教学任务”（约占 31.3%）、“讨论、展示、评价环节多，重难点突破不足，学优生‘吃不饱’”（约占 18.3%）。还有不少教师苦恼于实施了合作学习但没有收到预期的效果，找不到最佳的提高合作效率的办法，无法确定合作学习的密度和深度，以及保证合作学习有效性的同时无法协调不同层次学生的小组合作方式。面对实施过程中存在的困惑及难题，学校可组织各种形式的专题学习及研讨，介绍国内外合作学习的科研成果，展示不同学科不同年级开展合作学习的成功案例，举办具有针对性的专题研讨会或交流会，为在实践中遇到障碍的教师指明方向，带来启发。

《合作学习的理论与实践》正是针对这个调研结果所做的研究，通过系统介绍国内外有关合作学习的理论，结合具体实践案例，对合作学习的准备、实施、评价各环节给出明确的指引，尝试探寻合作学习的规律，帮助教师们消解在课堂中开展合作学习的各种顾虑和困惑，为课堂普及合作学习提供有效的方法和策略。

二是指导性强，体现了理论与实践的统一和国内外教学策略的融合。本书针对一线教师的教学实践，列举了大量具体的教学案例，既有利于教师对合作学习理论的理解，也有利于教师在具体教学实践中运用。同时，本书虽然是针对一线教师实践困惑而写，但并没有就实践而写实践，反而非常重视理论的介绍。“没有理论上的成熟就没有真正意义上的成熟”，因为理论上的成熟意味着思考问题是从本体论角度，全面、系统、辩证地思考，而不是从事物的现象，片面、个别、教条地思考。理论上的成熟意味着想得深、想得透，行动起来就实际、自如、果敢，成功率就高。教育理论是一种体现人类教育智慧最高成就的逻辑体系，理论的思维方式是在教育生活中凝聚和升华的规范思维，集中表现为探索教育真理的求真思维、尊重教育事实的求实思维、自我扬弃的批判思维和超越现状的创新思维，决定着教育者怎样思考。缺乏教育理论的引导，教育者将很难发现教学中的问题和亮点，即使偶尔发现，也容易停留在较浅的层次，常常“只见树木，不见森林”。缺乏教育理论思维的课堂教学不能登高望远，只有充分理解教育理论，才能对教学中出现的问题有清醒的认识，才能站在教育理论的高度对当前教育改革所倡导的课堂教学方式有系统的理解和掌握，才有能力以新的教育理念为出发点，以教育改革的基本主张为参照，关照课程，指导实践，反思课堂活动，完善课堂行为。本书正是基于对教育理论的重要认识，系统梳理了国内外最有影响力的合作学习研究成果，以便于正在进行合作学习实践的教师对国内外合作学习的主流策略和方向有比较客观、完整的认识，便于教师在先进教育理论的指导下开展教学实践，从而发现、反思自己存在的问题，并借助理论的指引解决问题。

我仔细品味着张玉彬工作室的研究成果，为工作室教师的勤奋和智慧感到欣喜，为工作室教师的专业发展和成长感到欣慰。这是来自一线教学实践、根植于解决现实问题的研究成果，我坚信合作学习理论和应用研究在新课程改革中将得到进一步的发展，这本书也必将给正在实践合作学习的教育者以启发和帮助。

“江流天地外，山色有无中。”我也衷心祝愿张玉彬老师和他的团队能在教育的百花园中成为一道绚丽的风景，为深圳、广东乃至全国的教育改革和教育事业做出更大的贡献。

（本文为《合作学习的理论与实践》序言，作者郭其俊，光明日报出版社，2017 年 2 月）

附录一

张玉彬主要学术著作一览表

序号	著作名称	出版社	出版时间
1	《高中化学新教材分级评价》	山东科技出版社	2005年10月
2	《新课标高中化学（文基·理基）复习指导》	华中师范大学出版社	2005年12月
3	《学材与评价　文理科基础》	南方出版社	2007年7月
4	《中学化学实验教学论》	化学工业出版社	2008年1月
5	《理解与实践高中化学新课程》	高等教育出版社	2008年9月
6	《高中化学校本培训指导手册》	广东高等教育出版社	2008年9月
7	《中学化学中绿色化学与环境教育》	中央民族大学出版社	2009年3月
8	《理想课堂的构建与实施——一个教研员眼中的理想课堂》	西南师范大学出版社	2010年4月
9	《化学优质课堂教学方法与策略》	广州出版社	2012年5月
10	《中学化学实验的实践研究》	广东教育出版社	2013年1月
11	《中小学课堂教学百问百答》	江西高校出版社	2013年8月
12	《中小学课堂“学”与“教”》	光明日报出版社	2014年2月
13	《题根·高中化学》	华东师范大学出版社	2014年7月
14	《合作学习的理论与实践》	光明日报出版社	2017年2月
15	《中小学生如何学会合作》	江苏凤凰教育出版社	2018年1月
16	《做有思想的教师》	江苏凤凰教育出版社	2018年10月

附录二

“老师”到“师傅”，张玉彬的“三级跳”

张玉彬老师的身份很多，有广东省特级教师、正高级教师、深圳市领军人才、深圳市党代表、教育部“国培计划”专家，但他最喜爱的是一声亲切的“师傅”。称呼他为“师傅”的人分布在深圳市的各个区，来自不同的学校，学科背景也各不相同，其中不乏省市名师、校长、主任，但他们有一个共同的身份，那就是都属于同一个团队——深圳市张玉彬教育科研专家工作室。

张老师自2011年主持深圳市张玉彬教育科研专家工作室以来，经过7年的辛勤耕耘，已经把工作室打造成广东教育界的一个知名品牌，团队成员都亲切而满心敬仰地称呼他为“师傅”。

从教育一线学生眼中的“老师”到深圳教育界老师们心中的“师傅”，张老师用了30年时间，实现了他教育职业生涯中漂亮的“三级跳”。

第一跳：从教学者到研究者，深钻考试研究，成绩斐然

2004年2月《中国教育报》刊登的深圳市福田区面向全国招考化学教研员的消息，让张老师看到了人生转折点的大门，这扇门通向的地方正是他深深着迷的化学教研。已经是“九江市十佳青年教师”并担任重点中学行政职务的张老师怀揣着对教研工作的热爱，毅然南下，以面试、笔试第一名的成绩考入深圳，成为一名专业的研究者。

就在这一年，教育部启动高中课程改革。借课改东风，展教研宏图，张老师频繁走进学校听课、调研、上课，和老师们研讨、碰撞，以对化学考试学的研究为切入点，展开了对化学中考、高考命题的研究。这期间，张老师在《化学教育》上发表了实施新课程改革后全国第一篇化学模块测

试命题现状调研报告，并提出有针对性的解决策略；在《化学教学》上发表文章，对广东省高考化学试题进行质疑和批评；在多家报刊上对新课程高考试卷进行整体和考点分析。这些文章在全国产生了一定的学术影响，身为教研员的张老师成了深圳市、广东省高考化学复习的“金牌讲师”，也走进了全国化学教育界同仁的视野。

2007 年 8 月，张老师作为华南地区唯一的基层化学教研员受到教育部的邀请，加入教育部新课程远程培训化学核心专家团队，为即将进行新课程改革的省份的教师进行远程培训。

第二跳：从研究者到推动者，精研课堂教学，效果突出

在深钻考试研究的同时，张老师观察到中学化学课堂上化学试题越做越多，化学实验越做越少，教师讲授越来越多，学生自主、合作、探究活动越来越少。在“题海”中遨游的学生，缺乏对学习的真正兴趣和热爱。对此，张老师开始对自己的研究进行深入反思，并对化学教学现状进行调研，结果发现，目前的化学教学普遍缺乏对学生精神世界的关注，缺乏对学生思维深广度和创新能力的关注，缺乏对学生未来发展和可持续发展的关注。教育者的使命感和责任心促使他将研究的视角转向化学课堂教学方式。

2010 年，张老师提出中学化学课堂教学必须有学生的“三动”，即“动脑想、动口说、动手做”。2011 年，张老师与福田区红岭中学杨昌华老师合作，提出化学“新授课知识有效建构五环节教学”，并在福田区进行教学实践，取得了良好的教学效果。化学实验多了，学生体验多了，化学兴趣提高了，福田区成了深圳市化学课堂教学改革的“领头羊”。

在化学课堂教学研究中，张老师笔耕不辍，撰写了几十篇有关化学课堂教学的文章，并应邀在全国多个学术会议上做学术报告，承担起了《高中化学校本培训指导手册》《化学优质课堂教学方法与策略》等学术著作的编写工作。这一时期，张老师先后被陕西师范大学等七所师范院校聘为“国培计划”“省培计划”专家和兼职教授，被广东省教育厅聘为高中教学水平评估专家，当选为广东省第七届化学会理事。

第三跳：从推动者到引领者，助力名师成长，影响深远

2011年，张老师成为深圳市首批名师工作室主持人。经过深思熟虑，张老师没有走轻车熟路的化学教学领域，而是大胆选择了跨学科的教育学研究。他说："大道至简，殊途同归，单一学科存在自身思维的局限性，不同的学科背景会产生更多的碰撞和更多的灵感，对团队的发展和对个人的成长都会更有价值。这件事有意思、有意义。""有意思"出于他勇于挑战、不肯服输的个性；"有意义"则源于他作为一名优秀的教育工作者的责任和担当。

张老师提出工作室的核心理念为"研究、成长、辐射，做有历史责任感的教育领跑者"，全力打造独特鲜明的团队文化，每一位团队成员都感受到教学研究的快乐与幸福，把团队视为成长的精神家园。他对教育教学研究的执着、专注和奉献精神，让人深深感动和敬佩。2014年，张老师椎间盘突出病情严重，连走路、穿衣服都非常困难，但他照常拄着拐杖听课、参加学术会议和开展学术讲座。

在张老师的引领下，工作室团队在学术上努力进取，收获了许多成果，承担了广东省教育科研"十二五"规划课题"深圳市中心城区（福田区）义务教育阶段课堂教与学方式现状与对策研究"，研究报告荣获深圳市教育教学科研优秀成果一等奖，并相继出版了《理想课堂的构建与实施——一个教研员眼中的理想课堂》《中小学课堂教学百问百答》《合作学习的理论与实践》等教育教学专著，受到各地一线教师的好评。工作室团队在三年周期内培养出4名市、区名师工作室主持人，5名全国、省、市级骨干教师。

回首30年的教育生涯，张老师深情地说："我将教育教学研究视为我生命的组成部分，在其中，我思想的河水可以奔流不息，生命的价值可以熠熠生辉。"秉着对教育的满腔热爱和执着追求，他于有形与无形中推动着一线教师的成长和深圳教育的发展，成为老师们心中当之无愧的"师傅"。

（原载于2017年11月22日《中国教育报》"好老师"公众微信，作者：蒋秀华、刘昕昱）

江苏凤凰教育出版社
《行知工程》系列丛书目录

系列	序号	书　　名	作者	定价
教育求索系列	1	《做有思想的教师》	张玉彬	45.00
	2	《区域规范性教研共同体建设及其实践》	陈宗成	40.00
	3	《让诗意润泽心灵——德育校本课程的开发与实施》	陈亚兰	40.00
	4	《联想形象识字教学——让学生感悟汉字神韵》	侯忠彦	50.00
	5	《思维导图教学法：一位历史老师的教学探索》	罗培生	35.00
	6	《让经典滋养人生——名著导读教学策略（中学）》	郑建忠	35.00
	7	《关注每一位儿童的发展——语文小班化教学的探索和实践》	何慧玲	40.00
	8	《让生命诗意地栖居——诗意教育的理念建构与实践探索》	钱丽美	40.00
	9	《怎样上好语文课——时鹏寿解析精彩课例》	时鹏寿	45.00
	10	《让书香浸润生命——时鹏寿伴你品读经典》	时鹏寿	35.00
	11	《开在手心里的花——一位优秀教师的教育情怀》	詹雪莲	40.00
	12	《学科建设与教师发展——中学数学》	杨志文	30.00
	13	《欣说教育那“一亩三分地” ——一位一线教师的教育微思考》	王庆欣	30.00
	14	《爱的守望——一位一线教师对教育的坚守》	林卫红	30.00
	15	《思政教学的人文力量》	戴晓华	30.00
	16	《师道新说——给教育者的 30 条箴言》	徐　卫	30.00
	17	《快乐数学——初中数学教学方式探索》	孙国芹	36.00
精彩课堂系列	18	《主题整合阅读教学（小学语文）》	成孟武	35.00
	19	《基于核心素养的数学教学》	赵红婷	35.00
	20	《中学生核心写作能力培养》	陶　波	36.00
	21	《给孩子更好的数学课堂》	易增加	30.00
	22	《小学生阅读素养的提升策略》	邵巧治	35.00
	23	《从语文素养走向生命成长 ——小学语文读写课堂教学密码》	曾海玲	30.00
	24	《真实的品德课》	朱淑秀	30.00
	25	《英语课堂学习共同体——新型的师生交互学习场》	杨延从	30.00
	26	《指导自主学习——初中数学学与教的研究与实践》	刘其武	30.00
	27	《玩出精彩的课堂 ——小学低年级教与学方式转变研究》	陶红松	30.00
	28	《让生命之花自主绽放——语文个性化教学建构策略》	商德远	30.00
	29	《让学生亲历知识——主体参与下体验式学习的实施策略》	何世祥	30.00

系列	序号	书　　名	作者	定价
教育探索者系列	30	《教育，静待花开——陪伴孩子一起成长》	武际金　王玉英	40.00
	31	《悦读立人——校园阅读文化体系构建策略》	杨世臣	30.00
	32	《教育智慧何处来——一位特级教师的思考手记》	付立金	30.00
	33	《和雅文化——校本课程的创新构建》	汤善香	30.00
	34	《让个性绽放精彩——学校课程体系整合与创生》	谢建伟　徐淑萍	30.00
	35	《让每个学生都幸福——最能润泽生命的学校文化建设》	谢建伟　张新喜	30.00
创新教学探索系列	36	《让阅读滋养学生语文素养——语文阅读教学策略与实施》	李洪芹	38.00
	37	《学校体育密码》	连仁都	36.00
	38	《我家住在〈诗经〉里》	李日芳	40.00
	39	《〈红楼梦〉里的语文课》	李日芳	30.00
	40	《品世界名画，学精彩作文——特级教师的“名画”作文教学法》	李日芳	36.00
	41	《学生数学整体思维培养——小学数学结构化教学的探索与实施》	颜春红	45.00
	42	《基于核心素养的体育与健康校本课程建设》	赵卫新	35.00
	43	《把古文教活——激活文言文课堂的教学策略》	刘小华	35.00
	44	《做童年面前最合适的人——我和孩子们的“童化语文”》	曹丽秋	30.00
	45	《玩出精彩作文——张化万活动作文教学经典策略》	张化万	35.00
	46	《让学生把母语用精彩——“语用课堂”的探索与实践》	佘小红	30.00
	47	《“备”出课堂精彩——备学式教学的课堂实践与思考》	张旭兰	30.00
创新教学探索系列	48	《神奇的阅读教室——带学生踏上美妙的阅读之旅》	李祖文	30.00
	49	《打造有生命力的课堂——“两步八环节”教学模式探索与实践》	查联智	30.00
	50	《最能培养学生探究能力的课堂——小学科学与信息技术单元整体课程实施与评价》	李怀源	30.00
	51	《最能激发学生运动天赋的课堂——小学体育单元整体课程实施与评价》	李怀源	30.00
	52	《最能提升学生艺术素养的课堂——小学艺术单元整体课程实施与评价》	李怀源	30.00
	53	《“生命语文”探索——焕发语文生命力的思考与实践》	王自成	30.00
	54	《粘连作文教学：让习作成为有个性的自我建构》	黄瑞夷	30.00
	55	《备学式教学——在体验中建构数学思维》	单广红　范雪梅	30.00
	56	《向着自主进发——自主教育的创新实施智慧》	朱亚红	30.00
	57	《写中学——让学习更有效的学科写作教学》	钟传祎	30.00
	58	《小学科学实验总动员——大科学课堂有效提升学生创新力》	江美华	30.00
	59	《小学语文单元整体课程实施与评价》	李怀源	30.00
	60	《小学英语单元整体课程实施与评价》	李怀源	30.00
	61	《小学数学单元整体课程实施与评价》	李怀源	30.00
	62	《让教学更能激发智慧——“思维碰撞”课堂的建构与实施》	程和方	30.00
	63	《构建语文综合课新模式——家庭、社区、学校协同教学》	黄瑞夷	40.00
	64	《自主创新让教学成为有效引领》	蔡　隽	30.00

系列	序号	书　　名	作者	定价
教育思想者系列	65	《名校之道——陶继新对话名校长（5）》	陶继新	42.00
	66	《名校之道——陶继新对话名校长（3）》	陶继新	42.00
	67	《名校之道——陶继新对话名校长（4）》	陶继新	40.00
	68	《父母要成为子女的精神导师——五个孩子走向卓越的奥秘》	陶继新	43.00
	69	《治校之道——小学名校长的办学智慧(1)》	陶继新	35.00
	70	《治校之道——中学名校长的办学智慧(1)》	陶继新	40.00
	71	《品鉴教育文化盛宴——陶继新序跋屯集》	陶继新	45.00
	72	《为什么而出发——一位研究者对教育本质的沉思》	齐　健	35.00
	73	《高效教学的道与术——陶继新教育讲演录》	陶继新	30.00
	74	《铸造一流教育品质——陶继新区域教育巡礼》	陶继新	35.00
	75	《名校之道——陶继新对话名校长（1）》	陶继新	30.00
	76	《名校之道——陶继新对话名校长（2）》	陶继新	35.00
	77	《教育，一切从孩子出发》	黄　俭	30.00
新父母教程	78	《一年级的孩子》	陈文芳	28.00
	79	《二年级的孩子 》	陈文芳	28.00
	80	《三年级的孩子》	钱静霞	28.00
	81	《四年级的孩子》	谢　云	28.00
	82	《五年级的孩子 》	陈　春	28.00
	83	《六年级的孩子》	袁卫星	28.00
	84	《七年级的孩子》	焦晓骏	28.00
	85	《八年级的孩子》	钟　杰	28.00
	86	《九年级的孩子》	凌宗伟	28.00
国际教育系列	87	《美国教育面面观——一位特级教师眼中的美国教育》	邵淑红	35.00
教师软实力系列	88	《教师人际沟通力》	黄爱华　夏丽娟	38.00
	89	《班主任教导力》	黄爱华　戴诗银	38.00
	90	《教师执业道德力》	黄爱华　夏丽娟	38.00
名校系列	91	《从校本课程走向学校课程——锡山高中课程探索之路》	唐江澎等	35.00
	92	《让每个孩子都成志 ——清华附小主题阅读课程的实施探索》	窦桂梅	30.00
	93	《让每个孩子都成志 ——清华附小主题实践课程的实施探索》	窦桂梅	35.00
	94	《向着朝阳走去——清华附小合作办学实践探索》	窦桂梅	30.00
名师成长系列	95	《情怀・智慧・境界——教育名家演讲录（1）》	钟惠河　李韫琬	30.00

系列	序号	书名	作者	定价
校长领导力系列	96	《学校细节管理的执行力》	林文明 王林发	30.00
	97	《校长智慧统筹的领导力》	谢耀丰 蔡丽姗 王林发	30.00
	98	《学校持续发展的研究力》	林文智 宋佳敏 王林发	30.00
	99	《学校和谐融洽的协作力》	陈一平 郭雪莹 王林发	30.00
	100	《学校教育提升的引领力》	谢文东 关敏华 王林发	30.00
	101	《学校团队成长的学习力》	黄纪 蔡美静 王林发	30.00
	102	《学校高效管理的创新力》	张旭	30.00
	103	《学校成功管理的决策力》	邱黎明	30.00
	104	《高品质学校生长要素》	王益民	30.00
	105	《校长高效教学领导力提升策略》	徐世贵 郭文嵤	30.00
新思维系列	106	《让后进生学习有后劲之36计》	严育洪	30.00
	107	《教育中的“不一定”——打破教育的19种思维惯式》	严育洪	30.00
教师修炼系列	108	《如何炼就课堂好声音——教师美嗓保健实用宝典》	薛建洲	30.00
	109	《与学生一起成长——90后教师的心路反思》	王晗	30.00
	110	《教育，爱与宽容——教师心灵礼仪修炼》	许力争	30.00
教育家核心思想系列	111	《叶圣陶论写作》	叶圣陶 著 李怀源 选编	30.00
	112	《叶圣陶谈阅读》	叶圣陶 著 李怀源 选编	30.00
	113	《多元智能理论的本土化应用》	刘治富	30.00
	114	《大教育家最具施教力的教学思想》	白刚勋	30.00
学生心理解码系列	115	《在人生的春天播种——十四岁，写给青春的一封信》	白宏宽	30.00
	116	《孩子问题行为一点通——只有好老师才知道的学生心理谜底》	严育洪	30.00
校本研修系列	117	《徜徉语文教研》	肖俊宇	35.00
	118	《校本研修资源的开发与利用》	陈朝林	30.00
	119	《校本研修与教师专业成长》	吴积军	30.00
	120	《卓越教师经典研修成长策略》	刘天宝等	30.00
	121	《特色校本课程开发范例解读》	刘永平 李秀伟 张雪梅	30.00
	122	《高效校本研修模型构建艺术》	刘素雁	30.00
	123	《走向实践的教研——中小学教育科研引领与应用》	江敏	30.00
教育管理力系列	124	《缔造唯美教育——延奎小学素质教育实施策略》	易增加	30.00
	125	《让普通学校崛起的20个细节——“生命为本”教育团队成长密码》	李其玉	30.00
	126	《“走”出教育的精彩：走动式学校管理文化构建》	罗军	30.00
	127	《校长兵法：学校管理四十六计》	皮大鹏	30.00

系列	序号	书　　名	作者	定价
班级文化系列	128	《活力班级的文化建设》	胡　珏	30.00
	129	《做幸福的班主任》	吕　丽	26.00
高效能教学系列	130	《高效能教师的10个好习惯（中学卷）》	张　瑾	30.00
	131	《让作文落地生根——提高写作实效的教学策略》	黄桂林	30.00
	132	《高效能作文教学5项修炼》	陈步华	30.00
	133	《高效能校长的10个好习惯》	张　勤	30.00
	134	《高效能教师的10个好习惯（小学卷）》	谢　英	30.00
	135	《高效能语文教学5项修炼》	王其华	30.00
新课程探索系列	136	《语文新课程的批判与重建》	葛桂斌	30.00
美国名师教学译丛	137	《美国名师游戏教学本土化应用：幼儿园》	（美）玛西娅 L. 泰特 著 胡珍　瞿菁　编译	30.00
	138	《美国名师游戏教学本土化应用：小学英语》	（美）玛西娅 L. 泰特 著 杨永华　张心影　编译	30.00
	139	《美国名师游戏教学本土化应用：小学数学》	（美）玛西娅 L. 泰特 著 谢艳红　编译	30.00
	140	《美国名师游戏教学本土化应用：小学科学》	（美）玛西娅 L. 泰特 著 刘丽萍　编译	30.00
	141	《美国名师游戏教学本土化应用：小学社会》	（美）玛西娅 L. 泰特 著 姜梅芳　编译	30.00
	142	《美国名师游戏教学本土化应用：小学音体美》	（美）玛西娅 L. 泰特 著 尹立志　编译	30.00
生态化校园系列	143	《文化管理——构建生态和谐校园的必由之路》	付全新	30.00
	144	《点燃学习的激情——构建校园生态化学习型组织》	杨树岳	30.00
	145	《课改突围——构建学校生态化教学体系》	杨树岳	30.00
教育新思考系列	146	《语文教育向何处去》	王　丛	26.00
	147	《教育，就是做好普通的事》	孙志毅	27.00
	148	《走出语文的偏见——让学生体悟文本的原义》	丛智芳	30.00
	149	《让语文教学更高效——批注式阅读教学探索》	韩中凌	30.00
	150	《读写互促——探寻学以致用的语文教学》	曹　龙	30.00
	151	《跳出数学教数学——用文化融通数学教学》	马建秀	27.00

系列	序号	书　　　名	作者	定价
名师感悟系列	152	《让心灵伴着歌声成长——22位音乐名师的教育智慧》	陈　璞	30.00
	153	《超越自我的教师——32位名师的成长感悟》	李卫东　李秀伟	35.00
	154	《心灵的守护者——19位名班主任的教育智慧》	王晓松　曲文弘	30.00
	155	《名师感悟班主任有效工作艺术90例》	符礼科	30.00
	156	《名师感悟有效教学90例》	林高明　徐玉烟	30.00
信息化教学系列	157	《巧用白板教语文——信息技术与语文教学操作指南》	蒋丽清	30.00
	158	《跨越式实现高效课堂 ——信息技术与课程整合高效教学方案评析》	陈　玲　刘　禹	30.00
教师必读系列	159	《教师必学的16堂修养课》	武宏伟	30.00
	160	《教师不可不知的教学心理效应》	叶勇军	30.00
	161	《班主任不可不知的管理效应》	奚一琴	30.00
	162	《教师不可不知的教育心理效应》	孙　媛	30.00
	163	《校长不可不知的管理效应》	谢申刚　张金豹	30.00
	164	《成为好教师的7项修炼》	王福强　李维华	30.00
	165	《如何让学生会学习》	龙　冰	30.00
	166	《如何让学生爱学习》	周震宇　许小燕	30.00
核心教学主张系列	167	《新生代语文名师核心教学主张》	许友兰	30.00
行思讲坛系列	168	《灵动而朴素地教语文——潘文彬的微格教育生活》	潘文彬	30.00
	169	《师爱无疆——润泽学生心灵的教育故事》	侯忠彦	30.00
	170	《怎样反思更有效 ——促进教师专业发展的反思策略》	诸贝贝	30.00
	171	《成为高度自觉的教育者 ——写给后课标时代的数学教师》	许卫兵	30.00
	172	《哲思数学课》	刘全祥	30.00
	173	《智慧数学课——黄爱华教学思维的实践策略》	黄爱华	30.00
	174	《童趣数学课》	徐　芳	30.00
	175	《把学生教聪明》	严育洪	30.00
	176	《教师最应该规避的教育误区》	杨坤道	30.00
	177	《用语文的方式教语文 ——潘文彬教学主张与实践智慧》	潘文彬	30.00
	178	《怎样让阅读教学更有效 ——提升教学能力的十种读诵模式》	汪秀梅	28.00

系列	序号	书　　名	作者	定价
行思讲坛系列	179	《让生命在润泽中起舞 ——当代小学生最需要的主题班会》	吴联星　罗　琳 冯卫东	30.00
	180	《让生命欢快拔节 ——当代中学生最需要的主题班会》	冯卫东　吴联星	30.00
	181	《课堂因生成而精彩——高效教学的生成智慧》	张文质	30.00
	182	《回到每一个人的生命化教育 ——张文质二甲中学教育行动录》	张文质	30.00
	183	《中小学生如何学会合作》	张玉彬　刘昕昱	40.00
中国教育变革之路丛书	184	《百年树人师何为 ——教师队伍建设困顿与出路》	将丽珠　李玉向	30.00
	185	《入园何时不再难 ——学前教育困惑与抉择》	曾晓东 范　昕　周　慧	30.00
	186	《三尺书桌何处寻 ——流动人口子女教育困难与破解》	范先佐	30.00
	187	《苦旅何以得纾解 ——高考改革困境与突破》	郑若玲	30.00
	188	《择校纠结何时了 ——择校问题困局与治理》	曾晓东　周文海 曾娅琴	30.00
创新教学思想系列	189	《“大问题”教学的形与神》	黄爱华　张文质	30.00
教育漫笔系列	190	《课堂，诗意地栖居》	吴书华	30.00
教学提升系列	191	《有思想地教阅读 ——让学生学会品读文字真意》	王学东	30.00
教育艺术提升系列	192	《藏在师生体态语言里的教学智慧》	张　宇　廖生波	30.00
教学全手册系列	193	《小学习作教学全手册》	郭家海	30.00
	194	《中学写作教学全手册》	郭家海	30.00
	195	《情境教学操作全手册》	冯卫东	35.00
	196	《合作教学操作全手册》	李春华	35.00
	197	《探究教学操作全手册》	周新桂	35.00
	198	《自主教学操作全手册》	诸葛彪	35.00

图书在版编目（CIP）数据

“走”出教育的精彩：走动式学校管理文化构建/罗军编著.
—南京：江苏凤凰教育出版社，2014.8
ISBN 978-7-5499-4095-0

Ⅰ.①走…　Ⅱ.①罗…　Ⅲ.①中小学—学校管理—研究
Ⅳ.①G637

中国版本图书馆 CIP 数据核字（2014）第 110385 号

书　　名	“走”出教育的精彩：走动式学校管理文化构建
作　　者	罗　军
责任编辑	午新生　雷利军　李媛媛
出版发行	凤凰出版传媒股份有限公司 江苏凤凰教育出版社（南京市湖南路 1 号 A 楼　邮编 210009）
苏教网址	http：//www.1088.com.cn
照　　排	润星之源文化有限公司
印　　刷	三河市华润印刷有限公司
厂　　址	河北省三河市杨庄镇杨庄村
开　　本	787 毫米×1092 毫米　1/16
印　　张	17.25
字　　数	291 千字
版　　次	2014 年 9 月第 1 版　2014 年 9 月第 1 次印刷
书　　号	ISBN 978-7-5499-4095-0
定　　价	30.00 元
网店地址	http：//jsfhjycbs.tmall.com
邮购电话	025-85406265,85400774　短信　02585420909
E - mail	jsep@vip.163.com
盗版举报	025-83658579

本书编委会名单

本书编委会

主　编　罗　军

副主编　金风华　张　磊　王术刚　孙云霄

参加编写（按姓氏拼音排序）　陈　佳　韩玉平　孟会玲　南国建　王安存　王　琨　颜　琨　杨广耀　张建英　张园园　郑　旭　朱酉晨

快矣哉，是游乎！
（代序）

古人行走于山水之间，见闻山水之美态，曾慨然叹曰：“快矣哉，是游乎！”近年来，我校实施走动式学校管理，把烦琐枯燥的管理工作幻化成山山水水的美景，行走其中，移步换景，其乐无穷，我们禁不住也要感叹：“快矣哉，是游乎！”

山东省潍坊市奎文区幸福街小学始建于 1989 年，现有教职工 105 人，学生 2065 人，附属幼儿园 220 人。2001 年，省教育厅张志勇为其题词——“让人人都成为幸福的成功者”。多年来，学校在这一办学理念的引导下不懈努力，全方位创新发展，先后被评为山东省艺术教育示范学校、山东省创新教育先进单位、山东省职业道德建设先进单位、山东省学校民主管理先进单位、山东省首批教学示范学校、山东省依法治校先进单位、潍坊市特色学校、奎文区国学教育特色学校。

“问渠那得清如许，为有源头活水来。”我校在努力探索特色发展之路的过程中，形成了自己独到的管理文化。2007 年，由省教育厅张志勇主编，幸福街小学参加编写的《走进幸福——零距离管理的实践研究》一书出版，在全国发行。在此基础上，2010 年，我们又适应学校发展形势，及时梳理总结，提出了走动式学校管理模式。

走动管理：道迩，亦需行；事小，更要为

荀子曰：“道虽迩，不行不至；事虽小，不为不成。”意思是，道路虽然不远，但是不走也不可能到达；事情虽然不大，但是不做也不会成功。什么事情都贵在实际行动，神游八方式的纸上谈兵只能误人误己，恰如老子所言：“天下难事，必作于易；天下大事，必作于细。”

走动管理的提法来自西方先进企业的管理理念，被无数企业奉为“管理圣经”。其本质是讲求一种和谐的非正式沟通氛围，强调管理者深入基层，及时发现并解决工作中出现的问题，同时体察“民情”，给予被管理者关心和激励。

走动式学校管理的目的是通过走动强化管理者的责任心、增强管理者的使命感，通过走动加强与教职员工之间的情感交流、关注师生的幸福度，它突出细节，注重小事，最后凝聚成了"把每一件小事都做得更精彩"的工作理念。

歙歙焉，浑其心：走动中形成学校集体的良心

老子说："圣人在天下，歙歙焉；为天下，浑其心。百姓皆注其耳目。"意思是圣人做事，一定要非常收敛自己，为的是让天下归于浑朴，从而使百姓都成为他的耳目，都乐意告诉他心里话。学校管理者怎样才能以自身的人格魅力来影响、带动周围的教师，从而最大限度地调动他们的积极性，并使之心甘情愿、竭尽所能贡献出自己的聪明才智呢？老子给出了最好的答案，就是要收敛自己，不要有成见和意欲，以师生的心为自己的心。

管理者应深入被管理者中间，形成以"校长—中层干部—教师—学生"为辐射中心的多维立体走动网络，走动的纬度应是多层次、多方面的。这样不仅能使管理者充分了解师生的想法、看法和意见，还能使师生感受到来自管理者的信任和尊重，消除一些由于隔阂而产生的误会和误解，从而增强相互之间的信任，形成团体凝聚力。如此一来，情感共鸣基础上的文化共鸣最终达成。

文化共鸣的达成又进一步实现了学校成员之间的互相制约，促进了学校管理伦理的确立。实行走动管理，管理者对学校各项工作中潜在的问题能够及时发现、及时解决，但在解决问题的过程中，能依据的法规条文毕竟有限，绝大多数行为问题的解决要靠行为主体和管理者对问题的共识，以及在思想意识、舆论氛围、人际关系等方面的共识。这样久而久之，约定俗成的对待问题的态度和解决问题的观点就会逐渐成为学校的伦理道德，成为学校集体的"潜规则"，从而引导大家用公认的善恶标准来律人律己。

动乎其言而见乎其文：走动中构建学校的特色课程

苏辙在《上枢密韩太尉书》中写道："太史公行天下，周览四海名山大川，与燕、赵间豪俊交游，故其文疏荡，颇有奇气。此二子者，岂尝执笔学为如此之文哉？其气充乎其中而溢乎其貌，动乎其言而见乎其文，而不自知也。"苏辙认为，司马迁的文章写得好，是因为他游览四海名川所形成的浩然大气的缘故，这种气息充满在内心而溢露到外貌，发于言语而表现为文章，司马迁自己却没有觉察。同样，走动管理中博采广纳所形成的远见卓识，使得我们自然而然地构建了学校的特色课程体系。

校本课程作为学校特色建设的必要支撑，从某种程度上讲，就是学校特色这一灵魂的集中体现。那么，如何使开发出的校本课程具有活泼的学校灵魂呢？如何使校本课程真正成为为学生量身打造的课程呢？我们深入分析学校具体情况，了解运作机制，分析与研究学校自身发展的现状、历史文化传统，创造性地提出学校发展规划和策略。校长是研究的领跑者，中层是中介与执行者，教师与学生本身就是我们研究的目标，也是我们开展研究的生力军。

第一，开设“阳光少年快乐周四”（以下简称“阳光周四”）课程。了解学校的历史，充分利用学校的已有资源开发课程，是一条捷径。我校自建校以来就以艺术教育作为全面实施素质教育的突破口，对艺术教育进行了卓有成效的探索和研究，多年来已经形成了鲜明的办学特色。新一届领导班子在了解到学校的发展历史以后，走到教师和学生中间，了解教师的意愿和学生的兴趣，大胆改革，以原来的春蕾少儿艺术团为主阵地，开设了我校“阳光周四”菜单式自选课程。

第二，实施经典诵读工程。实施经典诵读不但会丰富学生的知识，为学生的一生奠基，更与学校的“阳光周四”课程相得益彰，能够有力地彰显我校人文深厚的办学特色。于是，经典诵读校本课程得以开发，从目标的制订、内容的选择、课程的实施、课程的评价到实施的保障措施，都形成了完整的体系。

第三，开发科技创新课程。崔云滗教授说过，决定校本课程开发的最主要因素是学生的兴趣。2010年，我校被列为潍坊区三大课题之一的创新教育承担校。是仅仅将此课题作为一项纯粹的课题研究完成呢？还是一举两得，将课题研究过程开发成课程呢？我们带着问题走进了学生中间。下课了，低年级的小朋友经常趴在树底下找蚂蚁，蹲在花坛边挖蚯蚓，有些孩子将家里的小鱼带到学校里与大家一起细细观察；中年级的同学们爱围在校园的大水池旁玩“小船过大洋”的游戏，会比谁的纸飞机飞得高；高年级的孩子们则对电脑、机器人情有独钟。经过汇集信息、梳理思路，我们决定开发我校的第三大校本课程体系——科技创新类课程。

心盈幸福，乐行无疆

在幸福街小学的校园里，有一座幸福文化园，其中涵盖了潍坊名人、潍坊人文景观、潍坊民俗、潍坊城市文化四大部分内容。它是一座潍坊地方文化园，也是一处“吾爱吾乡、吾爱吾校”思想的生态丛林，更是浸透着我们对学子殷殷期望的地方。文化园尽头的结束语是这样的。

三河汤汤，渤海泱泱，巍巍我幸小精神。

千秋阅尽，万卷书香，茁茁我幸小学子。

学以兴乡，习以兴邦，道远任重，诸君担当。

立品养正，宝自砺成，砥炼千般，我亦不让。

心盈幸福，成就未来，诚信博施，乐行无疆。

承此光风霁月之胜景，沐此斯文在兹之文风，

吾辈当常思：

苍茫大地，沉浮在我。家乡荣光，我亦有责。

总角之年，犹如朝阳，当不负飞逝之光阴，

常思师长之教诲，命运在吾非在它。

勉之哉，勉之哉。

“立品养正，宝自砺成”是我们的校风，“心盈幸福，成就未来”是我们的校训，“诚信博施，乐行无疆”则是我们对学子的祝福和期盼。

罗　军

目 录

第一章 走动管理的意蕴

第二章 走“进”学校课堂 实践幸福高效教学

第三章 走"人"教师队伍 打造幸福高效团队

第四章 走"实"每日常规 建构幸福管理体制

第六章　走"动"校园安全　确保学生身心健康

第七章　走"活"校本课程　丰润幸福教育理念

第八章 走“实”后勤服务 建构幸福后备体系

第九章 走“动”校园文化 养成学生精神气质

第十章 走在路上的幸福视野

第一章

走动管理的意蕴

Zoudong Guanli de Yiyun

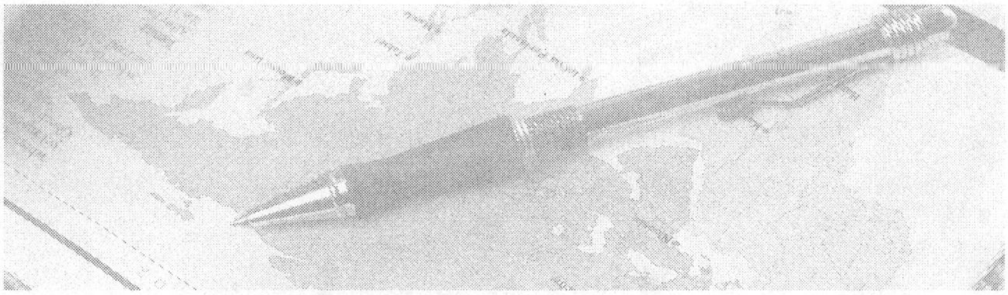

今天，许多教育界的有识之士已经认识到了学校管理文化建设的必要性和重要性，但在建设过程中过分强调学校管理文化外在的表现形式，而忽略了教职工的心理感受和认可度，因而无法达到预期目的。如何把握学校管理的非行政性因素，使教育成为教师人生价值的归宿，使学校管理文化成为人心所向，从而赋予冷冰冰的管理以温度和色彩呢?

第一节　走动管理的内涵

走动管理，顾名思义，就是在走动中进行管理。走动管理的概念起源于美国管理学者汤姆·彼得斯与罗伯特·沃特曼合著的《追求卓越》一书。汤姆·彼得斯认为，走动管理要完成三大目标，即倾听、指导和协助。这一概念的实质是领导者要融入职工之中，而不是给大家提要求、下命令。

其实，走动管理理念在我们的管理中由来已久，“下基层，搞调研”“深入实际了解真实情况”“没有调查就没有发言权”都是我们中国式管理的一贯要求。学校中的走动管理就是在学校教育教学活动中实施“嵌入式”的精细化管理，重视学校教育教学细节，做到“小事做细，细事做精”。因此，走动管理者必须深入群众当中，引领、协助和督促师生构建一种以师生发展为本、符合科学发展、幸福感强烈的和谐校园。

一、走动管理的概念

学校走动管理的核心，不是待在办公室里处理各种工作事务，而是进入一线现场，融入师生职工之中，面对面地同他们交流。通过倾听，管理者可以从教师、家长和学生那里得到第一手信息。在面对面的交流中，管理者也可以以现场解答和阐述的方式，把学校的价值观念传递给教师、家长和学生，使他们认同和接受学校的价值理念。走动管理模式的目的不在走动，而在于以师生朋友的姿态出现，调查问题并给予他们直接帮助，解决他们工作、学习中的困难。学校走动管理是一种领导艺术。

实施走动管理，就是要求学校管理者以“走动”的方式，走出一种和谐的沟通氛围，走出一种高效的管理体制，走出一个开阔的发展创新空间。换言之，走动管理是一种以和谐、高效地组织学校教育教学工作为主要对象的校园管理活动，它是学校管理者直接深入问题现场，和教师一起教，与学生一起学，随时了解教情学情，发现问题，解决问题等一系列教育教学管理活动的总和。在教育管理者走动管理的过程中，要采用公平、合理、高效的手段和措施，引领和激励全体师生，充分利用校内外的教育教学资源，整合优化学校各项教育教学工作，实现高效教育教学的工作目标。

二、走动管理的内容

（一）走"动"校园文化：增强情感交融，构建和谐的环境文化

1. 环境文化是什么？

（1）物质环境文化，主要是指以静态的物质形态存在的文化设施，它体现学校特有的文化特征，并以其独特的风格与文化内涵，影响着师生的理念和行为。

（2）动态的人文环境文化是指学校长期积淀形成的风气和文化氛围。

2. 如何构建环境文化？

我校把打造品位高雅、层次高端的校园文化作为一项基础工程来抓，以幸福园、有邻园、里仁园为中心的校园文化体系已初步形成。

（1）提升学校物质文化。学校的校容校貌是学校文化的外在表现，应该独具匠心、以物载德。我们力求体现出学校特有的文化底蕴，让一草一木、一砖一瓦都成为文化的载体，使墙壁说话、花草有声。校园里每一处景观都各具特色，但又讲求整座校园色彩搭配、造型协调、内容补充、精神统一。

（2）建设学校制度文化。从"三年发展规划"到"十二项育人制度"，从师德考评方案到《幸福街小学制度汇编》，我们严格按照要求规范各个环节，广泛征询教师的意见，反复讨论研究。对那些需要教职工代表大会通过的制度，我们要求教师代表带着议题深入各组室，进行面对面的交流和讨论，教师们充分行使了自己的权利，参与了学校管理。

（3）打造学校精神文化。为了将学校的校风、校训、学风、教风、办学理念、办学目标等内化为师生的精神风貌，我们要求各班建立能体现本班特色和追求的班训、班风和班歌。班训就是班魂，带有个性化色彩的班魂共同构成了学校的校魂；健康向上的班风又相互渗透融合，成为学校积极的校风。

（二）走"入"师生队伍：引发文化共鸣，构建公认的学校角色价值

1. 学校的角色价值是什么？

（1）管理者。学校管理者具有先进的办学理念和系统思考的能力，能正确定位学校的发展，确立学校近、中、远期办学目标，并将自己的价值观念转化到具体的工作中；能开放办学思想，充分挖掘社会教育资源，加强与外界的联系交流；具有民主、开放的管理作风和以身作则的精神，与学校师生

展开平等交流，激励他们不断学习以适应发展的需要。

（2）教师。教师善于不断学习，及时更新知识，不断完善自己的知识结构，能够以开放的心态吸纳新思想、新观念，并转化为自己的教育教学行为；具有团队合作的精神，形成互相理解、互相尊重、互相宽容、互相合作、互相激励的交往关系；具有自我反思、自我超越的意识，善于将学校办学目标内化为个人的发展目标，能改善自己的思维方式和行为习惯。

（3）学生。学校致力于培养人文底蕴深厚、创新意识强烈、胸怀宽广、志向高远的健康的少年儿童。

2. 怎样引发文化共鸣？

管理者要深入被管理者中，形成以“校长—中层干部—教师—学生”为中心的多维立体走动网络，使学校成员打成一片，大家畅所欲言，增强彼此的信任，形成团队凝聚力，从而实现情感共鸣基础上的文化共鸣。

同时，文化共鸣的达成又进一步促进了学校管理伦理的确立。在走动管理中，管理者解决问题时能依据的法规条文毕竟有限，绝大多数问题的解决要靠行为主体和管理者对问题的共识。久而久之，约定俗成的对待问题的态度和解决问题的观点，会逐渐成为学校的伦理道德，从而引导大家用公认的善恶标准来律人律己。

（三）走“实”每日常规：促进共同决策，构建教师专业成长的制度文化

1. 教师专业成长的制度文化是什么？

从学校的实际出发，以教师的专业化发展为本，建立一系列现代学校管理制度，激发教师的工作主动性、创造性，提升人的生命价值，促进学校的可持续发展。除德育常规、教学常规、科研常规以外，学校致力于实现学校内部管理体制的创新，建立教师和家长的伙伴关系和信息服务制度。

2. 如何促进共同决策？

走动管理的目的，是通过走动强化管理者的责任心、增强管理者的使命感，通过走动加强管理者与教职员工之间的情感交流，关注师生的幸福度，最后凝聚成“把每一件小事都做得更精彩”的工作理念。

3. 教师专业成长的土壤是什么？

教师成长的基地在学校，教师成长的土壤是新课程。课程是否满足学生的发展需求，是否适应教师的成长需要，是我们在每日走动中关注的要点。

（1）走入学校历史，开设“阳光周四”课程。

了解学校的历史，充分利用学校的已有资源开发课程，是一条捷径。我校自建校以来就以艺术教育作为全面实施素质教育的突破口，对艺术教育进行了卓有成效的探索和研究，已经形成了鲜明的办学特色。新一届领导班子在了解到学校的发展历史以后，便走进教师和学生中间，了解教师的意愿和学生的兴趣，大胆改革。在保留原有民乐队的基础上，以原来的春蕾少儿艺术团为主阵地，将每个周四下午定为阳光课程时间，开设了我校"阳光周四"菜单式自选课程。

第一，课程设置。"阳光周四"自选课程的设置基于课堂教学又立足于我校实际，它以民乐队为基础，同时又是体育、美术等学科课程的延伸，包括合唱、民乐、民族舞蹈、拉丁舞、绘画（简笔画、装饰画、儿童画、油画、科幻绘画）等三十几个子课程。

第二，课程实施。在"阳光周四"自选课程的实施过程中，我们采取了以下几方面措施：① 校内外结合，选拔聘用辅导员。我校专职艺术教师较少，因此，我们一方面加大对其他学科教师的艺术教学知识与技能的培训，让一部分有艺术专长的学科教师加入到活动课教学中来；另一方面充分发挥学校的社会资源优势，从市艺术馆、艺校、文化馆等单位聘请了十余名专业教师，担任艺术教育的指导教师。② 教学实施"四落实"。时间落实、地点落实：上课时间我们固定为每周四下午第二节课后，由教导处组织，有固定地点，保证了学生的上课秩序；内容落实、教师落实：课程内容包括十几个项目，教师包括本校教师和外聘教师，保证了艺术教学的专业水准。

第三，课程评价。① 利用中期反馈与学年末展示相结合的方式进行。中期反馈的参与者是学生家长，各个班级利用不同的形式向家长展示学生的学习效果，家长观看后写出建议或意见。② 学校还定期组织艺术节、校园吉尼斯等评选活动。其中，艺术节的内容包括文艺会演、书法比赛、摄影比赛、手工制作比赛、黑板报评比等活动。

（2）走入周边社区，实施经典诵读。

我校通过对家长及社区居民的问卷调查、个别谈话等形式，发现实施经典诵读具有极大的可行性。经典诵读不但能丰富学生的知识，更与学校的"阳光周四"课程相得益彰。于是，我校开发了经典诵读校本课程。从目标的制订、内容的选择、课程的实施、课程的评价到实施的保障措施，都形成了完整的体系。

第一，内容选择和目标定位。低年级背诵《笠翁对韵》《弟子规》，目的是接触经典、感受经典、熟读成诵；中年级背诵《论语》《大学》，目的是亲近经典、喜欢经典、增强记忆；高年级背诵《道德经》《大学》，目的是激活经典、丰富经典、提升素质。

第二，课程的实施与评价。

① 环境浸润，熏陶感染。让墙壁说话，在教室或走廊设立诗配画、童话廊、成语角等。

② 活动载体，搭建平台。每年一届读书节，安排了读书沙龙、图书市场、经典背诵大王评选等十多项活动；开展读书系列活动，每学期定期举行演讲比赛、故事会、读书知识竞赛等。

③ 拓宽阅读，开放读书。建立了低、中、高三个语文拓展阅读室，阅读室全天对教师和学生开放。

④ 多元评价，推进深入。编写《幸福街小学经典诵读评价手册》，学生按手册要求达标过关；设立星级教师制，根据教师诵读积累、指导学生诵读、经验推广等内容评定教师星级。

⑤ 师生携手，亲子共读。全体教师背诵《弟子规》和《道德经》；经典诵读活动还带动了许多家长参与，家长直言受益匪浅。

⑥ 主题学习，课内拓展。整合语文教材，引导学生进行课外阅读拓展。

⑦ 学科融合，培养情趣。注重古诗文与其他学科有机整合，全面培养学生的人文素养。

(3) 走入学生中间，进行科技创新。

2010 年，我校被列为潍坊区课题创新教育承担校。是仅仅将此课题作为一项纯粹的课题研究完成呢？还是一举两得，将课题研究过程开发成课程呢？我们带着问题走进了学生中间。经过汇集信息、梳理思路，我们决定，开发我们的第三大校本课程体系——科技创新类课程。

第一，低、中、高三个年级段的培养目标和课程设置如下。

① 低年级。

培养目标：培养学生的观察能力和想象能力；使学生能够了解一些与日常生活中紧密相关的浅显的科学知识，学会科学观察；使学生认识校园内的植物，能够制作标本；使学生能够发挥想象，进行科幻绘画。

课程设置：观察实践课和科幻绘画。

② 中年级。

培养目标：培养学生的观察能力、想象能力和动手操作能力；注重学生在科学活动中对过程与方法的体验，重在培养学生的动手能力；鼓励学生学习小发明、小制作知识，能够独立完成手工制作。

课程设置：身边的科学、科学金点子、飞机模型制作、科幻绘画、科技小论文、小课题研究。

③ 高年级。

培养目标：培养学生的观察能力、想象能力、动手操作能力和创新发明能力；使学生了解科学技术与社会的关系，认识到先进的科学技术是第一生产力，重在学习科学知识，培养对科技的兴趣；使学生能够运用所学知识进行模型、工艺品制作，以及实用生活用品小改造；使学生能够制作网页。

课程设置：身边的科学、电子报刊、机器人、网页制作、小发明小创造、科学金点子、科幻绘画、飞机模型制作、小课题研究。

第二，本着多元化的评价原则，以活动评选作为主要的评价方式。

近年来，我们看到，特色课程体系的构建，增强了学校教育教学的生命力，促进了学生和谐发展，转变了学生的学习方式，提高了学生的学习能力。如2013学年，学生在教育教学方面获得省级以上集体奖23项；在征文、信息技术比赛、书画作品评比、学科竞赛等方面获得省级个人奖43项。

同时，我们发现特色课程使得教师的潜质得到了开发，教师的生命质量得到提升，教师队伍也迅速成长起来。课程的实施不断更新教师的教学观念，促进教师的角色转换和专业发展，挖掘教师的创造潜能，从而有效地促进课堂教学和校本课程的研究和实施，提高了新课程的教育教学质量和水平。

第二节　走动之道：从"见素抱朴"到"朴散为器"

老子曾说："令有所属：见素抱朴，少私寡欲。"意思是，要使人有所归属，就要保持质朴，减少私欲。老子还说过："朴散则为器。"意思是，质朴的道散发出去，形成不同功用的法度。有鉴于此，我校在2009年引进西方先进企业的管理文化，从"见素抱朴"到"朴散为器"，从放下自我到建章立制，构建了走动式学校管理文化。

一、见素抱朴，冷眼旁观

见素抱朴，首先是学校管理者的“见素抱朴”。我校每一位管理者每周都要填写一张《走动管理信息采集表》，这张表格包括问题事件描述、处理意见、处理效果等内容。学校通过这张表格约束管理者，防止他们单纯凭印象和感觉来判断和决策。

在“每周一表”的引领下，一系列问题进入了我们的视线。如中层干部是否有责任心，校园环境是否干净整洁，学生课间秩序是否有序，学生课前准备是否充分，学生精神面貌如何，学生与校本课程的契合度怎样，教师工作积极性如何，骨干教师队伍的梯队建设有无保障，教师专业化成长平台的搭建是否有力，等等。如此一来，有问题不但不再是可怕的事情，反而成了大家“大做文章”的素材。学校管理者常常走到教研组、年级组、课堂和校园中，走入学生和教师中，听听，看看，而后再写写，想想，分门别类地列出目前学校管理中存在的问题，再根据问题抓住主要矛盾，各个击破。这样“见素抱朴”式的“冷眼旁观”不仅重要，而且必要。

二、歙歙浑心，温情攻心

老子说：“圣人在天下，歙歙焉，为天下浑其心。”意思是圣人做事，一定要收敛自己，为的是让天下归于浑朴，从而使“百姓皆注其耳目”。

俗话说，攻人先攻心。管理者怎样才能以自身的人格魅力来影响、带动周围的教师，从而最大限度地调动教师的积极性，并使他们竭尽所能贡献出自己的聪明才智呢？老子给出了最好的答案，就是要“歙歙焉”“浑其心”。

学校管理者应深入教师和学生中间，倾听他们的意见和建议，了解他们的想法，增加相互之间的信任感和凝聚力，形成文化共鸣。在此基础上，进一步促进学校伦理道德的建立，使大家主动、自觉地遵守学校制度。

三、朴散为器，建章立制

“朴”的原意是“原木”，经过木匠的分解和打磨，成为各种木器，即“散朴为器”。以师生的发展为本，是走动式学校管理文化的“朴”；建立在以师生为本基础上的各种规章制度，则是走动式学校管理文化的“器”。

响应奎文区教育局推进学校制度化建设的精神，我们充分尊重教职工的意愿，注重发挥教职工的集体智慧，集思广益，群策群力。在走动管理中，经过无数次调查和反复研究讨论，对学校现状进行深入分析、提炼、规范，将动态的管理文化静态化，形成了我校的章程和规划，进而加强了对全校师生在价值理念、岗位责任等方面的教育和引领，使学校成员在价值取向方面达成共识，为后期采取及时、正确的决策打下坚实的基础。

同时，我们深入挖掘校训、校歌、校旗、校徽等的特定文化内涵，感染、美化师生的心灵，营造一种团结向上的群体氛围，发扬"大局着眼、以诚待人、无微不至、真情无限"的"精细化"管理的理念，发现和提炼教师身上反映出来的敬业精神和思想境界，充实和强化我们的工作理念，强化我们的内在精神。

学校管理千头万绪，纷繁复杂。我们只需"镇之以无名之朴"，"万物将自化"。教师的专业成长、学生的全面发展，就像生物成长一样，需要适宜的生态环境，这样教师、学生、学校之间才能相互和谐、共生共荣、彼此促进、协同进化。走动式学校管理文化的研究使我们从生态的视角审视学校管理，从人本角度关注个体的人，从道德方面关注学校的管理，形成了学校的良心，从而优化了学校的制度化建设，最终实现学校的可持续发展。

第二章 走“进”学校课堂 实践幸福高效教学

韩愈在《师说》中提到："师者，所以传道授业解惑也。"可以看出，教师的职责不仅是传授知识，更肩负着帮助学生建立正确的价值观、人生观的重任。幸福街小学的广大教师在走动管理理念的引领下，立足课堂，以打造学生幸福人生为己任，着力构建幸福高效课堂。

第一节 解读幸福教育

曾经有心理学家对数千人进行了随机问卷调查：“什么是使人幸福的最重要因素?”结果表明，最重要的因素不是金钱、成功、健康，甚至不是美满的爱情、婚姻和家庭。真正幸福的人只有两点是共通的：他们明确地知道自己的生活目标，同时他们能够稳步地向目标前进。这是以存在的完美为指向的幸福，是人自身潜能不断展开、创造力不断发挥、朝着自由全面发展的方向展开的一种生活的实在和对未来的憧憬，这就是幸福。

幸福感不是来自生活经历本身，而是来自我们面对生活的态度。人生道路上的每一个境遇都给了我们一个积极应对或消极应对的机会，正是我们选择的应对方式，决定了在事情结束后我们所感受到的幸福或不幸福的程度。

一、理解教育的本质

教师幸福的真谛是什么?

(一) 教师的工作现状

曾经有这样一条短信在我校教师的手机里疯传：“干得比驴累，吃得比猪差，起得比鸡早，看上去比谁都好，五年后比谁都老……”虽然有些夸张，但也不无道理。教师的确很忙，每天要早到校迎接学生，除了要认真备课、上好每一堂课、批改好每一本作业外，要关注学生的方方面面：哪个学生成绩下滑了，得想办法找出原因；哪些学生之间闹矛盾了，要及时谈话，及时了解；家长的教育理念要与学校的教育理念一致，要开家长会与一些家长单独交流，及时转变家长的教育理念；学生的安全马虎不得，这根弦要绷紧；学校的卫生也不容忽视，卫生区一天要转好几次；教师自己也要时时充电，把自己原来的“一桶水”变成“长流水”；假期中还有各种形式的培训。难怪有人说，中国中小学教师是最累的群体之一。

人民网教育频道与《现代教育报》联合推出的“教师的幸福指数调查”发现，67%的教师在一天工作结束时，会感到疲惫不堪，近30%的教师觉得虽然很累，但是很满足。影响教师在工作中获得幸福感的原因中，近50%是学生能否取得较好的成绩。提及对教师这份工作的感受，47%的人认为一般或者喜欢，25%的人选择厌倦。

（二）幸福教师的本质

一个人的幸福程度的高低与金钱的多少成正比吗？当然不是。教师的确不富有，但是教师精神上的富有足以让他们感到幸福。这种精神上的富有来自学生的健康成长，来自社会的认可和尊重。

毕淑敏说过，人生本没有什么意义，人生的意义便在于我们要努力赋予它的意义。我们的教育生涯也是如此，不管教师这个职业的取得是偶然还是必然，是主动还是被动，只要我们从事这一职业，就应该在作为谋生手段的基础上，把它变成事业，从中寻求价值和理想，寻求快乐和幸福。对教师而言，教育工作占据了人生的很大比例，它的意义决定着人生的意义，它的价值决定着人生的价值。作为教师，如果我们不从教育本身寻找幸福，那么做教师的精神支柱就坍塌了，整个人生就将活在悲惨之中。可见，做幸福的教师对每个教师而言，不仅是为何而教，也是为何而活的问题。

二、明白教育的真谛

教育的真谛究竟是什么呢？

（一）要有教育梦想

对幸福的教师来说，教育不是牺牲，而是享受；教育不是重复，而是创造；教育不是谋生的手段，而是生活的本身。教师的一生不一定要干成什么惊天动地的伟业，但应当如同百合，展开是一朵花，凝聚成一枚果；应当如同星辰，远望像一盏灯，近看是一团火。当意识到生命的蜡烛在"照亮"学生的同时，也应"照亮"自己时，我们是不是应该投入到自我发展、自我完善的境界中去，寻求一种生命的意义和追求的乐趣呢？

对教师来说，有没有梦想，有没有为自己设置一个长期乃至一生为之奋斗的目标，并将自己的所作所为尽可能锁定在这个梦想上，这往往是优秀教师和普通教师之间的最大区别。换句话说，一位教师的价值不在于教了多少年书，而在于用心教了多少年书。

（二）明确教育真谛

对于一名教师，让学生获得人生的幸福就是教育的真谛。让学生在离开学校、走上社会以后，仍然追求着幸福，这样，教育就成功了。教育的终极目标就是要让幸福伴随着孩子一生，让他们用积极、乐观的人生态度追求人生的幸福。教育不是让人走向上流社会，而是让人获取智慧和心灵自立的力量。

三、树立正确的人生观、价值观

教师要成为一个幸福的人，是自己的需要也是教育的需要。我们要把幸福带给学生，首先自己应成为一个幸福的人，成为一个懂得如何创造幸福生活的人。那么，我们怎样才能成为幸福的教师呢？

（一）要有正确的人生观

教师要有正确的人生观，才能正确地看待教师这个职业。许多教师往往把教师职业看作谋生的方式、手段，所以，当他们付出之后，特别是与其他行业做了比较之后，就觉得自己比别人付出多，但收入少，于是内心很不平衡。这样的教师看到的只是物质享受，如果看到自己的付出会换来一个个生命个体的蓬勃生机，看到自己的学生成为国家的栋梁，相信多少金钱也换不来这种自豪。当自己的价值被充分体现时，教师一定会觉得十分幸福。

1. 理解社会对我们的期望。

社会期望教师“学高为师，身正为范”，具有精湛的教学艺术、较强的科研能力、优良的综合素质、高尚的道德情操、勇于创新的精神、良好的心理素质等，恨不得教师是圣人，这给了我们很大的压力。然而，教育的成败关系着社会的发展。一名教师对学生的影响不仅仅是知识上、智力上的影响，更是思想上、人格上的影响。精神需要精神的感染，道德需要道德的濡化。正因为我们肩负着如此重大的使命，所以，社会对我们的期望才会如此高。我们应该感到自豪，并有一种责无旁贷的使命感，把社会对我们的期望转化为动力。

2. 理解家长对我们的期待。

有时，我们会遇到家长的无理和苛求：孩子成绩好，是孩子聪明；孩子成绩不好，就是教师无能，不会教。还有的家长希望教师有“点石成金”的本领，今天把一个懵懂无知的孩子送到学校，明天孩子就成为全才。这些都给我们带来了许多烦恼。但是，我们的教育关系到孩子的前途，家长们怎么能不在意呢？又怎么能不苛求呢？我们也希望自己的孩子有一个师德良好、专业知识丰富、教育水平高的老师。理解了家长，我们才能心平气和地和家长沟通，和家长一起教育好孩子，减少许多无谓的烦恼。

3. 享受教育过程。

教育是心灵的事业，是唤醒灵魂、塑造人格的事业，如果教育工作者本身没有高尚的灵魂，怎么能培养出心理健康的学生呢？就教师个体的生命而言，教育教学活动占据了大部分时间，如果在教育教学过程中寻找不到人生的幸福，那么整个人生的幸福又在何处？做个幸福的教师，幸福地做教师，既是教育事业的必需，也是教师个体生命的必需。如果教师整天高度紧张，还怎么享受生活的幸福呢？根本的解决方法就是在"保持生活平衡"的观念之下，把教育当成一种享受。

(1) 享受生活。幸福不仅仅来自工作，更来自生活。家人、朋友，闲情、雅趣是幸福生活不可或缺的一部分。要学会买本喜欢的书，买件心仪的衣服，和家人、朋友一起聚会、旅游。开朗、豁达的生活态度和自觉高雅的生活情趣很重要。

(2) 享受课堂。课堂是教师生命最重要的舞台，如果每天只是单调重复地照本宣科，就会产生许多焦虑和烦恼。一个懂得享受教学的人，课堂自然会成为其享受幸福的重要舞台，教师自然就会积极营造充满生命活力的、多姿多彩的课堂。

(3) 欣赏自己。幸福是基于平淡生活的体会，是大多数人都可以持有的，而不是某些人的特权。幸福不在于金钱的多少，不在于身边簇拥了多少人，不在于人前显赫。一个普通人，如果能读懂自己、欣赏自己，幸福就是触手可及的事情。

(4) 欣赏学生。全面发展绝不意味着一个人什么都爱好，什么都愿意做，更不意味着一个人所有的爱好都会得到平均发展。真正全面发展的人是一个在许多方面都具有活动能力的人，他必须是一个富有创造性、具备某些独特能力的人。因此，教师应该学会欣赏每一位学生，这不光是为学生着想，也是为我们自己的身心健康着想。

(二) 把学生当成朋友

受中国几千年传统文化的影响，教师往往放不下"师道尊严"的架子，特别是在学生面前，总是一副高高在上的姿态。然而，人往往因为有了朋友才会开心，教师每天面对这些学生却不能作为自己的朋友，没有朋友式的平等与交流，何来快乐，何来幸福？教师要尝试着放下架子，让自己变成每一个学生的大朋友，让彼此的心灵沟通。这时，我们会发现，做一名教师是多么幸福啊！

（三）做到学高为师、身正为范

教师必须有丰富的学识，必须以自己的言行给学生做出良好的示范，让学生打心底佩服，让学生在自己的引领下快乐、健康地成长。这不是一件幸福的事情吗？为此，教师要不断充电，紧跟时代的步伐，要变成知识的“源头活水”，不断提高自己的修养，以良好的形象为学生树立榜样。

（四）爱学生，没有爱就没有教育

对学生真诚无私的爱是获取教育成功的原动力，唯有爱才能取得信任和配合。没有学生的合作，教师的工作绝对不会有成效。可以这样说，教师工作的成功取决于教师能否调动学生与自己合作的兴趣与能力。使学生感受到快乐的教师是最幸福的教师。

（五）团结协作，做一个与人为善的人

教师的人际关系有合作与竞争两种。正确处理这两种关系，使之有利于事业发展，有利于身心健康，是教师职业发展的需要。合作是第一位的，只有在与同事有效的合作中，才能体现出我们的职业价值。

有人说，教师的生命像一个长长的句子，艰辛是定语，耐心是状语，热情是补语。又有人说，教师的生命像一个根号，一沓沓作业本为他们的青春无数次开方。其实这些都只说对了一半。因为对于幸福的教师来说，教育不是牺牲，而是享受；教育不是重复，而是创造；教育不是谋生的手段，而是生活的本身。

四、幸福教师的有效成长途径

（一）课题研究让教师快速成长

如果教师在课题研究中找到归属感，具有成就感，就会感到幸福。那么如何有效地调动教师进行课题研究呢？

1. 分层管理，构建学校课题管理网络。

我校成立了以校长、业务校长、科研主任为核心的科研指导小组，团队成员是语文、数学、英语学科的学科主任，负责管理课题研究工作和指导工作；成立了业务校长、科研主任为核心的课题研究小组，团队成员是各学科教研组长与科任教师，负责课题的研究实施工作。我们围绕学校核心课题，层层分解，逐渐落实到教师个人，从而实现“逐级管理课题，全员参与课

题"的良好科研氛围。

2. 多种措施并举，推进课题研究的深入实施。

(1) 跟进指导，提高课题研究的实效性。对于大多数一线教师来说，如何进行课题研究，怎样选题，如何立项，研究过程中要关注什么，如何进行结题，都需要指导。根据我校的实际情况，我们以两种形式跟进指导：一是对全体科任教师参与的常规性课题研究培训指导，主要由学校科研主任以培训的形式进行；二是对课题主持人进行有针对性的具体指导。有了及时跟进的指导，教师觉得课题研究不再是困难的事情，不再是神秘的事情，而是感觉这就是教育研究本来的样子。

(2) 搭建平台，推进研究个性化的进程。我校每学年都要进行年级组或个人的研究成果交流，并根据研究的情况给予奖励。这是个性化教师成长的有效途径。个性化教师要把自己的教学风格与大家分享，在一定范围内进行推介。

(3) 激励评价，引领教师走向自主研究。有效的评价机制能提高教师的自我效能感，引领教师走上自主研究的道路。我们的做法是，把教师课题研究纳入优秀教研组的评比当中，给予研究深入的教师优先外出学习、考察的机会，给予参与课题研究的教师奖励。

3. 以核心课题为依托，子课题跟进，实现人人参与的良好氛围。

我校以省级课题"小学生自主互助学习能力的培养和研究""外国诗歌应读内容、阅读要求及教学方式的研究"为核心课题，层层分解，以 4 个市级课题为中间课题，再分解为 5 个区级课题和 7 个区级小课题及 30 多个校级小课题，真正实现了人人参与课题研究这一规划目标。这 2 项省级课题、4 项市级课题、5 项区级课题、7 项区级小课题在两年内全部结题。

(二) 走个性化教师之路

《国家中长期教育改革和发展规划纲要 (2010—2020 年)》明确提出，树立多样化人才观念，尊重个人选择，鼓励个性发展，为每个学生提供适合的教育理念。培养和张扬学生个性是新课程改革的一个重要要求。作为独特生命个体的教育者，教师的个性应是学生可持续发展的根本，发展学生的个性需要个性化的教师。造就一大批有个性特色的学科教育专家，形成学校教学改革的多种实践形态，这是区域性教育研究的发展趋势。因此，我校把个性化教师的培养作为一项重要的教育问题进行研究。

1. 成立个性化教师培养领导小组。

学校成立了以校长、业务校长和科研主任为核心的个性化教师培养领导小组，对个性化教师的培养做出规划，对个性化教师的调度、指导、验收、推荐做出部署，指导形成个性化教师培养制度，为个性化教师的成长营造宽松、浓厚的氛围。

2. 制订培养方案。

个性化教师的培养是一项长远的工程，需要学校制订符合学校校情的培养方案。我校领导小组经过多次研究，制订了培养方案，并根据方案研究实施。

3. 制订初、中、高级个性化教师标准。

对于初、中、高级个性化教师的评价标准，学校领导小组向全体教师及家长发放了问卷，进行了分析，写出了分析报告，经过多次论证、研究，制订了初、中、高级个性化教师的评价标准。

4. 个人申报，形成培养梯队。

首先让教师根据自己的教学情况进行反思、总结，在此基础上进行个人申报，申报者找出自己的个性发展点，并理顺个性发展思路。然后由学校领导小组进行验收，对于有发展可能的教师进行建档、跟踪指导；对于还没有找准个性发展点的教师，领导小组建议教师继续进行研究，在研究中找准发展点后再申报。

5. 跟进指导，帮助教师形成个性。

(1) 找准个性发展点。学校领导小组要求每个申报者都要阐述自己的个性发展点及形成思路，再对其个性发展点实施的可能性进行点评。

(2) 跟踪听课，深入研究。业务校长和科研主任跟进指导，走进课堂，发现问题，通过教研等方式给予及时指导。学校定期聘请有关专家和教研员到学校进行诊断性听课，并提出教学意见和建议。

(3) 交流展示，示范引领。我校每学期组织两次交流展示活动，所有科任教师都要参加。展示活动一般有两种形式：一是能体现个性教学的课堂展示；二是关于个性研究的报告。在活动中，对于研究深入的教师进行鼓励，这能对其他教师起到示范引领的作用；对于偏离研究思路的教师，学校帮助其及时调整思路。

6. 自主申报，个性验收。

已经申报个性化教师培养，在教学中围绕个性点进行研究，并有一定的成效，达到一定目标的教师，都可自愿申报验收。

（1）验收程序：① 参加验收者提出验收申请，填写验收申请表；② 提供能展示自己个性的课堂展示课；③ 在15分钟内以报告的形式阐述自己的个性教学；④ 提供体现自己个性化教学的过程性材料；⑤ 师生调查；⑥ 验收评委进行点评。

（2）验收结果应用：① 对通过验收的教师授予"幸福街小学个性化教师"称号，享受校级个性化教师待遇，承担个性化教师的引领任务；② 优先推荐校级个性化教师参加区级个性化教师评比；③ 个性化教师可优先参与各种培训、学习。

7. 激励评价，个性推介。

顺利通过验收的教师，要在半年内进行相应层次的推介，学校为其搭建推介的平台。经过推介的教师可优先参加相应的学术交流活动，并优先申报高一级别的个性化教师的评比，在"评优树先"活动中获得相应的加分。

个性化教师培养促进教师更新教学观念，运用科学的研究方法解读教学中存在的问题，这极大地激发了教师创造的潜能，一大批具有个性教学风格的教师逐渐形成。周波、张霞、陈秀玲、王安存都通过了校级个性化教师的验收。其中，王安存在2013年顺利通过了区级个性化教师的验收，被评为区级个性化教师。随着教师个性化研究的不断深入，体现教师个性的校本课程逐渐形成。这些课程来源于教师的实际教学，更适合学生。如经典诵读校本课程获潍坊市校本课程一等奖，"阳光周四"课程获潍坊市校本课程二等奖。

8. 个性化教学流程。

我校立足于实际，尊重教师的个性化差异，探索出一条促进教师发展的新道路，培养了一批具有独树一帜教学思路、与众不同教学艺术、别具一格教学风格的个性化教师。这充分体现出以个性化的教育培养创新性的人才是我校个性化教师研究的主要目的。

以下是张霞老师以数学思维训练为个性点和陈秀玲老师以网上批阅作文为个性点的教学流程。

"用乘除法解决问题"教学流程

——在应用题中进行思维能力的训练

一、导入新知

师：同学们，前面我们学习了两、三位数乘一位数和两、三位数除以一

位数的知识，今天我们重点来研究用乘除法解决问题。（板书）

二、教学新知

（一）出示情境图

师：这是一幅什么样的情境图？

（学生回答。）

师：根据信息，老师给你们提出了三个问题，（课件出示问题）该如何解答？根据信息你还能提出什么问题？又该如何解答？

（学生小组讨论，全班汇报想法和思维过程，教师总结。）

（二）思维训练一

1. 舞蹈队有男生 6 人，女生 8 人，合唱队的人数是舞蹈队的 3 倍，合唱队有多少人？

2. 小猪头饰有 15 个，小猫头饰的个数是小猪头饰的 5 倍，小猪头饰和小猫头饰共有多少个？

（让两名学生板演，其他学生在练习本上写出思维步骤；让板演的学生分析思维过程和思维步骤，在此基础上教师再次强调思维步骤，并用课件出示完美的思维步骤和计算结果。）

（三）思维训练二

1. 李云家今年平均每月交水费 48 元，每月交电费比水费多 59 元，李云家今年前 3 个月共交电费多少元？

2. 张阿姨买饮料用了 72 元钱，张阿姨买饮料用的钱是王阿姨的 2 倍，王阿姨比张阿姨少用了多少钱？

3. 张丽小组计划用一个星期的时间给学校幼儿园做 226 朵小红花。前 3 天做了 98 朵，后 4 天平均每天做多少朵才能按时完成任务？

（第一道题让学生说出思维过程，列出算式；第二、三道题先让学生同桌之间讨论，再说出思维过程，列出算式。最后教师总结，出示完美的思维步骤。）

（四）思维训练三

师：学习数学知识就要用到生活中，下面老师给你们出示两个现实生活中的题目。

1. 暑假学校将组织三年级 5 个班的部分同学去海边游玩，每班去 11 人，每条小船最多坐 4 人，至少要租几条船？

2. 小明的爸爸卖水果，花 76 元批发了 4 箱葡萄，3 箱一共卖 75 元。每箱葡萄能赚多少钱？

（小组先讨论然后汇报，教师总结并出示完美的思维步骤。）

三、课堂总结

师：通过这节课的学习，你有什么不一样的收获？

（学生汇报。）

师：同学们的收获可真大，知道如何找到解决问题的突破口，思维比较流畅，表达比较清晰。这节课老师上得很舒服，同学们学得很高兴。谢谢同学们！

（张　霞）

"网上批阅作文"教学流程

一、谈话导入

师：同学们，暑假前的课堂展示时，我们的"2013 作文评改"中有 110 篇习作，经过一个暑假和开学以来的努力，现在已经有 260 余篇优秀习作了。比较以前，我们的习作在质量和数量上都有了提高。今天我们就针对这阶段的作文评改向同学们和教师们做汇报。在此，老师想问一下，在老师博客中已经发表习作的有哪些同学，请举手。

（学生举手。）

师：不错，大部分同学都有了自己引以为自豪的作品，我们应该为自己的成就鼓掌。

二、小组交流

师：在这些习作中，你印象最深的是哪篇习作？为什么？

（全班交流。）

师：刚才大家说得都不错。看来，读其他人的习作，自己也会有不少的收获。

三、作文介绍

（一）读书、旅游的感受

师：暑假里，老师让大家多读书、多旅游，并写一写感受。下面就请两位同学谈一下他们的认识。

（学生谈感受。）

师：从他们的发言中，看得出大家暑假的收获真不小，既有精神层面的读书，又有行动方面的旅游，真可谓"读万卷书，行万里路"。暑假生活过得蛮有意义的，所以作文水平提高也是情理之中的事。

（二）看电视的感受

师：中央电视台连续两个多月播出《中国汉字听写大会》，吸引了一亿多名观众参与，同学们也或多或少看了这一节目。在10月18日，老师布置大家收看冠军之夜的比赛，并写读后感，大家写得都不错。下面就这次练笔情况，让一位同学给大家做一下介绍。

（学生谈感受。）

师：看来，"世事洞明皆学问，人情练达即文章"，看电视时，大家也有不小的收获呀！希望大家在生活中多观察、多发现、多练笔、多写作，相信大家的写作水平就会"芝麻开花节节高"啦！

（三）写人习作

师：至今为止，我们已写了10余类习作，写人物的、写诗歌的、写漫画的及课文续写等，每一类都有不少习作发表在老师的博客上。下面我们就请一位同学为大家介绍其中一类。

（学生介绍写人习作。）

四、欣赏修改习作

师：那么，对于一些问题较多的习作，我们该如何修改、提高呢？

（课件出示两位同学的习作，根据学生的意见，修改、对比，共同欣赏。）

师：看来老子说得没错，"知人者智，自知者明"。有时，习作写完后，自己不容易发现问题，他人的慧眼发现了，并给予指正，那我们应怀有一颗感恩之心，接受意见，自然就能把习作写得更好。

五、课堂总结

师：从同学们对习作的评改中，从大家的发言中，老师知道大家水平在不断提高。上半年，你们的习作在奎文教育网上发表的就有21篇，3位同学的习作获得省级奖励，本学期又有8篇习作在教育网上发表。下一步，我们要争取在刊物上发表作品。所以，我希望大家在发表自己习作的同时，也去评价他人的习作，并相互学习。相信你们的习作水平一定会越来越高！

（陈秀玲）

9. 个性化教师评选方案。

为深入研究学校个性化教师培养工程，凸显学校特色，我校构筑以教师特色教学为载体的教师纵深成长工程，充分发挥个性化教师人才资源的整体优势和在教书育人、教育科研、指导培养教师等方面的重要作用，促进我校个性化教师的可持续发展，加速他们成为名师的进程，建立了对个性化教师定期考核、科学评估与动态竞争的管理机制，制订了我校个性化教师评选方案、个性化教师评选制度等。

幸福街小学教育教学个性化教师评选方案（草稿）

一、指导思想

全体教师在平时的教育教学中应不断学习、不断反思，形成研究、实践、再研究、再实践的良性循环与发展，在规范的基础上形成自己的教学风格，打造幸福街小学研究型教学队伍，特制订本评比展示方案。

二、展示对象及内容

展示层次分三个方面：班级管理、课堂教学、学法指导。全体科任教师可依据个人特点参加一个或多个方面的展示。

三、展示形式和标准

1. 班级管理：提交方案、教师做专题报告、实地考察、评委评议。

2. 课堂教学：教师上交方案、课堂教学展示。讲课标准：上好一堂课，体现自己的教学风格；要紧紧围绕所教学科的课程标准要求，目标明确，重点突出；环节设计体现高效、自主的理念，凸显学生主体性；板书设计美观，有归纳提升的作用；多媒体运用恰当。

3. 学法指导：提交方案、教师做专题报告、学生问卷调查、评委评议。

四、展示要求及过程安排

1. 申报：参加个性展示的教师填写《幸福街小学教育教学个性化教师申请表》，撰写研究方案。方案内容及要求：为自己的特色起一个有针对性、简短而响亮的名字；根据课题研究的思路撰写方案，包括问题、目标、理论依据、研究内容、方法步骤、预期效果。上报时间为3月8日。

2. 论证：学校将教师上交的方案逐一审查、修改、完善，确定研究的最终方案。培训：3月举办一次理论培训——教师怎样准确定位并发展自己的个性。

3. 中期调度：4月，个性化教师汇报研究情况，教导处给予指导。

4. 阶段展示：6月底，根据研究结果初步评选等次。

五、评价标准

1. 教师特色鲜明，教育教学成果显著，在校内、校外有一定影响，学生、家长认可度高。

2. 学生表现优良，在各项活动中表现突出。

3. 撰写的方案与准备的材料能反映教师教学的个性。

六、结果应用

1. 根据教师的研究情况，授予个性突出、成效显著的教师"个性化教师"称号。

2. 按照研究的深入程度及效果分为两个级别。

3. 获得称号的教师在年终师德考评中按照比例获得加分。

第二节　幸福高效课堂教学实施

一个好校长就意味着一个好学校，一个好教师就意味着一个好班级、一群好学生。在教学中，我们发现教师对学生的影响力是巨大的，因此，我们将教师的专业素养培养放到首位，运用科研引路、专题研讨、活动促进的方式，有力促进了幸福高效课堂的建设。

一、构建科学运行机制，培养优质教师队伍

众所周知，学校发展的关键取决于教师的专业发展，而幸福高效课堂的建设更需要教师专业水平不断提高。"工欲善其事，必先利其器"，在幸福高效课堂教学的建设工程中，我校把教师队伍的培养作为重点工作之一，形成了全方位、多层次的教师队伍培养机制，为提高学校教育教学质量奠定了坚实的基础。

（一）观念领先，提高教师整体素质

1. 全员培训，转变观念。

对于教师来说，要遵循教育规律、真正尊重学生人格、遵循学生心理发展成长规律，只有专业理论知识是远远不够的。现在，教师队伍整体素质普遍提高，就我校而言，第一学历为大学本科的教师不在少数，有的还是硕士研究生，他们的专业水平很高，但当他们遇到实际问题时，那些高深的专业知识往往派不上用场，有时甚至连处理学生间的一件小事都力不从心。挫败感蚕食着教师的教育热情。在这种情况下，很难发挥教师的教育职能，更不用说用教师的人格魅力培养合格、有特色的人才了。因此，加大教师培训力

度、转变教师观念尤为迫切。我校每学期至少组织三次全体科任教师参加的培训活动，承担培训任务的有校长、中层干部、骨干教师，培训的内容涉及教育教学的方方面面。这种培训打破了学科界限，更能帮助教师建立起“大教育”的观念，使教师能站在教育的更高层面理解教育。

2. 专题培训，提升技能。

我校大型教研活动的主题一般来自教师遇到的困惑。教导处各分管中层干部每天深入课堂、办公室，与教师促膝长谈，了解教师的困惑，及时答疑解惑。同时，每周末将教师存在的共性问题整理归纳，确立培训的主题，使得每次培训都具有很高的实效性。

与书为伴也是提升教师素质的良好途径。学校向教师推荐古今中外教育大家的教育论著，如朱永新的《中国古代教育思想史》、佐藤学的《静悄悄的革命》等。教师在阅读中得到启发，在有限的时间获取了大量的有用信息，为他们的成长搭建了良好的平台。

（二）专业引领，健全教师培养机制

1. “幸福工作室”促使骨干教师持续发展。

我校现有市区级教学能手 40 人左右，他们是教师队伍的中坚力量。为了使这些骨干教师实现可持续发展，让他们始终走在教学改革的前沿，充分发挥先锋带头作用，学校成立了由业务校长牵头的“幸福工作室”。“幸福工作室”下设语文、数学、英语、创新教育四个工作室。工作室的负责人分别由教导处主任和少先大队辅导员担任，成员是各学科的骨干教师。工作室每月按计划定期开展研讨活动，活动原则是课题带动，活动形式包括理论提升、案例分享、课例打磨等。工作室活动的开展打造了我校一支研究型、反思型的骨干教师队伍，撑起了我校教育改革的一方晴天。

2. “F22”学科导师带动青年教师快速成长。

所谓“F22”，指的是由 22 位导师组成的幸福街小学教师培养精英团队。“F22”蕴含着学校领导对这支队伍的深切厚望与无限祝福，即以“F22”带领全体青年教师迅速成长为我校的精干力量。这 22 位导师是通过民主评议推荐的，学校把他们的教学风格、教育理念在全校展示。

导师与青年教师在学校教导处指导下，自定计划开展互帮互学活动。学校每学年组织两次教师培养结果展示，展示的方式由教师自定，学校组织专业评委现场打分，对表现好的导师和青年教师给予奖励。青年教师以后取得了教学成果均给予其导师相应的奖励。“F22”教师培养机制使青年教师的快速成长成为可能，目前已有十几位青年教师在市级、区级课堂教学及优质课评比中取得佳绩，青年教师的健康成长为我校的发展注入了生机与活力。

3. 课题研究引领教师成长。

（1）制定制度，搭建平台。学校成立了由校长为组长、副校级领导为副组长的课题实验领导小组，建立完善了由课题组长、子课题负责人、课题组成员组成的三级科研组织。各课题负责人依据课题实施方案认真制订阶段工作计划，定期举行课题组例会，分析研究工作，理顺各个子课题，整理原始资料，建立档案，完善过程管理。

（2）明确思路，专家指导。学校多次邀请学者、专家对实验课题进行指导，从最基本的课题精神解读到课题目标的定位，从最初的方案设计雏形到教师理念转变，使教师对课题研究的方向和思路有了全新的认识和理解。通过对课题的设计、论证、实施、完善，明确了工作中的主攻方向，科学有效地指导了教育教学，妥善合理地解决了前进中的突出问题，从而实现学校的良性发展。

（3）人人参与，全面发展。学校定期对全校教师进行有计划的培训，围绕子课题开展活动，组织教师讨论具体案例，力求培训有实效；组织教师继续学习了课题方案，领悟课题研究的目的、意义及内容，并与自己的教学实践紧密联系，围绕自己确立的课题设置阶段目标，开展多种活动，将课题研究落到实处。学校每年有二十多位教师参与学校承担的国家级创新教育课题，80%的教师积极申报了区级小课题研究，逐步实现了教师教育教学工作由经验型向科研型转变。

（4）经费保障，表彰奖励。学校开展定期活动，制订奖励机制，每年投入足够数量的课题经费，保障奖励机制的实施和交流活动的开展；采取措施保持教师研究的热情，围绕课题开展丰富多样的小型竞赛，让教师能够见到研究的效果；将研究的成果纳入学期末优秀教研组评选，并记入教师个人成长档案。以课题研究带动学科教师发展，不仅促进了教师提升专业水平，而且促进了教师提高专业能力和实现自我价值。

（三）幸福校园，百花绽放

目前，我校已经形成了一套成熟完善的教师队伍培养机制，独立创新、个性鲜明成为我校教师的特有标志。一大批教师脱颖而出，在全区、全市乃至全省都享有较高的知名度。

目前已经成熟的个性教师及其教学法主要有，孙云霄和她的"复调咏叹经典赏析法"，王安存和她的"查、揣、诵、评、演五步读书法"，周波和她的"学生自主互评作文法"，杨艳青和她的"低年级自主识字法"，徐秀丽和她的"巧做数学笔记法"，崔美玲和她的"starfall 拓展阅读法"，南国建和他的"科学观察法"，刘容和她的"积极尝试、快乐探究法"，王晓梅和她的"小网页制作，大实践天地法"，王兴平和她的"巧手明理法"。

二、点面结合，打造幸福高效课堂

《国家中长期教育改革和发展规划纲要（2010—2020 年）》指出，对学生的教育要"坚持能力为重。优化知识结构，丰富社会实践，强化能力培养。着力提高学生的学习能力、实践能力、创新能力，教育学生学会知识技能，学会动手动脑，学会生存生活，学会做人做事"。因此，学校以培养人格健全、知识丰厚、文化底蕴深厚、具有健康审美情趣的学生为目标，采取点面结合的原则构建幸福高效课堂。

（一）整体入手，准确把握学科特点和要点

1. 全面把握，整体感知。

学校要求每位科任教师都要细细品读本学科义务教育阶段的所有教材。通过多层次地读，整体感知、准确把握小学阶段的要求。首先，通读，熟悉该学科每个年级的教学内容。其次，与新课程标准结合读，了解每项内容包含的知识点。再次，研读，找出新知识点前后的联系点。最后，用建立目标群、绘制知识树的方式，构建各年级段学生的知识、技能网络图。

2. 开展主题讲座。

2011 年各学科新课程标准颁布后，学校通过全体教师会交流与个人自学相结合的方式组织教师进行了学习。教导处还组织举办了新课程标准专题讲座，如语文的写字教学、数学的生活化、英语口语交际能力培养等。

（二）多样活动，促进幸福高效课堂教学

1. 常规研讨课制度化。

学校提高教育教学水平的主阵地在课堂。因此，我校立足课堂，扎实开展教学研讨活动，使得常规课打磨制度化，教师教育教学水平大幅度提高。

依照学校教学计划，所有学科教研组每周举行一节公开观摩课。观摩课的教案设计在集体研讨的基础上体现授课教师的教学理念与独特感悟，观摩课结束后教导处组织全组教师参与即时评课，修改教案后再由其他教师在另

一个班级上同一节课。这样不断打磨使科任教师对教材的把握更到位，环节的设计更科学，学生也更积极、主动地参与，学习的氛围更浓厚了。

学校还将教师参与常规课打磨的情况进行量化管理，与期末优秀教研组评比结合。以制度的规范要求促使全体教师都参与到课例打磨中来，在打磨中不断反思，使常规课的打磨成为教师提高教学水平的最有效的方式。

2. 优质课评比系列化。

我校每学期都组织青年教师优质课评选、骨干教师课堂教学展示、优秀教学论文及案例评比、金点子案例评比、学科个性教师申报展示等活动。优质课比赛的原则是同课异构，这样既便于相同年级教师集体备课研讨，又注重教师体现教学个性。学校制订了评课标准，强调教学过程要体现学生的主动学习、互助探讨，重视教学反馈及学生能力提高。参赛教师课后进行教学反思，学校组织教学沙龙活动，总结表彰与指导相结合。

骨干教师观摩课在每学期的第一周举行。观摩课分课堂教学与学术报告两部分，分别由教学经验丰富、教学水平高、理念先进的骨干教师进行课堂展示。全体教师参加观课活动，观课的重点是课堂常规、学生组织、评价方式等方面。参加活动的教师结合自己的教学情况深入反思，进一步明确什么样的课堂才是真正轻松、高效的课堂，是学生感兴趣的课堂。

3. 课堂开放常规化。

家长和学校就如左手和右手，只有两只手紧密配合，才会形成教育合力。为了充分展示我校良好的校风校貌和全体师生的精神状态，展现多年来我校教师课堂教学探索与实践的成果，全面提升教师的教学能力，提高教育教学质量，我校每学期分年级定期开放课堂，请家长走进课堂，感受孩子的学习状态。课后，学校采取问卷调查与家长座谈会等形式，广泛征求家长建议。然后，学校将家长的建议整理归纳，在全体教师会上向教师反馈。全体教师结合家长反映的问题反思自己的教学，调整教学方式方法。这样教师会吸收采纳来自不同层面的建议，对提高课堂教学水平很有帮助。

（三）构建科学评价机制，践行幸福高效课堂

1. 与星级教师管理相结合。

学校对教师进行星级管理，构筑起了以教师星级达标为载体的教师纵深成长工程，充分发挥星级教师人才资源的整体优势和在教书育人、教育科研、指导培养教师等方面的重要作用，促进我校星级教师的可持续发展，加速他们成为名师的进程。我们根据教师一学期高效课堂教学研究的情况，进行星级教师管理，如在研讨课、优质课比赛中，教师可以申请调整自己的星级，从而激发了他们研究的主动性和积极性。

2. 教师发展个性化。

（1）自定目标。教师发展是有差异性的。只有教师认为实现目标有实在意义，且有实现目标的可能性，才有动力接近目标。而研究的过程要求每位教师根据自身和研究对象制订目标，让教师在阶段目标的实现与新目标制订的辩证过程中得到发展。

（2）自我塑造。优秀教师往往具有个性特色。如教学风格的形成，必定是教师在长期的实践中，善于灵活运用教育理论，朝着研究的方向不懈努力，才产生与众不同的特点与成绩。在研究实践过程中，具有个性特色的教师引领着研究队伍，使更多的教师向研究型转变。

（3）自我评价。在研究过程中，自评和他评成为研讨的主要形式。从评价的主体看，自评与他评是两种性质不同的评价。他评强调行为结果的客观效果，而自评重视行为的过程，只有两种形式有效结合才会使评价发挥更大的作用。

3. 教研组评价特色化。

（1）缘起。我们对学生个体的教育注重因材施教，而对于不同年级的学生，我们在规范课堂教学、培养学生能力的前提下更重视研究学生的发展规律，找准制约学生知识掌握、能力形成的关键问题，进行持续、深入的研究。学校启动了特色教研组创建工作，制定了《幸福街小学特色教研奖励制度》。此项举措促进了各学科教研组教师参与教学研究的积极性。

（2）措施。首先，教师基于本年级教学，采取学生座谈、问卷，家长问卷调查，同学科教师座谈等形式，发现存在问题。其次，将问题梳理归纳，找出共性问题并形成研究课题。再次，组织本组教师撰写研究方案，用任务驱动目标，落实研究计划；组内教师各负其责，定期召开研讨会。最后，教导处各分管主任进行过程指导管理，定期组织中期调度会，分享经验，共商措施，及时调整研究思路。

（3）评价。学校每学期末组织由学校领导、中层干部及骨干教师组成的评审组，到各年级教研组进行考察，听取教研组长汇报，看材料，结合平时对教研组的了解进行评奖。只要是有利于学生发展并且效果明显的措施均给予教师不同级别的奖励。奖励分集体奖与个人奖两个方面。刚开始研究的教研组最高只能得三等奖，目的是提倡教师做研究要持之以恒，避免研究的表面化、浅层次化。

4. 分能力测试，提高学生学科能力。

（1）指导思想。教育必须尊重学生的个别差异，应当尽可能设计不同的评价标准和方法，给予学生成就感与满足感，激发学生持久、深入的学习动力。

（2）具体实施。在具体的实施过程中，我们对语文和英语的测试从听、说、读等几方面入手，改变原来集中测试的形式。测试的时间可以每月一次。测试的形式分两个层面：科任教师对学生的学习记录，重在学习兴趣的培养、学习习惯的养成及学习态度的端正；教导处对全体学生的学习情况测试，是平日反馈与综合展示相结合，针对学生每月的学习内容，抽取一部分学生进行单词识记、课文朗读、口语交际等方面的检测，反馈结果在学校网站、大型集会上公示。

数学的分项测试包括乘法口算、除法口算、笔算、应用题、方向与位置、统计。这样的分项测试可以使学生充分展示自己的强项。例如，有的学生口算成绩不理想，但在其他分项测试时就能得到“优”。学生不仅享受到了成功的喜悦，还会增强学习数学的信心。

三、自主发展，促进教研组特色建设

为了使各教研组建设在规范的基础上凸显特色，以特色创建促学生能力培养，于是，学校启动了特色教研组创建工作。每个教研组自主确立一个特色研究主题，以团队集体参与、科研体制引领的方式进行专题教学研究，从而使教师的专业研究能力获得了大幅提升。

（一）多媒体辅助语文教学项目研究

1. 运用多媒体教学手段，激发学生的学习兴趣。

小学低年级语文教学的重点和难点，就是通过生动、有趣的课文内容帮助学生学习语言。在传统的课堂教学活动中，教师一般只能在理解作品内涵的基础上，采用有声有色的朗读把语言信息传递给学生，或借助图片进行教学，而这些方法都不能表现课文的全部内容，影响了学生对课文的理解和体验。针对这一情况，我们采用与课文内容相匹配的电脑课件和开放式的教学方法，其教学效果与传统教学效果相比大大提高了。

2. 运用多媒体教学手段，提高学生的观察力。

根据心理学家的研究，在感觉器官中，就学习效率而言，视觉约占

80%，听觉约占10%，其他约占10%。小学生喜欢看色彩鲜艳的物体，观察事物常从兴趣出发，有意注意的时间较短，目的性不强。针对这种心理，教师在教学过程中应巧妙地运用多媒体技术具有的形、声、色的独特功能，创设特定的情境，让学生充分利用视觉和听觉去感知事物，从而获取知识。

3. 运用多媒体教学把学生的教育变成一种"愉快教育"。

主题性教育是当今最令人振奋的一种教育观念和教育理论，它是现代教育的核心思想，也是素质教育的精髓。根据学生的思维特点和认知水平，对学生的教育更应体现其学习的主动性，让学生成为学习的主人。实践和研究表明，应用现代教育技术是使学生主动性得到体现的重要途径。在教学中，教师应运用多媒体教育手段为学生创设一个轻松愉快的学习环境，让学生展开想象的翅膀，激发他们的语言表达欲望。

4. 多媒体教学手段的运用是对传统教学的补充与改革。

传统教学方法固然有值得称道的地方，但在提供生活中的感性材料时，有一定的局限性，因此必须对其进行改革。多媒体教学是在继承传统教学合理成分的基础上，引进现代化教学媒体的一种方式。它可以弥补传统教育无法直接提供形象的教学内容的缺憾，将传统方法与现代方法巧妙结合，达到教学过程的优化。

总之，多媒体教学作为一种全新的教学手段，是师生在教学中互相传递信息的工具。它以声、形、色等表现形式刺激感官，使学生眼见其形、耳闻其声，从而使大脑皮层形成兴奋的优势中心，使学生产生强烈的探究欲望。同时它通过化静为动、化虚为实、化远为近、化难为易、化抽象为具体等多种表现形式，调动一切非智力因素，帮助学生真实、生动、形象地感知和理解教材，启迪学生思维，引导学生观察，指导学生实践，使学生在学习中真正发挥主体作用，在获取知识的同时，逐步学会学习、学会探索、学会创造。

（二）有效的学习方法——课堂笔记

我校要求学生在五年级以后每节课都要记课堂笔记。课堂笔记可以帮助学生理清听课的思路、抓住听课的重点，并为日后复习提供方便，更重要的是它能使学生在学习时高度集中注意力，深入理解教师所讲的内容，从而提高学习效率。

1. 做笔记的宗旨就是知识转移。

做笔记时要以大脑为主帅、以思维为中心、以理解为标准、以获取为重点，变教师和书本的知识为自己的知识。

2. 把握做笔记的时机。

做笔记的前提是不能影响听讲和思考，这就要求学生做笔记时应把握好时机。做笔记的时机有三个：一是教师在黑板上写字时，要抓紧时间抢记；二是教师讲授重点内容时，要挤时间速记、简记；三是下课后，要尽快抽时间补记。

3. 注意做笔记的方法。

做课堂笔记可以采用三种方法：一是简明扼要，纲目清楚；二是利用短语、数字、图表、缩写或符号进行速记；三是主要记教师解题的新思路，补充的定义、定理、公式及例题。

4. 注意做笔记的方式。

做课堂笔记一般分三种情况：一是用自己的语言把教师所讲授内容的重点记下来；二是一些重要的定义、公式、概念及重要的关系式等，必须准确记录；三是不懂的问题和疑点，要原样记下来，课后去研究、思考、查对和询问。

5. 注意笔记内容。

课堂笔记一般包括四个内容：一是教师讲的重点、要点、难点与疑点；二是基本理论和公式的解释、说明、推导与结论；三是基本观点、论据、论证及一些有价值的数据、事实、实例；四是教师对某些新问题的新见解及教师对问题的分析思路、方法和技巧。

一般来讲，课堂笔记要根据课型和讲授内容不同有所侧重。例如，讲解概念或公式时，主要记知识的发生背景、实例、分析思路、关键的推理步骤、重要结论和注意事项等；复习讲评课，重点记解题策略（如审题方法、思路分析等）及典型错误与原因剖析。记笔记时，不要把笔记本记满，要留有余地，以便课后反思、整理，这样既可以提高听课效率，又有利于课后有针对性地复习，从而达到事半功倍的效果。

（三）让学生轻松写作

三年级是学生学习语言的转折阶段。小学生的生活比较单调，视野比较狭窄，课外读物少，语言积累少。三年级语文教师，必须重视小学生的作文起步指导。

1. 有序安排写作内容。

三年级的作文教学既是低年级看图说话、写话的延续，又是高年级作文训练的准备。三年级是承上启下的入门阶段，对学生来说尤为重要，教师可以将习作练习的顺序做一下安排。例如，先从学生身边最熟悉的人物入手写文章，如《我的自画像》《我的家》《××的脸是一本书》，让学生把自己平常观察到的人物形象，从人的神情、姿态、声音、容貌等多个方面加以记叙。其次，结合国庆等全民关注的事，让学生写《国庆见闻》，把他们的所见所闻记叙下来，同时体会作为中国人的骄傲。然后，训练学生写看图作文，让学生懂得如何把图片上看到的写清楚、写具体，并连贯叙述图片内容。随后，训练学生写状物类文章，如《我喜爱的水果》《我的玩具》等，让学生懂得状物类文章一定要先按顺序仔细观察。在以上写作训练的基础上，学生基本了解了作文的大致框架，最后让学生进行想象作文的训练，如根据玩具创编童话故事等，让学生懂得应交代清楚事件的起因、经过、结果，知道通过人物的看、想、听、做、说等把经过写具体、生动。

2. 感同身受，重视体验。

学生作文必须与现实生活紧密结合，每次作文教师都应让学生事先有准备。如写《××的脸是一本书》时，先让学生明确观察的要求，然后仔细观察，在课堂上说一说，交流一下，这样，学生写出的文章才有生命力。又如，写《我喜爱的水果》时，先和学生一起仔细分析课文《石榴》的写作顺序和方法；课下让学生观察一种自己喜欢的水果，并了解它的生长过程；再让学生把自己喜欢的水果带到课堂上来，进行习作的观察辅导。通过亲眼看、亲手摸、亲鼻闻、亲口尝，学生的兴趣浓浓，写下的作文自然会生动、有趣。

3. 规范语言，先做后写。

在写作之前，有必要让学生在做的基础上先说一说，再写下来。先说再写不仅能使教师了解学生的认知状况、表达水平，也能帮助学生纠正语病、规范语言。说是写的前提，写是说的结果。只有说清楚了，才会写清楚、写具体。在开始的几次习作训练中，可以采用填空式的口头作文和仿写作文，这是为基础薄弱学生准备的，这种方法可以帮助学生理清写作的层次、段落，也让学生懂得作文需要前后连贯和恰当过渡。基础薄弱的学生是作文辅导的关键，只有这部分学生的写作能力提高了，才能真正提高班级的整体写作水平。

4. 利用文本，授以方法。

语文的阅读教学是教会学生品读文章的内容、道理、特点，以及传授写作方法、技能的过程。教师应恰当地运用文本的特点，让学生习得写作的方法。例如，在《我喜爱的水果》的教学中，让学生从课文《石榴》中懂得按照时间先后顺序，抓住一般情况下水果抽枝、长叶、开花、结果的成长过程来描写。三年级的教材上有各类丰富的词语、优美的语句，让学生熟读成诵、学以致用，也是教师关注的重点。

5. 多写多练，形成技能。

只有多写、多练，写作水平才能逐步提高，写作方法才能得以巩固。对于练过的作文，教师要及时总结，对好的作文要汲取精华，对失败的作文要总结教训，让学生在成功与失败中得到宝贵的经验，让学生在掌握基本技能的基础上得到提高。

四、做智慧的教师

教师在教学中遇到的问题可谓包罗万象：怎样依据学生特点设计最佳教学环节？怎样既关注全体学生又注重学生个性的发展？怎样恰当处理生成的问题？……这一切都引发了我校教师的深深思考。他们认真梳理着每天的点点滴滴，他们在记录、在思考、在提升，这一篇篇生动的教学随笔无不凝结着教师们闪光的智慧火花！

“角的分类”教学随笔

学生刚开始认识角时，感觉这个概念很抽象，理解起来有较大难度。为了较好地克服此问题，我在教授这一课时，将观察、操作、实验、自学讨论等方法有机地贯穿于各个环节，通过找一找、折一折、做一做、画一画、说一说等形式，引导学生在感知的基础上加以抽象概括，不断掌握知识、形成技能。为了让角从抽象变得具体，让学生的想象变成眼前的真实，我苦思冥想设置了这样的情境：“起立！”数学课上，学生被这声“起立”搞蒙了，一个个都睁大了眼睛，看着我，想知道究竟。“把凳子轻轻地放在桌子下面！”我继续下口令。“立正！”这口令声中稍含了点笑意，学生也轻松但认真地站直了身子。“向右转！”随着口令声起，学生终于将我的口令当成了游戏的开始，一个个齐刷刷地转向了右边。“能告诉我，你们向右转了多少度吗?”我终于提出了一个数学问题。毕竟，这是一节数学课，教学内容是“角的分类”，而此时已进入了复习的环节。“转了九十度。”学生抢着回答。“继续，向右转！”学生一个个又向右转了九十度。这时，已用不着我再来问转了多少度，学生在用他们的脚，用他们的心，用他们的目光，真实地体验了九十度也就是直角的概念。

"同学们，抬起你的脸，眼睛向前看，假如你的目光是一条射线，我们再向右转九十度，好吗?"学生把眼睛瞪得溜圆，目光朝向前方。随着我的一声"向右转"，全班76个学生，76道充满灵性的目光，在我们的课堂里交织成76个直角。

"请伸直手臂，用手臂代表刚才向右转前后的两道目光……"还没等我说完，学生的小手都伸得笔直，"直角"从思维的内隐又转向了行为的外显，学生个个脸上透着兴奋。当学生再一次向右转时，师生又一次面对面。此时，学生的思维已在热力四射的课堂里被激活。"同学们，我们刚才转了一圈，这一圈中，你发现了哪些数学的知识呢?"(将知识建构与整理的主动权交给了学生)孙晓宇说："我发现，转了一圈，有四个直角。一圈共有360度。"刘洋说："转一圈，刚好转成了一个周角，一个周角里有两个平角。"连平时不爱说话的占英杰也争着说："一个平角里有两个直角。"

学生争先恐后地表达着他们的感受，述说着自己对角的认识与思考。尽管一些语言并不精准，但他们都融入了学习的情境中，真实体验了角的大小、角的移动、角的组合。课还在继续。学生在一种近乎游戏的状态中，转了一个个"锐角"，又转了许多"钝角"，更有那些调皮的学生，一个急转，就体现了一个"周角"的形成。

课继而转向安静。当学生用尺子在本子上画出一个个"锐角""直角""钝角"时，数学思维已非常顺畅地流淌在笔端了。"角"已从学生的心中长出，非常准确地迁移到了作业本上。我走在教室里，感受着一种教育的成就与幸福。

课堂上的这一幕让我至今难以忘怀！是啊，作为教师，只要做到"用心"，注重创设愉快、和谐的学习环境和气氛，通过让学生的肢体语言与数学思维有效沟通，就能将抽象的知识直观化，使课堂教学成为培养学生创新实践的广阔天地，使学生真正体验到数学学习的魅力，进而将知识的"根"生在学生的心里。

(王业美)

【点评】在"角的分类"这一教学过程中，王老师巧妙地创设情境氛围，调动学生的肢体语言，在呈现不同角的过程中，使学生深切感悟了各类角及其相互关系，较好地突破了难点。王老师让学生在"玩"中自主探索，让静的事物活了起来，学生都有自我展现的机会，并从中感受到了数学学习的快乐，激发了学习兴趣和探究欲望。那些以往不爱学习、从不主动回答的学生也都积极参与其中，学得主动、扎实，真正使每个学生都成为学习的主人。

老师，请大胆地放手

连上了两节课后，脑子昏昏沉沉、浑身乏力的我正对上第三节课犯愁。忽然，我想到区里倡导的自主互助学习型课堂。“对啊，这节课本来也是练习课，新授内容很少，何不把课堂真正交给学生?”

于是，一上课，我先公布了本堂课的学习目标：第一，读熟第一单元课文，并能理解课文意思；第二，会按活动三的图造句；第三，读熟第二单元课文。说实话，在制订这三个目标的时候我是比较贪心的，就是我亲自教授这些内容，一节课也未必能完成。为保证学生能够约束自己，我随后又制订了相应的考核标准：达不到目标一的不能超过三人；达不到目标二不能超过五人；达不到目标三的不能超过十人。因为学生的英语水平存在很大差异，要让所有学生都达标是相当难的。最后我又为他们设计了一份极为诱人的奖励：三个目标均达到考核标准全班免写周末作业。对学生而言，尤其是三年级以上的学生，小红花的奖励远不如免写作业有吸引力。其实，据我三年的工作经验，家庭作业的学习效果是很有限的，更何况如果我们的学习目标在课堂上就能实现，我们还有什么理由不让学生在课后玩玩呢?

接下来，我就在一边忐忑地观察着我的“改革”效果。学生迅速地聚成一个个小组，以一种前所未有的热情读着课文，有的教，有的学，不亦乐乎。到检查时间了，第一个发言的是小赵，他很聪明但是调皮，基础比较差，他顺利地读出了课文，这给我打了一针“兴奋剂”，于是我又连续提问了两个基础更差且接受较慢的学生。我心里明白，如果这两个学生能正确读出课文，那全班基本上都能会了。很可惜，这两位学生虽尽了最大努力，但还是出现了较多错误。学生此刻也出现了紧张情绪，纷纷自告奋勇要求回答问题。为了不打击他们的热情，我又提问了几个基础稍好点的学生读课文，他们都顺利地读出来了。五分钟后，第二环节的检查又开始了，此时前面两个没有读对课文的学生竟然举起了手并答对了。此时下课铃响了，第三个任务还没进行。“咱们怎么办?”我问。学生又一次出乎我的预料，他们喊：“不上体育课了！不上体育课了！”我简直不相信自己的耳朵，学生竟用他们最爱的体育课时间来上英语！我被学生的热情感动了。

我说：“我不会剥夺你们的体育课，只要你们在英语课上认真起来，我们一定能学好，但是我们第三个任务不能不做。这样吧，回家把这篇小短文读熟，完成这个任务，就没有作业了。"学生一片欢呼，欣然接受。就在我转身离开教室的时候，一个学生激动地对我说："老师，我真佩服你！"

这节课使我初尝了学生自主互助的甜头，也明白了把课堂交给学生的意义。平时我们虽然也知道要让学生多练，自己少讲，但往往由于不放心而讲了很多。今天，我最大限度地放了手，却有如此意外的收获。这堂课的成功经验：第一，制订了较合理的目标；第二，考核标准科学；第三，激励措施有效。不足之处：每个环节的考查方式还不够科学全面，仅仅是通过个别学生来看全体，很可能得不到全面的反馈信息；在学生自学过程中没有完善的调控指挥，有些学生虽然很努力，但由于没有方法指导，效率很低。由此，我获得了很多启发，要想把课堂真正放给学生，还能扎实有效地完成教学任务需具备以下几个条件：第一，对每个学生的情况都要了如指掌，这样才能知道用什么样的问题问什么样的学生，才能知道什么样的学习目标能成为那跳一跳才能摘到的"桃子"；第二，认真备课，制订合适的学习步骤及目标；第三，帮学生建立合理的互助小组；第四，设计合理的考核方式；第五，奖励多元化，单一的奖励有可能使吸引力减弱。

我又一次感到了做教师的成就与乐趣。

（丁洪娥）

【点评】丁老师遇到的问题也是我们大家普遍会遇到的问题。在教师疲惫的时候如何保质保量地上好课呢？丁老师的处理无疑是智慧的、科学的。

首先，她尊重自己的情绪，也尊重学生的感受。从案例中，我们知道这是一节英语练习课。练习课以学生练习为主，她将课堂放手交给学生，给学生充分的自主权，是非常合适的。一方面，它使学生真正感觉到自己是学习的主体，很好地激发了学生的学习热情。另一方面，不同的学生有不同的学习优势，学生自主学习时，自然会选择适合自己的学习方式，因此让学生自主学习也尊重了学生的个体差异。

其次，她对学生放手但不放任。丁老师将课堂放手交给学生不是随意的，而是动过一番脑筋的。她通过合理设计学习目标，让学生明确了自己应该干什么；通过科学的分组，让学生知道该怎么做；通过激励措施，让学生积极地做。这样就确保了整堂课高效有序地进行。这堂课犹如一只风筝，风筝在天空中自由飞翔，而那根关键的线一直牵在教师的手中。

当然，这堂课获得成功的一个非常重要的基础，就是丁老师对全班学生都有准确全面的了解。这在这堂课的学习目标制订中，体现得非常明显。众所周知，如果目标制订得过高，学生的积极性会受打击；过低，则会降低课堂教学效率。丁老师对于本节课的重点及学情都心中有数，所以学习目标的制订非常合理，使每个学生都体验到了成功的喜悦。

让“小老师”活跃在信息技术课堂上

四年级的信息技术课有一节是教学生如何申请免费邮箱，并通过自己申请的邮箱发邮件到指定的邮箱。在给一班上课的开始，我设置了这样一个情境：同学们可能对新的科任教师有一些建议和意见，他们当面不好讲，因此可以通过发送电子邮件来实现。在这样一个真实的情境下，我要求学生自己参考学习资料或课本，在网上申请一个免费邮箱并给指定的邮箱发送邮件。接下来学生就自己上机操作。在这个过程中，学生会出现比如“此用户名已存在”等小问题，我就集中地讲解了一下注意事项，但仍然有部分学生没听明白，这样我不得不再解释一遍。一堂课下来效果并不理想，到课后只有二十多位学生成功地申请了邮箱并发送了邮件。

接下来的一节课是三班。因为上节课的教学效果不理想，因此在这一堂课中我想到了让学生互助，开展自主学习。所以我首先寻找那些完成任务快、电脑操作熟练的学生，继而让他们充当“小老师”，让他们帮助我缓解辅导时人手不足的困难。最后，一节课下来，全班学生都能成功地发送电子邮件了。

从上面的事例中我深刻地体会到，班级内学生众多，特别是信息技术新授课时，大多数学生上机操作时都会遇到这样那样的问题，教师根本忙不过来，难免会影响教学效果，延长教学时间。通过“小老师”让学生互帮互助、练习操作，不仅保护了学生的学习积极性，而且更易于同学之间的交流，便于学习。

运用这种“小老师”合作学习的教学方式，我明显感觉到学生都能掌握当堂所教知识，既锻炼了学生的表达交流能力，又使部分后进生很快掌握知识。这样能解决操作中学生遇到的不同问题，更重要的是让学生之间互助互爱，给了后进生自尊自爱，也给了优等生展示才能的机会，从根本上改变信息技术学科知识难、不易被学生掌握、学习效率低等问题，实现了信息技术课堂实践效率的不断提高。

（栾丽梅）

【点评】信息技术课程是一门操作性、实践性非常强的学科。在小学信息技术课堂中，每个学生对信息技术课的理解都是不一样的，已有知识的掌握程度也各不相同。如何让较擅长的学生能在自己原有的基础上学有所长，又如何让一些目前能力较弱的学生得到大幅度的提高？上述案例中提到的让"小老师"活跃在信息技术课堂上，不失为一种较好的解决途径。试想一下，在个别辅导中，单靠教师一个人一次只能辅导一个学生。如果由信息技术"小老师"辅导，10个小老师就可以辅导10个学生，效率提高了10倍。但需要注意的是，"小老师"不是取代教师教学，而是根据需要在课堂中替代教师的某种角色。教师要做组织者和引导者，而不是不"教"。

图画文学的魅力

自从新课程改革实施以来，我在美术课堂中有效地运用了图画文学，并且通过公开课的形式展现出来，得到了有经验的教师的指导。我在自己的摸索和老教师的帮助下，对美术课的欣赏有了一些感悟。

首先，图画文学可以增强观察的目的性。儿童没有经过专门训练，还不能进行自觉的、有组织的观察，不能使知觉和观察服从于观察任务或教师要求，而且学生排除干扰能力较弱，集中注意的时间较短。图画本身的特点，加上图画故事书中有故事内容需要了解，可以增强学生观察的注意力。教师可以在学生阅读图画故事书之前提出几个问题，这些问题必须在认真观察图画之后才能得出答案，这样，学生在欣赏图画的同时有了观察的任务，且受外界干扰较少，观察的目的性自然就增强了。

其次，图画文学可以增强观察的持续性。学生的观察常常是不持久的，很容易转移注意力，而图画文学是符合学生经验和兴趣的。有研究表明，70%的儿童对图画的观察注视的平均持续时间比注意其他教学用具的时间要长。同时，图画文学的故事性对学生也具有强烈的吸引力。

再次，图画文学可以增强观察的概括性。学生对所观察的事物做出整体概括的能力很差，表述事物特征不系统，分不清主次，往往注意各种无意义的特征而忽略了有意义的特征。比如，给年龄较小的学生呈现两幅简单的图片：一幅画着小孩打狗，另一幅画着狗咬破了小孩的衣服。这时候学生往往不能说出这两幅图片的关系。图画文学比一般的图画作品更具有图片的连贯性，并附有文字说明，这有利于学生理解图画内容。在阅读其他形式的图画作品时，这种概括能力就会自然地发生迁移。

最后，图画文学有利于增强观察的精确性。学生的观察水平很低，不能全面细致地感知客体的细节，只能说出观察对象的个别部分或个别颜色，观察的错误较多。在图画文学的文字说明中，每幅图画的每一个重要细节都描述得很清楚，学生容易理解。当然，这需要教师的提示，提出该注意哪些细节，否则学生可能只是被色彩绚丽的图画吸引，不会提高观察的精确性。

（陈佳丽）

【点评】陈老师从四个方向表明了图画文学在学生认知上所产生的魅力：可以增强观察的目的性、持续性、概括性、精确性。在观察的时候，陈老师提前让学生预习，带着预设的问题去预习观察内容，并提出问题。这样做目的性更加明确，不仅增强了学生的观察能力，也提高了学生的知识和技能。此方法在其他学科中也可以运用。

随风潜入夜，润物细无声

美学家朱光潜说："凡是美都必须经过心灵的创造。"我们的学生处在身心发育的时期，心理不稳定，情绪变化多样，而且现在绝大多数小学生来自独生子女家庭。在我们的课堂中有意识地对学生进行心理体验教育，能使学生的心理素质得到完善和发展，会达到事半功倍的效果。我觉得每一个教育者都应把心理健康教育渗透到我们的教育教学当中去。

自从学习了心理学，并把心理学运用课堂中，特别是执教了心理活动课"感恩亲情，感恩父母"后，我有了颇多感想。

活动课开始，我创设情境，播放了《世上只有妈妈好》这首歌曲，和学生一起哼唱，让学生体验与父母的情感。进而带学生进入心灵游戏"寻找爸爸妈妈"，我动情地引导着学生。也许是学生心中有了许多感动，也许是触到了学生最纯美的情感，也许是那一首《童年》轻音乐的萦绕，也许是我们的心灵有了许多同感，学生一下子变得懂事了。一切都是那么奇妙，没有了平日里课堂上的苦口婆心、绞尽脑汁，刹那间，我觉得自己有很大的力量，学生们更有极大的潜能。听着学生发自肺腑的话语，看见学生动情的表情和晶莹的泪珠，我感动了，我情不自禁地抚慰他们，用心和他们交流。他们是那样的可爱，那样的善良，我真想让天下的父母和教师都看一看，我们的辛苦其实学生都懂。只要我们真心与他们交流，尊重他们的情感，抚慰他们的伤痛，我相信所有学生都会懂我们的心。最后在《感恩的心》的歌声中，我和学生一起动情地歌唱着，泪水涟涟。

谢谢学生们：今天我播种了一粒种子，你们给了我一个春天！

学生在心理活动课上的体验让他们成长了很多。我想如果我们在教学中多渗透这样的教育方法，关注学生的情感教育，势必对我们的教育起到良好的润滑作用。就像杜甫在诗中说的："随风潜入夜，润物细无声。"

（刘晓芳）

【点评】此案例让我们真实地感受到教师与学生心灵互动的效应，而且达到了很好的教育效果。在课堂上教师和学生是平等的关系，教师适度自我开放更能打动学生，使学生愿意开放自我，抒发自己的情感。在课堂上通过教师的巧妙引导，学生对父母的那份真挚的情感得到了理解和升华，真正达到了"随风潜入夜，润物细无声"。

时刻准备着

"不打无准备的仗。"

上面的这句话，我赞同。

我是新教师。虽然给学生上体育课不是第一次，但是给一年级的学生上体育课是第一次。

第一堂课下来，学生的表现和我想象中的相差无几。但是，我发现，对待他们不能像对待三、四年级的学生那样。一年级的学生大多在六七岁左右，自制力差，注意力不稳定，意志力相对薄弱，而且现在的学生自尊心很强，承受能力又很差，一般都是独生子女，娇生惯养。这给我带来了很大的挑战。但我不畏惧挑战，而是想出了一套合理的方法去帮助和教育学生成长。

对于一年级的学生，不应该仅仅是"不打无准备的仗"了，而是应该"做好充足的准备去打仗"。

一年级的学生接受能力相对比较弱，那就需要对所学的内容及时巩固、反复练习。比如，刚开始上课时的组织队列队形，每班大约有五十个学生，上体育课应排好四队，而且要不断重复相同的节奏，才能刺激到学生的大脑，才能加深他们的记忆。

在我的课堂上，没有好学生和坏学生之分，他们都是一样的，我会对他们一视同仁。对于表现好的学生要及时表扬，这样才能带动班集体共同前进；对于稍微落后的学生，要及时鼓励和帮助。我还会及时和班主任沟通、交流，以便更好地帮助每一个学生。

在教育教学上，我作为新手，还有很多缺点和不足。比如，课堂上的语言表达、肢体动作、专业术语、组织管理能力等都还有所欠缺，所以我要多向老教师询问和请教，多听、多思、多问。除此之外，我每周都去听其他教师的课，学习他们课堂组织和与学生交流的经验；每周记录下我的不足，并及时调整，以便更好地进行教育教学工作。

我会尽自己最大的努力，将我的教育教学工作做到最好。

（陈　娟）

【点评】作为体育教师，如何在有限的时间内上好一节体育课，是对教师的考验。在教学中教师应考虑如何找准学生的兴趣点，如何运用多样化的教学形式、综合的教学工具、新颖的教学方式等，激发学生的学习兴趣，提高学生的技能。教师要加强学习，多思考，多总结，多实践，在教学实际中将理论与教学实践有效结合，不断增强自己的能力，把更多的知识和技能传授给每位学生。

在教学中，教师应对学生有耐心，特别是对待一年级的学生，应多以鼓励为主，增加学生学习的动力，增强学生学习的信心，使每节课都丰富多彩，使每节课都让学生有所收获。

“不打无准备的仗”是教师负责的表现和良好师德的体现，只有每节课都做好充分准备，才能更好地教书育人，才能保障每堂课的质量，才能让每位学生学到更多的知识。

亲历科学游戏，体验成功快乐

小学科学课程的教学在经历了“知识本位”“能力本位”后，步入了“学生本位”的发展阶段。根据21世纪对人才的新要求，小学科学课的教育重点不再只放在讲授知识层面，而是放在培养学生爱科学的情感、爱探索的兴趣和发展认识能力等方面。在这一阶段，科学教育又出现了以培养科学素养为科学教育最高宗旨的发展趋势。“科学素养”这一概念是一个融科学知识、科学方法、科学态度、科学价值观等为一体的复合概念，科学素养已成为每个人必不可少的素质之一。当前小学科学教育的主要特征是，培养目标多元化、教学内容综合化、教学方法多样化、学习评价全面化。在这样的背景下，小学科学的教学不论是整个小学阶段还是一个年级，不论是章节、单元还是一节课，都要体现这样的特征，并将其渗透到教学设计当中去。作为一名科学教师，我要努力转变教育观念，在教育形式上不能只重视上课而轻视游戏活动。科学课应该是多种教育手段的综合运用，使集体、小组、个别活动互相配合、相互补充，既重视正规的学习活动，又重视非正规的、偶发的探索活动。

一次科学课上，我和学生一起做了这样一个游戏：在一张白纸上画一个点，并把它放在面前的桌子上。我让学生试着用一支铅笔垂直触及那个点，学生很容易就成功了。我让学生闭上一只眼睛再试一试，学生就很难触及这个点了。学生都觉得很有意思，有些学生反复试了好几次，还是不成功。他们不停地问我，这是怎么回事。我沉默了一会儿告诉学生，用一只眼睛，很难估测通向那个点的距离，只有用两只眼睛才能看到立体图像，才能确认空间的深度。没想到，我的话音刚落，一个学生就站了起来，一边比画一边说："老师我也教您做一个游戏，请您也闭上一只眼睛，手指瞄准我，然后换另一只眼睛看我。"说话的是一个平时非常淘气而且课堂纪律差的学生。在惊讶中，我照着他说的做了，我惊奇地发现，用一只眼瞄准他后，再换另一只眼睛看，位置竟然相差了很多。这时，很多学生也跟着做了起来，结果都一样。我问他这是怎么回事。这个学生自信地说，这是因为每只眼睛都从不同角度单独确定了位置。我突然发现，这个学生的思维竟如此敏捷，知识面如此广。我情不自禁地为这位全校出了名的"小淘气"鼓起了掌，同学们也向他投去了敬佩的目光。

当大家都沉浸在游戏的欢乐中时，小小的游戏却引发了这个学生深深的思考，激起了他强烈的展示自我的欲望。他教我做的这个小游戏把我们带入了一个新的悬念之中，使我们从他那里学到了深刻的科学道理。游戏的课堂变成了多变的、求知的、欢快的课堂。

课堂结束后，当学生们高高兴兴地走出教室时，我望着"小淘气"的背影，感慨万千，心里久久不能平静。

（高淑云）

【点评】这节课，教师首先为学生创设了轻松、愉悦的学习氛围，然后精心设计了一个互动的小游戏，并将它巧妙地运用到课堂教学当中，从而使学生在活动中敢问、敢想、敢说、敢做。在游戏中，先制造悬念，使学生进入"心求通而未得，口欲言而未能"的愤悱状态，唤起学生的兴趣，激活学生的思维。学生时而凝神静思，时而眉头舒展，争先恐后，议论纷纷，形成了课堂教学的一个小高潮。科学游戏，是在"玩中学""学中玩"，激起了学生强烈的学习热情，激发了学生的创造想象，锻炼了学生的思维，培养了学生学科学、爱科学的兴趣。在游戏中，不但使学生学到了知识，而且充分发挥了学生的主体作用。另外，在教学中，教师善于发现有独到见解的学生，并及时对他们进行鼓励与表扬，这样不但增加了学生的自信心，而且能够更好地挖掘他们的创造潜能。小小的鼓励、教师和同学的赞扬，会使学生插上想象的翅膀，在"科学"这片天空中自由翱翔。

第三节 实现幸福高效课堂的教学模式

课堂教学模式即教师在课堂上针对学生学习而使用的教学方法。在新课程改革实施的今天，课堂教学模式已由原来的教师只研究书本知识走向研究课堂“教与学”的过程。不同的课堂教学模式体现了不同的教育理念。任何教学模式要想实现好的效果，并不是教学模式本身这种单一的因素决定的，它必然涉及学校的办学（教育）理念、教学管理方式、激励评价及校本教研等多方面的因素。我校始终站在教育的前沿，吃透教育实情，围绕生命教育，用先进的理念、科学的管理、激励的评价，不断激发教师的研究热情，形成了一个个具有鲜明个性的课堂教学模式。

一、教学模式的概念界定

（一）简介

教学模式指在一定教学思想或教学理论指导下建立起来的较为稳定的教学活动结构框架和活动程序。其中，作为结构框架，它突出了教学模式从宏观上把握教学活动整体及各要素之间的关系和功能，作为活动程序则突出了教学模式的有序性和可操作性。

（二）基本结构

1. 理论依据。

教学模式是一定的教学理论或教学思想的反映，是一定理论指导下的教学行为规范。在不同的教育观指导下往往出现不同的教学模式。如概念获得模式和先行组织模式的理论依据是认知心理学的学习理论，而情境陶冶模式的理论依据则是人的有意识心理活动与无意识的心理活动、理智与情感活动在认知中的统一。

2. 教学目标。

任何教学模式都指向和反映一定的教学目标。在教学模式的结构中，教学目标处于核心地位，对构成教学模式的其他因素起着制约作用，它决定着教学模式的操作程序和师生在教学活动中的组合关系，也是教学评价的标准和尺度。正是由于教学模式与教学目标的这种极强的内在统一性，决定了教学模式的多样性，不同教学模式都是为完成一定的教学目标服务的。

3. 操作程序。

每一种教学模式都有其特定的步骤和操作程序。它规定了在教学活动中师生先做什么、后做什么，以及各步骤应当完成的任务。

4. 实现条件。

实现条件是指能使教学模式发挥效力的各种条件因素，如教师、学生、教学内容、教学手段、教学环境、教学时间等。

5. 教学评价。

教学评价是指各种教学模式所特有的完成教学任务、达到教学目标的评价方法和标准。由于不同教学模式所要完成的教学任务和达到的教学目的不同，使用的程序和条件不同，其评价的方法和标准自然也有所不同。

二、教学模式的特点

（一）指向性

由于任何一种教学模式都是围绕着一定的教学目标所设计的，且每种教学模式要想有效发挥作用也需要一定条件，因此，不存在普适性的模式，也谈不上哪一种教学模式是最好的。所谓最好的教学模式就是在一定的情况下达到特定目标的最有效的教学模式。因此，在选择教学模式时，应注意不同教学模式的特点和性能，注意教学模式的指向性。

（二）操作性

教学模式是一种具体化、操作化的教学思想或理论，它把某种教学理论或活动方式中最核心的部分用简化的形式反映出来，为人们提供了一个比抽象理论具体得多的教学行为框架，具体地规定了教师的教学行为，使得教师在课堂上有章可循，以便于教师理解、把握和运用。

（三）完整性

教学模式是教学实践和教学理论构想二者的统一，所以，它有一套完整的结构和一系列的要求，体现出理论上的自圆其说及过程上的有始有终。

（四）稳定性

教学模式是大量教学实践活动的概括，在一定程度上揭示了教学活动的普遍性规律。一般情况下，教学模式并不涉及具体的学科内容，因此对教学有着普遍的参考作用，具有一定的稳定性。但是教学模式又是一定社会的产物，总是与一定历史时期的社会政治、经济、科学、文化和教育相联系，受到教育方针和教育目的的制约。因此这种稳定性又是相对的。

（五）灵活性

作为并非针对特定的教学内容又要在具体的教学过程中进行操作的教学模式，在运用的过程中必须考虑到学科特点、教学内容、现有教学条件和师生的实际情况，进行细微的方法上的调整，以体现出对学科特点的主动适应。

第四节 构建幸福高效教学模式的实施策略

一、周密的制度

1. 建立领导管理网络。采取“校长领导—副校长主管—教导处管理—教研组负责落实”的管理模式。教导处制订计划，召集教研组长研究计划，探讨问题，调控模式构建，保障课堂教学模式的构建。

2. 健全和完善《教导处管理制度》《优秀教研组评价制度》及《个性化教师评比制度》。

3. 严格督促和加强过程管理。“教师定模式—申讲—学校管理组观测实际教学—与教师交流成功做法与改进措施—教师总结改进再实践”，直到完全成功。

4. 保证经费，促进教学模式的有效研究。学校每学期拿出专项经费，制订了“优秀教研组评比”“个性化教师评比”办法，对于在学期中教研组教学模式应用好、教学工作扎实有效、教学模式具有个性特点的个性化教师进行奖励，鼓励教师积极主动探索教学模式的构建，激励教师保持持续的研究热情。

二、助推教学模式形成

（一）学习先进的理念

深厚的理论支撑是教学模式深入实施并取得预期成效的有力保证。我校定期组织教师认真学习理论知识，要求每位教师精读一本相关的理论专著，坚持自学与集中学习相结合。

我校还采取支持教师外出学习，请专家做专题讲座，校内个性化教师进行经验交流的方式，促进教师更新教育教学观念，为教师提供深入研究课堂教学模式的信息。

（二）落实课堂研究

我校坚持落实组内听评课活动，让大家分享研究成果，变一个人、一个年级组的经验为共同财富，化一个人的困惑为共同的课题。每学期，课堂教学大赛的评比活动都有力地推进了课堂教学模式的发展。

（三）以工作室为平台，提倡同伴式互助

在之前名师工作室的基础上，成立语文、数学、英语工作室，在工作室的引领下不断创新课堂教学模式，提高学校教学水平和质量，使骨干教师形成自己的教学特色，提高教师的工作积极性，促进教师专业发展。主要内容有以下几个方面。

1. “问题探究·开放生成”课堂教学模式研究。

我们主要从以下两个方面实施课堂教学模式。

第一方面：以问题讨论为主线，设计探究式的教学模式。这种教学模式的一般程序：创设问题情境—学生自主发现、提出问题—自主探究、解决问题—发现新问题—解决新问题—得出多个结论。设计探究式教学模式的主要策略：(1) 捕捉新奇，提出问题；(2) 发现矛盾，提出问题；(3) 追根溯源 提出问题；(4) 纵横比较，提出问题。

第二方面：以开放性问题为载体，设计开放式教学模式。从以下四个方面来研究：(1) 开放的结果；(2) 开放的方法；(3) 开放的思维；(4) 开放的内容。

2. 追求辐射效应。

定期开展研讨活动，发布研究成果，解答教师困惑；提供前沿信息，引领教师发展；交流论文、设计，相互借鉴提高；建立工作室 QQ 群，充分发

挥创新工作室的引领、示范、激励和辐射功能。

3. 小课题研究。

通过以校为本的小课题研究，引导工作室教师发现和解决课程改革、教学管理、学科教学、教师发展、学情分析和考试评价等方面的具体问题，使教师树立较强的问题意识，掌握创新教育研究方法，通过探索解决教育实践中的问题，更好地促进教师的专业发展。

第五节　实现幸福高效教学模式的内涵式飞跃

在“问题探究·开放生成”这一学校整体的课堂教学模式下，我们也分别构建了语文、数学、英语三科的教学模式。

一、语文，扶助学生自主学习的模式

苏霍姆林斯基曾经说过：“在人的心灵深处，都有一种根深蒂固的需要，这就是希望自己是一个发现者、研究者、探索者。在儿童的精神世界里这种需要特别强烈。”采取小学生自主互助学习方式，就是从尊重学生的这种精神需要出发，充分调动学生学习的主动性，积极启发学生独立思考，使学生能够主动地参与学习。

(一) 自主互助学习型小组的学习方法

合作学习小组固定为前后两排四人小组，采用组长轮值制，小组成员每人当一天组长，这在一定程度上激发了“弱势”组员参与小组合作活动的兴趣。小组规则中还包括组长实行招聘制、任期制，用流动牌控制“强势”学生的发言次数，小组定期对内部组员进行评价，自学、讨论、反馈矫正的方式由组长带领组员协商确定。

学生在小组中学习，首先由观察阶段开始，把能力较高的同学分别安排在每个小组中，让他们发挥榜样作用。在这一阶段，学生在榜样的示范、指导和鼓励下观察学习策略的运用，通过观察榜样的学习方式，能够自主进行学习策略的总结与归纳。若榜样能够给学生提供指导、反馈和强化，练习的精确性将会得到提高。

其次，在模仿阶段，学生不再照搬榜样的具体学习表现，而是模仿榜样学习的一般模式或风格。比如，榜样提出了一个问题，其他同学不再照搬他的原话，而是在原话的基础上提出类似的问题。

再次，在影响阶段，学生能够独立地使用学习策略，虽然不再直接依赖榜样的示范，但还要受到榜样学习行为的影响。

最后，在独立学习阶段，学生能够完全自主独立地进行学习，并且能够依据自己的情况制订学习计划，改变学习方式。此时，学生独立自主的学习习惯已经形成。

（二）自主互助学习型小组的基本学习方式

自主互助学习型小组的基本学习方式为“教师启发—学生自学—小组讨论学习—组间交流—评价—质疑”。

1. 教师启发。

在课堂上，首先由教师对学生做适当的引导，介绍教学课文的相关背景、学习的重难点、学习目标等，使得在接下来的学习中，学生能够真正针对要学的知识去解决问题。

2. 学生自学。

根据教学目标，教师可在一定程度上让学生自己提出学习目标，完全放手让学生自主学习。先由学生个人自学，自己提出问题、发现问题，并加以研究，先自行解决，可以为小组的讨论学习做好准备。

3. 小组讨论学习。

学生在自学的基础上，进行小组讨论学习。先在小组中进行个人学习汇报，充分保证每个学生都已学习过。接着针对个人汇报提出问题，小组长把提出的问题进行总结，并组织组员在组内讨论寻求解决。若有不能解决的问题，小组长把问题记下来，以便在组间交流时解决。在这个阶段，教师只是担当指引者，问题的解决应由学生自行讨论和解决。

4. 组间交流。

教师先让一个小组汇报组内学习情况，并汇报具体解决了什么问题，还有哪些问题尚待解决，其他小组在此基础上做补充和质疑。教师把各小组的疑难点进行汇总、统一意见，让各小组进行强化训练。在讨论交流过程中，教师要做好牵引，以防学生讨论的问题偏离课文中心话题，同时防止过激状态。

5. 评价。

教师要对全组进行评价，淡化个人评价，要保证每个小组中的每一个人都能进行学习和思考，还要进行小组间的相互评价，教师要引导学生公正客观地进行评价。对表现出团结、合作精神的小组予以肯定及鼓励。实施个人成绩与小组成绩挂钩、个人进步与小组成绩挂钩的评价制度。

6. 质疑。

教师让学生对小组的学习情况和方式进行质疑，以此制订更好、更符合自身实际的学习方式方法；营造宽松的学习环境，让学生的思绪无拘无束，在快乐中学习，在轻松中学习。

（三）让自主互助学习型小组转换学习方式

1. 自主布置作业。

改变传统教学中机械、烦琐的作业形式，让学生根据自己的兴趣选择作业的方式；以少做题、多看书、多实践、多运用为原则，让学生有更多的时间做自己喜欢的作业；让小组进行讨论，制订小组要做的作业，可以背精彩片段、收集好词好句、写读书体会、观察大自然、组织调查活动等。

在开始时，教师可提供相关作业形式给学生做参考，等学生能够自主设计时，就完全放手让学生自己布置。值得注意的是，学生设计的作业应有一定的意义，若发现偏离，教师应及时给予引导。

2. 开展实践活动。

让学生根据课文开展实践活动，培养学生主动探究和团结合作的意识，如召开故事会、新闻发布会、朗读会，办小抄报展、搜集资料等，充实每个小组的学习内容，让他们在有趣的活动中学习，加强小组学习能力。

总之，自主互助学习型课堂教学改革的重点是“挤水分，去虚套，切实在课堂教学效益上下功夫”。我们应该在实践中探究，在探究中完善，真正达到“自主、互助、快乐、高效”。

《半截蜡烛》教学设计

一、设计理念

本节课充分考虑到课文的特点，在教学中让学生在读悟的基础上，充分体会到伯诺德夫人一家对祖国的热爱，在教师的引导下实现学生与文本及文本人物的对话。在教学中力求将体验、想象与语言发展结合起来，在故事情节中理解词句的含义，在具体细节中体会人物的形象，在想象描述心理中感悟人物的智慧和爱国心。这样既训练了学生思维的多维度、多层次，又激发了他们表达的积极性，使之获得整体性的发展。

二、教学目标

1. 正确、流利、有感情地朗读课文，学会生字新词。

2. 理解课文内容，说出伯诺德夫人一家在危急关头是怎样与德军周旋的。

3. 通过有感情地朗读课文，体验当时的紧张局面，感受伯诺德夫人一家在危急关头与敌人做斗争时的机敏、勇敢，学习他们热爱祖国的精神。

三、教学重难点

认真朗读，通过对伯诺德一家人从容镇静的动作、神情、语言和心理描写来体会他们强烈的爱国主义精神。

四、学习过程

（一）故事导入

（课件出示一段话：“叔叔，请你把我埋得浅一点好吗？要不，等我妈妈来找我的时候，就找不到了。”）

师：请同学们想象一下，这段话背后会有一个怎样的故事？

（课件出示《二战中一个真实的故事》。）

师：读了故事后，你有什么想法？

（学生谈想法。）

师：今天我们要学习的《半截蜡烛》也是发生在第二次世界大战中的一个故事。

（二）检查预习，了解“大”背景

1. 检查生字新词。

2. 汇报材料。

师：通过课前预习和自己已有的知识，说说你对第二次世界大战了解多少。

（学生展示汇报自己掌握的资料，教师补充图文资料。）

3. 整体感知。

师：课文讲了一个怎样的故事？

（学生概括课文内容。）

师：让我们走进课文，关注伯诺德夫人一家的命运。

（三）学习课文，感悟理解

1. 感知“小背景”。

师：故事发生在第二次世界大战，这是它的大背景。那么这个故事又是在什么具体情况下发生的呢？它的小背景是怎样的？

（学生自由读课文1～2段，汇报。师强调“绝密”和“绝妙”两个词，引导学生体会当时环境的险恶及一家人的努力。）

2. 学习重点部分，体会一家人的从容镇静、勇敢机智，爱国爱和平的心理。

师：在危急关头，为了保全蜡烛，伯诺德夫人一家是怎样与德军周旋的？你从中体会到了什么？请你圈画伯诺德夫人一家人的动作、语言、神情及心理活动的有关词句，并做好批注。

（学生自读勾画并做批注，在小组内交流。教师组织小组汇报，相机指导。）

（四）深化认识，点题结课

1. 认识“爱国情”。

师：这真是一个了不起的家庭，他们一家三口经历了一场没有硝烟却又紧张激烈的战斗。他们这么做，是因为心中有一股强大的情感力量在支撑着他们，是什么情感？（强烈的爱国之情）

2. 引导认识“半截蜡烛”的意义。

师：他们保全的仅仅是半截蜡烛吗？还有什么？

生：还有绝密的情报、情报站的安危、一家人的生命、那一次斗争的胜利，甚至是整个战争的胜利以及全世界千千万万人的生命。

3. 各抒己见。

师：战争结束后，法国政府决定颁发一枚荣誉勋章给那些保护了这半截蜡烛的功臣。你觉得，这枚勋章应该颁发给谁？为什么？

（同桌交流，说出看法。）

师：颁给一家人。因为这是一家人齐心协力的结果，他们都是从容镇静、勇敢机智、热爱祖国的人。

（五）拓展阅读，升华主题

师：在那个特殊的年代，一个普通的法国家庭怀着对祖国的无限热爱，与法西斯展开了一场特殊的惊心动魄的战斗，最终凭着他们的机智与勇敢取得了胜利。像他们这样的家庭，像他们这样的英雄，还有很多。

1. 课件出示《勇气》，学生默读。

师：说一说，文中最让你感动的是什么？

生：这位法国夫人在丈夫被敌人残忍杀害的情况下，毫不犹豫地给了美国伞兵第二次机会。

师：伯诺德夫人一家，还有这位法国夫人和她的丈夫，他们有什么共同之处让我们敬佩？

生：勇敢、爱国、爱和平。

2. 课件展示诗歌片段：他们满怀浓浓的家国情怀，寄托了对和平的强烈愿望；他们无怨无悔地浴血奋战，传承着坚强不屈的民族精神；他们默默无闻地将生死置之度外，拯救了全人类！阻止了世界文明的毁灭！热血筑英魂，生命树丰碑，这些无名英雄将永留青史！

（学生有感情地诵读。）

（六）作业设计

1. "正当她踏上最后一级楼梯时，蜡烛熄灭了。"接下来，又会发生怎样的故事？请你续写故事。

2. 请你为伯诺德夫人一家人撰写颁奖词。

3. 阅读《圣诞夜休战》，结合本课所学，写一篇读后感。

五、教学反思

课前，考虑到课文中的故事发生在离学生生活时代比较遥远的第二次世界大战期间，学生对当时的战争背景知之甚少，会影响到他们对课文内容的理解，因此我提前布置学生预习了解，同时自己也特意上网搜集了一些关于第二次世界大战的图文资料，以便上课时介绍给学生，使学生了解了当时的背景，知道法国人民进行的是一场保卫家园的正义之战，为学生理解课文内容做了铺垫。

课上，我从以下三点出发来组织教学：一是交流关于第二次世界大战的资料，让学生结合课文内容体会故事的大、小两个背景，感受伯诺德夫人一家处境的险恶及保全蜡烛的重大意义。二是在课堂上抓住"在危急关头，为了保全蜡烛，伯诺德夫人一家是怎样与德军周旋的？从中你体会到什么？"这一重点来突出主题，感受人物特点。三是拓展阅读，升华认识，由体会人物的"镇静从容、机智勇敢"上升到"爱国、爱和平"。

当然，其中的第二点是本次教学的重点。我抓住写伯诺德夫人全家人的动作、语言、神情及心理活动的有关词句来引导，并通过指导学生有感情地朗读等形式加深学生的感悟，使他们深刻地领悟到母子三人在危急时刻表现出来的镇静从容和机智勇敢，并在他们感悟之后进一步引导他们明确中心思想：母子三人在敌人面前之所以会有如此出色的表现，完全是由于他们有一颗崇高的爱国之心。在最后环节，我采用各抒己见的方式，让学生辩论：“战争结束后，法国政府决定颁发一枚荣誉勋章给保护了这半截蜡烛的功臣。你觉得，这枚勋章应该颁发给谁？为什么？”学生认识到一家三口都功不可没，体会了他们在这场没有硝烟的战争中所起的积极作用，认识到保全蜡烛的重大意义，体会到他们的爱国情感。

整堂课，学生的感悟、理解都比较到位，但朗读还不尽如人意，这和本堂课容量较大、时间仓促有一定关系。在教学中，还缺少了写作方法的渗透，这一小环节本来在备课中有所体现，但因为时间仓促，便无暇顾及了。

（祝洪芹）

总之，“阅读教学是学生、教师、文本之间对话的过程”。语文教学要文火慢炖，逐层推进，不可急功近利地一步到位，而需要在体悟和朗读间循环往复地抛几个来回。学生在读中悟，在悟中读，通过读书有所感悟，通过感悟促进内化。学生的尝试在先，教师的引导在后。学生在平等的对话氛围中，自由表达独特的感受与体验，可以针锋相对，可以观点相悖，但随着教师的点拨、引导，学生自然就进入了那种豁然开朗的境界。

二、数学，自主互助高效数学课堂教学模式

落实数学学科课程理念，结合《义务教育数学课程标准（2011年版）》，我们依据奎文区教研室本年度教学研究重点，在我校开展自主互助高效课堂教学模式研究，力求通过实验研究实现实验目标，让学生学会学习、学会合作与交流，提高教学质量，解放学生，解放教师。

（一）建构科学的教学机制

1. 教学机制应具备的特点。

从《基础教育课程改革纲要（试行）》的内容中，我们可以看出，与新课程的要求相适应的数学教学机制，需要体现出以下几个基本特征。

一是学习主体的主动参与和有效互动。从某种意义上来说，课堂教学在本质上说是师生之间“以对话、交流、合作等为基础的知识构建活动”，“教学过程不只是传授知识，更重要的是通过师生之间的直接性对话，取得心灵的沟通，实现双方主体性的构建与发展”。这就意味着在新课程改革之下的数学课堂教学机制的构建，必须关注作为学习主体的学生，应使他们主动参与到学习新知识和解决数学问题的全部教学活动中去，强调在“做”中学。

同时，师生之间要建立起一种民主、平等的交互式关系，强调对话与协商，强调在思维与情感等方面的交流与碰撞。

二是学习主体的情感体验与活动构建。渗透于《义务教育数学课程标准(2011年版)》之中的一个重要理念，就是强调作为学习主体的学习者要在亲身实践活动中形成积极的情感体验，主动构建知识，"在活动中体验，在活动中构建，在活动中发展"。学生在多样化的教学活动中所获得的情感体验，可以激发他们学习和探究数学问题的强烈欲望，促进其能力发展、个性培养和精神人格的提升。

三是学习主体的合作探究与个性发展。新课程改革的一个重要内容就是要转变学生的学习方式，实现自主、探究与合作式的学习。"学习者是以自己的经验为基础来构建和解释学习材料的"，但由于学习者的经验积淀是有差异的，因而对学习材料的理解和解释也是有差异的，这就需要学习者通过合作、交流、讨论与沟通，达到取长补短和共同提高的目的。另外，由于每个学生都是一个独特的存在，因此，数学课堂教学机制的构建必须充分尊重学生的个性差异，努力创设有利于其个性发展的空间。

2. 以自主活动为特征的课堂教学机制。

以自主活动为特征的数学课堂教学机制，遵循学生的认知发展规律，强调的是学习者对一个完整的数学学习过程的经历。这种数学课堂教学模式重视对课堂动态生成资源的把握，主张摒弃呆板的教学框架结构，真正形成富有生命意蕴的、自然灵动的课堂教学。

环节一：自主发展，创设情境

自主活动式的数学教学，应当源自于学生的自主发现过程。因此，教师首先要将发现问题的机会和权利完全交给学生，教师不要过多地就思考方向、学习方式做硬性规定，以保证学生的思维广度和发现问题的灵活性；教师要让学生自己分析问题，将整节课的中心内容转化为学生在自主发现基础上的学习活动。

在以自主活动为特征的数学课堂教学模式中，自主发现是一个前提。学生发现一个问题要比解决一个问题重要得多，特别是建立在真正由学生自主学习基础上的发现，更具有重要的意义。在自主发现的同时，教师要为学生活动构建情境。

环节二：角色确认，自主探究

以自主活动为特征的数学课堂教学模式突出地体现了学习者的参与性。

因此，在这种数学教学模式中，我们强调并充分给予学生自主学习的时间，问题由学生提出并解决，尊重学生的独特理解与感悟。针对不同特点的学生，教师要采取适当有效的手段唤起学生的学习主体角色意识（即确认角色），使其积极地成为学习的主人，不再只是一味被动等待和依赖他人的帮扶，而是自主地进行数学问题的探究性尝试。

环节三：活动构建，自主评价

建构主义学习理论认为，所谓学习过程是指学生积极主动地建构这些知识的意义和自我发展的过程。很显然，这个知识建构的过程是不可能由别人来替代的，它必须借助于自己已有的知识经验与新的知识经验之间发生交互作用来完成。所谓活动构建，突出的就是学生自己对活动的自主性选择和组织，在活动的实施中突出的是学生的主体性参与和体验。这就意味着我们必须要创设一个个多样化的特定的数学情境，让学生身处其中，通过多方面的实践活动，自主探究、自行体验、自选感悟。将过去那种单纯的被动接受、灌输的数学学习过程，变为学习主体主动“做数学”的过程，在“做”中学，在“做”中体验与感悟（即主体活动构建）。

所谓自主评价，就内容来说，应当包括学生在学习过程中涉及的所有反馈信息，既包括教学目标范畴内的规定性内容，又包括学生个体的学习体验。目前，有关学生评价的论述颇多，在此不做赘述。

环节四：自主反思，活动延伸

自主活动是学生的一种主体行为。所以，以自主活动为特征的数学课堂教学模式应当有一个学生自主反思的过程，并在反思中进一步将活动进行延伸和深化。

那么，学生需要反思什么呢？一般来讲，学生的反思应当涉及整个数学学习过程。就反思的内容来说，可以是数学知识掌握，可以是数学学习能力提高，可以是数学学习方法获得，也可以是数学学习态度形成。在反思过程中，学生的侧重点可以是一个方面，也可以是多个方面。

进行不断的反思，是学习者思想的批判性与怀疑性的集中体现。让学生进行反思，就是让学生不断地以批判和怀疑的精神反复思考自己的学习，包括数学学习态度、数学学习方法、数学学习过程、数学学习内容和数学学习结果，等等。反思能够强化学习者对所学问题的认识，重新建构学习者的认知体系，将数学学习的自主活动进行进一步拓展和延伸，最终实现数学学习效果的持续提升。

(二) 几个值得关注的现实问题

1. 让学生自主探索是有前提的。

在当前的课堂教学中，自主探究性学习并非完全应用于数学课堂教学之中。许多教师往往有种错误的认识，他们认为只要将学习时间交给学生，让他们自己去学习，就可以说是以自主学习为中心的课堂教学。从课堂实施过程与教学效果来看，这种学习与学生真正的自主学习过程在本质上是有严格区别的，让学生能够探索、学会探索，才是自主学习的本意。

数学是一门拥有严谨的过程与结构的学科。在实施过程中，教师的设计应从问题、途径、构建、组织与评价等多方面入手。

(1) 设计核心问题驱动整个教学过程。自主探究性教学策略突出体现在以问题为驱动的教学过程中。在数学课堂教学中，教师应带领学生感知教材，力求让学生自主发现问题，并借助这些问题展开探究。当然，有些问题是需要教师提供的，教师必须要做好精心的准备。提供给学生的问题应当是有一定思考价值的，足以让学生进行一番苦苦思索；它又应该是有开放的成果体现的，每个学生都可以通过自己的努力品尝到探究学习的喜悦。

(2) 设计科学探究活动为基本途径。探究学习是讲究方法的，强调科学的探究，主要原因在于学生的学习时间是宝贵的、不容许浪费的，学生学习的结果在于对问题的真正解决与解决问题过程中的丰富体验，科学的方法有利于这一过程的实现。科学方法的获得不是教师所能强加的，只能是主体的自我建构，因此教师要精心设计一系列的研讨活动，让学生在实践中体会，在实践中提炼，并在实践中灵活运用。

(3) 通过师生合作达成教学目标。自主探索这种方式肯定了学生在教学中的主体地位，甚至是中心地位。这个理念的确立为自主探究教学寻求到了实践的基点，那就是依靠学生的创新精神和创新能力来完成科学探究过程中的创新学习。一是相信学生具有探究的能力，是可以进行主动学习的；二是相信学生在探究中能够实现自身的发展，是可以在学习中进步的；三是相信学生对问题具有足够的认识、判断和解决能力；四是相信学生可以成为学习过程中的主体力量，并处于中心地位。

2. 什么样的问题才是好问题。

问题是课堂教学得以推进和运行的动力所在。换言之，课堂教学离不开问题，因此，问题的生成也就成了课堂教学得以实施的前提与基础。

具备哪种品质的"问题"才是好问题呢？我们所探究的"问题"应当具

有下列品质：一是应当明确、具体、可感，学生不必为琢磨问题的内涵而费尽周折，可以直接关注问题所导向的学习领域或学习空间；二是应当具有思考价值，即问题要有一定思维深度和广度，需要学生历经真实的思考，运用多种思维方式的组合进行苦苦思索、探究后，才能寻求到问题的结果；三是要关注教学目标的全面达成；四是问题要具有情境性。

3. 设置问题的步骤。

（1）设定问题目标。学生根据教师设计的问题、创设的情境或导读提纲进行自主学习，当堂掌握基础知识和基本内容。学生要对自主学习过程中的疑点、难点、重点问题做好记录，为学习小组合作探究打下基础。

（2）寻求问题真相。学生把自主学习中遇到的疑点、难点、重点问题提交给学习小组，小组成员针对这些问题进行讨论探究，共同找出解决问题的方法与思路。学习小组也可以依托学案上教师预设的问题进行讨论，再把小组合作探究的成果进行交流展示，教师汇总学生交流展示中出现的问题，准确把握各小组在合作学习中遇到的疑点、难点和重点问题，为精讲点拨做好准备。

（3）精讲点拨。教师根据学生自主学习、小组合作探究中发现的问题，对重点、难点、易错点进行重点讲解，帮助学生解难答疑，总结答题规律，点拨答题方法与思路。精讲点拨准确有效的前提是教师本身具备准确把握课程标准、教材的能力，能够准确地了解学生的学习情况。

（4）有效训练。针对本节课所学内容，教师精编精选当堂达标训练题，进行当堂达标测试，要求学生限时限量完成测试题，可通过教师抽检、小组长批阅、同桌互批等方式了解学生的答题情况，及时对错题进行讲评点拨，确保训练的有效性。

“图形的周长”教学设计

一、教材分析

“周长的认识”是青岛版小学数学三年级上册的内容。本节课是在学生认识了三角形、平行四边形、长方形、正方形等平面图形的基础上展开的，这是学习平面图形周长计算的基础。

二、教学目标

1. 理解并掌握周长的意义，能计算简单图形的周长。

2. 在实际操作中理解周长概念形成的过程，积累数学活动经验。

3. 培养观察、比较、抽象、概括等能力，感受数学知识间的内在联系，体验数学与生活的密切关系。

三、教学过程

（一）感受一周

1. 初步了解"一周"。

（出示运动会情境图。）

师：看，森林里的小动物们在举行运动会，两只小蚂蚁参加的是跑步比赛。红蚂蚁的跑道是什么形状？黑蚂蚁呢？

生：红蚂蚁是三角形，黑蚂蚁是正五边形。

师：比赛规则是沿着图形的边线跑一周，先跑完的胜利。大家要看仔细了，谁会胜利？

生：黑蚂蚁会胜利。

师：同学们观察得真仔细，真是火眼金睛，一眼就看出黑蚂蚁会胜利。下面再来比比谁的手巧，请你选择一种动物的跑步路线，在方格纸上一笔把它画出来，看谁画得又好又快，开始。

（学生动手操作。）

师：我们来看看这三个同学是怎样画的？

生：我是从这里开始，再回到这里，画了一圈。

生：我是从这开始，再回到这里，也是画了一圈。

生：和他们一样，我也画了一圈。

师：他们在画的时候有什么相同的地方？

生：都是画了一圈。

师：看看自己画的，你们也是画了一圈吗？

生：是。

师：看来同学们都画了这两种图形的一圈。这一圈，在数学上又叫作一周。（板书：一周）。

2. 深入理解"一周"。

师：我们来看一下它们跑过的路线。红蚂蚁从起点开始，沿着三角形的边线再回到起点，跑了三角形的一周。黑蚂蚁从起点开始，沿着五边形的边线再回到起点，跑了五边形的一周。在我们的生活中，有很多物体的表面也有一周，请同学们找一找并指出来。

生：我找到了黑板有一周。

师：老师也找了一个，从这里开始围课本面一周再到这里，就是课本面的一周。谁能像老师一样说一说其他面的一周？

（学生边指边说，强调从起点开始到起点结束。）

师：每个同学手中都有一些学具，你能指出它们的一周吗？请把你手中的学具的一周指给同桌看，边指边介绍。

（同桌合作，教师巡视。）

师：哪个同学愿意到前面把手中的学具的一周指给大家看一看？

生：从这个起点开始，再回到这个起点，就是正方形的一周。

师：从起点开始，再回到这个起点，说得特别好。谁还能再来说一下？

生：从这个起点开始，沿着边线绕一圈，再回到这个起点，就是长方形的一周。

师：说得真好，不仅说出了从起点开始又回到起点，还说出了沿边线绕一圈。谁能像他这样，介绍你手中的学具的一周呢？

生：从这个起点开始，沿着边线绕一圈，再回到起点，就是叶子的一周。

师：边是弯的，你也能指出它的一周，真厉害啊！就像同学们说的，无论什么样的图形，无论它有几条边，它的边是直的也好，是弯的也好，只要从一个起点开始，沿着边线绕一圈，再回到起点，就是这个图形的一周。

（二）感知周长

1. 初识周长。

师：这是刚才两只小蚂蚁的跑道，三角形一周和五边形一周的长度哪一个长呢？老师把它们的一周用毛线的长度表示出来。（粘在黑板上）

生：三角形一周的长度长。

师：这条毛线的长度就是三角形一周的长度，也叫三角形的周长。那条毛线的长度就是五边形的周长，也叫五边形的周长。课本面一周的长度就是课本面的周长。你还能说出哪些周长？

（学生边指边说。）

师：同学们说了这么多图形的周长，那我们给周长下个定义吧。图形的周长就是图形一周的长度。

师：我们找了这么多图形的周长，小叶子有周长吗？

（展示叶子，学生分析。）

师（小结）：同学们说得真好，周长中的周就是一周，长就是长度，图形的周长就是图形一周的长度。

2. 借助反例，深化周长的概念。

（课件出示角。）

师：这个角有周长吗？

生：没有。

师：不能围着角画一周，没有一周的长度所以没有周长。那么，怎样就能有周长了呢？

生：连起来。

师：把图形变成封闭图形，只有封闭图形才有周长。那我们完善一下周长的概念，即封闭图形一周的长度就是它的周长。

（三）周长的测量

（课件出示各种图形。）

师：你能分辨出哪些是封闭图形吗？试试看。

（学生找出封闭图形。）

师：我们怎么才能知道这些封闭图形的周长到底是多长呢？

生：测量。

师：请每个小组选一种形状的图形研究它的周长。

1. 先估一估周长是多少厘米，再测量。

2. 测量时需注意以下问题：① 需要测量哪些边的长度？用什么方法测量？② 怎样计算？周长是多少？

（课件出示合作要求：把测量的数据写到卡片上，汇报的时候按照这些问题来汇报。学生四人一组合作。）

生：长方形要测四条边的长度，然后加起来就是周长。

生：扇形要测三条边的长度，然后加起来就是周长。

生：圆形的周长要用线和直尺来测，用线绕圆一周，线的长度就是圆的周长。

师：当我们遇到弯的边的时候，可以用线围，再把线拉直测量线的长度，这种方法叫作由曲变直的思想，在今后的图形学习中会经常遇到。

（四）实践应用，拓展提升

1. 巩固练习。

师：学校要给花坛装上护栏，每个花坛各需要多长的护栏呢？这个问题就是让我们求这个花坛的周长。

（学生汇报。）

2. 文化广角。

（课件出示：① 1943 年，匈牙利数学家陶斯巧妙地证明，在所有首尾相连的正多边形中，正六边形的周长最小。② 蜜蜂把自己的家建造的空间最大，但周长却最小，可以节省很多的建筑材料，它们真是世界上最聪明的建筑者！）

（五）小结

师：你们这节课有什么收获？大家分享一下！

（学生汇报。）

（六）作业设计

在方格纸（每格边长 1 厘米）上画出周长为 12 厘米的图形。

四、教学反思

在教授“周长的认识”一课时，我重点体现“从生活中来，到生活中去”的理念。从课堂中，我感觉到，唯有让学生真切地感受到“什么是周长”，经历一种生活实践的体验，才能让学生对之前认识的“周长”达到真正的“数学抽象”，才能真正理解和掌握“周长”的含义。

1. 注意在学生丰富的生活背景基础上学习数学，建立概念。

首先我以生动的动物运动会引入新课，使课堂气氛骤然升温；然后让学生通过量一量、找一找、摸一摸等活动，使学生把周长这个抽象的概念与生活中具体的事例联系起来，加深学生对周长的认识。

2. 在有意义的实践活动中强化概念。

在教师的语言激励下，学生先通过观察发现生活中周长无处不在的道理。然后在教师的引导下，学生以小组的形式选用合适的工具去测量图形的周长。这个环节拓宽了学生对周长意义的理解，激发了学生的学习热情。

这节课中，我觉得其不足之处在于，学生之间的交流比较少。在今后的课堂中我应该思考如何让学生在课堂上更加积极地交流。

（徐秀丽）

总之，教学的关键在于关注学生的学习过程，创设有利于学生自主探究、合作交流的课堂氛围。在今后的教学中，教师要多向其他有经验的教师学习，多读教育书刊，使自己在教学中取得更大的进步。

三、英语，浸润式课堂教学模式

依据新课程改革的精神，小学英语教学应从学生的学习兴趣、生活经验和认知水平出发，倡导体验、实践、参与、合作与交流的学习方式和任务型的教学途径，发展学生的综合语言运用能力，使语言学习的过程成为学生形成积极的情感态度、主动思维和提高跨文化意识的过程。

教学时，我们吸取杜郎口英语和攀登英语的教学思想，在交际性原则、合作互动原则、生活化原则、信息技术化原则、评价多元化原则的基础上构建了一种由三个环节构成的高效、自主、合作、学习型的教学模式——小学英语"浸润式"教学模式，在教学实践中已取得了较好的效果。

在实验中，我们打破了以往以单元为主的方法，把每一个模块作为一个整体来实施教学，注重了其完整性。同时，我们吸取了攀登英语的教学理念，并逐步渗透，让学生在大环境中轻松掌握英语。

（一）整体感知，提出问题，合作互动，解决问题

这个环节是学生自主地或在教师的引导下进行初步感知的学习阶段。以学生自主学习活动为主要形式，扫清阅读障碍，这是顺利完成课堂学习任务的关键。

1. 学生学习活动。

（1）听录音，整体感知。现代英语教学常采用"听说领先，读写跟上"的原则，参照攀登英语第一阶段整体输入的教学思路，在每个模块的第一节课中我们首先通过播放课文录音将整个模块的内容呈现出来，使学生对将要接触的内容有大体的了解。

（2）个人自学，发现问题。本环节运用自主性原则，给学生充足的时间自读课文，勾画出自己不懂的单词、短语和句子。

（3）查阅资料，组内初步解决部分问题。通过查阅资料，以小组合作的形式（每班分为 4 个大组，每个小组又以 4 人为单位分为若干小组）讨论解决陌生的单词或短语。教师巡回检查每组学习情况，采取组内互助的形式，并随时将情况记入评价量化表。

（4）班内交流，提出尚未解决的问题。以班级为单位，采用指名、竞猜等形式解决剩余问题。首先由各组长汇总本组意见，并板书，再由其他小组的同学或教师共同帮助解决问题。

2. 教师的作用——提供服务。

本环节中，教师应把帮助学生明确学习目标、了解学习的基本方法、调节学生学习情绪、增强学生学习的信心作为重点，引导学生以良好的状态投入课堂学习活动。

（二）听说读写，反复浸润，强化训练，形成技能

本环节是学生进一步完善认知结构，通过听说读写训练，深化理解重点知识，促进内化和领悟的过程，也是学生从感知到认知，初步吸收信息、交流信息的重要阶段。

1. 学生学习活动。

（1）单词复习。以小组为单位，利用攀登英语反复听说、反复输入的教学理念，让学生在反复听、说的过程中，充分利用各种感官、运用多种形式记忆单词。

（2）听录音，跟读课文。在第一环节整体感知、扫清读的障碍后，继续进行知识输入。

（3）交流问题并寻找解决方法及答案。组与组之间进行合作与竞争，进一步认知重点内容（单词、短语、句子等），并初步运用练习。

（4）小组合作，翻译课文。进一步理解课文内容及相关西方国家的风俗人情。

（5）带着问题读课文，交际练习。本环节着重解决学生对课文大意的理解，教师展示根据课文内容提出的问题，要求学生带着问题读课文并回答问题，使学生在进一步理解课文的同时，能够运用自己的语言回答问题，实现语言的交际性目的。

（6）背诵课文，初步复述课文。在这一环节，学生应能背诵课文，并试着用自己的语言复述课文。

（7）默写重点内容，加深记忆。在限定时间内，听写单词、短语及句子，检查学生对内容的掌握程度。

（8）重点知识，重点训练。针对本模块的重点知识进行重点训练，如根据重点单词写句子，根据重点句子扩充会话等。

2. 教师的作用——调控指导。

本环节中，教师只是课堂的组织者和促进者，教师通过及时正确的评价激励措施，充分调动学生的积极性和创造性，让学生充分接触英语，运用英语，让他们通过自己的努力和班级及小组的共同努力，解决语言学习任务和语言运用中的困难。另外，教师要调节好课堂秩序，及时了解学生对知识的掌握程度，并在学生欲说不能时，引导学生理顺思路进行更好的表达，帮助全体学生实现目标。

（三）创设情境，拓展运用，反馈矫正，查缺补漏

本环节主要是学生主体运用所学知识，形成英语交际能力，培养学生的创新意识和合作能力。

1. 学生学习活动。

（1）展示表演。在这个环节中，学生可根据自己的学习水平进行展示。如对课文的展示，包括读课文、背课文、复述课文、表演课文短剧等，使全体学生都能有展示的机会。

（2）对照目标，自我检测评价。学生在对自己的学习总结和评价中，进一步巩固知识。

（3）完成形成性训练或达标练习题。让学生在规定时间内完成达标练习，并及时纠错。

（4）根据情境，小组合作讨论并汇报成果。英语课堂本身就是一个语言交际场合，教师应尽可能地创设真实的语言情境，引导和帮助学生在练英语中学英语，在学英语中用英语，边学边练、边练边学、学用结合、学以致用。

（5）小组合作，及时弥补遗漏的知识，并实现师生、生生间的资源共享，升华认识，引发新的思考。

2. 教师的作用——指导答疑。

教师为学生提供必要的训练语境和内容，给予其必要的指导和评价，帮助学生理顺思路，形成知识体系，并解答学生的疑问。

（四）实验与研究的效果

1. 实现了课程整合，优化了课堂教学内容。

对于课堂教学内容要根据既定的教学目标，对教材内容实行科学的组合，并按一定的程序组成合理的知识结构和能力结构，使教学内容具有逻辑意义，做到条理清楚、重点突出、难易适度。教师要明确教学的重点、难点和关键点，要加强知识间的有机联系，重视语言知识的系统化、技能训练的程序化，并科学地安排教学的顺序和层次，合理确定教学内容的广度和深度。因此，我们打破了以往按单元教学的常规模式，以模块为单位进行教学。

2. 构建了课堂教学评价体系。

在教学中，我们把七十多人的大班划分为组的形式来上课，主要采取大组套小组的方式，即班级教学小组化，把四大组再分为四人为单位的小组来学习。每个小组成员都有相应的代号，每个成员的表现成绩既被记入本小组又要汇入所在的大组，各大组评价成绩都与每个成员息息相关。这样既易于教师控制课堂，组织教学，又易于学生的多向交往，有利于引进竞争机制。我们不仅把师生互动和小组合作作为评价依据，还将学生的自学、互学、互教、合作等作为课堂教学评价标准的基本内容，形成了一套全面立体的评价体系。

3. 转变了学生的学习方式。

在我们的研究中，教学方式和评价方式都发生了变化，学生的学习方式也随之发生了相应改变：由以前的被动学习变为现在的主动参与、小组合作和探究学习。事实证明，学生已能初步掌握英语学习的规律和方法，他们不仅充分享受了通过自主学习获得知识的乐趣，而且使学到的知识更牢固、更有用。

学生自主参与学习活动的意识有所增强。在课堂学习活动中，自主参与学习的氛围已经基本形成，小组活动全员参与、积极发言。学生已在课堂学习活动中形成了自主，在自主中学会了互助，在互助中得到了发展。

学生的合作学习能力和竞争意识有所增强。在小组合作学习中，学生都能积极发现问题、查阅资料、交流自己的认识，从而形成本组的意见和结论。在组与组互相交流学习中，学生都能认真听记，找发言者的不足，随时向对方继续提问，寻求解释和补充，最后全班达成共识。这让学生学会了取得共识与存异，增强了自我评价、相互评价能力，基本建立起了合作关系。

学生的思维品质得到了发展和改善。在小组的合作学习和组间的竞争学习影响下，学生的诸多思维品质开始形成。学生开始敢于质疑，敢于提问，敢于发表自己的见解，激发了学习英语的兴趣，多方位调动了眼、耳、口、手、脑等多种感官去参与学习，有效地提高了教学效率。

4. 转变了教师的教学观念。

在实验过程中，教师扮演着课堂活动的主持人、指导者、服务员、合作者、学习者等多种角色。通过实践，教师真正地把学习的主动权交给了学生，改变了传统的教学模式，充分体现了学生的主体地位，实现了教师教学观念的三大转变：在教学方法上，教法学法并重，重视让学生通过自学获取知识、发展能力；在信息反馈上，从单向反馈变为多元化的反馈；在学习评价上，从单纯的分数评价转变为多方面的评价。

They Sit around Tables. 教学设计

一、教材分析

语言功能：用一般现在时对经常发生的行为进行问答。

语言结构：Do you often ... Yes，I do. /No，I don't.

二、设计理念

我的一切教学活动的设计都是以"能激发学生的主动学习意识"为出发点，从学生的生活实际入手，将教学内容按照"由浅入深，由输入到输出"的原则设计为学生感兴趣、乐于参与的教学活动，使教学任务活动化。同时，注重知识的归纳总结，引导学生对学过的知识进行梳理，从而形成系统的知识体系。

三、教学目标

1. 知识目标：巩固和运用目标语句 In England，the children sit around tables. We sit in lines in China. They sing songs together every morning. We do morning exercises.

2. 能力目标：培养学生综合运用语言的能力。

四、教学重难点

重点：比较中英学校的不同。

难点：培养学生从词到句、从句到段落的语言综合运用能力。

五、教学准备

单词卡片、CD—ROM、复习卡、录音机、课件、学案。

六、教学过程

(一) 课前交流预习内容，板书新单词和短语

1. Game.

(1) Show the phrases and read it quickly as you can. ("火眼金睛"游戏)

(2) Listen and do. (听音做动作)

2. Show the task：Try to tell us and write down what do you often do at the weekend.

3. Go over the text. Read and recite the text.

(二) 组内交流，复习回顾

1. Go over the words，phrases and sentences together.

2. Read and translate them. Then go over the review cards by groups，to remember the words，phrases and sentences.

（三）基础检测，落实目标

1. Try to finish words and phrases. Then check it up by groups.

2. Finish sentences by yourselves and check it up by groups.

（四）拓展练习，提升深化

What do you often do at the weekend?

（五）课堂小结，布置作业

1. Today we go over M 8. We can recite the text. We can remember the words, phrases and sentences. And we can use it well.

2. Homework.

(1) Listen and recite M 8.

(2) 课下调查，完成调查表。

Do you often...	I	My partner
Go shopping		
Visit your relatives		
Speak English		
Write letters		
Play computer games		
（学生自己可以补充没有写上的活动）		

七、教学反思

本节课内容较简单，学生能够较好地掌握本节课需用到的知识点和单词，因而我设计的学生的独立学习时间较多。独立学习的时间就是学生自由支配的时间，这是学生主体参与及个性发展的必要条件。在本节课的课堂教学中，我把自由支配的时间还给学生，让每一个学生有更多的独立思考时间，围绕“often”这一核心词汇，让学生展开自由问答，同时让其很好地理解课文。

另外，在本次课堂上，我努力做到处处放手，真正做到“学生会说的教师不讲，学生有能力探究的教师不教，学生能够升华的教师不去总结”，让课堂变成学生舒展灵性的空间。

（王春玲）

我国很早就有学者强调，教学有法，但无定法。同样，我们认为，教学有模，但无定模。无论什么样的课堂教学模式都要符合学生的成长和发展的规律及教育本身的规律。我们要始终把落实学生主体地位、培养学生的创新精神和创新能力放在首位，相信在这种理念引领下的教学模式必将使我校的内涵发展跃升到新的高度。

第三章

走“入”教师队伍 打造幸福高效团队

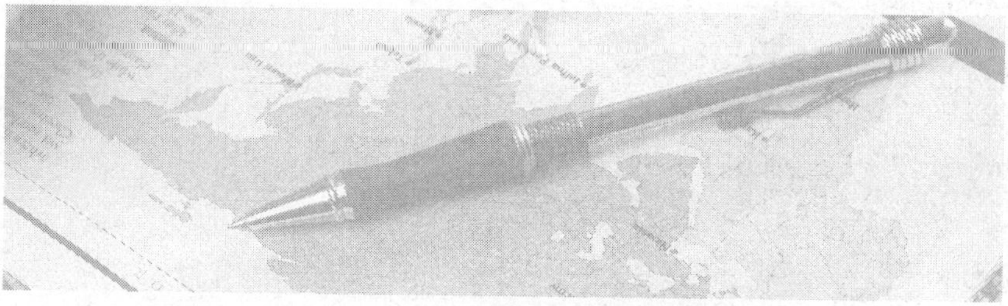

追求幸福是人类发展的永恒信念，没有健康的价值需求与追求的人必定是远离幸福的。作为教师，我们要实现自己的职业理想，感受自我存在的价值，追求教师职业上的幸福。但追求幸福的道路并不是一帆风顺的，会有来自社会的各种诱惑、压力，还会有职业发展的重重阻力，而幸福高效的团队无疑为我们追求教育的幸福感提供了最好的选择。

第一节 幸福高效的团队

一、幸福高效团队的概念

幸福高效团队是指以学校全体教师为成员，依托学校营造有利于教师专业发展的人文环境、管理制度、和谐关系和教学氛围，以促进学生、教师、学校的可持续发展为目标，并通过积极的相互合作，不断地为实现共同的目标而努力的教师团队。

二、幸福高效团队的意义

（一）构建幸福高效团队是学校持续发展的需要

当学校营造了一种合作的气氛，形成了一种合作的教师文化，教师间找到一种“心有灵犀一点通”的感觉，教师才能在一个互信、互谅的环境中共同探求改变思维和习惯的方法，相互激发，共同探究，最终实现共同的愿景，有效推动学校的不断发展。

（二）构建幸福高效团队是学校现实基础的需要

我们最大的财富是人。一个年级的学生，就可以组成一所小学校；一个办公室的教师，就能组成一个绝好的工作团队。幸福高效团队能把繁复的教师管理压力转化为巨大的人力资源动力。

（三）构建幸福高效团队是新课程改革的需要

新课程改革在不断促进教师的教学理念、学校的管理理念和师生的评价方式发生着变革，同时，新生事物、新课题层出不穷，特别是综合拓展型、探究型课程的设置，以及校本课程的开发，对教师的专业发展提出了更高的要求。单靠教师个人的力量很难胜任新课程的教学任务，这些都迫切需要一支幸福高效的团队来共同面对。

（四）构建幸福高效团队是科研兴校的需要

科研兴校是全体教师共同参与的科研活动，旨在提高全体教师的素质，解决教育教学中不断出现的实际问题，提高教育教学的效率和质量，从而实现学校的内在发展。

（五）构建幸福高效团队是教师专业成长的需要

任何教师专业素养的提升，都要面临理论到实践的转换问题。如果单靠教师的个人力量，这道鸿沟是难以逾越的，而合作和对话是实现“同伴互助”“专业引领”的较好形式，为此，要充分发掘、利用各种有助于自我专业发展的资源，寻求与同事的合作与帮助。教师为了自身发展，要与人交往与交流，在参与活动中体验幸福，在追求理想过程中享受幸福，在实现人生价值中感受幸福。

三、幸福高效团队的特性

（一）幸福高效团队是目标明确的

幸福高效团队对所要达到的目标有清楚的了解，并坚信这一目标包含着重大的意义和价值。而且，这种目标的重要性还不断激励着团队成员把个人目标升华到群体目标中去。在幸福高效团队中，成员愿意为团队目标做出承诺，清楚地知道他们要做什么，以及他们要怎样共同工作才能完成任务。

（二）幸福高效团队是相互信任的

成员间相互信任是幸福高效团队的显著特征，也就是说，每个成员对其他人的品行和能力都确信不疑。组织文化和管理层的行为对形成相互信任的群体氛围有很大的影响。如果组织崇尚开放、诚实、协作的办事原则，同时鼓励员工的参与和自主性，就比较容易形成营造信任的环境。所以，维持群体内的相互信任，还需要管理层付出足够的努力。

（三）幸福高效团队是健康的

幸福高效团队整体上目标积极向上，遇到问题心态乐观开朗，能积极寻求解决方法，以促进教师专业发展为核心，形成健康的良性循环发展形势；团队里的任何一名教师都在为不断提高个人内涵、提升自己的专业素质和道德修养而发奋努力。

（四）幸福高效团队是和谐的

幸福高效团队的教师应该是荣辱与共、和谐共进的。在实现共同理想目标的过程中既能够尽显个人所长，与团队其他成员取长补短、相互合作，又能在展现自我能力和特长的同时顾及他人的感受，保持谦虚的态度，维持团队的团结。总之，幸福高效团队应该是一支相互包容、合作分享、团结一致、为集体荣誉而拼搏的团队。

（五）幸福高效团队是持续发展的

创造是人类的普遍本性，如果没有了创造，人与物就没有了区别。教师个体同样是在不断创造性地实践自己的教学行为的。幸福高效团体以教师专业发展为出发点和归属地，并实行有计划、有组织、有制度的集体行动，它是以教师个体的发展来推动团队不断向前发展的。

第二节 打造幸福高效团队的策略

百年大计，教育为本；教育大计，教师为本。师资是学校的第一要素，学校可持续发展的关键是要打造一支师德高尚、业务精湛、结构合理、充满活力、名师荟萃的幸福高效教师团队。在走动管理的实践中我们发现，要想打造一支幸福高效的教师团队，促进学校又好又快地发展，应着重从环境对团队的培育、幸福高效的关系机制、团队发展能力三方面入手。

一、创设人文环境，培育幸福高效团队

马克思说过“人创造环境，同样环境也塑造人”，可见，周围环境对人具有极大的影响。环境不仅影响个人的发展，同样也会影响整个团队的发展。为此我校在以下几方面进行了人文环境的创设。

（一）整合资源，建设卫生、整洁、美观的校园环境

为了充分发挥环境育人的功能，近几年，我校一直致力于改造育人环境。原有的校园只有南北两座老旧楼房，中间夹着一个小操场，难以满足学生的发展需要。经过学校领导多方努力争取得到了政府的支持。2006 年，学校东侧修建了一座新的教学楼和一个高标准的塑胶操场；2012 年暑假，又对教学楼进行了防震加固和内外墙面美化装饰，学校的整体面貌焕然一新。同时，加强了学校的现代化教育教学设施建设。目前，我校拥有三个功能齐全的多媒体专用教室、一个多功能报告厅、两个科学实验室、一个少年航模中心、一个美术专用教室、一个艺术训练专用舞蹈房，还拥有高标准的语音

室、微机室、学术报告厅、心理咨询室，以及藏书近20万册的图书阅览室。现在的学校可谓一步一景，走进校门迎面看到的是包围在绿树丛中的装饰典雅的教学楼、新建的综合办公实验楼、林立的文化橱窗，令人赏心悦目。校园内的一景一物，处处体现着育人的功能，富有浓烈的文化气息，体现出一定的文化意蕴，给全体师生以启迪和激励。

洗尽凡尘犹见清冽

——追忆幸福街小学环境变化成就的风韵

春露秋霜，行思坐忆。入行教育我已度过了16个春秋，从青葱生涩到日益成熟，一路走来，我见证了幸福街小学的变迁。

此情可待，西窗剪烛。1998年的秋天我在幸福街小学第一次登上讲台。那时的课堂一支粉笔走天下，孩子的课桌漆面斑斑驳驳，书写着历史的久远。教学用具基本上是老师自己巧手做的，小黑板是老师最常用的教学工具，偶尔，在公开课上才会见到体积较大的投影仪，不过幻灯片上的内容也是老师手写在玻璃纸的。原来学校的教学楼南楼是旧楼，楼梯的台阶光滑圆润，那是经过多少时间的磨砺才有的姿色。校园的操场就只有南北两楼的间距，一下课校园就沸腾了，满眼都是在活动的学生。印象最深的是学校的厕所，水泥地，水泥墙，地方小，需排队，到了夏天，临近教室的闷热空气里掺杂着让人眩晕的厕所气味，让老师和学生显得格外浮躁。

物换星移，沧海桑田。如今，放眼望去，大门从两扇铁管门到电子遥控推拉折叠门。操场由一块土地到塑胶一体化，四周乒乓球台、篮球板、各类运动器械一应俱全。教学楼旧貌换新颜——教学楼南楼加固改造，铺上了地板砖；玻璃外墙的东楼犹如天桥连接着南北两座教学楼，东楼还设有配套齐全的功能教室；每一级台阶都贴上了双语名言警句，每一面墙壁都贴满了充满正能量的诗篇、散文；老师的办公室从没有电脑到三个人用一台电脑再到人手一机，跟上了更新换代的速度，教师们通过网络更快地与新教育理念接轨，产生了一篇篇借"他山之石"孵化的自己的教学论文；一件件硬件设施配备孕育的精美课件，一堂堂精神环境熏陶后挖掘各学科的经典课堂……

焕然一新，今非昔比。我满心激动，感怀幸福街小学环境的更替带来的身心愉悦。如今，当你信步于幸福街小学充满阳光的校园中，望着一棵棵充满生机的花草树木，一定会倍感校园的亲切和温暖。这是幸福街小学在走动管理引领下为改善教职工教学环境而交出的一份完美的答卷。不用再汗流浃背地在炎炎夏日里苦心备课，空调送来的清凉让我们更舒适地迎接每一天繁杂的工作；不用再疾走奔波于教室、办公室之间，多媒体教室让课堂鲜活起来、生动起来、开放起来；不用再踮脚蹒跚地焦急排队上厕所，整洁、宽敞的新厕所解决了我们的后顾之忧；不用再纠结孩子们陈旧的课桌与新教室格格不入，全套单人单桌已成为每一间教室里亮丽的风景线。走动管理的春风吹拂到哪里，哪里就有创新之花扎根发芽；走动管理的脚步转踏到哪里，哪里就有和谐乐章的欢乐吟唱；走动管理的视线覆盖到哪里，哪里就有温馨甜美的人文关怀。

山长水阔，内涵孕育。我沉浸在校园生态环境带来的无限美好中，涌上心头的是学校内涵式发展所折射出的丰富精神文明建设带来的光辉。为了用新锐的理念来武装每一位教师的头脑，学校设立了各类图书室，让每一位教师都与经典图书成为挚友。教室内、软板墙上悬挂着学生的美术作品、手抄报、书法作品，以及阳光少年榜样牌、校园精彩活动瞬间、励志性宣传画等，融教育性、知识性和艺术性于一体，突出丰富的文化内涵，达到"润物细无声"的教育目的。

蜕化质变，幡然如新。环境是教育系列的大课程，每一步的向前，都为校园注入了新鲜的气息。我感同身受，沉浸其中。

（徐秀丽）

（二）民主管理，建设幸福、温馨的工作乐园

在学校管理工作中坚持依法治校、民主管理，是优化学校人文环境的重要举措。实行校长负责制后，如何休现民主化管理是教育界面临的一个重要课题。近几年，我校一直坚持这一管理理念不动摇。

1. 认真执行教职工代表大会制度。

学校党支部把教职工代表大会工作列入重要议事日程。遇到学校发展改革的重大问题时，就会召开教职工代表大会。会前做充分准备，广泛征集教师代表提案，认真起草《学校工作报告》《学校发展规划》等；会上积极组织讨论，听取代表意见；会后认真研究，改进工作。

2. 认真执行校务公开。

校务公开的主要内容有以下几方面：事关学校改革和发展的重要规划、决策和实施方案公开；事关教职工切身利益的决策公开（职称评定、工资晋级、评优评先、考核评价等）；学校财务公开，招生情况公开，福利承办公开。决策的民主化和工作的透明度，不仅密切了教师之间的关系，而且加大了我校民主监督的力度，使我校的民主建设迈上了一个新台阶、达到一个新水平。

3. 开辟多种形式的民主渠道。

我们一直坚持工会委员与校长的对话制度，选派教师代表参加支部民主生活会制度，组织不同类型的座谈会制度，坚持组织家长开放日活动，设置意见簿、意见箱，公开校长联系电话等，以此来了解情况，改进工作。各种民主渠道进一步密切了干群关系，增进了师生之间的友情，沟通了家长与学校的联系，形成了一种领导与教师、教师与学生、学校与家长相互理解、相互包容、和睦协调、同心协力的和谐环境。

（三）注重学习，建设充满浓郁学习气氛的校园环境

教师的人文素养的高低是影响学校优化人文环境成效的重要因素。当然，教师的人文素质不是与生俱来的，而是靠不断的学习，积累人文知识，涵养人文底蕴，并经过实践的检验、提炼、丰富而形成的。因此，学校坚持把提高教师的人文素养作为教师队伍建设的重要内容。

一是坚持倡导营造学习研究之风，强化教师注重学习、提高自身素质的认识，并提出教师基本的人文素养要求：身正、求实、博雅、大气、谦逊、包容。二是要求教师每学年结合学校《教师队伍建设方案》制订自修提高计划，并付诸实施，将学习作为自己的职业生活习惯。三是坚持开展读教育专著，写教学反思、教育随笔活动。四是有计划地选派教师进行外出学习培训和教学业务交流。五是组织教师召开读书报告会、读书心得交流会，并组织教师参加有关的学习考试。六是开展学术讲座、师德建设报告会，提高教师的人文素养。

（四）建设良好的校园文化

在以往的学校管理工作中，我们着力较多的是学校的制度建设和刚性管理。其作用固然重要，但在管理层走近师生，与他们近距离地交流沟通之后，也深深地体会到学校教育的单一与枯燥、孤立与无助。究其实质，是学校教育管理中存在着严重的文化缺失现象。基于这个认识，我们在近几年的学校管理中进一步加强了校园文化建设，并把它作为弘扬人文精神、构建和谐校园的重要途径。

为了打造具有特色的学校精神，我校在管理层面上树立"让人人成为幸福的成功者"的办学理念和"把每一件小事都做得更精彩"的工作理念，努力营造"博爱正己、务实求真、敢为人先、协力创新"的学校精神；在教育教学层面，让课堂教学不仅进行学科知识传授，而且要善于挖掘审美教育、情感教育，培养学生的人文素养，促进学生的全面发展；在学校活动方面，以丰富多彩的课外文化活动为载体，如校园艺术节、体育节、科技活动、综合实践活动等，进一步丰富校园文化内容，营造文化氛围，巩固文化建设的成果；在班级文化建设方面，根据班情和学生自我发展的需要，确定班级奋斗目标，制订班规、班训、班徽、班旗，以学生为主体开展内容丰富、形式多样的文化建设活动，培养学生良好的道德情感、行为习惯，强化学生的集体观念、责任意识、创新精神和实践能力；在学校传统文化建设方面，注重总结学校建校以来的发展历程，总结成功经验，将物质范畴和精神范畴的学校文化加以汇集、提炼，形成我校的优良传统，并发扬光大，以此作为促进我校各项事业持续发展的不竭动力。

（五）提升管理理念，学校管理以人为本

学校的一切规章制度既要体现政策法规的重要性，又要体现对人的尊重和理解，在执行制度的管理工作中体现人文关怀。这就是以人为本的管理理念。它提倡关注人性、道德、理想等精神因素在教育管理中所发挥的作用。

我们从以下方面做出了有益的尝试。一是通过创建具有人文关怀的节日文化，给教师以温馨和激励。二是在安排工作任务时，确保把教师的工作量控制在合理的范围之内，使他们有足够的自主时间进行工作以外的活动，避免精神过度紧张。三是改变会议召开制度。以往只要哪个部门有任务安排就会下达会议通知，接到通知，教师们就要打乱自己的工作安排，心中难免有抵触情绪。现在只有紧急会议和全体教师会才准许召集教师到指定地点开会，其他的会议则改为利用网络办公平台下发会议内容。会议作风的改变节省了教师的时间，也增加了管理者与教师个体的单独交流，使工作关系变得更加融洽。

总之，学校通过走入教师队伍中而实现了人性化的管理，体现了学校工作以教师为本的理念，让教师深切感到学校是自己温馨的家，感受到学校这个大家庭的温暖。

教育无小事，事事都要细

在学生的期待中，一年一届的体育节又拉开了帷幕。一个小小的插曲出现在今年的体育节上，正是这个插曲让我明白教育无小事，事事都要细。

班里的小乐同学积极报名参加了小学三年级女子组百米比赛。当广播里报出她的获奖号码时，那张恬静的小脸上顿时露出无法掩饰的、发自肺腑的喜悦；当登上领奖台的瞬间，她的脸上充满了骄傲和自豪。整个上午，小奖牌都没有离开过她的脖子，她的小手不停地抚摸着。

然而，正在我们兴致勃勃地观看比赛的时候，另一个班的班主任带着自己班的一个女生、裁判员老师和小乐站在了我的面前。

“这次百米比赛的奖牌应该是我班这个女生的，裁判员记错了名次，你班的小乐应该是第四名，没进前三。”这位班主任对我解释道。

我明白了他们的来意。我转头看了看小乐，她原本开心的脸庞此刻却是那样惊慌不安，小手还紧紧地握着那块奖牌。

“这件事该怎样处理？看来小乐应该是第四，裁判员的失误导致了这场误会。但我怎么忍心伸手去拿那块对她来说那么珍贵的奖牌呢？不能，绝对不能！”我快速琢磨着。

回过神后，我对眼前的这两位老师说：“这件事是学校的失误，应该学校解决处理，而不是找我们。你们都回去吧，我带着这两个孩子去找裁判长。”话罢，我便领着两个孩子去找裁判长。向裁判长说明来意后，他马上安排负责老师又给了另一个小姑娘一块奖牌，并摸着孩子们的脑袋说：“好好锻炼身体，争取明年夺冠军！”两个孩子你看我，我看你，会心地笑了。两个小姑娘像一对蝴蝶一样回到了自己班级座位。

午休的时候，小乐跑到办公室一本正经地叫我去教室一趟，我一边纳闷，一边跟着她向教室走去。当我走进安静的教室后，黑板上的六个大字映入眼帘——王老师，我爱您！大大的心形环绕在四周，感动幸福的泪水夺眶而出，身后的六个女生拥向了我……小乐和几个女生利用午休的时间送给了我一个大大的惊喜，这就是她们表达感谢和爱意的方式吧！

我的一次无意之举却有了意外的收获。这让我意识到，我们对工作中的每一个细节的处理，都可能影响孩子的自尊心、改变孩子对我们的态度。教育无小事，事事都要细。

（王　琨）

二、建立幸福关系，打造幸福高效关系机制

生活在社会当中的人，都有交往的需要。交往能满足人不同层次的需求，协调各种关系，实现自我发展。人与人的交往会形成各种各样的社会关系，而教师在交往中与他人形成良好的人际关系，是教师在工作和生活中获得幸福的重要途径。在走动管理中，我们发现教师良好人际关系的获得除了与教师本人有关外，也需要学校的积极参与。

（一）团队成员关系

1. 校长与教师是服务与被服务的关系。

在学校里，校长与教师的这种同事关系有其特殊性。由于分工不同，校长与教师之间具有领导与被领导的关系，这种关系必然带有权力与服从的色彩。其实，教师与校长的关系只是以行政管理和控制为基础，以完成人事任务为潜在意图，体现的是一种自上而下的社会性权力。在走动管理中，我校重新定义了校长与教师的关系——校长是为教师发展服务的。

第一，校长要尽可能淡化组织赋予的法定权威，自觉地丰富自己，以自己的学识、能力和威望建立个人权威，侧重于利用自己的专业知识引领学校的发展，还要重视服务职能和微观领导，努力为教师和学生的发展谋求更好的资源和条件。

第二，学校要努力建立平等、民主的关系，营造轻松、和谐的氛围，从而提高工作效率。校长应尽可能多地和教师交流，听取教师意见，始终贯彻以平等、尊重、合作、发展为基本内涵的人本思想；以诚待人，用自己的人格魅力去影响教师，从而形成共同的价值观和群体意识。

第三，创建教师的合作机制，在校园里形成“和谐竞争”的氛围，采用多种手段避免教师间产生利益冲突，尽量减少教师间的个人恩怨。

第四，校长应改变其单纯的管理者角色，与教师作为共同的课程实施者介入课程改革实验中，把主要的精力从处理学校日常行政与管理事务转向引领学校长远发展的战略规划及具体的教育教学改革之中；支持教师在教学改革中进行大胆尝试以寻求最佳的教学效果；引导教师经常就教学方面的问题进行交流和切磋；了解教师在工作中的实际困难，并及时地给予指导，提供帮助；鼓励教师积极参与学校的各项管理工作，为教师参与学校管理提供平台；为教师的培训和发展提供更多的机会，针对不同的教师提供不同形式的培训和进修的机会，以促进教师的专业成长。

2. 教师与教师是合作的关系。

传统的教师工作的特点是以个体独立工作为主，各自负责某一学科的教学或某一班级的管理。在日常教学活动中，教师大多依靠个人的力量来解决课堂中出现的所有问题，教师的课堂活动往往与其他教师的课堂活动相互隔离，他们各自保留自己的教学技巧，把全部精力集中在他们所负责的那部分，很少花时间与同事一起来分享观点、观念和新知。

我校走动管理理念下的教师关系是这样的：教师的同事关系和谐，教师的心情舒畅，工作效率高。我校通过设立优秀合作年级组、优秀合作教研组等形式的评选，以及举行以介绍本年级或教研组合作的感人事件的演讲，来宣传这种以平等、自愿、共同决策、分享资源为基础的合作精神，促进团队成员间形成更积极的人际关系，极大地提高成员的自我效能感。

3. 班主任与科任教师是育人共同体的关系。

苏联著名教育家马卡连柯曾说过：“如果五个能力较弱的教师团结在一个集体里，受一种思想、一种原则、一种作风的鼓舞，能齐心一致地工作的话，那就比十个各随己愿地单独行动的优秀教师要好得多。”这充分说明科任教师教学工作的顺利进行需要班主任工作来加以保障，而班主任工作的有效开展，同样也离不开科任教师的支持与配合。

我校每学期都把所有的管理人员分别安排到各个年级去，明确责任——调动全员参与班级的所有活动，协同班主任开展好活动，并且把同年级的科任教师以副班主任的身份安排到任教班级，辅助班主任做好班级工作。除此之外，因为一个班上的其他几位科任教师，虽然所教科目不同，但教育对象相同，教育目的一致，所以每学期固定时间安排两次班级科任教师交流座谈会，从教学思想到教学方法，从学生的课堂纪律到学习质量和学习方法等方面来协调各位科任教师的步调，以保证满足教育的统一要求，使学生的个性得到充分发展。班主任还要协助各科教师做好教学工作，及时把自己的意见通报给各科教师，并把各科教师的意见、要求集中起来，使各方面的教育力量形成合力。只有班主任和科任教师密切配合、互相支持，才能取得最佳效果，达到教书育人的目的。

4. 老教师与新教师是辅导与被辅导的关系。

我国各行各业都有传帮带的优良传统，学校里同样有老教师辅导新教师的惯例。但存在的问题是，新教师入校后，学校指派的教龄长、教学效果好的老教师对新教师的指导主要凭经验进行，而学校对老教师的作用如何发挥、新教师的培养达到哪一层次没有一个明确的说明，带有很大的盲目性和随意性。

为了改变这种状况，我校会留给每位新教师两年的被辅导期。明确要求辅导教师制订出详细的辅导计划，辅导时间结束后要有考核方案。当辅导期结束时，新教师必须接受一名外校专家的两次听课考核和教案审核，通过者方可获得当前的工作岗位。新教师是否通过了考核，辅导教师无权决定，而由外校专家说了算，如果考核通不过，辅导教师应承担一定的责任。这种方式给了辅导教师和新教师一定的压力，能使辅导教师的辅导落到实处。

5. 相互融合的朋友关系。

俗话说，“和自己亲爱的伴侣幸福地生活能多活十五年，与一群同事愉快相处能多活十年”，这句话反映出了同事关系的重要性。学校的工会活动是拉近教师与教师、教师与学校管理者之间的距离，形成良好工作关系的重要方式。工会组织的各种比赛和娱乐活动，都应本着放松减压、娱乐沟通的原则组织开展。在组织过程中，根据活动的不同性质来进行人员分配，如果活动中涉及合作配合，就尽量安排同组室成员参与，增强同组成员的默契、信任、合作等。如果是表演性质的晚会，就可以打破年级组的限制，甚至把各个科室的学校管理者也分散其中，让全校的教师之间有更多合作接触、彼此了解的机会，形成更加融洽的工作关系。

（二）家校关系

教师是学校和家长之间的一座桥梁。学校对学生的管理要求、开展的各项教育活动能否得到家长的认可和支持，在很大程度上取决于教师与家长的真诚沟通。教师只有与家长真诚地沟通，把家长当作朋友，把他的孩子当成自己的孩子，让家长无时无处不感到对他的坦诚相待，才能换来家长对教师的信任，才能有好的沟通效果。在走动管理中，我们通过“请进来”（即把部分家长请到学校来）、“走出去”（即利用各种时间与家长接触，如早、晚家长接送孩子的时间）等方法走近家长群体，积极与家长进行沟通，听取家长的意见，积极创建良好的家校关系。

1. 探索家长会新形式。

（1）成果展览式家长会。班主任先全面介绍本班在教育教学方面所取得的优异成绩，然后把学生近期在各个方面的成果展示出来，把家长会办成一个学生成果展览会。展览可分为三部分。第一展区（奋斗篇）：展示全体学生的各科作业、试卷等；第二展区（才艺篇）：展示一个学期以来学生主办的黑板报的照片及作文、书法、绘画、摄影、手工、剪报等艺术作品；第三展区（荣誉篇）：展示学生在校内外各项比赛活动中的获奖证书与奖品，同时可展出学生自备的“成长记录袋”。

（2）联谊汇报式家长会。一个学期下来，学生背诵了大量的诗词、美文，学到了丰富的知识，可在家长会前将它们编制成题，在联谊会上让家长随意抽题点人来答题、表演，形式不拘一格，但均要围绕“展现学生才能，展示素质教育成果”这个中心。家长们在轻松快乐的参与中，感受到自己孩子在学校的全面成长，从而帮助家长实现教育思想、教育观念的转变，真正领悟到素质教育的深刻内涵与无穷魅力。

(3) 学生主角式家长会。学生主持人以精美简短的语言阐明主题、拉开序幕，不同职务的学生干部总结各自工作上的成绩和不足，提出今后的工作方案，也可请学科课代表介绍各门学科的特点、课堂要求以及掌握知识的要领、方法，让家长和学生共同了解各科学习的规律和要求。此外，特别要邀请不同层次的进步学生代表介绍学习体会，谈谈在复习技巧、考试心理、成绩分析和自我总结等方面的成功经验，让家长帮助子女选择合适的学习榜样，确立恰当的学习目标。最后，教师可拿出 15 分钟的时间让家长和孩子倾心交谈，从而促进家长和孩子的相互理解，推动认识和情感的相互交流。

(4) 多面评价式家长会。利用家长会的契机，在原来的基础上，增设"自我评价""同学心声""教师寄语"和"父母留言"四个栏目，家长在会上通过阅读前三项评价，正确认识到孩子的优点与不足，会后再写下对孩子的留言，使孩子能全面认识自己，正确评价自己，同时从教师、家长和好友的评价中受到激励、增强自信。

(5) 研讨争鸣式家长会。家长会上，教师应设法调动家长发言的积极性，以便充分了解学生的家庭情况和个性特点，有针对性地采取措施，提高教育效果。对于一些共性问题，教师应与家长一起研讨，如怎样最大限度地把教育理想和现实结合起来，怎样做到身教与言传的统一，如何加强对学生学习过程的长期而有效的管理，等等。此外，可引导家长之间进行广泛交流，让他们相互介绍教育子女的经验和体会，共同探讨家庭教育的成败得失，达到相互参照、彼此启迪、共同受益的最终目的。

2. 丰富家访形式。

家访是家校沟通的桥梁，是家长、学生、教师之间沟通的重要途径之一。但有的教师往往是学生在校遇到了问题时才想到家访，其家访往往是带着告状的性质。在多年的实践中，我校在教师家访守则中丰富了家访的目的和形式，用来改变这种易造成不良家访效果的单一家访形式。

(1) 调查性家访。这是对全体学生的全面性家访，家访的内容包括学生的家庭环境、家庭成员、家庭教育及学生本人的学习环境和在家的表现等。调查性家访一般在接任新班时与其他工作同步进行，越早家访效果越好。

(2) 交往性家访。即平时街坊邻里串门式的家访，或节假日走亲访友式的家访，目的在于联络感情，密切教师和家长、学生的关系，以便掌握主动权。

（3）研讨性家访。有些家长文化修养高，教育子女很有章法，教师拜访这样的家长，交流研讨教育工作中的问题是非常有意义的。

（4）鼓励性家访。这是以鼓励为主的家访。尤其对后进生，哪怕只是点滴的进步，教师在家访时给予鼓励，有利于激发学生的上进心，提高家长教育孩子的信心。鼓励性家访对后进生的转化和学生个性的发展有着深刻的意义。

（5）慰问性家访。这是对学生或学生家庭遇到特殊情况和困难表示关心和慰问所进行的家访。班主任家访时，在条件允许的情况下带些慰问品会赢得家长的信赖，会感化学生，可能会收到意想不到的效果。

（6）追踪性家访。对一些棘手问题，教师可抓住其主要矛盾，有计划、有步骤地逐个解决，循序渐进地使学生从被动的困境中解放出来。

（7）间接性家访。这是根据需要，班主任委托他人进行的家访。这样的家访一方面可以帮助班主任做一些必要的工作，起到投石问路的作用，另一方面也会为学生接触社会、经受锻炼、促进交往、提高能力创造条件。

3. 开办家长学校。

目前，家庭教育仍然落后于学校教育，家庭教育的失误往往会给学校教育造成负面影响，因此，当务之急是提高家长的素养和家庭教育的质量。开办家长学校，要做到有计划、有针对性，要从家长的实际需要出发，帮助家长更好地了解孩子的成长历程，加强亲子之间的交流，让家长真正参与有关问题的讨论，帮助家长掌握教育规律，使学校与家庭更加有效地沟通与合作。

4. 家长座谈会。

针对家长如何对子女进行教育召开家长座谈会，给家长提供相互学习的机会，为家校沟通与合作、为学生的健康发展构筑平台。

5. 电话访谈。

随着现代电信技术的发展，教师与家长之间也可以用电话的形式进行沟通。教师可以通过电话，向家长了解情况，或通报学校与班级的一些活动，同样，家长也可以随时给教师打电话进行联系。

6. 组建班级、校级家长委员会。

为了促使家长和教师相互理解与支持，应组建班级和校级家长委员会，这是学校与家庭合作的重要平台。教师要与家长在平等的基础上交流信息，了解情况，帮助分析问题的原因，找出解决问题的方法。教师如果随时与家长进行沟通就能指导家庭教育发挥良好的作用，使家庭与学校形成教育合力。

（三）师生关系

《学记》中说："亲其师，信其道。"可见，师生关系在教学过程中的重要性。但现实情况是，有的教师只与部分学习好的同学有着良好的师生关系，而与学习差一点、纪律差一点的学生则相处得不那么融洽。因此，我们走入学生中，充分听取学生的意见，在分析原因后，我们提出了构建和谐师生关系的几点措施。

1. 创设和谐的课堂，构建良好的师生关系。

和谐课堂是指在教学情境下，师生之间营造的一种民主、平等、愉快、积极的教学氛围，建立一种学生愿学、爱学、乐学的学习心境，让学生在学习过程中的自主性有所增强，萌生智慧，激发创造力。

要创设和谐的课堂氛围，首先，教师应全身心地热爱学生、尊重学生。其次，必须创设生命化的课堂气氛，构建自由、民主、宽松、和谐的教育环境。最后，还要促进学生之间的交流与合作。当然，构建和谐课堂不是一朝一夕之功，除了教师自己的努力外，还需要外力的作用。例如，学校教导处在平常的备课检查、随堂听评课检查中，都要对教师的和谐课堂创建给予有效的指导与反馈。

2. 心灵信箱，促进良好师生关系。

教师要和学生多亲近，做到以德服人、以身正人。当然，教师和学生的"亲近"不应该肤浅地表现在业余时间师生间的聊天、共同活动、娱乐等行为的表面上，而应该是教师要借助这些行为方式真正走近学生，了解学生的思想，掌握学生的日常行为，拉近师生的心理距离。

为了能够真实地了解教师与学生的交流和沟通情况，以及学生对教师工作是否认可，我们在每班的教室门口都安装了一个信箱。学生可以把自己在学校与同学、教师发生的高兴的和不高兴的事用信件的形式，投递到"心灵信箱"中，德育处则定期检查信箱，把学生的意见整理分类。首先把问题较大的学生邀请到心理辅导室进行有针对性的心理疏导，然后对问题比较集中的教师进行约谈，核实情况，并把日常的考核结果量化到期末的师德考核中，以此来帮助教师与学生形成良好的关系。

3. 以学生为本，营建师生同乐的大课间。

课间十分钟本应是学生最欢乐的时光，但时常会被教师侵占。有的教师常常占用课间来重复上课内容，这在表面上似乎是延长了学生的听课时间，但是根本不会产生良好的听课效果。还有的教师在课堂上布置了大量的课后练习题，学生为按时完成作业，只好在课间加紧做题，在这种状态下，很多学生是以一种应付的心理来完成作业，不仅难保质量，还影响下一堂课的听讲。另外，有的学校为了避免学生在校发生安全事故，除了学生上厕所外，干脆禁止学生随意走动，导致学生对学校、对学习没有半点兴趣，更影响了师生关系。

为了解决这些问题，首先，要保证学生活动的时间，严格要求上下课的时间，不准出现拖堂的情况。其次，课间要让学生自主管理，每个班选出两到三名学生作为课间纪律检查员，保证学生的课间活动能在安全范围内进行，并鼓励学生走出教室到操场上自由活动。最后，鼓励教师与学生共同创新课间游戏，积极探索各学科知识、学校活动、家庭生活、社会热点等与课间文化的结合点，挖掘课间文化设计的素材，优化课间文化活动的内容。

宽容也是教育

小学生犯错误是难免的，因为他们无论是在心理上还是行为上都处于不稳定、不成熟时期。教师应该允许学生犯错误，当学生犯错误时，教师要改变批评教育的思路，用宽容的人格力量往往会取得事半功倍的效果。

我在教上一届毕业班时，班里有一名“调皮鬼”——杨同学。他很聪明，却十分贪玩，上课不听讲，作业不按时完成。下午放学留下他补作业，他却经常趁我不注意一溜烟就跑了。针对这种情况，我用尽了各种办法，可他还是我行我素，最后我发现只批评、发火根本没用，于是我宽容了他，挖空心思，想出了这样一个办法：由下午放学后让他到办公室补作业改成批作业。刚开始，他很惊讶，我说：“你翻开每本作业本，看里面有没有错误。如果有，把错误指出来，然后我来批阅。”就这样，他每评价一本作业，我就批阅一本。在批改的过程中，我抓住时机适时对其进行教育：“你的字写得很漂亮，你又很聪明，老师相信你的作业肯定也能写好。”听了我的话，他十分高兴。第二天早上，我的办公桌上放着他写得非常工整的作业，以后的日子，天天如此，他变得和以前大不一样了。

从那以后，杨同学的其他不良行为也改了许多。在毕业班的感恩会上，他跑到我面前说：“张老师，以前我犯了很多错误惹您生气了，对不起。张老师……”话没说完，他已泣不成声，我的眼泪也抑制不住了。坐在我一旁的刘校长眼泪更是止不住：“没想到，他能变得这么好。”

孩子在成长期，犯错误是难免的。教师一定要用一颗宽容的心面对学生的错误。惩罚是教育，宽容也是教育，然而宽容比惩罚更有价值。

（张 霞）

为爱竖一把梯子

关于师爱，每一位班主任都有自己的阐释，每个人心目中的爱都是神圣的，都是无法替代的。但有时需要给爱竖一把梯子。

那是一次全校队列比赛。经过一系列紧张的准备，我们班终于秀出了自己的风采，虽然孩子们的步子稚嫩、口号简单，但热情和欢乐溢满了他们的脸庞。我也很兴奋，以至于在比赛后的晚上突然失声了，我担心得要命，躲在被窝里哭了好久。第二天，经过检查只是急性喉炎，用几天激素和消炎药就能好，我这才放下心来。只是医生说，要至少噤声一周，我又担心起来：我的课怎么上？学校的事怎么办？经过思量，我决定上一周无声课。

上课了，我把要求写在黑板上，由孩子们自己完成。第一堂课上得很顺利，孩子们大部分时间是在做数学报，有不明白的我就在黑板上写字、画图。一节课下来，我的手都酸了，然而，我看到，黑板上满满的字写的不仅是知识，更是我对孩子们的期待与关爱。无声的课堂为孩子的成长竖起了一把爱的梯子！

下课了，孩子们一个劲地问：“徐老师你怎么了？”得知我得了急性咽炎后，孩子们又纷纷说：“徐老师我给你拿梨。”“徐老师我明天给你拿药。”“都别说话了，老师都说不出话来了。”课间操时，体育班长喊队更卖力了，纪律班长跑前跑后协调队伍；大扫除时，孩子们各负其责，一下子懂事了好多。

几天下来，孩子们和我都有了默契。课堂上静悄悄的，学生的眼睛始终围绕着我，上课走神的少了，做小动作的少了，就连课间也没有了吵吵嚷嚷的声音。一切的教育活动都是在无声中完成的，真是“无声胜有声”啊！教师的无言给孩子竖了一把爱的梯子，孩子无声的行动同样给教师竖了一把爱的梯子！

这期间，好多孩子和家长都特别关心我的嗓子，有的发短信，有的写留言。这一份份关爱都化成了支撑我的动力，也使我肩上的责任更重了。家长的理解和支持不也是为我们的教育竖起的爱的梯子吗？

孩子们、家长们，放心吧。相信我们经过这无声的一周，会在每个人的心田注满暖暖的爱、真挚的情。我心存感激，一直奔波在教育的路上，有你们——我的孩子们，有他们——我的家长朋友们，我风雨无阻！

（徐秀丽）

三、采取多种措施，提高幸福高效的团队能力

（一）关注教师自我发展，提升团队发展能力

对于学校来说，所有的教师都是值得珍视的宝贵资源。我们要用真情去感动教师，尊重在专业发展上达到不同程度的教师，建立合理的教师研修共同体，让所有的教师形成互助关系，使学校成为不断碰撞出教育智慧的场所，使更多的教师体会到身为教师的幸福。

为此，我校积极创造条件，满足教师的发展需要，促进教师的专业化成长。对于年轻教师，学校鼓励他们参加业务进修，努力为他们搭台子、铺路子，让每一位青年人都有崭露头角、尝试成功的机会和显露身手的空间。对于中年教师，学校支持他们从事教研、教改活动，支持他们外出学习、交流经验，给他们提供充分施展能力的机会，帮助他们突破事业瓶颈，向更高的层次发展。除此之外，我们还建立了面向全体教师的评优考核机制，扩大奖励面，满足不同层次教师的需要；建立科学、合理的管理评价机制，淡化以教学成绩论英雄的观念，建立多角度、立体化的评价体系，减轻教师的心埋压力，促进教师的发展。

幸福街小学，教师成长的摇篮

我早上上班一开电脑，就看到德育处孟主任发来消息说心理咨询师资格考试开始报名了。我心里为之一动，我在大学里曾经学过心理学，感觉很实用，也曾经有过跨专业考心理学研究生的念头，但由于各种原因搁浅了。工作这些年，我也很想给自己充充电，以防自己落伍于时代，也为了更好地教书育人。但转念一想，自己毕业十多年了，而且还拖家带口的，精力不足，时间不够，怎么学？再说多年不学习，也倦怠了。最关键的是，学费、报名费等加起来得三千多块，万一考不上，这钱不都打水漂了？

就在我徘徊犹豫的时候，德育处孟主任给予了我很大的支持与鼓励。他向我全面地介绍了心理咨询的意义，表示会给报名者提供尽可能多的便利。不久，学校领导发来消息，鼓励教师们报名学习心理咨询，凡是考取三级心

理咨询师证的，每人报销一千元。我心想，学校领导这么支持，不能辜负了领导的期望啊，报名!

报名后我一听课，便庆幸自己做对了决定。讲课的教师都是知名大学的教授，他们将理论与实践相结合，不但解开了我在教学中产生的很多困惑，丰富了我的理论知识，而且对于我自身的心理问题也起到了很好的疏导作用，让我能更客观、更理性地看人、看事。我不由得衷心感谢学校领导的鼓励和支持。

其实这样的事情发生在我校很多教师的身上。从省级远程研修到校级经验介绍，从网络视频到现场报告，学校每年都会组织不同层面、多种形式的培训。目前，我校已有十多名教师取得了三级心理咨询师资格，壮大了我校心理健康教育的力量。

幸福街小学的宗旨是"让人人成为幸福的成功者"，这既是我们培养学生的目标，也是学校培养教师的目标。我校的所有人都在为这一目标努力着、奋斗着。

（丁洪娥）

（二）培养合作能力，提升团队发展能力

一个团队要快速发展，必须依靠所有团队成员齐心协力的奋斗。然而，事实证明，相互合作不是一件容易的事情。每个人都凭借着自己的经验、直觉和习惯做事，但每个人的经验、直觉和习惯又各不相同。这种不同可以成为一种巨大的资源，据此能够提出更多的创意和方法以供选择；但差异的存在也可能成为一种负担，使我们难以实现高效的合作。在走动管理中我们发现，要想提高教师合作的效率，不仅要从教师个人方面找原因，也要从学校层面寻找问题的突破口。我校主要采取了以下措施。

1. 提高教师个体的合作水平。

要提升教师合作的效率，就需要教师转变意识，不仅要加强对合作的理解并克服自身的问题，还要积极配合，为营造良好的合作氛围做出自己应有的贡献。而学校也应该重视教师合作，毕竟教师的发展是学校的发展之本。

（1）提高教师自身素质。一方面，教师对自己要有一个比较公正客观的评价，知道自己的长处和不足，对自己的长处要不断发扬，对自己的不足要有改正的内在动力和勇气。另一方面，教师必须有扎实的理论基础，平时应当主动学习与合作相关的理论，了解其深厚的内涵。

（2）拿出真诚的合作精神。教师在合作的过程中，必须要做到真诚，在同事面前要毫无保留，毫无保留地展示自己的长处，毫无保留地指出同事的不足并帮助其改正。而学校方面应该给予教师正确的引导，鼓励教师转变传统的观念，让他们认识到教师应该通过相互合作，一方面满足自己的需求，另一方面给予他人帮助，产生很好的双赢效应。

（3）提供合作保障。学校应该努力为教师营造一个学术氛围浓厚、人际关系和谐的工作环境。只有在这样的环境中，教师才会减少顾虑，不会为了没有完成学校的任务而患得患失，不会为了自我的发展而敌视同事。

2. 开辟教师合作的途径。

本校教师合作是最主要的合作方式，教师很多时候也只能依靠这样的途径进行合作。而事实上，单一的合作途径会阻碍教师的合作，也不利于培养教师开放性的思维。教师合作途径的开辟一方面需要教师自己去创造和寻找，另一方面也需要学校的大力支持和协助。

（1）打破学科组壁垒。教师要多和学科以外、年级组以外的教师展开合作。虽然不同教师所教的学科不一样，但是面对的学生可能是相同的。而且，学科知识之间存在关联性，多听取其他教师的意见，会促教师综合能力的提高。

（2）打破学校与学校之间的壁垒。教师的合作不是封闭的，不是只停留在某个学校内的，加强学校与学校之间的合作，给教师提供更多到校外观摩和学习的机会，能给予教师更多学习新的管理理念和教学方法的有效途径。

（3）学校应该给教师提供更多培训学习的机会。培训能够给教师带来最新的教育理念，帮助教师更好地认识自我，认识这份工作的价值。而且在现今的培训学习中，教师有更多可以和专家合作的机会。这种合作途径对于开拓教师的视野、提高教师的理论水平有促进作用。

3. 搭建合作平台。

教师合作不能停留于思维阶段，而是需要合作平台做支撑，建立具有长效机制的教师合作机构。在教师合作的过程中，学校应提供专业支持平台，使教师在各种专业活动中展开合作。

（1）学科教研组是日常教学合作的平台，有助于对教育教学活动进行深入有效的合作探讨。教研组组长作为组织者和引领者，要发挥好引领作用，带领教师开展教研活动，提升教学水平，促进教师发展。

（2）课题组是一种更专业的合作平台，它以课题研究为纽带，推动教师合作。以课题组的形式合作，可跨越教师的学科、专业界限，将职务、学历与知识背景不同的教师组合在一起，围绕一个共同的研究目的，实现资源共享、民主协商、相互启发，从而提高教师的学术水平。

(3) 专业对话，无疑是探究高深学问的有效合作形式。基于学问与个性的差异，教师之间可以随时随地进行专业交流，使思想和观点相互碰撞，从而产生新的思想和观点。

教师合作，除了采用传统的对话、相互指导的方式外，还可以建立教师群，大家一起聊工作、聊生活；也可以写博客，把自己的所思所想、所见所闻都呈现给大家；还可以在网上通过观看名师的课堂实录，用电子邮件和名师进行交流和探讨，把现实和虚拟结合起来，为自己的专业成长提供更多的途径。

4. 克服教师合作的负面影响。

教师在长期的合作中极易滋生依赖性。对于教师合作的成果，有些教师只是坐享其成，实行"拿来主义"。对于这种在教师合作中存在的"搭便车"现象，教师群体实际上是很反感的，这会影响到教师参与合作的积极性。那么如何消除这种"搭便车"现象呢?

(1) 提高"搭便车"教师的思想意识。要让他们认识到自己的这种做法损人利己，是一种懒惰的表现，是一种自私的行为。

(2) 借助多种评价手段限制教师合作中的"搭便车"现象。现行的对教师合作的评价为终结性评价，即看重的是结果而忽略了过程和细节。这样的评价机制并不能很好促进教师的合作发展，也不能真正提升教师的竞争意识，更不能全面提高教师的教学成效。我们应该做的是把终结性评价逐渐转变为形成性评价，即在过程中去观察，在积累中去定性。具体来说，可以是同事之间相互评价、领导参与教师工作进行评价，还可以采用学生对教师进行评价和家长对教师进行评价的方式。

一路艰辛一路歌

一轮的磨课下来，我们深深地感觉到，我们这些年轻教师在学校领导和教师的帮助下，都有了很大的进步。回头想想，虽然其中有很多艰辛，但是我们累并快乐着。

1. 众人拾柴火焰高。

王安存作为我们的教研主任，对工作认真负责，兢兢业业。每次教研活动中，王主任都认真地指导点评，虽然她自己也教着语文课，工作繁忙，但总会抽出时间来听课和评课。王主任曾经对我们说过："我苦点累点没关系，我现在所做的一切，就是想把你们这些青年教师培养好。"王主任是这么说的，也确确实实是这样做的，她用每一个细节感染着我们，感动着我们，我们为有这样一位好领导而感到庆幸。

作为青年教师，我们每一位成员都踏实能干、热情虚心。对于每一次的公开课，我们都积极地准备材料，精心备课，虚心向同事请教，尽自己的最大努力上好每一节课。每一次公开课后，我们都会提出自己中肯的建议，写出心得体会和观课报告，不断反思，不断成长。

2. 随时充电，提高自己的能力。

要给学生一滴水，教师就需要有长流水。读书，能够使教师不断增长职业智慧，使教师闪耀着睿智的光彩，充满着创造的快乐。作为教师，只有多读书，才能不断充实自己，更好地进行教学活动。王主任推荐我们每一位语文教师阅读《成功无捷径——第56号教室的奇迹》《傅雷家书》《什么可以吃》《呼兰河传》《不生病的智慧》等，这些书对于我们提高素养、反思教学行为、关注学生成长等方面都有很大的帮助。

3. 浓厚的教研氛围。

每一次磨课，我们都会制订磨课计划，执教者发布基于个人经验的教学设计，其他教师对此进行评论；执教者修改后，再发布基于同伴互助的教学设计，并进行第一次试讲，各成员分工观课；课后执教者根据评课发布教学反思，并再一次试讲，各成员分工观课。每一次的磨课，执教者都要写出详细的教学设计、教学反思、磨课心得，其他教师则要写出两份观课报告和心得体会。我们就是这样在不断的反思和总结中慢慢成长的。

磨课的路上充满艰辛，也充满感动。对我们来说，磨课是挑战，更是成长的机会。衷心地感谢陪伴、指引我们成长的每一位学校领导和同事，谢谢你们！在磨课的道路上，我们会快乐地走下去！

（赵彩玉）

第三节 确立学校发展方向，制订团队发展目标

学校教育目标具有长效性、迟效性的特点，与之相应，学校管理目标在时限上就有短期、中期和长期目标之分。在学校管理实践中，容易出现追求

近期效应而忽视长远利益的倾向，如在教育教学管理上，过分注重对考试结果的评价，忽视对学生的素质教育；在教职工人事管理上，注重使用，轻视培养；在学校教育教学改革上，追求容易显效的改革项目，而漠视基础性、长远性项目；等等。我校在走动管理中通过制订学校三年发展规划指导学校发展，实现团队的幸福高效发展。

一、校情分析

（一）学校基本情况

奎文区幸福街小学始建于 1989 年，是一所市级规范化学校，学校占地面积 12285m^2，现有教学楼三幢，建筑用地面积 2450m^2，教学辅助用房占地 800m^2，塑胶操场一处，占地面积 3200m^2，绿化覆盖面积 6585m^2，校园绿化覆盖率达 53.6%，绿地面积 4248m^2，绿地率 34.6%。学校现有教学班 30 个，在校学生 2065 人，教职工 105 人。其中，具有高级职称的教师 2 人，中级职称的教师 57 人，具有本科学历的教师 82 人，教师的年龄结构和专业结构较为合理。2009 年 9 月学校新的领导班子成立以来，秉承“经典浸润，艺术熏陶”的办学特色，大力实践“让人人都成为幸福的成功者”的办学理念。

（二）发展优势

1. 学校领导班子事业心强，理念先进，敬业执着。

2. 教师专业发展的意识日趋强烈，教师职业素养不断提高。

3. 特色突出，底蕴丰厚。经典诵读与艺术教育的办学特色有稳定传承；“阳光周四”校本课程逐渐形成特色，有进一步传承的条件和空间。

（三）主要问题

1. 中层干部队伍的总结能力和实践能力有待进一步提高。

2. 生源复杂，有些学生的基础不好，不适应现代教育的发展。

二、办学理念

我校的办学理念是“让人人都成为幸福的成功者”，其中包含三个关键词：“人人”“幸福”“成功者”。这三个词涵盖了我校的办学理念。

“人人”，是指所有身处教育之中的人。这就打破了传统应试教育的那种选拔性、甄别性的“精英教育”，不再是以牺牲一部分学生为代价的“表面繁荣”，而是强调每个人都有成就精彩人生的权利和能力，是新时期基础教育所追求的“群英教育”。

“幸福”，幸福的本源及载体就是人本身，幸福的本质是精神价值的实现，是人生过程中由精神满足导入的一种适意状态。幸福与人的心性修养、胸襟气度紧密相关。

“成功者”，既指学生，也指教师，教师在成就学生的同时也成就了自己。当然，“成功者”更侧重于指学生，是指培养将来能够拥有“自我实现需要”的人。“自我实现需要”包括品德、人格、知识、能力、心理、体能等，可以终身享用，也能成就幸福人生。

三、发展目标

（一）办学目标

继承传统，务实求真，协力创新，把学校办成家长满意、社会认可、特色鲜明、为学生终身幸福奠基的学校。以明确的办学目标凝聚全体师生的力量，实现共同愿景。

（二）培养目标

培养人文底蕴深厚、创新意识强烈、胸怀宽广、志向高远的健康少年。

四、发展项目

（一）重点发展项目——打造“幸福阳光少年”

1. 责任部门：德育处。

2. 指导思想：以“让人人都成为幸福的成功者”为指导思想，坚持德育为首，树立“把每一件小事做得更精彩”的德育管理理念，培育“幸福阳光少年”。

3. 工作目标。

（1）全体师生和家长参与制订“幸福阳光少年”评价标准，形成体现校本特色的学生综合素质评价方法和体系。

（2）广泛宣传“幸福阳光少年”评价体系，每学年开展学习大讨论，并组织3～6年级学生撰写学习心得。

(3) 每学期组织以"幸福阳光少年"为主题的培训。

(4) 全体学生每学年制订奋斗目标，努力争做"幸福阳光少年"，"六一"儿童节前后开展"幸福阳光少年"评选活动并进行表彰和展示。

(5) 建立"幸福阳光少年"个性化成长档案袋，各班开展学习活动，学校每年组织征文比赛，3～6 年级学生全员参与，将"幸福阳光少年"评价材料汇编成册。

4. 年度目标。

第一年（2013 年 1 月—2013 年 12 月）

(1) 组织全体师生和家长参与，综合学校表现、家庭表现、社会表现、才艺特长等方面，制订各个年级的"幸福阳光少年"评价标准，经过汇总、筛选、论证，最终形成低、中、高各个年级段的"幸福阳光少年"评价体系。

(2) 广泛宣传"幸福阳光少年"评价体系，让每一位学生都了解此评价体系。学校针对评价体系开展学习大讨论，3～6 年级学生每人撰写学习心得。

(3) 开展一次以"幸福阳光少年"为主题的科任教师培训会，开展两次中队干部培训会，开展两次学习心得交流会。

(4) 全校学生根据各自的情况制订目标，努力争做"幸福阳光少年"，"六一"儿童节前后学校评选出 100 名"幸福阳光少年"并进行表彰。学校将评选出的"幸福阳光少年"事迹进行展示。

(5) 各班建立"幸福阳光少年"个性化成长档案袋，开展班内学习活动。组织以"我心目中的幸福阳光少年"为题的征文比赛，3～6 年级学生全员参与。

第二年（2014 年 1 月—2014 年 12 月）

(1) 完善"幸福阳光少年"评价体系，组织全校师生进行学习，3～6年级学生每人撰写学习心得。

(2) 德育处组织开展两次中队干部培训会，开展两次学习心得交流会。

(3) 全体学生制订本年度奋斗目标，努力争做"幸福阳光少年"。"六一"儿童节前后学校评选出 150 名"幸福阳光少年"并进行表彰。学校将评选出的"幸福阳光少年"事迹进行展示。

(4) 各班继续充实"幸福阳光少年"个性化成长档案袋，开展班内学习活动。组织以"我心目中的幸福阳光少年"为题的征文比赛，3～6 年级学生全员参与。

第三年（2015年1月—2015年12月）

（1）形成成熟、科学、可操作性强、具有特色的学生评价体系，组织全校师生进行学习，3～6年级学生每人撰写学习心得。

（2）德育处组织开展两次中队干部培训会，开展两次学习心得交流会。

（3）全校学生根据自身的情况制订学年目标，努力争做“幸福阳光少年”。“六一”儿童节前后学校评选出300名符合标准的“幸福阳光少年”并进行表彰。学校将评选出的“幸福阳光少年”事迹进行展示。

（4）充实“幸福阳光少年”个性化成长档案袋，开展班内学习活动。组织以“我心目中的幸福阳光少年”为题的征文比赛，3～6年级学生全员参与。

（5）汇总“幸福阳光少年”评价材料并汇编成册。

（二）特色发展项目——经典诵读工程

1. 责任部门：教导处。

2. 指导思想：传承中华民族传统文化，充分汲取经典的精华，使学生得到古典文化的浸润，陶冶性灵，端正品行，塑造健康人格，同时，提高师生人文素养，彰显学校教学特色。

3. 工作目标。

（1）引导学生诵读具有优秀传统文化价值的经典，汲取终身受益的知识精华，塑造健全的人格，树立民族自尊心和自豪感，获得创造的智慧。

（2）培养学生浓厚的诵读兴趣，使学生养成天天诵读的习惯，形成良好的文化素养。教师与学生共同诵读，全面提高教师的人文素质。

（3）形成适合学生的诵读课程及实施、评价机制，并在一定区域内推广，丰厚学校的文化底蕴，打造充满活力、文化厚重、可持续发展的学校。

（4）在特色形成的过程中，50%的教师形成自己的教学风格。学生经典积累丰富，表达、表演能力增强，并形成良好的品格。

4. 年度目标。

第一年（2013年1月—2013年12月）

（1）修改完善关于诵读的校本课程，增强其科学性和实效性。

（2）开展经典文化系列活动，为学校师生提供展示的平台，激发师生的读书兴趣，营造积极向上的氛围，保持学生浓厚的诵读兴趣，促使教师不断成长。

（3）教师的个性化教学不断形成，学生的诵读、积累、表达、表演能力不断提高，学生的良好品格逐渐养成。

第二年（2014 年 1 月—2014 年 12 月）

（1）形成适合教师、学生诵读的校本课程。

（2）教师在师生诵读的同时形成自己的研究成果。

（3）多数教师都有自己的教学风格，学生的诵读、积累、表达、表演能力明显提高，学生的良好品格逐渐养成。

（4）形成课程实施及评价机制。

第三年（2015 年 1 月—2015 年 12 月）

（1）关于诵读的校本课程及实施、评价机制能在一定区域内推广。

（2）50%的教师有自己的教学风格，3～5 名教师有一定的社会影响力，并有相关的教学成果；学生经典文化知识积累丰富，表达、表演能力强，并具有良好的品格。

（3）经典教育办学特色有一定的社会影响力。

（三）基础发展项目

1. 师资队伍。

（1）责任部门：教导处。

（2）指导思想：以新形势下教育实践对教师能力的要求为出发点，坚持以教师专业化发展为本，以教师的有效学习为中心，均衡学科力量，努力打造一支德才兼备、敬业爱岗的高素质教师队伍。

（3）工作目标。

① 加强教师队伍建设，进一步端正教师教育行风，打造一支具有优秀的师德、师表风范，具有模范的师爱形象，具备扎实理论知识并掌握精湛教学艺术的教师队伍。

② 发挥学校在教师培训工作中的核心作用，立足学校校本培训，加大教师继续教育的力度。

③ 丰富教师的案例知识和在课堂教学中运用案例的策略知识，强化教师的反思意识；坚持学用结合的原则，以信息化带动教师培训工作的现代化，努力打造一支学习型、研究型、创新型的教师队伍。

④ 建立个性化特色教师培养机制和管理评价机制，努力培养一批富有个性化特色的学科教师。

（4）年度目标。

第一年（2013 年 1 月—2013 年 12 月）

① 指导教师根据自己的现状制订个人三年专业发展规划，修订好年度

个人发展计划。

② 通过组织青年教师参加师德演讲比赛，弘扬本校优秀教师的感人事迹，明确优秀教师应具备的教育行为和教育精神。

③ 通过校本培训，促使教师的教学水平和研究能力共同发展。

④ 建立个性化特色教师成长档案，确立特色教师个性化指导办法，制订特色教师培养方案，对特色教师培养的指导思想、内涵、努力方向等做出具体规定，确定教师的个性化发展目标和发展途径。

⑤ 健全学校骨干教师培养制度，重视对“科学”“综合实践活动”等学科任教教师的培养，形成多学科、多层次的骨干教师梯队。

第二年（2014 年 1 月—2014 年 12 月）

① 指导教师制订年度发展计划，调整、完善个人三年专业发展规划，增强教师自主发展意识。

② 通过校本培训和骨干教师培训，每一位教师在原有基础上都有进步，2～3 名青年教师在区级以上优质课评选中获得优异成绩。

③ 通过个性化教师培养机制，3～5 名教师逐步形成自己的个性化教学方式。

④ 加大对弱势学科教师的培养力度，通过外出学习、专家指导，提高弱势学科教师的授课水平，进一步平衡学科力量。

第三年（2015 年 1 月—2015 年 12 月）

① 形成《幸福街小学骨干教师培养管理办法》《幸福街小学个性化教师评价办法》的完善制度，并坚决贯彻执行。

② 新教师走向“成熟期”，力争使 1～2 名骨干教师在市级以上优质课评比中获得好成绩，取得潍坊市教学能手称号。

③ 通过对个性化教师的培养，6～8 名教师形成自己的个性，并在全区乃至全国有一定的影响力。

④ 各学科师资力量基本均衡，并有骨干教师的带动发展。

2. 德育工作。

（1）责任部门：德育处、少先队。

（2）指导思想：以“让人人都成为幸福的成功者”为指导思想，坚持德育为首、育人为本，落实“把每一件小事做得更精彩”的德育管理理念。

（3）工作目标。

① 完善“幸福成功班主任”评价考核体系，每学年至少组织两次班主

任培训，三年内共培养六名校级"幸福成功班主任"，将"幸福成功班主任"的班级管理经验结集成册。

②加强教师与家长的沟通，每学年家长学校开课两次、召开家长会两次，组织并指导家长撰写教子案例及教子规划，进行评选并整理三期家校交流作品集供家长参考学习。

③ 建设并使用心理辅导室，进一步完善心理辅导室的硬件设施；三年内培养三名心理咨询师；每周学校心理辅导室开放两次，每年组织团体辅导两次。

④ 进一步完善家长委员会工作机制，家长委员会参与班级管理，每天做好护导工作；每年评选家长委员会工作优秀班级，形成《家长委员会经验汇编》。

⑤ 继续完善全员育人导师制，每位导师与学生结对子；每学年评选学校优秀全员育人导师，形成《育人导师成功案例集》。

⑥ 加强少先队组织建设和阵地建设，做好大队委改选和培训工作，形成《大中队干部工作经验集锦》；利用节假日开展主题教育活动，每学期至少两次。

⑦ 开展好创新教育系列课，鼓励学生全员参与创新教育活动，打造"创新教育研究"德育品牌。

(4) 年度目标。

第一年（2013年1月—2013年12月）

① 完善"幸福成功班主任"评价激励体系，年终评选出1～2名"幸福成功班主任"；每学年至少组织两次班主任培训。

② 组织学校及班级家长委员会的换届工作，确定新一届的家长委员会成员；召开两次家长委员会议、两次家长会，家长学校开课两次；组织并指导家长撰写教子案例及教子规划，进行评选并将优秀作品汇集成册。

③ 培养一名国家级心理咨询师，建设心理辅导室；学校心理辅导室每周开放两次，每年开展两次团体心理辅导。

④ 进一步完善家长委员会工作机制，家长委员会参与班级管理，每天做好护导工作；开展家长委员会工作优秀班级评选。

⑤ 继续完善全员育人导师制，每位导师与学生结对子，每学期至少与学生谈心两次；评选学校优秀全员育人导师，及时总结形成典型案例。

⑥ 做好大队委改选和培训工作，形成《大中队干部工作经验集锦》；丰

富主题实践活动，利用节假日开展主题教育活动，每学期至少两次。

⑦ 制订创新教育年度计划，按计划开展好创新教育系列课，鼓励学生全员参与创新教育活动，收集研究经验，开发形成各项目的校本课程，打造“创新教育研究”德育品牌。

第二年（2014 年 1 月—2014 年 12 月）

① 进一步完善“幸福成功班主任”评价激励体系，并发挥第一届“幸福成功班主任”的带头作用，实施“一对一”帮扶活动，年终再选出 2～3 名“幸福成功班主任”。

② 召开两次家长委员会议、两次家长会，家长学校开课两次；组织并指导家长撰写教子案例及教子规划，进行评选并将优秀作品汇集成册。

③ 完善学校心理辅导室的使用制度，充实心理辅导室的硬件和软件设施；培养一名国家级心理咨询师，学校心理咨询室每周开放两次，每年组织团体辅导两次。

④ 家长委员会参与学校、班级管理，对学校、班级管理提出合理化建议，做好家长委员会每日执勤工作；开展家长委员会工作优秀班级评选。

⑤ 导师与学生每学期至少谈心两次；评选学校优秀全员育人导师，组织教师研讨典型案例，进行经验介绍，形成典型案例。

⑥ 做好大队委改选和培训工作，形成《大中队干部工作经验集锦》初稿；利用节假日开展主题教育活动，每学期至少两次。

⑦ 按计划开展好创新教育系列课程，做到学生全员参与，收集整理创新教育课程的原始材料。

第三年（2015 年 1 月—2015 年 12 月）

① 发挥第一届、第二届“幸福成功班主任”的带头作用，实施“一对一”帮扶活动，年终评选 2～3 名“幸福成功班主任”。

② 召开两次家长委员会议、两次家长会，家长学校开课两次；组织并指导家长撰写教子案例及教子规划，进行评选并将优秀作品汇集成册。

③ 进一步完善学校心理辅导室的使用制度，充实心理辅导室的硬件和软件设施；再培养一名国家级心理咨询师，学校心理咨询室每周开放两次，每年组织团体辅导两次。

④ 家长委员会参与学校、班级管理，对学校、班级管理提出合理化建议，做好家长委员会每日执勤工作；开展家长委员会工作优秀班级评选活动并将评选结果进行展示，形成《家长委员会经验汇编》。

⑤ 总结学校全员育人导师实施经验，评选学校优秀全员育人导师，形成《育人导师成功案例集》。

⑥ 做好大队委改选和培训工作，形成《大中队干部工作经验集锦》；丰富主题实践活动，利用节假日开展主题教育活动，每学期至少两次。

⑦ 按计划开展好创新教育系列课程，总结研究经验，开发并形成各项目的校本课程。

3. 教学工作。

(1) 责任部门：教导处。

(2) 指导思想：以国家课程标准为基准，依托专题研讨、个性发展、反思跟进等策略深入研究高效、快乐的课堂教学艺术，完善并落实三级课程标准，促进教师的专业化发展，形成"规范＋个性成长"的教育管理体制，全面提升教师教育教学水平。

(3) 工作目标。

① 通过打造成熟的教学管理机制、教学评价方案，促进教研组的建设及教师的专业化发展。

② 深化课堂教学改革，构建适宜于学生发展的高效、快乐课堂教学模式和评价机制，全面提高学生的人文素养及学习能力。

③ 形成我校四大系列校本课程：励志修身、活动体验、实践探索、学科拓展；通过校本课程的开发，打造一支具有科研能力和较高综合素质的教师队伍。

④ 随班就读工作扎实有序地开展，形成一套完整的运行与评价方案，对以后的随班就读工作发挥指导作用。

⑤ 依托学校发展共同体，形成符合不同学生、不同教师发展需求的管理机制，拓展学生发展的空间，形成有助于所有学生发展的教育方式，让他们健康快乐地成长。

(4) 年度目标。

第一年（2013 年 1 月—2013 年 12 月）

① 开展问卷调查，了解阻碍教研组建设的因素，对问题进行整理归类，制订研究方案，完善教研组评价制度。

② 以"名师工作室"为载体，进行个性化教学研究；开展运用周边学校优秀教师资源进行强强联手式教研活动的探究，保证教研活动的有效性与持久性。

③ 深化课堂教学改革，初步构建适宜于学生发展的高效、快乐的课堂教学模式和评价机制，全面提高学生的人文素养及学习能力。

④ 完善我校已开发的校本课程，包括活动体验、实践探索、学科拓展等课程；继续进行其他两类校本课程的开发。

⑤ 形成科学的教学质量评价方案，激发广大教师的教学研究热情和工作干劲。

⑥ 初步形成我校随班就读工作的各项制度，探究初步的运行与评价方案。

⑦ 每学期末进行集体、个人项目评比，以评价促发展，发挥评价的激励和促进作用。

⑧ 教育联盟共同体进行统一的教学质量检测评价探讨；组织班干部进行队伍建设经验交流，并组织教师联谊活动一次；部分民乐校本课程资源共享。

第二年（2014 年 1 月—2014 年 12 月）

① 在教研组评价制度的指导下，较好地促进各教研组的教研工作，自主地开展常规性教研工作，提高常规教研活动的实效性。

② 继续以“名师工作室”为载体进行个性化教学研究；在校际间强强联手开展教研活动的基础上进行网络听评课的研究工作，保证教研活动的有效性与持久性。

③ 深化课堂教学改革，修订完善高效、快乐的课堂教学模式和评价机制，全面提高学生的人文素养及学习能力。

④ 继续实施我校已开发的校本课程，包括活动体验、实践探索、学科拓展；其他校本课程的开发进入试运行阶段。

⑤ 运用已形成的教学质量评价方案进行教学方面的评估与评优工作，教师、学生、家长满意度高。

⑥ 在各项制度的引领下有序开展随班就读工作，运用初步的运行与评价方案进行评价。

⑦ 每学期末举行集体、个人项目评比，发挥评价对教育教学的激励与促进作用。

⑧ 教育联盟共同体充分利用网络与学校资源开展多种形式的教研活动，进行教师业务技能的交流与展示，培养部分学科的特色教师。

第三年（2015年1月—2015年12月）

① 教研组建设形成科学的运行机制，能较好地促进各教研组的教研工作。

② 教研活动形成校际间强强联手、网络即时教研、主题教研等成熟教研模式。

③ 各学科形成高效、快乐的课堂教学模式和评价机制，能全面提高学生的人文素养及学习能力。

④ 形成我校四大系列校本课程，包括励志修身、活动体验、实践探索、学科拓展；通过校本课程的开发，打造一支具有科研能力和较高综合素质的教师队伍。

⑤ 形成完善、科学的教学质量评价方案并规范运行，以其指导教学方面的评估与评优工作，教师、学生、家长满意度高。

⑥ 随班就读工作在各项制度的引领下顺利开展，形成规范的运行与评价体系。

⑦ 每学期末举行各项集体、个人项目评比，发挥评价的激励与促进作用。

⑧ 教育联盟共同体总结在发展中形成的学校管理、课程设置、教师队伍建设、学生发展等方面的工作经验，形成工作报告并结集出版，以体现学校的教育教学成果。

4. 科研工作。

（1）责任部门：教导处。

（2）指导思想：以科研兴校为宗旨，以教育创新为突破口，引领教师主动参与省、市、区、校级课题的研究，在实践、研究中提升教师的专业素养及教育教学水平，并鼓励教师形成自己的教学风格，使教师逐渐向研究型、专业型教师转变；建立和完善校本研究机制，形成科研型的教学研究特色；做好"十一五"省级课题"小学生经典文化教育研究"的后续研究，保持学校的教学特色；以"十二五"省级课题"走动式管理文化的构建与研究"、市级课题"幸福阳光少年的评价与研究"为核心，逐渐形成鲜明的学校特色；建立各级课题信息化管理网络。

（3）工作目标。

① 以课题组和教研组为基本组织形式，积极搭建实践、研究的平台，带动全体教师参与课题研究，形成浓厚的研究氛围。

② 在实践、研究中不断提高教师的教育教学水平，有50%的教师初步形成自己的教学风格，并在原有校本研究的基础上逐渐形成规范、高效的校本研究机制。

③ 加强省“十二五”规划课题“走动式管理文化的构建与研究”和市“十二五”规划课题“幸福阳光少年的评价与研究”，在研究中彰显学校特色并顺利结题。

④ 做好“十一五”省级课题“小学生经典文化教育研究”的后续研究，保持鲜明、浓厚的学校教学特色。

⑤ 建立各级课题网络化管理机制，构建课题立项、评审、结题、评价等管理机制。

（4）年度目标。

第一年（2013年1月—2013年12月）

① 80%以上的一线教师至少参与一项校级或校级以上课题的研究，形成浓厚的研究氛围；教师在研究过程中逐渐找到自己发展的方向，并梳理出自己的发展思路。

② 学校“十二五”省、市级课题立项，并进行初步研究，区级课题、区级小课题立项。

③ 在课题实施的过程中逐渐构建起高效的校本研究机制及各级课题网络化管理机制。

第二年（2014年1月—2014年12月）

① 省、市级“十二五”课题的研究不断深入，开展课题中期交流；区级课题、区级小课题结题。

② 各项课题的研究不断深入，注重过程性管理，不断运行高效的校本研究机制及各级课题网络化管理机制并逐步完善。

③ 以省、市、区等各级课题研究项目为驱动，使40%的教师形成自己的教学风格，学校教学特色明显。

第三年（2015年1月—2015年12月）

① 省、市、区各级“十二五”课题结题，做好课题的后续研究工作。

② 形成规范、科学、高效的校本研究机制及各级课题网络化管理机制。

③ 以省、市、区各级课题研究项目为驱动，使50%的教师形成自己的教学风格，学校教学特色明显。

5. 体育、卫生、艺术工作。

(1) 责任部门：教导处。

(2) 指导思想：坚持普及、规范与提高相结合，课堂内外、校园内外相结合的原则，积极开展多种形式的体育、卫生、艺术活动，增进学生身心健康，增强学生体质，提高学生艺术修养。

(3) 工作目标。

① 加强组织领导，建立健全管理机构，提高体育、卫生、艺术教师的素质，打造一批优秀的学科教师。

② 建立我校预防病防治预案，实施科学、有效的运行评价机制；创建市近视眼预防规范化学校。

③ 扎实落实学校体育、艺术"2+1"项目，每位学生熟练掌握两项体育技能、一项艺术特长，学生健康体质达标率逐年提高。

④ 结合学校体育传统项目开展"阳光体育"活动，形成学校集体活动与班级活动特色。

⑤ 开发美术、球类校本课程，有完善的评价机制。

(4) 年度目标。

第一年（2013 年 1 月—2013 年 12 月）

① 落实体育、卫生、艺术课堂教学规范，探索高效、有趣的教学模式。

② 开展校本教研活动，每学期至少组织一次体育、卫生、艺术教师培训，提高教师的专业能力。

③ 课内外结合开展学生健康体质达标训练活动，每学年组织一次健康体质达标测试，学生健康体质达标率为 80%。

④ 组织学生检查身体，针对检查报告调整工作思路；降低学生近视率，每学期开展一次预防近视讲座，每学期举行一次预防近视健康知识竞赛活动。

⑤ 利用每天一小时校园体育活动时间落实学校体育、艺术"2+1"项目，每学期的测试与期末考试结合进行。

⑥ 形成美术、球类校本课程草稿。

第二年（2014 年 1 月—2014 年 12 月）

① 进一步落实体育、卫生、艺术课堂教学规范，建立较为规范的评价标准；高效、有趣的体育、卫生、艺术教学模式基本成型。

② 规范校本教研活动运行机制，每学期组织一次以上体育、卫生、艺

术教师的培训；至少三位科任教师参与区级课题研究，将教研主题与课题研究内容进行整合，提高教师的专业理论研究能力。

③ 开展分层、递进式学生健康体质达标训练活动，学生健康体质达标率为90%。

④ 组织学生检查身体，针对检查报告调整工作思路；开展读写姿势达标等活动，降低学生的近视率；每学期举行一次预防龋齿健康知识讲座，一次相关知识竞赛活动。

⑤ 落实体育、艺术"2+1"项目，利用年级承办的形式组织验收。

⑥ 逐步完善美术、球类校本课程，加强过程评价。

第三年（2015年1月—2015年12月）

① 有较完善的体育、卫生、艺术课堂教学规范评价标准，教师能利用评价标准组织教学活动。

② 开展组内公开课、专题讲座、案例共享等形式的校本教研活动，在活动中提高教师的教学水平。

③ 以整体部署与重点突破相结合的原则进行健康体质达标训练，学生健康体质达标率为95%。

④ 组织学生检查身体，针对检查报告调整工作思路；开展眼保健操比赛等活动，降低学生的近视率；每学期举行一次预防传染病知识讲座、一次相关知识竞赛活动。

⑤ 利用每天一小时体育锻炼时间落实体育、艺术"2+1"项目，组织优秀班级、优秀学生评选活动。

⑥ 每周四开展美术类、球类校本课程教学。

6. 学校管理。

（1）责任部门：办公室、安全科。

（2）指导思想：以构建现代学校制度为导向，更新管理理念，推行走动管理，探索办学规律，围绕学校发展目标，实施民主管理和民主监督，积极推进学校依法自主发展，努力构建平安和谐的现代学校管理体系。

（3）工作目标。

① 制度落实：学校依据现有的制度体系，成立制度落实领导小组，制订制度落实方案，建立完善的分层落实工作机制，建立制度落实反馈监督机制，采用月公示、学期总结的形式，保障制度扎实有效落实。

② 管理模式：推行走动管理模式，成立走动管理领导小组，明确走动

管理实施方案，确立走动管理项目内容，建立走动管理考核评价办法，健全管理机制，让师生的能力得到充分发挥。

③ 民主管理：每年召开一次教职工代表大会，发挥教职工代表大会参与学校决策和民主监督的作用；完成民主监督委员会、家长委员会的换届工作，每学期召开一次民主监督委员会、家长委员会会议，征求家长、社区对学校工作的意见和建议。

④ 安全管理：成立安全管理领导小组，制订安全管理落实方案，健全安全管理保障机制，加强师生安全教育，抓好师生、保安的安全知识与安全技能培训工作，做到安全隐患排查、应急演练常规化，创建平安和谐校园。

(4) 年度目标。

第一年（2013 年 1 月—2013 年 12 月）

① 制度落实：成立制度落实领导小组，制订制度落实方案，建立分层落实工作机制，建立制度落实反馈监督机制，逐步形成制度落实的网络体系，突出精细化管理。

② 学校管理：制订走动管理实施方案，成立组织机构，确立走动管理项目内容、评价办法，运行走动管理。

③ 民主管理：召开一次教职工代表大会，听取教职工的提案；随时进行校务公开，对学校各项工作进行通报；完成民主监督委员会、家长委员会的换届工作，每学期召开一次民主监督委员会、家长委员会会议，征求家长、社区对学校工作的意见和建议。

④ 安全管理：学校每月进行一次安全演练；形成安全责任网络体系，将安全目标责任落实到每一名教职工身上；学校安全隐患排查领导小组每月都要对校园内的安全隐患进行排查，做好记录并提出整改意见，相关部门按期整改。

第二年（2014 年 1 月—2014 年 12 月）

① 制度落实：制度落实采用月公示、学期总结的形式；学期末全体教师对制度落实情况进行民主评议，根据评选制度落实优秀部门。

② 学校管理：深化走动管理模式，明确各部门的职能，细化考核评价办法，月考核和期末总评相结合，做好过程性记录及公示工作，推动学校各项工作的过程化管理。

③ 民主管理：召开一次教职工代表大会，听取教职工的提案，并通过有关规章制度；随时进行校务公开，对学校各项工作进行通报；每学期召开

一次民主监督委员会、家长委员会会议，征求家长、社区对学校工作的意见和建议。

④ 安全管理：每学期对全校师生进行一次安全知识培训；每月进行一次安全演练，评选安全演练优秀班级；学校安全隐患排查领导小组每月都要对校园内的安全隐患进行排查，做好记录并提出整改意见，相关部门按期整改。

第三年（2015 年 1 月—2015 年 12 月）

① 制度落实：随时听取教师的意见和建议，及时解决制度落实过程中的深层次问题。

② 学校管理：反思并完善走动管理模式，发挥走动功效；走动管理形成科学网络，学校统筹，环节清晰，实现学校管理与效益的最大化。

③ 民主管理：召开一次教职工代表大会，听取教职工的提案，并通过有关规章制度；随时进行校务公开，对学校各项工作进行通报；每学期召开一次民主监督委员会、家长委员会会议，征求家长、社区对学校工作的意见和建议。

④ 安全管理：更新警务和消防器械，保证器械齐备、完好、能正常使用；学校安全演练常态化，安全演练每月一次；学校安全隐患排查领导小组每月都要对校园内的安全隐患进行排查，做好记录并提出整改意见，相关部门按期整改。

7. 校园文化。

（1）责任部门：办公室。

（2）指导思想：围绕"让人人都成为幸福的成功者"这一办学理念，以先进的制度文化和校园环境文化为载体，进一步打造管理井然有序、师生富有朝气、人际关系和谐、学校特色鲜明的文化体系。

（3）工作目标。

① 制度文化：构建"心盈幸福，成就未来"的和谐校园，完善以人为本的管理制度，完成具有学校鲜明特色的制度文化——走动管理的构建，完善学校管理制度汇编。

② 环境文化：以优美的校园环境、丰富的文化艺术教育、浓厚的学习氛围、科学的人文精神、优秀的校风和学风带动和促进全体师生优良品质的形成、综合素质的提高，建成"幸福文化园""有邻文化园""里仁文化园"三大文化园，建成走动管理、艺术教育、经典诵读、科技创新四大文化宣传

板块，班级内、办公室内建有特色文化展示栏。

（4）年度目标。

第一年（2013年1月—2013年12月）

① 面向全体师生广泛征集意见和建议，聘请专家和同行进行论证，进一步完善具有学校特色的各种管理制度。

② 进行校园环境文化建设，重点打造走廊文化，对学校三大文化园进行整体布局和文化定位，校内建成走动管理、艺术教育、经典诵读、科技创新四大文化宣传板块。

③ 进行办公室文化、班级文化建设，使每个办公室具有个性文化特色，所有班级形成自己的班训、班规。

第二年（2014年1月—2014年12月）

① 在实践中建设校园的特色制度文化，对学校制度汇编进行增删，对走动管理模式进行明确界定和优化。

② 对学校三大文化园进行布局调整和细节美化，对走动管理、艺术教育、经典诵读、科技创新四大文化宣传板块内容进行更新和提升。

③ 以构建和谐校园为契机，优化办公室布局，创设环境幽雅、关系和谐的办公室特色文化；加大班级文化的建设力度，在创建班训、班规的基础上，每个班级创建自己的班歌、班徽。

第三年（2015年1月—2015年12月）

① 进一步修改、完善学校的制度汇编，对学校走动管理模式进行提炼。

② 提炼和充实三大文化园的内涵，走动管理、艺术教育、经典诵读、科技创新四大文化宣传阵地形成自己的宣传长效机制。

③ 所有部门和班级形成自己的文化特色，师生言行能体现学校文化特征，所有班级在言行和环境美化方面能体现出自己的班风和文化特色。

8. 后勤服务工作。

（1）责任部门：总务处。

（2）指导思想：坚持为教育教学服务、为全体师生服务的宗旨，爱岗敬业，讲求实效，不断提高服务水平和服务质量，为教育教学工作的顺利开展做好后勤保障工作。

（3）工作目标。

① 全力建设生态校园，对现有绿化设施进行档次、品位方面的提升，绿化面积增加15%。

② 增强岗位技能，提高服务质量，师生对总务工作的满意率达到95%以上。

③ 图书配备三年内增至6万册，班级桌椅更新600套，每班配备图书橱、学生成长档案橱各1个。

④ 改善办公条件，更新教师办公桌椅100套，微机在人手一机的基础上，更新30台。

⑤ 更新现有学生微机室微机65台，新建微机室1个，新增微机65台；所有班级全部配备电子白板。

⑥ 学校大门外南侧建高档宣传橱窗2组。

⑦ 完成校舍安全加固后续工作。

（4）具体措施。

① 加强政治和业务理论的学习，统一思想，增强每个职工的事业心、责任感及为教育教学服务的意识，培养有竞争力、创新力，视野开阔的后勤人员。

② 完善各种规章制度，一切后勤服务在制度的框架内进行，推进管理制度的发展。

③ 完成绿色生态校园建设和教学仪器的添置。

④ 定期对学校安全情况进行自查，包括检查校舍、电暖设备、消防设施、体育器械、饮用水、实验室的各种仪器和药品等的安全工作，确保万无一失。

⑤ 做好学校房舍、图书、仪器、设备等物资的建设、购置、保管、维护和更新等工作，以提高使用效率，延长使用期限。

⑥ 创建节约型、环保型校园。

（5）年度目标。

第一年（2013年1月—2013年12月）

① 明确职责，做好日常工作。

② 加强政治理论、业务理论和服务理念的学习，统一思想，增强事业心和责任感，增强每个职工为教育教学服务的意识。

③ 对学生进行爱护公物的宣传，减少公物的损坏情况，做到规范管理。

④ 图书配备达标。

⑤ 一年级班级完成桌椅更新，配备图书橱、学生成长档案橱。

⑥ 完善学校财产保管、领用、借用制度。

第二年（2014 年 1 月—2014 年 12 月）

① 加强绿化管理，添置一定数量的花草树木，努力打造生态校园；建设绿化小景点，增加古树、大型树，完成立体绿化。

② 改善办公条件，更新教师办公桌椅，在微机人手一机的基础上更新 30 台微机。

③ 完善各种规章制度，一切后勤服务在制度的框架内进行，推进管理制度的发展。

④ 总务人员在思想认识、专业知识、工作能力上有显著提高。

⑤ 每个班级配备电子白板。

第三年（2015 年 1 月—2015 年 12 月）

① 完成校园文化建设，突出学校特色。

② 课桌椅更换完毕，配备图书橱、学生成长档案橱。

③ 新建微机室一个，微机配备达标。

④ 图书配备达标。

⑤ 学校大门外建高档宣传橱窗 2 组。

五、保障措施

（一）加强组织领导

成立以校长为组长、分管校长为副组长、各项目负责人为成员的规划执行领导小组；规划执行实行项目负责制，由分管校长带领各项目负责人具体组织各项目的实施，领导小组对规划的执行定期调度、指导、点评；各项目负责人每学期向领导小组汇报一次项目完成情况。

（二）加强过程管理

1. 分解目标。

（1）部门目标：落实部门任务及职责，以周工作例会、月汇报交流等形式定期进行部门任务完成情况汇总。

（2）阶段目标：以学期、学年为单位，依据学校总体发展规划，各部门制订详细具体、可操作性和可测评性强的阶段工作计划；每学期、每学年对工作计划落实情况、学校发展规划实施情况进行总结、评价与调整。

2. 强化过程管理。

（1）时间保证：双周的周五各部门进行交流分析；每月一总结，材料上传校园网指定文件夹；每学期举行一次项目研究成果展示会。

（2）人员保证：建立以校长为组长，业务校长为副组长，各处室负责人、骨干教师为成员的监督小组，及时监督规划实施情况。

（3）制度保证：在规划实施的过程中，各有关部门制订相应的制度，以保证规划的顺利实施。

（三）创建支持系统

1. 建立共同愿景。加强宣传和引导，提升责任使命感，明确任务及操作要点，形成学校全体成员共同的愿景，建立实施和完成规划的激励措施，使全体教职工在规划的实施过程中统一认识，共同行动，追求学校的进一步发展。

2. 加强制度创新。根据现代化学校的发展要求，进一步增强依法办学、以德立校的观念，改革和完善以学校章程为统领的学校制度，保证学校的自主发展，使学校管理的程序透明、效果明显。

3. 密切部门协作。建立学校发展规划实施网络，明确各部门在规划实施中的任务和职责，进行部门规划和部门评价；根据规划发展要求，修订各岗位评估考核标准，建立学校教学质量评估手册，落实评估程序，提高评估能力；拓展各部门的自主管理空间，关注部门间的协作，培养教职工的大局意识。

（四）建立评价体系

1. 兼顾学生的全面发展和个性发展，改革对学生的评价技术和方法。制定《阳光少年评估指标及其操作方法》，完善《学生素质评价手册》，将德、智、体、美、劳及学生的个性发展等纳入学生的发展评价之中。

2. 建立规划实施的评估标准。参照政府督导部门的督导评估标准，制订学校规划实施评估标准，对每学年的规划实施和达成情况进行评估。

3. 成立规划实施自评小组，制订自评标准，形成发展性自评体系，每学年对规划实施及其管理进行综合评价并提出修改意见。

4. 将学校发展融入社会发展的大背景中，依托行政主管部门、社区、家庭对学校的评估，及时调整实施方案。

（五）建立监督反馈机制

1. 政府督导部门的监督。利用政府督导部门的有利资源，定期、定时请督导员对学校管理工作进行阶段性评估，找出不足，制订对策。

2. 发挥教职工代表大会的有效监督职能。教职工代表大会对学校发展规划的制订、修改、执行、评估有监督、建议等权力，应每学年对规划的实施情况进行一次评审。

3. 建立规划实施监督小组。规划实施监督小组由教职工代表大会选举产生，对教职工代表大会负责，并对学校的规划实施进行有效监督。

4. 引入社会监督。有机整合社会优质教育资源，吸引家长委员会、社区、专家为学校的发展献计献策，力争实现学校更快、更好地发展。

根据学校三年发展规划的内容，制订相应的自评措施，每学年组织一次评估，督促检查规划的实施情况，做好阶段性的总结工作，并及时调整、修订规划，为下一个规划年度提供决策信息支持。

第四章 走"实"每日常规 建构幸福管理体制

在走动管理中，管理者走出办公室，走到教师和学生中间，以《幸福街小学章程》和学校的其他制度为基础，加强对全校师生在价值理念、岗位责任等上的教育和引领，使学校成员在价值取向方面达成共识，为后期采取及时、正确的决策打下坚实的基础。同时，学校领导运用自己的人格魅力有效地调动全校师生的积极性，让他们在工作和学习中不断发展、不断成功、不断实现人生价值。所以，在走动管理中，制度建设很重要。

第一节 学校办公室制度建设例举

学校办公室是学校的综合管理部门，综合承接上级部门指示，综合协调处理学校行政事务，是学校的运行枢纽、神经中枢、形象窗口，是校领导和各职能部门的中介，是学校的窗口。因此，做好办公室的各项制度建设显得尤为重要。

【例 1】

幸福街小学办公室文印、接待人员职责

1. 在办公室主任的领导下，负责印刷学校的各种表册、文件、资料，并做好外来人员的接待工作。

2. 负责打印学校领导签发的有关文件、教学资料和各种试题，保证打印质量，按时完成任务。

3. 严格遵守保密规定，谢绝无关人员进入文印室，机密性文件、资料、试题等不得外传，严防失密、泄密。

4. 建立文印室收发登记制度，未经领导签发的材料一律不得私自打印。

5. 妥善保管好文印用品，维护文印设备，节约油墨纸张，对使用情况及时进行登记。

6. 注意室内卫生，保持文印室、接待室整齐、清洁，坚持每天清扫。

7. 认真完成每周 10 节微机课的教学工作。

8. 积极完成办公室主任安排的临时性工作。

走动管理信息采集表

组室	办公室	姓名	杨广耀	时间	2012 年 9 月 20 日
事件简述	因为当天事情较多，我没有及时指导，导致有教师在使用文印室打印机时，由于操作失误，造成打印机损坏，给之后的使用带来了不便。				
存在问题	1. 文印室钥匙管理不到位。 2. 教师使用打印机不熟练。				
建议与措施	1. 加强文印室钥匙管理。 2. 培训教师熟练使用打印机，打印机最好由专人管理。				

【例 2】

幸福街小学信访工作制度

信访工作是一项政治性很强的群众工作，是学校沟通、联系广大师生和家长的重要渠道。为加强我校信访工作的规范化、制度化建设，特制订本制度。

1. 信访工作的指导思想和原则。

信访工作的指导思想：认真贯彻"三个代表"重要思想，建立和健全畅通的信息渠道，广泛听取师生和学生家长的意见和要求，充分调动广大师生和学生家长的积极性，不断改进工作作风，提高信访工作效率。

信访工作的基本原则：认真执行党的政策、国家法律和法规；实事求是，一切从实际出发；遵循统一领导与分工负责制相结合、解决实际问题与思想政治工作相结合的原则。

2. 信访工作的组织领导。

在学校党支部的领导下，成立信访工作领导小组，负责学校信访工作的组织领导。下设办公室（设在校长办公室），负责学校信访的综合、协调和日常来信来访的接待处理工作。学校各部门按其职责处理相关信访问题。

3. 信访工作程序。

（1）来信办理。

（2）登记编号，按《幸福街小学来信登记表》逐项填写。

（3）填写《信访举报问题呈阅表》并附信访原件报送有关领导批阅。

（4）凡署名校领导的信件直接交给有关校领导本人阅批。

（5）根据校领导批示及管理权限分级归口办理。

（6）对事关学校发展建设和师生关心的热点、难点问题的来信及领导批示和办理结果，视情况在适当范围公布。

（7）做好存档工作，按来信类别进行整理后移交档案管理室存档。

4. 网上信访办理。

在校园网上设立校领导信访电子信箱，办公室设专人将相关内容汇总分类，转送有关校领导阅批。办公室根据批示结果，及时转送相关部门进行调查和处理。相关部门要在限定时间内将承办意见和结果反馈给办公室。

5. 来访接待。

（1）热情接待来访人员，认真填写《幸福街小学接待来访登记表》。

（2）接待人员应认真听取来访人的陈述，了解来访人来访的目的、要求及反映的主要问题（时间、地点、主要事实、证据等），做好来访记录。

（3）对不需要处理的一般问题，应说明理由或原因，做好来访人的思想工作；应由所属部门解决的问题，通知相关部门的人员接待处理。

（4）需向领导汇报、请示的，填写《信访苗头排查及工作措施月报表》，报送有关领导审批办理。

（5）对重要来访、突发性或重大集体上访，需通知相关领导接待。

（6）来访处理完毕，按来访类别整理相关材料并移交档案管理室存档。

6. 信访工作的责任与目标。

（1）信访工作的责任。

① 实行信访工作领导责任制，党支部主要领导负总责，分管领导负实责。

② 注重信访工作队伍建设，提高信访工作人员的政治素质和业务水平。

③ 信访工作人员要秉公办事，不徇私情；遵守保密制度，不得泄露工作秘密，严禁将控告、检举材料和信访人要求保密的内容泄露给被控告人、被检举人；不得丢失、隐匿和擅自销毁信访材料。

（2）信访工作的目标。

① 处理好"初信初访"，"初信初访"办结率力争达100%。

② 保证处理来信、来访的时效和质量，信访按期结办率不低于80%。

③ 努力控制越级信访、无越级集体访和重复集体访。

④ 对上级机关、上级领导转交办理的信访事项，要及时办理并将办理结果及时反馈给相应机关和领导。

7. 信访工作总结。

为不断提高信访工作的效率和质量，学校每半年举行一次信访情况分析会，通报信访工作情况；每年年终举行信访工作经验交流会，总结信访工作。

8. 信访工作内务管理。

（1）信访工作所用的表、单、簿、册规范，办理程序、规定统一。

（2）信访材料装订整齐，保管程序符合规定。

（3）做好接待师生及学生家长来访的办公室的清洁卫生工作。

（4）对来访师生、学生家长和外来联系公务人员应注重文明礼貌、接待热情。

走动管理信息采集表

组室	办公室	姓名	杨广耀	时间	2013 年 10 月 17 日
事件简述	接到一位学生家长来电，他反映自己的孩子在学校里摔倒，但教师没有及时处理，要求校长到其家中了解情况。学校相关人员到其家中了解到，原来，其孩子在放学时摔了一跤，身上沾了泥土，教师没有处理，家长误认为孩子受了伤。家长溺爱孩子，而产生对学校及教师的不满。				
存在问题	1. 教师对学生摔倒事件没有及时处理。 2. 家长与学校在教育学生上存在着分歧。				
建议与措施	1. 对教师进行教育，要关心每一个学生，及时了解和处理学生发生的任何问题。 2. 在家长会上，要专门开一个有助于家长与学校教师在教育孩子上达成共识的讨论会。				

第二节　档案管理制度建设例举

随着档案资源的急剧增长和现代社会对档案利用的愈加频繁，传统的档案利用方式和方法已越来越难以适应档案信息现代化的需要。因而，档案管理工作的重要性日益显现出来。档案管理工作的重心应从初级的档案存放利用，上升到适应新形势的档案现代化管理上来。

【例】

幸福街小学档案室管理人员职责

1. 严格遵守学校的各项规章制度，按时上、下班，不得迟到、早退。

2. 主动、及时收集学校的文件、资料，分项清楚，归类存放，写好目录，备查备订。

3. 每学期末将本学期内的各种文件、资料、试卷及其他有关材料进行分类整理，做到标目清楚、装订规范、摆放整齐，以便于查阅。

4. 严格按档案室工作制度操作，收、阅、借登记手续齐全、清楚，确保档案资料完整无损，严格遵照借还手续。

5. 严守保密制度，无关人员不得查阅重要的档案资料，正常查阅要有登记，有记录，有统计。

6. 保持室内外清洁卫生，经常通风换气，做好防潮、防霉、防蛀、防火工作，提高档案的使用效率。

走动管理信息采集表 1

组室	办公室	姓名	王琨	时间	2012 年 10 月 17 日
事件简述	关于档案检查的准备工作：因近期要进行档案检查，所以一直在进行档案整理，今天整理时发现还有个别材料没有及时进行整理归档。				
存在问题	1. 个别部门对档案材料的整理不及时。 2. 档案盒上的条目刻印不是很工整。				
建议与措施	1. 对档案进行进一步的整理。 2. 督促各部门及时把档案材料整理归档。 3. 对档案盒条目的刻印进行严格要求。 4. 及时对未整理档案进行归档等工作。				

走动管理信息采集表 2

组室	办公室	姓名	王琨	时间	2013 年 3 月 22 日
事件简述	档案检查自查报告填写情况：档案检查之前要上交自查报告，自查报告中有很多条目需要各部门把材料上交，清点数目后填写，然而个别部门一直未能上交材料，致使自查报告的填写一直拖延。				
存在问题	由于个别部门材料上交不及时，档案自查报告不能及时完成。				
建议与措施	1. 将情况向分管校长汇报。 2. 下通知再次督促各部门及时整理、完善并上交档案材料。 3. 完成已上交档案材料的自查报告。 4. 汇报情况，写出自查报告。				

第三节 人事管理制度建设例举

人事工作是学校工作中的一个重要组成部分，但往往被忽视。人事干部在学校工作中有着不可替代的作用，细致、严谨是做好人事工作的保证。对人事工作的重视，有利于做好学校管理工作，有利于提高办学水平，因此，在走动管理中做好人事制度建设也显得尤为重要。

【例】

幸福街小学人事管理制度

1. 认真贯彻落实党和国家的路线、方针、政策，紧紧围绕学校的中心工作，积极发挥参谋助手作用，搞好协调，做好服务，创造性地开展工作。

2. 负责学校人事劳资工作，按照上级文件精神制订学校人事制度改革方案并贯彻落实。

3. 负责工资调整、干部调动、职称评定、年度考核、离退休办理工作。

4. 做好保密工作，以及学校印章的管理与使用工作。

5. 做好荣誉备案工作。

6. 负责学校人事职称档案的建立、收集、整理。

7. 做好本校在教育局的人事档案的建立、收集、整理工作。

8. 做好各种统计报表的填报工作。

9. 完成领导交办的其他临时性工作。

走动管理信息采集表1

组室	办公室	姓名	孙云霄	时间	2013年3月15日
事件简述	2012年度的职称竞聘，学校坚持公开、平等、竞争、择优的原则，坚持以能力和业绩为导向，注重工作实效、一线教学和学生管理经历，参加竞聘的教师经过12个项目的分数累计，已确定排名，根据这次竞聘工作的岗位数量，拟推荐人员为唐桂英老师。但是填写一级教师的评审表比较麻烦，因为唐老师对表格不熟悉，导致证书名称书写不全、填写的获得个人荣誉称号的时间与证书上的时间有差异、发证部门的名字填写有误等，所以评审表报送教育局后被发回重新填报。				
存在问题	唐老师对此类表格的填写不熟悉。				
建议与措施	利用下班后的时间，帮助唐老师熟悉填报要求，认真填报，以确保这次能顺利过关。				

走动管理信息采集表 2

组室	办公室	姓名	孙云霄	时间	2013 年 10 月 29 日
事件简述	2013 年度的职称竞聘，经过了解有十几名教师符合竞聘条件，但是根据报名情况来看，只有南国建、刘晓芳、陈亚芹、李洪国、朱西晨等教师报名，人数远远少于条件符合者。是不是有的教师不知道自己符合条件呢？				
存在问题	有的教师可能由于疏忽大意而导致漏报、忘报。职称是关系到个人利益的大事，不可掉以轻心。				
建议与措施	利用中午时间，给符合条件的教师一一打电话核实情况，告知详情，以免有教师漏报。				

第四节　宣传制度建设例举

宣传工作在学校的整体工作中发挥着重要作用，紧紧围绕学校的中心工作做好宣传，是加强学校理论建设、文化建设，提升学校形象的重要途径。当今社会，随着互联网的飞速发展，网络已成为重要的宣传手段之一。我们该如何激发学校各部门发挥网络这一重要宣传阵地的作用，利用网络有益资源加强自己的道德修养呢？学校在走动管理中，应逐步对宣传制度进行完善。

【例】

幸福街小学信息与宣传考核办法

一、信息考核

（一）计分范围及标准

1. 教育部、省委、省政府采用的，每条计 16 分；省教育厅网站采用的，每条计 8 分。

2. 市委《今日信息》、市政府《政务信息》采用的，每条计 8 分；潍坊教育信息港采用的，每条计 5 分；奎文公众信息网、《奎文政务信息》《今日信息》《奎文宣传》等区级媒体采用的，每条计 3 分；奎文教育网之奎文教育栏目采用的每条计 2 分，素质教育栏目采用的每条计 1 分，其余栏目采用的每条计 0.5 分。

（二）报送要求

1. 全校员工要提高认识，加强调研，及时、准确地将教育信息报送至奎文教育网站的新闻栏目和素质教育栏目，以便推送至各级媒体。

2. 按照《中华人民共和国政府信息公开条例》《中华人民共和国保密法》做好信息公开工作和保密工作。

二、宣传考核

（一）计分范围及标准

1. 报纸。

发表于《人民日报》计 200 分，发表于《中国教育报》计 100 分，发表于《光明日报》《中国青年报》《大众日报》《中国教师报》计 50 分，发表于《山东教育报》《现代教育报》计 30 分，发表于《齐鲁晚报》计 20 分，发表于《潍坊日报》《潍坊晚报》计 10 分。

注：以发表原件为准。得分系数：一版头条、整版，系数为 1；500 字以上的非一版头条或整版，系数为 0.5；300～500 字的文章，系数为 0.1；其他篇幅不计分。图片新闻按上述标准视版次、版面计分。

2. 杂志。

发表于《求是》计 200 分，发表于《瞭望》计 150 分，发表于《人民教育》计 100 分，发表于《山东教育》计 50 分，发表于《潍坊教育》计 10 分。

注：以发表原件为准。得分系数：1500 字以上，系数为 1；1000～1500 字，系数为 0.8；500～1000 字，系数为 0.5；其他篇幅不计分。图片新闻按上述标准视版面计分。

3. 电视台。

发表于中央电视台《新闻联播》计 200 分，其他新闻类节目计 50 分；发表于山东电视台《山东新闻联播》计 100 分，其他新闻类节目计 30 分；发表于中国教育电视台《中国教育报道》计 50 分；发表于山东教育电视台《教育新闻》计 30 分；发表于潍坊电视台《潍坊新闻》计 20 分，发表于《聚焦》计 10 分，发表于《直播潍坊》计 10 分，发表于《奎文新闻》计 5 分。

注：潍坊电视台报道以电视台节目播出统计表为准，省级及以上电视台报道以截取节目视频为准。

4. 电台。

发表于中央人民广播电台《全国新闻联播》《新闻和报纸摘要》计 200 分，发表于山东人民广播电台《山东新闻》计 100 分，发表于潍坊人民广播电台《潍坊新闻》计 50 分。

注：以播出录音为准。

5. 网络媒体。

发表于人民网、新华网、中国政府网、中国新闻网、中国教育新闻网首页计 15 分；发表于人民网的潍坊视窗新闻头条计 10 分；发表于潍坊教育信息港的图片新闻计 5 分，局长（校长）视线计 4 分，其他专题计 3 分。

注：以截图为准。

（二）报送要求

1. 各位教师要遵循真实性原则，及时报道全校教育工作情况，确保新闻的时效性。

2. 非新闻宣传类稿件不在报送范围内，凡超出报送范围的不计分。

走动管理调研报告 1

姓名	孙云霄
时间	2013 年 3 月
地点	二年级办公室
亮点或问题	从朱酉辰老师发布的信息上报情况来看，二年级的信息上报量排名第一，发表量也是第一。走入二年级教师的办公室就会发现，课间教师们除了批改作业、和学生谈话、备课外，还经常交流信息上传情况。
分析报告	每一项成绩的背后，都有不一般的付出。二年级教师在业余时间将很大一部分精力都投入了信息上报工作中，因而取得了很好的成绩。这是对待工作的态度，也是凝聚力的一种体现。
解决方式及效果	推广学习
备注	

走动管理调研报告 2

姓名	孙云霄
时间	2013 年 4 月
地点	四年级办公室
亮点或问题	走动调研时发现高峰老师正在和学生谈话。通过调研，了解到这个学生三岁时母亲患病去世，四岁时父亲离家出走，家境清贫。从一年级开始，高老师就发动全班六十多名同学对他伸出了援助之手。冷时，有同学送的羽绒服、保暖裤，高老师亲手织的围巾、帽子；热时，有同学送的短衣、短裤……在高老师的精心呵护下，这个孩子的学习成绩名列前茅。
分析报告	什么是师德？什么是大爱？高峰老师给出了最直接、最真切的解释。在这个爱心满满的班集体里，孩子勤奋、自信，相信他在这片爱心沃土里一定会收获美好的明天。
解决方式及效果	推广学习
备注	

第五节　教导处制度建设例举

教学常规规范是学校教学秩序井然的先决条件。为了创设一个积极向上、和谐共赢的教学环境，打造一批素质过硬、凝聚力强的教师队伍，学校以评价为抓手，致力于教学常规规范工作建设。为了既促进教师队伍的整体进步，又鼓励优秀教师脱颖而出，学校实行捆绑评价与个性彰显的阶梯性评价法，制订了优秀教研组评比制度，并在实践中不断调整和完善评价的内容及方式，使其督促、鼓励的作用不断彰显。

【例】

幸福街小学优秀教研组评选制度

一、评比内容

1. 认真贯彻执行党和国家的教育方针政策，认真实施上级教育主管部门和学校的规定。有计划地学习教育教学理论和专业知识，及时交流有关教改信息动态。按时参加上级教育行政部门和教研室及学校组织的教研活动，并做好学习记录、活动记录。

2. 每学期都制订切实可行的教研计划。深入钻研课标、教材，及时进行教学质量分析，分析资料完备、科学性强。教研组内各教师积极参加各级各项活动，活动效果好，教研组长按时上交各种材料。各项常规检查达到学校要求。

3. 积极开展教学研究活动，活动设计有特色，集体备课有成效（语文学科注重主题单元的教学设计，数学学科注重对教材的合理改编，英语学科注重课堂教学效果的实现），活动记录完整并按时上交。平时教研活动氛围浓厚（通过随堂听课和平时调查来了解），对具体问题的研讨有记录。每周教研组内上一节公开课，听课教师有听课、评课记录（本教研组教师全员参加）。每学期每位教师的听课次数达到学校的要求。教研组各教师按时参加集体备课、教研活动，出勤率高，活动结束后按时上交教研记录。

4. 坚持教学改革实验，进行教学思想、教学内容、教学方法、教学手段、教学渠道和教学要求的改革。每组有改革实验项目，并有实验计划、实施方案、实验总结（或阶段总结）及鉴定意见等。

5. 教研组成员具有较高的政治思想水平和较强的业务能力，严格遵守《教师“十不”行为规范》，作风正派，无体罚、变相体罚学生的现象。教师互帮互学，团结协作，主动进行业务进修，积极参与各级培训，教学水平和教学能力不断提高，教学成绩整体水平高、班级差距小。

二、考核内容

1. 教学常规。上课前一分钟进入课堂组织教学，授课以学生为本，杜绝无效环节。组内统一进度，教学难点、重点突出，解决方法恰当。教学成绩整体水平高，班级差距小于 20 分（班级间差距大于 20 分者该项不得分）。常规检查符合要求，每一人次不达标扣 1 分。

2. 常规教研活动。按时参加学校组织的教研活动，每缺勤、迟到一次扣 1 分。教师提前充分准备好发言材料，保证教研活动高效开展，组内教师发言有针对性。活动结束后及时上交活动材料。

3. 自主教研活动。教研组内平时要加强集体教研、集体备课及课题研究，各教研组在组长带领下每天利用课余时间开展小组教研活动，做好活动记录，主动承担学校集体教研活动（活动前报送教导处备案，教导处参与整项活动)，活动效果好，对教育教学有促进作用。每次加20分，未组织者本项不得分。

4. 作业布置与批改。在教研组长的带领下，每天按上级要求布置相应作业。作业注重实践性，作业时间不违规。发现违规现象一票否决。

5. 劳动纪律。结合平日考勤对教研组内成员进行量化考核，全勤者本项满分。体罚和变相体罚学生者，一经查实一票否决。

6. 活动参加。组内成员在教研组长的组织下参加学校及区级以上各部门组织的各项评比活动。无故不参加者一人扣10分。

7. 听课。教研组成员每周按要求听课并记好笔记，完成任务者本项计100分。有未完成者按照未完成者所占比例计相应分值。

8. 业务学习。每月完成规定数量，有未完成者按照未完成者所占比例计相应分值。

9. 承担活动。教研组内教师承担校、区级及以上大型活动的指导工作，每次加2分。

走动管理信息采集表

组室	教导处	姓名	张建英	时间	2013年3月20日
事件简述	教导处检查上课情况时，发现有的班级的学生因排练课本剧而未上课，班主任也未给假，上课教师无法统计学生的出勤率。教导处发信息：为学生安全着想，凡是本班有因排练课本剧不能上体育课或信息课的学生，请所在班的班主任把名单报给体育教师、信息教师。				
存在问题	1. 出现空堂，易发生不安全事故。 2. 各科任教师之间信息不通畅。				
建议与措施	班主任及时把本班缺勤的学生名单写在黑板上，科任教师上课前必须清点人数。				

第六节　科研制度建设例举

教育科学研究是教育领域内的科学研究活动，指教育工作者在日常的教育教学工作中，对发现的某一具有价值的课题，运用先进的教育理论、辩证的科学研究方法，对其进行系统研究的活动。它是促进教育工作者不断提高自身素质，完善自己的理论体系，推动教育教学工作向前发展的重要活动，具有极强的理论操作性和实践价值。置身于经济时代，教师若要胜任本职工作，必须不断更新观念，创造性地开展教育教学工作。而要实现教育创新，仅凭经验是远远不够的，必须从事教育科学研究。

【例】

幸福街小学科研制度

1. 学校实行“科研先导，科研兴校”教育教学战略，营造浓厚的科研氛围，不断提高教师的教育科研水平。

2. 学校成立以校长为组长的教育科研领导小组，及时研究和解决教学活动中的重要问题，定期召开教育科研工作会议。

3. 加强理论学习，以理论学习促进教师的观念转变，指导教育实践和教育研究，为教师的科研提供坚实的理论支持。

4. 学校为提高教师的理论水平和研究能力创造条件，聘请有关专家来校指导课题的研究；鼓励教师平时多去图书馆，及时为课题研究查找相关的资料和书籍。

5. 学校配备专职人员负责教育科研室的日常工作，组建由教育科研室成员、教育科研组长、骨干教师构成的教育科研网络，广泛发动全校教职工开展教育科学研究。

6. 学校科研室每学年组织校级、区级及以上课题的立项及申报、实施研究工作，并定期对科研课题研究进行调控；指导教师按计划完成研究材料的汇总、分析、整理工作，以及成果报告的撰写、结题；做好课题研究材料的归档。

7. 每年召开一次学校科研工作研讨会，总结当年科研工作情况、反馈课题申报情况并交流、推广已取得的科研成果。

8. 对有价值的研究成果，学校科研室组织成果推广会，向全校教师推广；对能在教育实践中积极推广、应用并已被国家、省、市、区级有关部门充分肯定的科研成果，设立学校科研成果推广奖，对获奖人员进行表彰和奖励。

9. 学校根据发展需要和教育科研需要配备适当的图书、电子资料和研究设施，逐步实现教育科研手段的现代化，逐年增加教育科研经费。

走动管理信息采集

组室	教导处	姓名	王安存	时间	2012年4月18日
事件简述	根据区教研室通知，在课题研究的基础上，学校申报与课题相关的成果，为此学校召开了课题研究会议，相关负责人整理教师的研究成果，报学校教导处，学校教导处进行初选，然后确定申报的项目。				
存在问题	个别教师进行了深入研究，但是成果提炼不理想。				
建议与措施	学校教导处进行专项培训，指导各位教师写出高质量的课题研究报告。				

第七节　师训制度建设例举

教师是教育学生的先行者，教师本身的能力水平、思想观念和教育教学理念决定了教师的胸怀和眼光，决定了教师的思维方式和教育方法，也影响着学生的思维习惯和行为作风。因此，教师必须树立终身学习的观念，加紧学习，学习知识，学习技能，学习自己擅长的，也要学习自己不擅长的。

我校为全面提高教师的教育教学水平和科学研究能力，逐步建设一支具有良好思想品德和素质的教师队伍，特制订此制度。

【例】

幸福街小学教师培训制度

1. 学校成立教师培训领导小组，对教师的培训发展情况进行评估考核。

2. 教师根据自身情况制订发展规划，认真写好经验总结。

3. 教师要不断提高自己的师德修养和业务素养，提高自己的知识水平，完善自己的能力结构。

4. 每周组织教师进行业务学习，由学校相关部门制订全学期的学习计划，各教研组根据学校计划确定每次学习的主要内容、步骤、方式。

5. 教师要积极参加集体学习，不能参加学习的教师要提前履行请假手续。

6. 学校对集中培训的内容进行测试，教师必须人人参加。

7. 外出学习的教师要精心做好笔记，认真整理材料，回校后写出学习体会并进行汇报。

走动管理信息采集表1

组室	教导处	姓名	郑旭	时间	2012年9月20日
事件简述	刚刚踏上工作岗位的教师没有教学经验，因环境陌生而不能尽快地熟悉课堂、采用恰当的教学方式，不能很好地处理各种问题，因而经常会陷入束手无策的窘境。为此，学校组织了“新老教师结对子”的帮扶活动，旨在以老带新，让新教师尽快成长起来。				
存在问题	部分新教师主动性不强，缺少内驱力，限制了其自身的发展。				
建议与措施	1. 提高老教师的责任心，使他们经常帮助、指导新教师。 2. 增强新教师追求快速成长的内驱力，使他们更积极主动。				

走动管理信息采集表2

组室	教导处	姓名	郑旭	时间	2013年4月2日
事件简述	为了提高青年教师的教育及教学水平，促进青年教师快速、健康地成长，学校组织了青年教师座谈会。座谈会主要围绕两个主题进行：(1) 结合自己的工作实际，对教学、学生管理等方面所取得的成绩和面临的困惑进行坦诚的交流；(2) 结合自己的生活现状，畅所欲言地提出困难、发表心声。				
存在问题	1. 新教师在学生管理方面存在很多困惑。 2. 新教师发现问题不能及时解决。				
建议与措施	1. 多阅读教育著作，多用心关注学生的进步。 2. 用一颗爱心去发现学生的闪光点。 3. 多听课多反思，让自己在反思中不断进步。 4. 多学习探索，努力形成自己的教育教学风格，努力成长为一代名师。				

第八节 德育处制度建设例举

尽管学校工作千头万绪，但是归根结底就是两大问题：一是如何培养人，二是培养什么样的人。我们要研究学校德育工作应该如何管理、采用什么样的科学方法才能把德育工作进一步落到实处并收到良好的效果。学校德育工作是否落实，教育方法是否科学，这关系到学校的发展和学生的成长。因此，我们德育工作者在"授业""解惑"的同时，必须把"传道"放在首位，强化学校德育教育。我校尝试走动管理，走到学生中去，走到教师中去，走到班级中去，走到学生管理的各个方面，及时发现并解决实际问题，使我校的德育工作取得了实效。

【例 1】

幸福街小学德育处主任职责

1. 每学期初根据学校总的计划制订德育工作计划，按计划有步骤地开展工作，期末写出工作总结，决定对德育处工作人员的聘任，经常召开德育工作研讨会，加强对德育工作的科学研究，提高德育教学水平。

2. 抓好班主任管理工作，指导班主任落实好班规、班法，每月将班级常规检查结果进行汇总并在全校范围内公布，根据检查结果与年级主任共同确定班主任补贴的发放。

3. 定期培训学生干部，提高学生干部的工作能力，培养学生干部的自律意识，定期组织学生干部学习、交流工作经验。

4. 根据学生守则和学生日常行为规范的要求，制订相应的校规校纪及管理制度，抓好各项常规检查工作，保证学校有良好的教学秩序。

5. 会同年级主任做好"三好学生""优秀学生干部"和"星级学生"的评选等工作，认真贯彻执行奖惩制度。

6. 努力争取校外教育机构及有关部门的配合，积极开展有益于学生身心健康的活动，组织安排假期活动。

7. 对违纪情况，会同教导处、年级组提出处理意见，报校长办公室审定后执行。

8. 管理学校卫生工作，与保卫人员共同做好学生在校期间的安全保卫工作。

9. 注重校园文化建设，营造良好的校园文化气氛和育人环境。

10. 做好学生学籍管理工作及档案管理工作。

11. 做好校服征订、学生体检、军训等工作。

走动管理信息采集表

组室	德育处	姓名	孟会玲	时间	2014年3月18日
事件简述	早上检查南路队秩序时，发现一年级和二年级有个别同学依然由家长送到学校门口。由于我校地处草庙村和杨家村中段，通往学校的道路狭窄，加上我校学生人数多，所以容易出现拥堵和不安全现象。				
存在问题	学生家长将学生送到校门口影响了其他学生进入校门，导致我校南路队进入学校的速度减慢。				
建议与措施	加强抽查，要求学生执勤队伍认真检查，加强对学生的思想教育。				

【例2】

幸福街小学德育处职责

1. 协助校长与教导处选好班主任，抓好班主任管理工作。审批班主任工作计划，指导班主任创造性地开展工作。组织班主任进行管理经验交流和学习，提高班主任的思想素质和管理能力。

2. 组织班主任、班干部会议。分析学生的状况，及时掌握学生的思想动态，做好后进生的转化工作。联系实际，研究教育措施，抓好学生的思想品德教育。

3. 注意培养学生干部的工作能力，定期培训学生干部并组织经验交流会。

4. 在校长的指导下，办好家长学校，充分发挥家长委员会辅助办学的作用。每学期召开两次家长会。组织好学校开放日的接待工作。

5. 依据学生守则和学生日常行为规范的要求，制订相应的校规、校纪及管理制度，保证学校有良好的教学秩序和校风。

6. 抓好学校的卫生清扫工作，培养学生良好的卫生习惯，保证学校有洁净的环境，促进师生的身体健康。

7. 负责安全教育，落实安全工作责任制，预防安全事故的发生。

8. 组织好每学期的开学、结业及家长座谈会工作，主持"优秀班主任""优秀班级""三好学生""优秀班干部"的评选工作。

9. 负责假期学生活动的组织工作，确保学生安全。

10. 安排好德育处工作人员的分工，进行工作指导，监督任务的进度。

走动管理信息采集表

组室	德育处	姓名	孟会玲	时间	2014 年 3 月 25 日
事件简述	今天早上进行常规检查，发现楼梯上有几片纸屑。我本来想捡起来，但转念一想，平时学校要求学生弯腰拾遗，今天正好看看哪位同学能够按照学校的要求来做。我在楼道站了 5 分钟，竟然没有一名同学将纸屑捡起来。				
存在问题	学生看到楼道中有纸屑无动于衷，没有从维护学校良好的环境出发，将纸屑随手捡起，可见学校还有待于加强这方面的教育。				
建议与措施	1. 学校制订相应的制度。 2. 学校加强这方面的管理力度。				

第九节　少先大队制度建设例举

“竭诚为少年儿童健康成长服务”是少先队工作的宗旨。在少先队这片沃土上，我们细心发现和培养学生的潜质与特长，给他们创造充分的条件，提供适宜的土壤，张扬其个性，促进其发展，打开了教师与学生的心灵之锁，使师生关系更加亲密，使学生健康成长，使教育行之有效，同时也让我校的少先队管理走出实效。

【例】

幸福街小学大队辅导员职责

1. 围绕学校各个时期的中心任务，在学期初制订少先队活动计划，根据少年儿童的特点，积极开展各种活动，在学期末做出活动总结。

2. 领导、协助少先队大队委组织大队活动和经常性工作。组织好大队委员会会议，充分发挥大队干部的积极性，指导他们开展工作，配合大队辅导员培养和训练优秀的中队委和中队长。

3. 组织和指导少先队值勤工作。

4. 指导、协助大队组织委员做好少先队的发展壮大工作。

5. 完成学校交给的有关少年儿童的工作。

6. 负责优秀中队、优秀队员和优秀中队辅导员的评比工作。

走动管理信息采集表 1

组室	少先大队	姓名	陈佳	时间	2013 年 3 月 21 日
事件简述	上午大课间发现四年级同学上下楼梯期间存在拥挤、打闹现象，极易发生安全问题。发现这种情况后，我们立即召开班主任会，强调校内纪律，加强管理。				
存在问题	学生上下楼梯出现拥挤、打闹现象，存在安全隐患。				
建议与措施	1. 召开班主任会，要求班主任及时制止这种现象，强调校内纪律，加强管理。 2. 加强学生上下楼梯队伍的检查，使学生从思想上高度重视此事，坚决改正此种不文明现象。				

走动管理信息采集表 2

组室	少先大队	姓名	陈佳	时间	2013 年 3 月 31 日
事件简述	发现学生将在上学路上购买的垃圾零食带到学校，还把零食袋乱丢，污染了校园环境。发现这种情况后，我们立即展开调查，及时召开班主任会，开展“拒绝零食，健康饮食”主题活动，大队委学生随时检查通报，学生表示以后不再购买垃圾食品，改正乱扔垃圾的不文明行为。				
存在问题	学生购买垃圾零食带到学校，存在安全隐患，而且将零食袋乱丢，污染了校园环境。				
建议与措施	1. 召开班主任会，开展“拒绝零食，健康饮食”主题活动。 2. 加强学生的常规检查。				

第十节 安全制度建设例举

校园安全是一个永恒的主题，是确保班级教育教学工作顺畅开展的前提。杜绝学校的安全隐患、保证学校正常的教学秩序是每一位教师的责任。教师要从讲政治、保稳定、促发展的大局出发，牢固树立“以人为本，安全第一”的思想，时刻对学生的安全保持高度的责任感，切实做到思想到位、责任到位、措施到位，力争创建和谐校园，努力营造“关注安全，关爱生命"的安全文化氛围，以保障学校正常的工作秩序。

【例】

幸福街小学安保处工作职责

1. 具体组织管理学校安全保卫工作，制订安全保卫工作计划，落实防盗、防火、防破坏的具体措施，维护学校正常秩序，确保学校财产和师生安全，创建平安校园。

2. 认真学习、宣传、执行党的方针政策，协助德育处对师生进行安全教育和遵纪守法教育。

3. 经常检查督促相关部门和有关人员执行保管制度、值班制度、门卫制度和各项安全保卫制度，组织安排保安、师生在节假日值班、巡逻，进行安全检查。

4. 了解、掌握内部情况和治安动态，发生案件或发现可疑迹象及犯罪分子时应及时向公安机关报告，严格保护好事故现场。

5. 协助德育处加强对学生的道德品质教育、遵纪守法教育，并配合处理学生的违纪行为。

6. 负责保卫人员的政治学习、思想教育、人员分工、工作考核、规章制度执行等。

7. 经常与公安部门取得联系，主动争取公安部门对学校治安工作的支持。

8. 完成领导交办的各项工作。

走动管理信息采集表 1

组室	安保处	姓名	颜崑	时间	2013 年 3 月 23 日
事件简述	课间例行检查学生安全情况时，发现有个别学生下楼时顺着楼梯扶手往下滑，还有的同学一次跳几个台阶下楼。我们及时制止了这种行为，避免了安全事故的发生。				
存在问题	课间活动秩序还存在一些不到位的地方，班主任强调得不是很严格，学生的自律能力还需要进一步加强。				
建议与措施	1. 进一步整治课间秩序。 2. 配合德育处召开班主任会，针对此事进行强调。 3. 班主任在开班队会时教育学生下楼时应注意安全。				

走动管理信息采集表 2

组室	安保处	姓名	颜崑	时间	2013 年 6 月 12 日
事件简述	例行的日常安全检查中，发现办公室存在私自用各类电暖器、电饭锅、电水壶等电器的现象，造成学校电路由于超负荷而断电；个别教室内的开关和插座被学生弄坏，电线裸露。				
存在问题	电路超负荷，经常跳闸；教室内的开关和插座损坏，露出电线，存在很大的用电安全隐患。				
建议与措施	1. 将违规电器做了记录，通知各办公室将电器带回家，若再用，造成的损失将由个人承担。 2. 通知总务处立即维修更换。				

第十一节　工会制度建设例举

为更好地规范工会工作，进一步推进学校民主政治建设，构建和谐校园，保障教职工参与学校民主管理和民主监督的权利，根据有关法律法规制订本制度。

【例】

幸福街小学工会工作制度

1. 学校工会应按期换届选举，及时做好新会员的接收、教育工作。每月至少召开一次工会委员会全体委员会议，学习有关政策法规和业务知识，研究布置工作，健全民主制度，正常民主生活。

2. 学校工会委员会实行主席负责制。主席负责执行会员代表大会或会员大会的决议和市教育工会的决定，主持学校工会的日常工作；对学校重大问题提出工会委员会经集体讨论的建议；自觉接受学校党组织的领导，每年至少两次向学校党组织汇报工作，遇到重大问题应及时汇报。

3. 建立健全工会各项工作制度，及时制订学校工会工作计划，组织实施相关活动，做到有布置、有检查、有落实、有总结。

4. 做好教职工代表大会的日常工作，检查、督促教职工代表大会决议的执行。定期组织召开教职工代表大会，通过教职工代表大会和其他形式参与学校民主管理，实施民主监督。

5. 对教职工进行思想政治教育和教师职业道德教育，组织教职工开展教育教学竞赛、教育教学改革创新、学习考察及文艺、体育活动，协助学校做好评先评优等工作。

6. 监督有关法律、法规及上级下发的文件规定、要求的贯彻落实。协助和督促学校行政方面做好劳动保险、劳动保护工作，办好教职工集体福利事业，改善教职工生活，关心教职工身心健康，每两年组织全体教职工体检一次。

7. 与学校行政组织建立联系制度，参与协调劳动关系和调节劳动争议，协商解决涉及教职工切身利益的问题。

8. 收好、管好、用好工会经费，管理好工会财产，定期向教职工公布，接受市教育工会和本校工会经费审查委员会的审查监督。

9. 做好工会档案资料的收集、整理、管理工作。

10. 学校工会工作考核与学校工作年度考核等结合进行。

走动管理信息采集表 1

组室	工会	姓名	南国建	时间	2013 年 9 月 10 日
事件简述	以往学校只要哪个部门有任务安排，就会下达会议通知，召开会议。接到通知，教师们就打乱了自己的工作安排，带着抵触情绪去参加会议，在会场还要再等待陆续来参会的人员，耽误了时间。再者，有的会议内容并不是特别重要或紧急，无形中增加了教师们对会议的厌恶。				
存在问题	工作计划不周密，会议缺少统一安排，影响教师们的工作心情及效率。				
建议与措施	1. 减少会议次数，提高会议效率。只有紧急会议和全体教师会才准许召集教师到指定地点开会。 2. 改变会议形式。尽可能多地把会议改为利用网络办公平台下发会议内容的形式。				

走动管理信息采集表 2

组室	工会	姓名	南国建	时间	2013 年 12 月 15 日
事件简述	我校有许多年龄大、身体有疾病的教师仍然在一线坚持工作，他们为学校的发展贡献了自己一生的力量，起到了模范带头的作用，但是他们的工作效率和质量也在逐年下降。				
存在问题	1. 这部分教师影响了教学质量，家长提出了意见。 2. 带病坚持工作的教师的负面情绪会影响其他教师的工作情绪。				
建议与措施	1. 对年龄大、身体有疾病的教师在工作量的安排上适当减少，或是安排学校教学的辅助工作。 2. 定期关心慰问一下这部分教师，让他们感受到来自学校的温暖，保持积极向上的工作状态。				

第五章

走“近”师生群体 促进德育发展创新

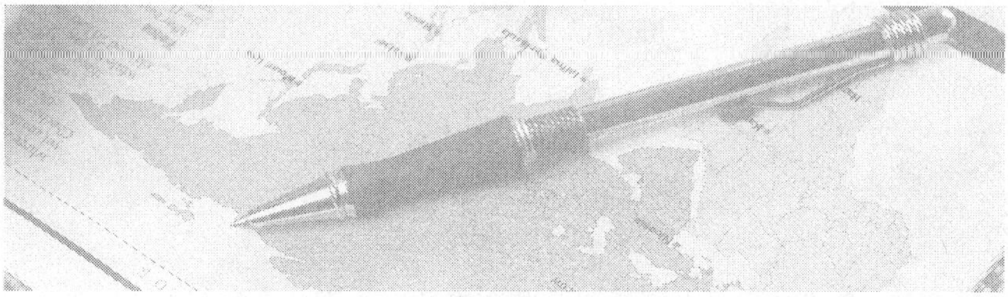

走动下的德育管理就是德育处工作人员为了获得更丰富、更直接的第一手德育资料，与班主任及时沟通，及时解决德育问题，提高办事效率，激励教师们有效地做好班级管理工作。

第一节 德育理念

我校用“让人人都成为幸福的成功者”的管理理念引领学校德育工作，始终坚持“德育兴校，以人为本”的办学思路，紧扣“以德育促教育，寓德育于教育”的原则，致力于新课程改革，采取有效措施增强师生间的亲和力，全面铸造和谐的师生关系，使全校教师团结一心，精神面貌焕然一新，在德育方面取得了很大成绩，为学校创造了和谐的育人环境。

一、德育首位观

德育是教育者按照一定的社会要求，有目的、有计划地对受教育者施加系统的影响，把一定的社会思想观点、政治准则转化为个体思想品质的教育。学校必须把德育放在一切工作的首位。

（一）党和国家的需要

《中共中央国务院关于深化教育改革，全面推进素质教育的决定》指出，实施素质教育就是全面贯彻党的教育方针，以提高国民素质为根本宗旨，以培养学生的创新精神和实践能力为重点，造就“有理想、有道德、有文化、有纪律”的、德智体美等全面发展的社会主义事业建设者和接班人。“有理想、有道德、有纪律”都是德育的内容，“有文化”中的文化包括社会文化和自然科学文化，而社会文化大部分也属德育的内容。可见德育是学校教育工作的重头戏。

（二）人类社会的需要

人区别于其他动物的最基本特征是人具有社会性，而社会性的外在表现就是品德。人的品德是人类社会赖以存在和发展的基石。试想，如果人们都不遵守社会行为的基本准则，我们的社会将是什么样子？

（三）学生本身的需要

人出生以后就要在一定的人类社会里生活，就要遵守人类社会的基本行为准则，否则就会到处碰壁。我国儒家经典《大学》开篇就说：“大学之道，在明明德，在亲民，在止于至善。”意思是，大学的宗旨在于弘扬高尚的品德，在于使人革除旧习，在于使人达到最完美的境界。书中还指出，从天子到百姓，一切都应以修养自身为根本。

二、德育管理的内容

我校对小学生进行的思想品德教育，属于共产主义思想道德教育体系，是社会主义精神文明建设的奠基工程，是我国学校社会主义性质的一个标志。它贯穿于学校教育教学工作的全过程和学生日常生活的各个方面，渗透在智育、体育、美育和劳动教育之中，与其他各育互相促进、相辅相成，对促进学生的全面发展、保证人才培养的正确方向起着主导作用。

（一）培养目标

培养学生初步具有爱祖国、爱人民、爱劳动、爱科学、爱社会主义的思想感情和良好品德，遵守社会公德的意识和文明行为习惯，良好的意志、品格和活泼开朗的性格，自己管理自己、帮助别人、为集体服务和辨别是非的能力，为他们成为德、智、体全面发展的社会主义事业的建设者和接班人打下良好的思想品德基础。

（二）基本内容和要求

我校德育主要是向学生进行以"爱祖国、爱人民、爱劳动、爱科学、爱社会主义"为基本内容的社会公德教育和有关的社会常识教育（包括必要的生活常识、浅显的政治常识及同小学生有关的法律常识），着重培养和训练学生良好的道德品质和文明行为习惯，教育学生心中有他人、心中有集体、心中有人民、心中有祖国。

1. 热爱祖国的教育。

教育学生知道自己是中国人，要尊敬国旗、国徽，认识祖国版图，会唱国歌；让学生初步了解家乡的物产、名胜古迹、著名人物，祖国的壮丽山河、悠久历史、灿烂文化和社会主义建设的伟大成就及改革开放带来的巨大变化，培养学生热爱家乡、热爱祖国、热爱社会主义的感情和民族自尊心、自豪感；教育学生知道历史上中华民族曾遭受帝国主义的欺侮和进行的英勇反抗，我国与世界发达国家的经济水平还有很大差距，社会主义现代化建设还会遇到很多困难，逐步树立长大为建设家乡、振兴中华做贡献的理想；教育学生知道我国是一个多民族的国家，各族人民要互相尊重、平等相待，完成祖国统一大业是各族人民的共同心愿；让学生逐步懂得"祖国利益高于一切”，培养学生爱护国家财产、立志保卫祖国、热爱和平、反对侵略战争的意识。

2. 热爱中国共产党的教育。

教育学生知道中国共产党领导人民进行革命斗争，建立了新中国，现在正领导人民进行社会主义现代化建设，使学生懂得幸福生活是中国共产党领导人民取得的；要学习老一辈无产阶级革命家和优秀共产党员英勇奋斗、艰苦创业、大公无私、坚持真理、全心全意为人民的高尚品质，培养热爱中国共产党的感情；知道中国共产党是中国少年先锋队的创建者和领导者，少先队员要接受党的教育，做党的好孩子。

3. 热爱人民的教育。

教育学生知道我国劳动人民在旧社会受剥削、受压迫，在新社会人民是国家的主人，各族人民共同建设我们的国家；知道是我国人民创造了中华文明，了解我国人民勤劳勇敢、自强不息、热爱和平等传统美德，培养热爱人民的感情；要尊重各行各业的劳动者，向先进人物学习，初步培养为人民服务的思想；要孝敬父母、尊敬师长、尊老爱幼、友爱同学、同情和帮助残疾人、助人为乐。

4. 热爱集体的教育。

教育学生知道自己是集体中的一员，要热爱集体、关心集体，培养集体意识和为集体服务的能力；要服从集体决定，遵守纪律，努力完成集体交给的任务，珍惜集体荣誉，为集体争光；在集体中要团结、谦让、互助、合作，关心他人，积极参加集体活动，做集体的小主人。

5. 热爱劳动、艰苦奋斗的教育。

教育学生懂得劳动光荣，懒惰可耻，祖国建设离不开各行各业的劳动，幸福生活靠劳动创造；要热爱劳动，参加力所能及的自我服务劳动、家务劳动、公益劳动和简单的生产劳动，掌握一些简单的劳动技能，培养劳动习惯；要爱护公物，勤俭节约，珍惜劳动成果；要学习老一辈艰苦创业的优良传统，初步培养吃苦耐劳、艰苦奋斗的精神。

6. 努力学习、热爱科学的教育。

教育学生知道学习是学生的主要任务，是公民的权利和义务；让学生初步懂得建设祖国、保卫祖国离不开科学文化知识，要把自己的学习与实现社会主义现代化的理想联系起来，以启发学生的学习兴趣和求知欲望；要培养学生勤学好问、刻苦努力、专心踏实、认真仔细的学习态度和良好的学习习惯；教育学生要热爱科学，相信科学，反对迷信，不参加各种封建迷信活动。

7. 文明礼貌、遵守纪律的教育。

教育学生要关心、爱护、尊重他人，对人热情、有礼貌，说话文明，会用礼貌用语，不打架，不骂人；初步掌握在家庭、学校、社会上待人接物的日常生活礼节；要遵守学校纪律和公共秩序；要讲究个人卫生，保持环境整洁；爱护公用设施、文物古迹，爱护花草、树木，保护动物。

8. 民主与法制观念的启蒙教育。

教育学生懂得在集体中要平等待人，有事和大家商量，少数服从多数，个人服从集体；让学生在少先队组织里学习开展批评与自我批评，行使少先队员的权利，学习过民主生活；教育学生知道国家有法律，法律是保护人民利益的，公民要知法、守法，要学习和遵守各种法律法规。

9. 良好的意志、品格教育。

教育学生要诚实、正直、谦虚、宽厚、有同情心、勇敢、坚强、有毅力、不怕困难、不任性、惜时守信、认真负责、自尊自爱、积极进取。

三、德育管理策略

学校的根本任务是育人，而在众多的育人工作中，德育工作最为重要，所以学校的任何工作都不能脱离这一主题。要做好学校德育管理，可以采取以下策略。

（一）明确目标，把握方向

学习、研究党和国家的教育方针，明确党和国家对青少年在政治素质、思想素质、道德素质、心理素质、法律素质等方面的要求，研究学生的德育基础，研究学生德育发展的规律，研究社会对学生的思想品德要求。通过学习和研究，确定学生德育的总体目标和阶段目标，根据目标构建学生的德育课程，既要构建显性课程，更要重视隐性课程的构建。

（二）加强建设，打牢基础

1. 狠抓教师职业道德建设。

（1）分析形势，促进教师职业道德的提高。通过分析国际、国内的政治形势、经济形势、教育形势，使教师产生危机感、责任感、使命感，明确优胜劣汰、竞争上岗已势在必行，树立德高为师、学生至上、服务第一、竞争保岗的思想观念，从而使教师产生加强师德修养的内动力。

(2) 要求教师不断加强个人修养，提高自身的师德水平。修身、齐家、治学、育桃李是教师成长之道，每一位教师都必须自觉地加强师德修养，从各方面严格要求自己，积极进行自我训练。

(3) 建章立制，强化师德建设。师德建设除依靠教师自觉修养的内动力外，外动力也可以起到催化的作用。要把师德建设落到实处，需要创造一个师德建设环境，这个环境必须用教育教学工作的一系列规章制度的实施来创造，再通过一系列的规章制度的实施强化师德建设。

2. 狠抓教师育人能力的提高。

(1) 组织教师学习和研究德育工作目标，提高教师把握方向的能力。

(2) 提高教师的师德水平，提高教师对学生潜移默化的影响力。

(3) 组织和鼓励教师认真学习，交流实践教育经验，积极参与教育科研，提高教师育人的理论水平，提高教师的探究能力和创新能力。

3. 狠抓育人环境建设。

优美的校园环境不仅可以陶冶学生的情操，而且对学生的审美教育有很重要的意义。因此，学校应完善基础设施建设，加强校园卫生管理，开展文明课室、文明班级的建设活动，使校园齐、净、美；设置长久性的校风校纪警示标语、名人警句，定期出版校刊、黑板报、班组学习专栏等，创造一个良好的育人环境。另外，学校还要加强与政府的联系，整治学校周边环境，减少社会不良现象对学生的干扰。

(三) 突出重点，把握关键

我们要认真研究小学德育工作的重点是什么，关键是什么。找不到重点、关键，工作起来胡子眉毛一把抓，就什么也抓不住，什么也干不成。小学德育工作的重点是培养学生具有良好的习惯和广泛的兴趣，培养学生的好奇心、爱心、同情心、合作精神。其中的关键是培养学生的广泛的兴趣和好奇心。

(四) 统筹安排，强化落实

要实现德育目标，必须有计划、有步骤地统筹安排、系统运作，做到学校无小事，教师无小节，事事处处皆育人。

1. 狠抓落实。

(1) 组织落实。建立健全德育机构，形成德育工作网络，形成领导、教师、职工、家长齐抓共管的局面，使各方面的德育力量形成合力。

(2) 制度落实。制订完善的德育工作规章制度，并狠抓落实。

(3) 责任落实。目标任务细分，责任落到部门、落到个人，做到各司其职、分工协作。

(4) 资金落实。每个学期在预算中拨出德育工作活动专款，保证德育基础建设的资金和德育活动经费到位。

2. 强化检查。

检查学校工作计划、部门工作计划、教师工作计划，注意查看各部门、各人员的德育工作目标是否明确、措施是否有力、安排是否周密；检查德育工作是否到位，即检查工作计划的落实情况，要深入班、队了解德育工作情况，既要了解教师的工作，又要了解学生的德育水平的提高情况。另外，必须边检查，边分析，边总结，边纠正，使德育工作始终围绕目标开展。

3. 抓好评价。

一是抓好对教师德育工作的评价，调动教师德育工作的积极性、主动性，促进教师德育工作的创造性。二是抓好对学生思想品德的评价，使学生沿着德育目标发展，提高学生自我教育的积极性和自我教育的能力。

四、德育管理制度

我校的德育工作认真执行《中共中央关于改革和加强中小学德育工作的通知》《小学德育纲要》，认真实施《中小学德育工作规程》等政策法规，在学生中深入开展爱国主义教育，"三个好"（在校做好学生、在家做好孩子、在社会做好少年）和"三个习惯"（良好的学习、行为、生活习惯）的养成教育等。

1. 建立校德育领导小组，建立校长、德育处、班级的三级责任教育网。校长根据情况的不断变化，负责德育目标的制订与督导；德育处负责日常德育工作的监督、管理与协调；班级负责德育工作逐日的检查、评比，协助处理偶发事件，班主任负责本班学生的教育、管理、家访、后进生的跟踪转化及工作档案的整理。

2. 德育主任全面负责学生的德育工作，制订每学期德育工作计划，并定期检查德育工作落实情况，组织各种针对性活动，抓班主任队伍建设，加强对学生的管理。

3. 认真实施相关政策法规，在学生中深入开展爱国主义教育，利用歌曲、影视、宣传栏等对学生进行教育。严格执行每周一升国旗制度。

4. 中队要根据各自的特点和任务变化，发挥少先队的德育功能，参与学校管理活动，要组织学生参加各类活动，定期召开会议，开展丰富多彩的活动。

5. 班主任要关心每一个学生的思想、学习、生活和身体发育状况，建立良好的班集体，开好主题班会活动，培养学生良好的思想道德行为，良好的学习习惯、劳动习惯和文明习惯。在教育工作中，班主任要坚持正确的德育工作原则和方法，从学生的年龄特点和思想实际出发，教育学生以正面教育、启发引导、表扬鼓励为主，动之以情，晓之以理，导之以行，循循善诱，寓教于乐；严禁挖苦、讽刺、侮辱、孤立、打击、训斥学生，严禁体罚和变相体罚学生。

6. 科任教师要协助班主任做好班级工作，做到教书育人，寓德育于科学教学之中。

7. 有计划地组织学生参加各种劳动和社会实践，如家务劳动、公益劳动、社会调查、警民共建等。

8. 办好家长学校，每学期最少召开一次家长会。班主任应定期做好家访工作。

9. 定期对学生进行法制、安全等教育，防止各类意外事故发生。

10. 建立学校、家庭、社会三结合德育工作网络。学校和班级要定期召开家长座谈会，做好家访工作，并做好记录。

11. 做好优秀班主任、优秀辅导员、三好学生、优秀班集体、优秀中队的评选工作。

12. 充分发挥广播、画廊、墙报等校园文化阵地的宣传教育作用，努力创造一个良好的育人环境。

第二节 班主任管理

班主任在一所学校中全面负责一个班级学生的思想、学习、健康和生活等工作，是一个班级的组织者、领导者和教育者，也是一个班级中全体科任教师教学、教育工作的协调者。

一、班主任管理理念

"班"是学校教育工作的基层组织，班主任是学生班集体的教育者和组织者。班主任工作是学校工作的一个重要组成部分。班主任的班级管理工作传统的方法是将工作重点放在"管"字上，虽取得一定成效，但往往是管得了学生的"身"，顾不了学生的"心"。在教育改革的新形势下，班主任工作也需要不断探索和创新，要更多地体现人文关怀，做到严格要求、民主管理，不断提高班级的管理水平。

二、班主任日常工作

1. 班主任要认真履行班主任工作职责，定期向领导汇报职责落实的情况。

2. 班主任要结合班级实际情况和学校工作重点制订切实可行的工作计划，并在开学第一周周末交到德育处。

3. 班主任每学期要根据学校教育的主题，组织召开质量高、教育实效好的观摩班队会。

4. 班主任应按时组织并上好班队会课，要有内容、有方案、有主题。

5. 班主任要认真填写《班主任手册》，不落填；做好家访工作，每学期对学生家访不少于 50%，并做好家访记录。

6. 班主任要认真贯彻《小学生日常行为规范》和《小学生守则》，做到班内没有事故，没有违纪，教育效果好。

7. 班主任要认真组织晨读、晨操、晨会、校会等活动，上课前准时进教室以保证教育教学秩序。

8. 班主任要不断积累、总结经验，按时上交总结材料，并定期向领导汇报班主任工作。

9. 班主任要认真学习教育理论，搞好专题研究，结合工作实践撰写教育论文。

10. 班主任要积极组织学生参加学校的各项文娱活动及各项竞赛活动，并力争取得好成绩。

11. 班主任要积极组织学生参加兴趣小组活动，各年级入组率都要达到 100%。

12. 班主任要组织学生定时做好每周扫除和卫生区清扫工作，并做好保洁工作。

班级日记（2013年4月14日）

今天我班的马小明又跟同学打起来了。当我赶到教室时，他和另一个男生正搂着脖子、抱着头较劲呢，旁边围了一群拉架的学生，还有站在外围观看的。看到我来，那名男生就松开了手，但是马小明仍然愤怒不已，死死揪着对方的衣服，我怒喝两声仍无济于事，便和几个男生上去用了好大力气才掰开他的手，然后把他带到了教师办公室外的走廊上。等他平静下来后，我问他是怎么回事，他说："他把我的东西弄到地上了，那是我新买的。"我问他对方是否道歉了，他说："道歉了，但是我不接受，那是我新买的。他打我了，我一定要打回来，而且要两倍三倍地打回来。"经过询问，我了解了事情的经过：那位同学经过马小明的课桌时，不小心把他的新本子弄到了地上，本子并没有损坏，也没有弄脏，那位同学也马上道了歉，但他却不依不饶，还大打出手，那位同学在防卫的时候也打到了他。看着马小明胡搅蛮缠的样子，我想这又是一次没有效果的谈话。

后来，我静下心来思考，其实在我接手这个班后，很快就注意到了这个令所有教师都头疼的学生——马小明。这个孩子的特点非常明显：爱读书，不管是什么类型的书，不分时间、地点，他都能埋头苦读。然而，他也是一个喜欢我行我素的学生，下课后爱跟同学打闹，不能吃亏，有时还会对同学大打出手，大课间从不主动去做操，违反了纪律对他进行教育时他从不认为自己有错。其他教师对马小明的看法就是，他是班里的"刺头"，不接受任何说服教育，出现问题时老师要对他"格外照顾"，同学们要对他格外忍让。如果继续放任他这样下去，不仅对他自己的发展没有益处，也会对我们班的班级管理和建设产生巨大阻碍。是时候对马小明进行一次家访了。

家访前，我认真分析了马小明的优缺点，并把这段时间他做的一些事情好好回顾了一下，想好了要说的内容，便找到了他的家长。

马小明的妈妈表情虽然有点冷漠，但是说话还比较通情达理。我先向她介绍了马小明在学校里表现比较好的方面，比如，注重成绩，有时愿意帮老师干点力所能及的活，能维护班级的荣誉等。然后我向她了解了马小明在家的表现。在谈话中我发现她非常注重孩子的学习成绩，但是不注意孩子的其他表现。当我委婉地说出马小明经常跟班里同学打架，而且得理不饶人时，她也不是太在意，只是一再强调孩子不完成作业就要使劲打。

看来马小明平时的表现跟他所受的家庭教育有关。后来，我与马小明的妈妈共同分析了马小明出现这些问题的原因，也分析了这些问题对孩子将来的影响，更分析了孩子的表现可能产生的后果。最后，马小明的妈妈也赞同了我的观点，答应以后多关爱孩子，遇事多与孩子交流，做孩子的朋友，而不是只注重分数，一味坚持“棍棒底下出孝子”，要教育孩子先成人、后成才。

这次家访交谈很成功，希望对马小明的转变真的有用。

（孙金香）

班级日记（2013 年 10 月 21 日）

今天，我正在办公室里批改作业，劳动委员急匆匆地跑来告诉我，班里两名值日生打起来了。我一听，非常恼火，好端端地值日，怎么会打起来呢？我跟着劳动委员跑进教室一看，只见两名值日生相互怒目而视，身上满是污水渍，呈僵持局面。看到这种情景，我知道如果我严厉地批评他们，他们不仅不会认识自己的错误，而且可能会产生逆反心理。于是，我稳定了一下情绪，改用轻松的口气对他们说：“我想，你们是在进行绘画比赛吧？看谁先在对方的身上画出一幅泼墨山水画来，是不是？”两位同学一听这话，都忍不住“扑哧”一声笑了出来，刚才的怒气顿时消失得无影无踪。接着，我询问了事情的原委，原来拖地板的学生不小心把拖把甩到了另一位同学的鞋上，引发了一场争吵。我问他们这场争吵是不是不可避免，他们这时都已冷静了下来，终于意识到了自己的错误，互相做了自我批评，承认当时的处理方式太过偏激。我又适时地告诉他们，生活在集体中难免会有些磕磕碰碰，遇事应当保持冷静的头脑，努力做到设身处地为别人着想，这样，我们的集体才能真正成为一个和睦的大家庭。看着他们一个劲地点头，我知道一场矛盾已经烟消云散了。

这件事让我意识到：在处理突发事件的过程中，班主任应避免和学生针锋相对，要以智取胜，创设和谐、宽松的气氛，使学生能心平气和地认识并改正错误。

（陈彦彦）

三、班主任管理细则

为发挥班主任在班级教育管理中的主导作用，充分调动班主任工作的积极性、主动性、创造性，促进班级管理工作的制度化、规范化，并为评优提供依据，特制订本细则。

班主任管理细则

一、考核办法

1. 在校级领导的指导下，由德育处、少先大队具体负责考核工作。

2. 班主任考核分采用得分制和扣分制相结合的方法进行；考核分上不封顶，下不保底；按考核分从高到低按比例确定评定等级。

3. 班主任考核采用定期检查、随机抽查、学生记载、领导巡视等办法进行综合考核。

4. 每月考核一次。

二、班主任工作考核内容（共计100分）

（一）材料类（共计15分）

1. 计划与总结。（5分）

（1）能及时制订本学期班主任工作计划，要求具体、重点突出，有针对性、可操作性和创新性，并按时上交者计2.5分，迟交者1分，不交者0分。

（2）学期结束前，能及时撰写班主任工作总结，并按时上交者计2.5分，迟交者1分，不交者0分。

2.《班主任手册》。（5分）

《班主任手册》记载细致并全面，按照班主任填写的详细程度分别计5分，3分，1分，0分。

3. 家校联系。（5分）

（1）提倡经常和学生家长取得联系，每学期对50%学生以书面、电话、家访等方式进行联系。（以《班主任手册》为准）

（2）能根据学校的要求按时组织家长会，或根据自己班的情况适时组织部分学生家长会，一学期不得少于两次。

（二）检查类（共计55分）

1. 纪律情况。（5分）

（1）加强学生早读、午练、课间管理，做到文明活动，秩序井然，早、午能按规定时间组织学生在班学习，做得好的计5分，一般的计4分，差的计3分。

（2）课间学生有秩序，若出现奔跑、大声喧哗等现象每人次扣0.5分。

2. 卫生情况。(10 分)

(1) 每天及时打扫教室及清洁区卫生，做到随时保持全天清洁的计 10 分，如发现地上有纸屑或杂物一片扣 0.1 分。

(2) 如发现学生故意乱扔废纸、果屑，或带零食进校园，一次扣 1 分，扣完为止。提倡所有学生随手捡起树叶或垃圾。

3. 两操。(10 分)

每天坚持做好两操，教育学生做到"快、齐、静"。(以大课间班级检查成绩为准)

4. 路队及文明礼仪。(10 分)

以少先大队检查成绩为准。(分抽查和检查两项计分)

5. 阵地建设。(10 分)

(1) 教室布置：室内环境情况，要求设有废品回收箱，地面保持整洁，墙上内容清晰，学生文具摆放有条理，洁具放置整齐。好的计 5 分，一般的计 4 分，差的计 3 分。(以德育处每月抽查为依据)

(2) 专栏或黑板报：按少先队大队部规定出好每期专栏，每月评选一次。获一等奖计 5 分，二等奖计 4 分，三等奖计 3 分。(以德育处和少先队大队部检查评分为依据)

6. 集会或升旗仪式。(5 分)

每周一的升国旗仪式，能认真组织学生参加，纪律严明，秩序井然，班主任和副班主任都到场，并在队前管理、督促。满分计 5 分，缺一次扣 0.5 分，公事除外。(以大队干部检查和德育处抽查为依据)

7. 班级校产管理。(5 分)

爱护课桌、板凳、门窗及教室内的其他财物等公共财产，完好无人为损坏的计 5 分，有人为损坏的，除让班主任联系家长维修外，还扣 2 分。爱护学校花草树木，不得攀折花草树木，有一人次扣 1 分。及时关闭电灯，不得在放学后或晴天开长明灯，有一次扣 2 分。(以总务处检查记录为准)

(三) 活动及其他类 (共计 30 分)

1. 德育、少先队活动。(10 分)

按照德育处和少先大队的要求，按时组织活动且成绩优秀者计 10 分；疲于应付、无活动效果者不得分；无故不参加者扣 10 分。

2. 班队主题活动。(5 分)

能认真组织好每周一次的班队活动课，班队活动课时间不得少于 40 分

钟，要有主题、有内容、有记录。满分5分，每少一次扣1分，扣完为止。(以班队活动记录为依据)

3. 临时性工作。(5分)

班主任及班级学生能积极支持、配合学校各项工作的开展，计5分，如有妨碍或不支持、配合工作开展者视情节轻重适当扣分。(以各部门反映为准)

4. 德育（班主任）会议及班主任交流。(5分)

坚持参加学校组织的德育（班主任）会议，满分5分，缺席一次扣1分，扣完为止。每月进行一次班主任交流学习会，要求按时参加，积极发言，迟到者每人次扣1分（包括平日班主任出勤），无故旷会者每次扣5分。(以会议记录为准)

5. 工作研究。(5分)

班主任在做好班级工作的同时，积极探索研究学生管理与教育工作，以论文发表时间记入当月考核，按市、省、国家级分别加1分、2分、3分。

四、班主任育人案例

科学有效的班主任考核办法发挥了班主任的主观能动性，许多班主任出绝招、想妙招，涌现出一批切实有效的育人案例。

选择好谈话的时机和场合

作为七十个孩子的班主任，我整天面对一群活泼的“小调皮”，要应对各种层出不穷的小状况，谈话就成了每天的必备课。

谈话场合可以是办公室、教室、走廊、操场、饭厅、回家的路上等，可以根据不同的情况进行选择。例如，我们班的杜同学有经常迟到的习惯，我在教室里说过她几次，她却依然我行我素。如果将她叫到办公室，当着其他教师的面教训一番能否有效果呢？教师如果真这样处理的话，这位同学很可能就会这样想：反正我被批评过了，办公室也进了，面子都丢光了，再迟到也无所谓了。学生的自尊心受到伤害，就可能破罐子破摔，以后照样迟到，这不是我想要的结果。于是我换了一种方法，选择在操场上对她进行教育，结果非常好，她以后再也不迟到了。

总之，一次成功的谈话必须选择好适当的时机和场合。如果说内容和方式是谈话成功的关键，那么时机和场合就是谈话成功的前提，两者缺一不可。另外，谈话次数不宜太多，时间也要掌握得当。

教师的每一句话、每一个行为都可能成为影响学生的因素，所以，每一次面对学生的小状况，面对每一个调皮的小家伙，教师一定要谨言慎行。

（惠吉霞）

让人人都成为班级的主人

每个人都是一朵花，给点阳光就灿烂。美国哲学家詹姆斯指出："人类本质中最殷切的要求是渴望被肯定。"小学生更是如此。教师的赞美是阳光、空气和水，是学生成长不可缺少的养料；教师的赞美是一座桥，能沟通教师与学生的心灵；教师的赞美是一种无形的催化剂，能激励学生自尊、自信、自强。因此，教师应该通过班级的各种小事，巧妙地抓住教育契机赞美学生，使学生渴求肯定的心理得以满足，促使学生获得更大的进步，让学生人人都成为班级的小主人。

学校针对班级管理出台了一系列考察班级的制度，并在每周一的升旗仪式上进行嘉奖，给评优的班级发放流动红旗，得到红旗班级的学生别提多高兴了。

我班里有几个调皮的学生，可谓犯错多多，屡教不改。在偶然的一次交谈中，我知道了这些"烈马"非常羡慕上台领奖的同学，就立即告诉他们："如果你们能约束一下自己的行为，不再闯祸，一周内表现良好，评优时就让你们上台领奖。"他们七嘴八舌地议论开了："真的吗？""做好事可不可以？"……接下来的日子，他们的表现真让我意外，课堂上遵守纪律，卫生抢着打扫，当然，偶尔也小打小闹，但比从前进步多了。

终于盼到了周一，当公布我们获奖时，他们的眼中充满了喜悦。我让他们代表班级去领奖，他们的高兴劲就别提了。这时，我猛然认识到，我们应该给每个孩子机会，让他们去体验，去尝试，不要把教育偏向于那些优等生，教育对每个孩子都应该是公平的。

在新课程强调关注人的今天，作为教师的我们是否真正做到了"一切为了学生，为了一切学生，为了学生的一切"呢？身为"人类灵魂的工程师"的我们是否真正走进了学生的心灵，真正考虑了学生的发展与成长？在我们的周围有多少教师为了升学率，为了成绩排名，为了那一点点被用来炫耀的资本而无视学生的感受，眼睛里只有前几名学生？每一个学生都是发展中的个体，有着不同的个性、不同的特点，也有着不同的闪光之处，关注每一个孩子的成长是我们义不容辞的责任。只要有了这种思想，相信每一位教师都会对自己的职业产生一种神圣感，从而会关爱每一个学生，走近每一个学生，会对自己所做的每一件事情深思熟虑，会对要说的每一句话斟酌再三。

让我们走进每一个孩子的内心，去认识他们、了解他们、关爱他们，用爱滋润每一个孩子的心田。

（王兴平）

刻骨铭心的一课

当班主任就像领兵打仗，有什么样的将军就有什么样的士兵。班主任不在，学生能做好，是一个优秀的班主任；班主任在，学生能做好，是一个基本合格的班主任；班主任在，学生仍不能做好，则是一个失败的班主任。

一天中午，我在班里陪学生午练，教室里很安静。学生有的在完成老师安排的任务，有的在认真地看书。这时有位学生家长来找我了解孩子的情况，于是，我起身离开教室，与这位家长聊了十几分钟。送走家长，我走到教室门口，就听到教室里像炸了锅一样，声音大得简直要把楼顶掀起来，我的火气一下子就上来了。我猛地推开门，怒气冲冲地站在教室门口，喧闹声戛然而止，所有学生都抬起头来，又立刻低下头去。当时我怒火上冲，想揪出几个学生批评一顿，但又没盯住是谁吵得比较厉害；想骂他们一顿，但另一个声音在不断提醒我：要淡定。无数次经验教训告诉我，在最生气的时候把学生痛批一顿并不能起到预期的效果，如果说出过分的话，冷静之后还需要去做工作弥补，既耽误时间，效果又差。于是我一句话都没说，只是站在门口，看着他们。

我该怎么办呢？在足足沉默了好几分钟之后，我终于开始说话了：“刚才老师只出去了十几分钟，你们就这么吵，我很生气，也很伤心，不是生你们的气，而是生我自己的气，是我没有教育好你们！”学生听到这话，教室里静得连喘气声都能听到。我沉默了一会儿，又说：“我觉得我是一个不称职的班主任，我没有让你们真正成为一个自律的人，这也许是我能力有限，我恨我自己，我要惩罚一下自己。我决定让你们每人敲我一下，让我清醒清醒。”开始学生怎么也不肯来敲我的手，后来我就代替他们进行了自我惩罚，班上有六十多个学生，我就敲了自己六十多下。等到结束的时候，我让学生看我的手已经是红红的了。站在讲台上，我没急着多说话，而是望着每一位学生。有的学生不时抬头看我的表情，脸上露出惭愧、不忍的表情。他们犯了错误，却让老师受罚，对他们来说，这绝对是一种心灵的煎熬。

又沉默了大约五分钟，我对他们说了三句话。第一句话：“如果你们在老师不在的时候纪律都像现在这样，我将永远以你们为自豪。”第二句话：“我希望我教出来的学生都能够严于律己，做一个真正自律的人。”第三句话："老师是爱你们的，老师希望你们都能在管好自己的情况下成才。"最后我又问了一句："以后怎么做?"学生们反应神速："要安静!"我又笑着说："要是做不到呢?"有的说罚站，有的说罚敲手，有的说罚跑步……

那天以后，我们班午练的时候或是上课教师偶尔来晚了的情况下，学生都能做到安静地看书学习。我想是我的那一次自我惩罚给所有学生上了刻骨铭心的一课。

这件事给我带来的启示有以下几点。

第一，适当的沉默更能给学生以警醒。我们经常苦口婆心地给学生讲道理，其实有些道理学生听多了，也就烦了，所以起的作用不是太大。如果在他们吵闹时，你在说话的学生面前站上几分钟，那么他肯定会明白自己做错了。所以有时适当的沉默比大堆的道理更有说服力，更能起到教育的作用。

第二，遇到突发事件要冷静，不能盲目冲动，否则不仅不能取得预期的效果，反而会让事情越来越复杂。教师站在学生的角度去考虑、解决问题，会收到意想不到的效果。

第三，当学生犯错误时，教师可以适时地承揽学生的错误，勇敢地把错误挑起来，使之内心受到一种震撼，让他们觉得老师值得信任。另外，教师犯错误时，可以当面向学生道歉，做出检讨或是惩罚，这样表面上教师似乎没面子，其实这在很大程度上是给学生做了榜样，也树立了威信。

不管你经历了几年的班主任生涯，只要你的心里时刻装着自己的学生，为他们的成长而高兴，为他们的退步而焦急，时刻用一种宽广的胸怀去关心、教导学生，让他们在离开你后不是胸无大志、唯唯诺诺，而是信心百倍、翱翔蓝天，那你就是一个优秀的班主任。

（苏秀红）

第三节　学生评价研究

国内外对于"幸福阳光少年"的研究，多数仅限于"阳光少年"，即让学生从行动上争做一个阳光少年。而我校进行"幸福阳光少年"的研究，旨在打破只从行动层次上对学生的引导，让学生主动找到让自己幸福阳光的方法。

一、研究理论

“幸福阳光少年”指的是具有阳光心态、快乐生活、健康身体、健康心理的好少年。“阳光”是一种比喻，一种意象，是一种明亮、热情、开朗、积极、健康、快乐、充满活力和生机的境界。培养“幸福阳光少年”就是培养学生的健康心理、良好心态，养成良好的习惯。

培养“幸福阳光少年”以学生的发展为宗旨，以培养学生的自信心为切入点，倡导作为主体的学生自觉、自愿、自主地发展，从而达到学生自身人格的完善和社会进步的目的。

二、研究假说、目标与内容

（一）研究假说

通过研究促进学生良好心理品质的形成和良好行为习惯的养成，唤醒学生的自我管理的意识，帮助学生在学习交往中认识自我、评价自我，并有意识地调节自我；提高学生的自我管理的能力，培养学生良好的学习、生活、交往习惯，成为“幸福阳光少年”。通过“幸福阳光少年”的评比活动，建立“幸福阳光少年”的评价体系，形成“幸福阳光少年”培养的常规管理体系，促进“阳光少年”培养的深入开展，形成特色。

（二）研究目标与内容

1. 以“幸福阳光少年”的培养为抓手，营造优美的校园环境，形成有特色的校园文化。一方面，根据我校经典诵读这一教学特色，更好地利用校园的环境布置，营造浓郁的书香氛围；另一方面，通过各班的班级布置、学校的阳光氛围的创设等，积极营造阳光校园文化，让学生在潜移默化中养成阳光的性格。

2. 通过开展评选“幸福阳光少年”的活动，培养学生良好的身体和心理素质。从学生日常的生活习惯着手，关注学生的饮食、睡眠、运动，锻炼他们健康的体魄；关注学生平时的言行举止，了解他们的心理活动，有针对性地进行教育，从而使他们的心灵受到启迪，得到健康的发展。

3. 通过开展评选“幸福阳光少年”的活动，让学生学会快乐地生活。积极开展各种活动，让学生在丰富多彩的活动中认识自我、展示自我、超越自我，学会享受生活的美好。

4. 通过"幸福阳光少年"的系列评选活动，构建起科学的评价体系。

三、研究方法

（一）问卷调查法

实验开始前，采用问卷调查的方法对教师、家长、社会人员和学生进行前测，了解学生的行为习惯和心理现状，针对这一现状进行课题研究。实验过程中，采用问卷调查的方法对学生进行中测，了解他们的变化，以便日后采取合适的方法进行研究。在实验结束后，采用问卷调查的方法进行后测，检查实验效果，对课题成果进行检测。

（二）个案研究法

这一方法主要用于学生不良习惯和不健康心态的矫正的研究。对于学生平时存在的问题，教师建立专门的档案进行记录，有助于形成系列，从而更好地进行研究，并将个案研究和其他方法联系起来。

（三）行动研究法

这是本研究主要采用的方法。我校结合实际将培养学生良好行为习惯和良好心理、健康心态的教育渗透到学校的教育教学工作之中，并通过榜样激励、情境体验、行为训练等途径和方法进行研究。

（四）文献资料法

广泛搜集国内外有关习惯养成教育和良好心态培养的资料，然后进行整理、分析，从中筛选出有用的资料供教师、学生阅读和学习，对照检查，反馈。

（五）经验总结法

重视对学生行为习惯养成教育和良好心态培养的有效途径与方法的总结，定期召开经验总结会，及时总结这方面的经验和规律。

四、研究过程

（一）启动阶段（2011 年 9 月—2011 年 12 月）

1. 组建课题组。

2. 确定研究方向，搜集、整理、学习相关领域的研究成果。

3. 讨论形成课题研究方案。

4. 初步制订研究计划。

（二）初探阶段（2012 年 1 月—2012 年 8 月）

1. 初步形成低、中、高年级“幸福阳光少年”分级评价方法。

2. 低、中、高年级形成本年级评价方法各一套，并进行交流。

3. 在研讨的基础上，初步归纳“幸福阳光少年”评价内容及评价方法。

（三）实践反思阶段（2012 年 9 月—2013 年 1 月）

这一阶段是对前一阶段研究的深化和补充。重点是对“幸福阳光少年”评价内容、方式、方法的修改与补充。

（四）总结推广阶段（2013 年 2 月—2013 年 7 月）

课题组成员整理完善相关资料，完成高质量的教学案例和论文集，形成一套完整有效的学生评价方法。

五、研究措施

（一）成立研究团队，明确职责

学校成立了“幸福阳光少年”评价方法研究领导小组，校长任组长，业务校长任副组长，德育主任、少先大队辅导员、教导处主任、班主任等任组员。校长和业务校长负责整个课题的设计和策划；德育主任和少先大队辅导员组织班主任进行调查问卷，制订“幸福阳光少年”的标准，并组织各类活动；教导处主任负责各科任教师在学科教学中渗透教育理念，引导学生达标；班主任负责开展“幸福阳光少年”的评价等工作。

（二）宣传发动，营造氛围

1. 在全体师生中进行“争做幸福阳光少年”的宣传和发动，让每个人都认识到开展“幸福阳光少年”评价的内涵和意义，从而自觉地参与到这项研究之中去。

2. 搞好家校互动，通过各种方法（QQ、飞信、电话通知、家访等）把学校的要求传达给家长，争取家长的大力配合，请家长帮助学生培养良好的习惯。

3. 通过班级布置、氛围的创设积极营造校园文化。

(1) 学校甬路旁的校园文化展板张贴了我校“幸福阳光少年”评价方案初稿，时刻提醒学生争做“幸福阳光少年”。

(2) 教室的黑板报、展板，以及位于东二楼、三楼的班级之窗的展示内容都是以"争做阳光少年"为主题。

(三) 强化交流，在反思中完善

萧伯纳说过这样一句话："如果你有一个苹果，我有一个苹果，我们交换，还是一人一个苹果。但假如，你有一种思想，我有一种思想，交换后，我们每个人就拥有两种思想。"研究中，我们充分利用交流这种资源共享的方式，上个学期在期中和期末组织了两次交流活动。交流中，教师畅所欲言，既介绍了好的做法，又提出了实验中的困惑。通过交流，大家共享了彼此的经验和智慧。

(四) 深入调查，制订评价标准

围绕"幸福阳光少年"评价标准，我们组织班主任进行逐条剖析，对不合理的地方重新进行了修改，使1～6年级的评价标准体现出层次性，循序渐进，既有共性指标，又有个性指标，经过整合、修改等环节最终形成了低、中、高三个学段的评价标准。我们从三个时空、六大方面和多个动态的指标对学生进行评价。三个时空为在校内、在家里、在社会上；六大方面为思想品质、文明礼仪、学习习惯、活动参与、自主合作、爱好特长；多个动态的指标为学生六大方面的具体行为要求。这样评价标准就从多角度、多层次对学生的各种表现进行了科学合理的评价。

反思是理论与实践的交汇点，是新事物与旧理念的碰撞，是一种理性的思考。这种思考促使我们发现问题并进行"重建"，只有经历了"重建"阶段，才能得到真正的提升。在实验中，我们发现评价指标和评价方法中还存在着一些不足，因此，新学期我们开启了问题信箱，采用发放问卷、座谈等灵活多样的方式再一次广泛征集家长、学生、实验教师的意见和建议。通过调查，我们主要发现了两类问题：一类是评价指标方面的问题，一类是评价方法中的问题。评价指标方面的问题主要体现在有些目标太抽象，有些不符合实际。如二年级评价指标中的"捡到东西要归还"，五六年级评价指标中的"敢于正视自己的不足""不断超越自我、挑战自我"，有点空和大。我们根据实际，和实验教师一起对低、中、高三个学段的评价指标进行了再次修改，把评价目标进行具体化。

"幸福阳光少年"低年级评价细则

一、班级月月评

各位班主任严格按照评价标准组织班内"幸福阳光少年"的评选。通过自评、小组互评、家长评、教师评的方法，每月评选出各班不同方面的"幸福阳光少年"，并选择最优秀的五名学生上报德育处备案。

评选时间为每月第四周的班队会。各位班主任将每月评选结果在班内展板上展示，并以"家校通"短信的方式及时告知家长，最后由班主任填写记录表。

二、学校学期评

校级"幸福阳光少年"评选方法：各班统计一个学期评选出的班级"幸福阳光少年"（各班最多20名），如果学生在一个学期内每月都被评为班级"幸福阳光少年"，则被评为校级"幸福阳光少年"。校级"幸福阳光少年"与校级"三好学生"享有同等待遇。如果有区级优秀学生推选活动，则从校级"幸福阳光少年"中产生，参加区级表彰。

评选时间为每个学期结束时，"幸福阳光少年"名单在学校网站上公布，并颁发特别制作的奖章。

三、"百名幸福阳光少年"的评选办法

"百名幸福阳光少年"将从校级"幸福阳光少年"中产生。校级"幸福阳光少年"通过海报宣传、竞选演说、评委打分等环节，最终按照成绩评选出一百名"幸福阳光少年"。学校将为他们在当年的"六一"儿童节联欢会上颁奖，发放特制奖章，并将他们的事迹制作看板进行展示。

六、研究成效

在实验研究中，我们探索着、成长着、收获着，可谓"一路汗水一路歌"。"幸福阳光少年"评价实施至今，越来越彰显出它的育人功能，越来越成为学生不可缺少的自我评价方法，成为教师管理班级的好助手。

（一）促使学生养成了良好的行为习惯

自从开展"幸福阳光少年"评价以来，我校学生无论是思想上还是行动上都以"幸福阳光少年"的标准严格要求自己，人人都朝着这个目标奋进，表现在学生见了教师更有礼貌了，学生上课听讲更认真了，作业完成的质量更高了，在家听家长的话了，拾金不昧的多了等。

（二）实现了学生自主管理

1. 学生执勤工作体现了自主管理。

我校共有30个教学班，每个年级有5个教学班，按照周一到周五的顺序，让每个班都参与学校学生的执勤工作。周一是1～6年级的（1）班执勤，周二是（2）班执勤，周三是（3）班执勤，周四是（4）班执勤，周五是（5）班执勤。这种做法最大限度地将主动权和管理权放给了班级，交给了学生，实现了学生参与学校的管理。

2. 课间秩序实现了自主管理。

良好的课间纪律需要每个人来维护，需要每一位学生从自身做起，严格要求自己，保证自身文明有序发展。但要做到这一点很难，因此我们设立了学生流动监督岗，及时发现不文明现象，积极进行矫正。

（三）改变了家长的教子方法

"幸福阳光少年"评价标准成了家长教育孩子的指路明灯。特别是家庭评价目标需要家长的参与和监督，家长由一开始的不懂、不配合，到现在的认可和支持，这些转变都得益于评价指标的引领。这种评价方法架起了家校沟通的桥梁，也教给了家长教育孩子的方法，调动了家长参与教育的积极性。

（四）改变了教师的教育理念与教育方法

"幸福阳光少年"评价目标由低到高，整体规划，适合不同年龄的学生，评价工具直观形象，便于操作，是教师实施德育的好帮手。一位实验教师在随笔中这样写道："以前，我对班里的几个孩子的看法并不好，或因为学习，或因为纪律，或因为卫生，总是有些偏见，有时真的难以发现他们身上有什么值得表扬的优点，久而久之，让我戴上了'有色眼镜'。直到'幸福阳光少年'评价方法出现，才让我摘掉了'有色眼镜'，改变了对他们的看法。我曾经一度对他们失去信心，可现在我变了，我懂得了'用多把尺子来评价学生，就能给学生找到适合他成长的那块土地'。"

（五）提高了学校德育工作的实效性

"幸福阳光少年"评价已逐渐凸显出它的育人潜力，成为学校德育的一个突破口，它说教成分少，感召力强，真正引起了学生心灵的触动。它没有牵强的说教，却打开了学生内心深处要求进步的大门；它没有对后进生的惩罚，却在评价中给了他们一种上进的动力。现在，全校上下已经形成了一种浓厚的育人氛围，浸润在其中的学生享受着成长的快乐。

七、主要创新点

（一）全员参与，评价主体明确

“幸福阳光少年”评价体系涵盖了学生在校表现以及在家表现、社会表现等多个方面，班主任不是拥有唯一评判权的人，学生本人、小组、科任教师、家长等都成为整个评价中的多元主体，改变了过去学生只能被动接受班主任评价的状况，充分发挥了学生在评价中的主体作用。

（二）评价目标细化，评价内容全面

小学阶段是培养学生养成良好行为习惯的重要时期，我们依据做人、做事、学习三方面的习惯并结合学校实际情况来构建评价标准。这三方面的习惯又可根据其涉及领域分为若干要素，每个要素再列举出若干关键表现，突出阶段性和基础性，按照低、中、高螺旋上升的原则科学拟订出不同年级的学生在学校、家庭和社会的行为习惯，如低年级的不说谎话，中年级的诚实守信，高年级的言出必行等。这些评价标准既注重对学生的统一要求，符合基础教育培养目标，还关注学生年龄段的差异和同年龄段内不同学生的个体差异，为学生有个性、有特色的发展预留了一定空间。

第六章 走“动”校园安全 确保学生身心健康

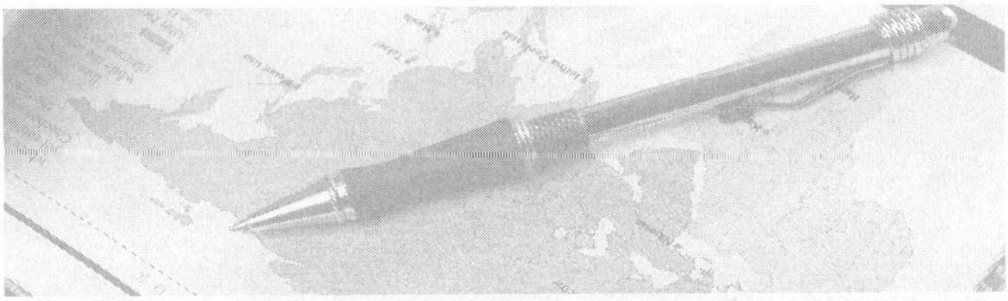

学校安全工作是全社会安全工作的重要组成部分，它不仅关系到在校师生的人身及财产安全，也关系到家庭的安宁和社会的稳定。随着社会的发展，影响社会稳定的各种因素不断出现，其中影响小学生安全的因素越来越复杂，对学校的安全稳定产生了前所未有的冲击。要确保学校安全，必须抓好安全教育，增强师生的安全意识，提高自我防范、自我保护的能力；切实加强学校安全工作的针对性和有效性，尽量将安全事件消于无形，将安全事件的损失降到最低。

第一节 安全教育现状及对策

一、安全教育现状

目前，小学安全教育工作存在的问题主要表现在以下几个方面。

（一）重视程度不够

学校安全教育工作是一项涉及面非常广的工作，可以说它涉及学校的每一项工作，因而需要全校教职工及学生的共同参与。但由于学校的主要工作和任务是教学，导致一部分领导和教师对学校安全教育工作不够重视，有的甚至出现疏忽的现象，因此时有或大或小的安全事故发生，造成了许多不必要的损失。

（二）职责不明确

学校安全工作需要人人参与，人人管理，但有时又是事事无人管理。尤其出现问题时，各部门经常互相推诿，这是职责不明确的表现。

（三）工作不到位

个别教师和家长认为，只要学生学习好就行，其他方面都是次要的，因而忽视了对学生进行安全教育，学生安全知识比较缺乏，自我保护意识差。

（四）无专门教师

在开展安全教育活动方面，存在无专门的安全教育教师、无教学计划、课时少、经费少等问题，安全教育也多以说教为主，不注重小学生正确的安全行为、技能和习惯的养成，严重影响了安全教育的时效和质量。

（五）学校反应过度

校园伤害事故频繁发生，使得校园纠纷不断，学校要把大部分精力投入这方面，就会影响其他教学工作的顺利开展。为了避免不必要的纠纷与麻烦，有些学校干脆采取了限制与回避政策。对可能存在风险的活动，如春游、集体的参观展览等尽量少开展或不开展；对容易引发伤害的活动干脆取消，如学校的篮球比赛、足球比赛等，有的学校操场上甚至看不到任何体育器械。

二、安全教育对策

（一）制订应对措施

1. 健全组织机构。

学校成立了以校长为主任，副校长、工会主席为副主任，中层科室负责人、校医、家长委员会代表为成员的安全工作委员会，统一组织安排学校的安全工作，做到分工明确，责任细化，一级抓一级，层层抓落实。学校校长与分管安全的副校长、安保主任、各部门负责人及班主任、科任教师，班级与学生及家长层层签订安全责任状。各职能部门既分工明确，又相互配合，形成"学校无闲人，人人讲安全，人人抓安全"的良好局面。

2. 安全委员会职责。

组建学校安全委员会，就是为了让学校安全工作的职能得以进一步加强。我校非常重视安全工作领导责任制和目标管理责任制的落实，成立了学校安全委员会，形成校长亲自抓，分管副校长、安保主任、办公室主任、教导主任、德育主任、少先队辅导员、总务主任具体抓，班主任、科任教师、学生干部、学生家长配合抓的领导工作机制，形成了学校对学生安全教育的校内、校外的领导管理网络，使学生的安全工作时刻都有人负责、管理。

我校把学校安全工作作为学校管理的一项经常性工作，列入重要议事日程，采取有效措施，切实加强对学校安全工作和师生安全教育工作的领导。我校主要行政领导定期或不定期检查、分析、探讨学校的安全教育工作，同时实行领导责任制和追究制，并将安全工作列入责任部门和责任人的年终考核，与其晋级、晋升、经济利益挂钩，从而做到防患于未然，有效地杜绝安全事故的发生。

3. 安全监督委员会职责。

学校安全监督委员会主要负责监督学校安全委员会的工作情况，学校一旦出现安全事故，要随时协助学校安全委员会处理事故善后事宜，并做好家长工作。

（二）完善安全防范制度

1. 建立健全各种安全规章制度，加强安全管理。

以"有计划、有制度、有检查、有结果"为工作起点，按照"谁主管、谁负责"的原则展开各项工作，并与时俱进地把"谁主管、谁负责"的原则细化到“谁在岗、谁负责”，从而有效地防范安全事故的发生，保障师生生命财产安全，营造安全文明的校园环境。

2. 制订安全责任事故追究制度。

做到责任事故处理有制可依、有章可循。学校先后制订或修订了《门卫、保安安全管理制度》《校舍安全管理制度》《卫生防疫与食品安全管理制度》《学校疾病防治安全管理制度》《学生健康档案管理制度》《新生入学预防接种证查验制度》《卫生管理制度》《健康教育管理制度》《学校消防安全管理制度》等一系列制度。

3. 完善各种应急预案，做到大型活动有预案。

每年进入冬季，恶劣降雪天气比较多，为了进一步做好冬季清扫积雪工作，为了全体师生在雪后能尽快恢复正常的教育教学秩序，保证广大师生在校园内的出行安全，根据区教育局关于突发事件应急预案的要求，结合我校实际，我们制订了《降雪天气清扫积雪预案》。除此之外，还制订了《学校突发公共安全事件应急预案》《学校消防应急疏散预案》《学校交通安全应急预案》《疾病预防报告与重大事故应急预案》《特大自然灾害救灾应急预案》等一系列预案，建立了事故、传染病及时报告制度和安全预警制度等。但凡涉及学校安全的各项工作都做到有章可循，使学校安全工作得到有效的保障。

（三）健全基础设施

1. 严格执行保卫制度，人防、物防、技防相结合。

（1）学校专门设立了安全保卫室，建筑面积达 30 余平方米。同时，购买了必要的安保器械，包括对讲机、警棍、强光手电、钢叉、金属探测仪等。对安保器械实行专人专管，责任到人，固定地点摆放。还出台了严格的安保器械管理制度，为保安的日常巡查提供了有力的保障。

（2）严格门卫管理。从 2010 年起，学校就投入大量资金聘请了专职保安 9 名，制订了门卫职责，严格落实校园安全保卫规章制度。保安实行三班轮换制，坚持 24 小时在岗值班，保障学生在校期间有不少于 6 名保安同时在岗。另外，学校还派安保科长参加区里的安保专业培训，学习了警械的使用方法和校园突发安全事故的应急处理办法，并通过看录像、现场讲解演示等形式对学校安保队伍进行了业务和技能培训。学生在校期间实行门卫双岗双责制度，对外来人员严格询问、通报、登记，杜绝社会闲杂人员进入校园，严格要求外来人员出入登记。

(3) 学校投资4万余元安装了校园视频监控系统和红外感应系统。全校共有监控探头32个，分布于操场、楼梯口、重点教室、大门口等重要区域，保证这些区域24小时无死角监控。2013年6月，学校根据奎文区教育局文件指示精神，又投入大量资金进一步完善、整合了原有的电子监控网络系统。学校与中国电信合作安装了新的"全球眼"网络监控设备，与公安110联网，实行一键报警。校园监控系统的中枢设在安保室，并设专人24小时值守，确保及时发现并处理突发事件。

(4) 学校多方筹措资金，对学校安全隐患进行改造。学校教学楼、财务室、实验室、图书室、档案室、食堂等都采取了安全防护措施。全校共配备了100多个干粉灭火器，每层楼装备3个以上监控探头以及红外线报警装置。学校还及时更新了学校消防器材，安装应急照明灯和声控灯，张贴了应急疏散标志，保障师生在遇到突发事件时能快速安全地疏散撤离。

2. 强化安全管理措施，加大安全防范力度。

(1) 严格落实值日制度。学校实行学校领导、教师、学生挂牌值日，每天对校园秩序、午休纪律、课间纪律、路队护送等方面进行巡视、检查，发现问题及时处置、报告。切实安排好安全护校值勤，完善了出入校园人员登记手续，进一步加强师生出入校园的管理，加强外来人员进入校园的审查，与各执勤人员签订执勤导护责任书，每天准时上岗执勤。

(2) 为保障学生放学、入学的安全，学校每学期都要和家长签订安全责任书，禁止学生早到校，强化放学时路队纪律，在步行回家的学生中设立安全监督员，监督学生守纪情况，发现问题及时向教师汇报。要求学生进出校门时必须慢慢走，不许跑，防止摔倒、踩踏事故的发生。学校安保处每天对校园周边环境进行实时监控分析，发现隐患及时排除，不能处理的及时向上级有关部门汇报。

(3) 建立走动巡查制度。学校领导、班主任、科任教师、值勤教师、值勤学生、保安、保洁每天对校园秩序、课间纪律、路队护送等分管工作进行检查，发现问题及时反馈、及时处理。学校每天派督察员对校园、教室、功能室进行检查，确保安全。课间，通过领导带班、师生值勤，督促、检查安全纪律落实措施。每学期学校都要对安全教育及安全隐患做多次检查，加大执行的力度，解决存在的问题，并提出整改措施，尽量把安全教育落到实处。

(4) 建立健全节假日及重要时期的值班制度，严格执行责任到人。行政人员、值勤教师挂牌上岗，实行领导带班制，值勤教师认真做好每天值勤记录。加强夜间值班和节假日护校制度，实行校园 24 小时巡查制度。加强对校内重点处室、学生活动场所、校内公共区域的巡查，发现问题及时处置、报告，防患于未然。加强夜间巡逻，重点保障学生及校产的安全。校长及值勤教师要时刻保持通讯工具及网络信息畅通，同时利用校园网及时发布安保信息，与上级和外界进行信息交流，确保在第一时间做出应急反应。

(5) 实行安全工作一票否决制度。校园安全活动的情况与处室、班级和教师个人业绩考评挂钩，在各类考评活动中实施除“人力不可抗拒”的原因外，出现安全事故一票否决制度，奖罚明确，确保安全工作落到实处。

第二节 学校内安全教育

一、学校安全教育

（一）完善安全教育制度，加强对师生的安全教育

1. 通过各种渠道和措施加大对师生、员工安全教育工作的力度，大力宣传学校安全工作法律法规，加强师生自防自救教育。学校充分利用每周一节的安全教育课、班队会及周一“国旗下的讲话”等时间观看安全教育短片、发放安全知识宣传单，并通过黑板报、宣传栏、安全逃生演练课件、安全知识讲座等多种有效形式对学生进行安全、法律法规教育，充分结合“安全教育日”“防灾减灾日”“安全教育月”等开展一系列活动对学生进行安全教育。定期聘请潍坊市防火中心的消防宣传员对学生进行消防安全教育，让学生懂得遇到火灾如何使用灭火器，如何在火场逃生、疏散。学校还组织学生进行消防实战演练，让学生现场操作灭火器灭火，大大提升了学生实际操作灭火器的能力。

2. 我校制订了《幸福街小学安全教育计划》，以大会集中和以班级为单位的不同形式先后开展了以“交通安全”“校内外活动安全”“传染病预防”“法制安全”“消防安全”等内容为主题的安全教育活动。学生通过听讲座、谈感受等方式，在活动中达到自我教育的目的。学校还购买了大量的安全、

法律读物，供全校师生阅读学习，拓宽了师生的安全及法律知识。

3. 学校根据季节气候的变化进行预防性教育。例如，每到夏季，学校会安排给学生讲一些因游泳而溺水身亡的事例，对学生进行预防溺水的安全教育，以防出现溺水事故；每到冬季，学校会召开师生大会，专门讲安全防火问题，风干物燥，要把防火工作放在第一位；春节来临之时，学校会向学生讲述一些因为燃放鞭炮而遭受损害的典型事例，教育他们注意安全。

4. 每学期的假期之前，学校都会利用家长会对学生家长进行安全方面的教育，让家长高度重视安全工作，从而配合学校加强对学生的安全教育，特别是承担起星期天、节假日对学生的安全教育和监护责任。学校还与家长签订《幸福街小学校外安全监管责任书》，增强家长对孩子安全监管的责任意识，落实监护人的监管责任，增强学生的自我保护能力。

（二）将安全常识与学生自我保护能力相结合

学校中有些意外事故的发生，往往是由于学生缺乏必要的安全常识而引起的，因此，对小学生进行安全教育要让他们知其然，更要让他们知其所以然。学校在组织学生春游、爬山、游泳、参加劳动时，德育处、班主任一定要把安全常识教育作为第一要务来做。此外，还要重视学生自我保护能力的培养，要根据学生的年龄特点对其进行安全常识教育。

（三）加强应急演练，提高对学生自我救护能力

学校每周至少要进行一次避震演练或应急疏散演练，为此制订了详细的《幸福街小学安全逃生演练方案》，分工负责，责任到人，要求每个教师和学生都必须明确演练的具体要求、路线及方案，严密组织师生进行逃生疏散训练，确保演练取得成效，提高师生应急疏散、自护、自救能力。每个年级选择一个班级作为试点班级，将演练情况放在校园网上让其他各班观摩，各班再仿照试点班进行训练，学校组织专门教师对每个年级的演练进行达标过关，所有年级全部过关后，学校统一组织安全演练，确保演练取得成效，提高学生的自我救护能力。

（四）加强安全教育宣传力度，强化学生安全意识

学校充分利用“请进来”的办法，加强对学生的交通安全教育。每学期我校都会聘请交巡警中队的交警到校给全校师生上交通安全知识课，通过讲座，教师和学生的交通安全意识得到了进一步的增强，懂得了关于交通的一些法律法规，同时学生把学到的知识回家告诉家长，也促进了整个社会交通安全意识的增强。通过加强教育，安全第一的观念在学生头脑中牢固地树立起来，学校形成了“学校讲安全，班级抓安全，人人想安全”的良好局面，广大师生的安全意识得到了极大的提高。

（五）信息畅通，监控有力

建立学生在校安全信息通报制度，利用校园网及时发布安保信息，与上级和外界进行信息交流，确保在第一时间做出应急反应。每天由班主任进行晨检，随时掌握学生出勤情况，避免出现家长以为孩子在学校上学，而学校却不知道学生没到校的现象发生。对教学过程中学生突发的身体不适等症状及时给予救治，并在第一时间通知监护人和有关部门，做出妥善处置。

（六）落实组织重大活动的请示、审批制度

1. 任何班级不经学校同意并经中心学校批准不得组织学生参加校外活动。经批准的活动，责任人必须制订附有安全措施的详细计划报学校审查，学校审查合格后方可进行活动。活动前要对学生进行专门的安全教育，确保学生平安。

2. 学校高度重视每年的“六一”文艺会演，春、秋游，学校外出参观等全校性大型集体活动，为此学校专门制订了《幸福街小学学生大型集体活动应急预案》。学校每年组织学生参加的社会实践活动以安全文明为原则，提前排查不安全因素，在外出前做到精心准备、严密细致安排，还对学生进行相应的安全文明教育，并根据需要配备学校领导和教师带队，提出预防措施和应急方案。

二、班级安全教育

（一）认真开展安全教育，培养学生安全意识

1. 现在的学生绝大部分是独生子女，他们在学校的安全已成为家长最关注的问题。由于班主任对学生在校学习或校外集体活动时的人身安全负有直接责任，因此，多数班主任都很重视学生的安全。但是，由于认识不足，有相当一部分班主任的所谓重视是“捆住”学生的脚和手，尽量让学生少活动。这种以牺牲班集体活动为代价的安全是消极被动的，学生在这种严格管束之下虽然不会出事，但是因为很少“做事”，反而很难形成自觉的安全意识，获得自救自护的能力。

2. 学生每天在校的安全尤为重要。学生在课间不得追逐打闹，不得在楼上或楼梯向下张望，出教室、下楼要有一定秩序，避免拥挤。为此，学校要求班主任、科任教师，尤其是体育教师在课间活动时，要适当指导学生做一些有意义的活动，如跳绳、踢毽子、羽毛球、乒乓球等。对学生在教室里的活动和体育课上的活动，也不能掉以轻心，要教育学生体育课上一切行动听指挥，不要追逐打闹，不带危险物品上体育课等。

3. 每周举行一次安全教育主题晨会，每月举行一次安全教育主题班会。因为各班的班主任都兼任本班的安全教育教师，在晨会和班会上，班主任总会选取学生身边熟悉的安全事例及经常遇到的突发事件与学生一起分析研究，并通过讨论等方式提出合理建议或正确做法，从而真正提高学生的安全意识，真正做到有效地预防危险，保护自己及家人的安全。

教育因爱而美丽

"呜……"随着一阵哭声，一群孩子领着一位正在号啕大哭的二年级学生来到了我的办公室。还没等我开口询问，孩子们就七嘴八舌地抢着向我汇报："是你们班×××打的！""他把他的嘴都打淌血了！"……又是×××！我天天对他讲"不要打架，不要打架"，他还是天天打架，怎么就是屡教不改呢？在生气的同时，我开始思考自己该怎样教育这个孩子。经过认真思考，分析他爱打人的原因后，我及时地采取措施，制订方案，经过大半学期的努力，终于使该生获得了可喜的进步。具体做法有以下几点。

1. 积极寻找他爱打人的主要原因。

俗话说，对症下药，才能药到病除。只有找到他爱打人的原因，才能有的放矢，对他开展有针对性的教育，达到事半功倍的效果。通过对他家庭的走访，结合他在学校的表现，我发现他爱打人的原因有三点：(1) 不懂得谦让。他与同伴相处时总是斤斤计较，稍有不顺便大打出手。他在作文中写道："我是个爱打人的孩子。但只要别人不碰我、不骂我、不让我不高兴，我是不会打人的。"(2) 父母没有文化，教育孩子时不是打就是骂，缺乏沟通。时间一长，孩子也学会了用"武力"解决问题。(3) 班主任和科任教师在教育他的时候，有时也比较简单粗暴，往往不由自主地带有厌烦情绪，令他产生了一定的逆反心理。

2. 调动多方面力量促其进步。

心理学认为，人的性格并不是天生的，主要是环境影响的结果。

(1) 利用班集体的教育力量。在教育工作中，我通过一系列活动，如开展辩论会"打架能不能解决同学之间的矛盾"，帮助学生认识打架的危害；

召开主题中队会“团结友爱的班集体”，让学生在自导自演的过程中认识团结友爱的重要性，营造团结友爱的集体氛围。

(2) 发挥家庭的教育力量。我多次邀请该生家长到我校的家长学校学习，并通过家访等形式，转变家长意识，引导家长在教育孩子时注意方式方法，多说服教育，少批评责打，积极创建温馨和睦的家庭，密切配合教师的教育。

(3) 直接教给他与同学相处的方法。由于该生不懂得如何处理同学之间的矛盾，又不懂得谦让，打架就成了他解决问题的唯一办法。因此，直接教给他一些与同学相处的方法是必要的，让他知道同学之间有摩擦、矛盾是正常的，只要相互之间多一点宽容，多一点礼让，很多不必要的争执、矛盾都可以避免，从而与人和睦相处。

(徐秀丽)

【启示】对爱打人的学生，班主任不能以严治暴，更不能放任不管。我们要静下心来，在爱的基础上，坚持教育原则，遵循教育规律，结合学生特点，积极想办法、定计划、落实措施，并持之以恒，帮助学生改正错误。请相信没有教不好的学生！

(二) 开展丰富多彩的安全教育活动

学生无论是上学、放学，课内、课外，校内、校外，随时随地都存在安全问题，而目前中小学生的安全教育却只局限于一些纪念日，局限于一两次的活动日。严峻的现实警示我们，除了给学生创造一个健康而安全的成长环境外，我们还要培养学生自卫、自救的能力。加强交通安全管理，提高学生的交通安全意识，势在必行。怎样才能真正让学生“少出事”？学校应从以下几方面入手。

1. 加强学生交通安全常识的教育，定期对学生进行交通常识的测试。要求学生认真学习交通安全法律法规，遵守交通规则，加强安全意识，树立交通安全文明公德。

2. 联系交通部门定期到学校给学生做交通安全讲座，并在道路上设置交通提示标志，设置警示牌、斑马线，保证学生过路安全。

3. 教育学生徒步行走于人来车往的马路时，要时刻保持清醒的头脑，不在马路上嬉戏打闹；过马路时，要多谦让、有耐心，不闯红灯，走人行横道，绝不能为贪一时之快横穿马路。

4. 教育骑自行车的学生自觉遵守交通规则，服从交警指挥，不骑“英雄车""斗气车"，从小养成遵守交通规则的良好习惯。

（三）对学生的安全教育力求扎实、有效

学校要求各科任教师每天实行上课点名制度。如果上课时教师发现哪一位学生不在座位上，要及时询问他的去向，如果学生没有按时来上课，要及时与班主任联系，必要时班主任与家长取得联系，弄清原因，做到心中有数。每天放学的路队，也要让路队队长认真清点人数，及时核对路队名单；教育学生要好好走路，不要边排路队边打闹，不要在路上玩，要按时回家。课间，派出"安全小卫士"监督检查，对追逐打闹的学生做好登记，进行严厉的批评，给予适当的惩罚。

三、确保学生饮食卫生

（一）食堂管理

1. 学校在食堂管理上成立了专门的组织领导机构，委派学校副校长和中层正职领导具体负责。根据卫生防疫部门的要求，食堂从业人员全部经过了健康体检，持有卫生上岗证，并通过了卫生部门组织的食品安全培训和人员操作安全培训。在食堂的管理上，严格遵守各种食品安全制度，如食堂物资定点采购和索证登记制度、食品留样制度、生熟分开制度、定期消毒制度。

2. 我校现有"小饭桌"就餐学生400余人，因此食堂安全工作就成为我校安全检查工作的重中之重。学校组织食堂负责人学习了《中华人民共和国食品安全法》《食堂人员工作条例》《学生食堂食品卫生管理办法》，并将食堂各项管理制度张贴上墙。学校严格执行有关规定，严把食品采购关，不允许过期、变质食品和残留农药超标的蔬菜进入校园，坚决禁止采购"三无"食品。食堂炊事人员定期进行健康检查，体检不合格的一律不得从事接触直接入口食品的工作。食堂定期灭蝇、灭蚊、灭鼠，定期对食堂餐梯、煤气管道、灶具等硬件设施进行检测和维护。

3. 加强对食堂工作人员的消防教育，要求正确使用液化气、电器设备，确保安全。定期召开食堂工作人员、住宿管理及值班人员、班主任、全体教师会议，强化安全教育，杜绝侥幸心理，确保学生安全。

（二）饮水、用电管理

学校制订了用水、用电、用气等相关设施设备安全管理制度并加以严格执行，定期检查，及时维修、更换老化或毁损的设施设备。学校每学期都会对学校饮用水水源情况进行检查，防止使用污染水源。学校电器设备较多，用电安全尤为重要，为了防止因电器故障引发的火灾，学校加强了电器设备的保养和维护，定期聘请电业部门的专业人员配合总务处检查学校用电线路及各类电器，有线路布线老化情况及时向学校安全小组汇报，并进行维修。同时学校还经常组织人员检查和维护各室的照明设备、电器设备，检查防静电和防雷装置的安全，检查尽量做到细而实，避免因疏忽大意而造成消防隐患。

四、确保学生健康成长

（一）卫生保健规范管理

学校医务室配有专职校医两名，定期对师生开展卫生保健专题广播和相关知识宣传。进一步完善了《个人卫生制度》等卫生保健制度，确保学校卫生保健工作的科学性和制度性。定期对药品进行清理，对药品的使用情况做好记录，严格按规定指导师生使用药品。建立了学生健康档案，对有特异体质、特殊疾病和其他生理、心理状况异常的学生及时通知家长和班主任给予特殊的关心，使之健康成长。学校医务室的校医除了做好学生常见病、多发病的预防和治疗工作，及时处理学生的突发情况以外，还应积极配合区级医院组织学生体检，发现传染病及时隔离、治疗，定期检查学生视力，及时矫治眼病。为防止传染病的发生，学校制订了《疾病预防报告与重大事故应急预案》《甲型 H1N1 流感预防应急预案及制度》和《手足口病预防应急预案》。学校每天两次对教学楼、厕所集中消毒，并认真落实了晨检、午检检查等制度，安排专人作为学校传染病疫情的报告人。

（二）建成心理咨询室

学校于 2008 年成立了心理咨询室，并配备 10 名持有心理咨询师证书的教师作为学校心理咨询教师，积极开展小学生心理研究，定期对学生进行心理辅导，以便更好地解决学生的心理问题，确保学生的身心健康。通过课堂渗透、心理辅导活动课及师生间的沟通、交往等，将心理健康教育真正落到实处，提高学生的心理素质，增强学生承受挫折、适应环境的能力，培养学生的健全人格。加强对留守学生的心理健康教育，要求各班班主任每月不少于一次对留守学生进行心理咨询，帮助学生解除烦恼。

五、消除安全隐患

（一）定期排查校内安全隐患，及时整改

学校安全以防为主，本着"自查自纠，早发现，早处理"的原则，争取把安全隐患消灭在萌芽之中。每学期开学以后，学校都把安全教育工作作为重点检查内容之一。学校实行定期检查和日常防范相结合的安全管理制度，经常对学校每个角落进行大检查，发现隐患，及时整改，特别是教室的门窗、学校围墙、电路、学校重点部位（微机室、实验室、学生活动场地、多媒体教室、体育器材）等进行定期检查。对于消防重点部位实行责任到人，明确楼道口紧急疏散责任人。定期对消防设施、紧急疏散标志进行检查，确保其正常使用。

（二）加强校舍安全自查监督，落实责任到人

为了加强安全工作的力度，我校定期对校舍安全进行检查，督促职能部门做好整改后续工作。我校在校舍安全检查中分三块进行：第一，总务处建一个报修文件夹，班主任或科任教师发现教室设备、设施有损坏时，可以在第一时间报修，全体教师和总务处互相监督。第二，全体中层管理人员进行分工，每周对自己分管层面进行检查，周末各层面负责人把需要维修的地方汇总，相关部门集中进行处理。第三，校舍安检工作与办公室、教研组评优挂钩，若出现责任问题，年级组长、教研组长或办公室负责人取消评优资格。

（三）及时消除校园及周边的安全隐患

对那些可能危害学生安全的暴力型精神病患者、因各类矛盾纠纷可能铤而走险的人员、其他可能危害校园安全的人员，以及校内师生员工存在的不安定因素进行逐一排查摸清。与此同时，各班班主任对班级里学生家长中有可能危害学生安全的人员进行排查摸底，落实相应的矛盾化解和防控措施。

第三节 校内外联合安全教育

一、家长委员与安全管理

（一）建立校级、年级、班级三级家长委员会

我校自2010年成立家长委员会，建立了校级、年级、班级三级家长委员会，每级家长委员会都有一位家长委员会主任和两名副主任，德育主任担任秘书长。各年级和各班也都有一名家长委员会主任和两名副主任，年级组长和班主任分别担任秘书长。各级家长委员会积极组织家长参与学校管理，参与学校安保工作。

（二）家长志愿者自觉维护交通秩序

家长志愿者主动参与学生上学、放学的执勤工作，自觉维护交通秩序，使校园安全有了保障。每天都由班级家长委员会主任组织近二十多名学生家长，早早来到学校承担起学校校外的安保工作，组织学生有秩序上学。每个学期初他们还帮助刚入学的一年级学生家长带孩子入学，并为他们解答问题。

（三）家长志愿者参与学校大型集会时的执勤

学校有大型集会时，每个班级的家长委员会都会安排成员参与班级秩序和学生安全的管理。班主任利用家长执勤时，与家长交流学生的在校情况，拉近了家长与学校的距离，确保了学生安全成长环境的营造。

（四）家长志愿者参与学校其他管理

各班的学生家长还经常在家长委员会的组织下，到学校听课，参与班级学生管理，给学校提出合理化的建议。家长委员会在参与管理的同时，也为学校化解了不少难题，他们作为家长与学校沟通的中介，起到了良好的作用，使家长与教师之间的交流更方便，增进了家长与教师的关系，化解了家长与教师因沟通不畅而产生的小矛盾，为学生们安全快乐地成长保驾护航。

二、警校联防，严密体系

警校联防，建立严密的安全防范体系，做好校园及周边治安整治，维护学校稳定。在搞好校内安全工作的同时，学校在奎文区教育局的支持下，积极与公安、卫生等部门密切合作，做好校外治安整治工作，学校与辖区片警签订治安联防责任状，建立警校联防合作制度，警校联手加强学校周边综合环境的治理，开展有声势、有实效的校园周边治安整治行动，排查安全隐患，有效地解决校园周边的治安问题，为学校创造了良好的外部环境。

综上所述，学校安全无小事，教师、学生的安全是关键。只有学生、教师都树立起安全责任重于泰山的意识，特别是全体教师明确自己的安全管理责任，正确实施安全管理方法，创新安全管理模式，构建起学校、家庭、社会三位一体的安全管理网络，才能真正确保小学生的安全。今后，我们还将进一步提高认识，明确任务，狠抓落实，以求真务实的工作态度、扎实有效的工作方法，把学校安全教育同加强师资队伍建设、抓好学生思想道德教育、探索教育方法、继续落实安全责任制、增强师生安全防范意识紧密结合起来，不断推进平安校园创建活动的深入开展，努力构建和谐校园，为师生撑起一片安全的蓝天。

第七章

走“活”校本课程 丰润幸福教育理念

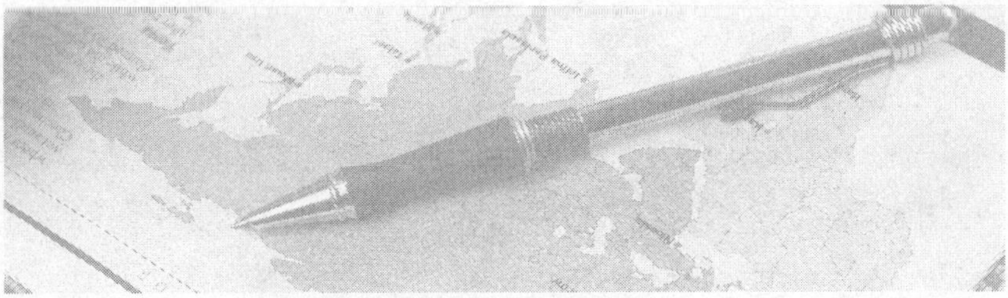

为了培养“合格加特长”人才，全面落实“让人人都成为幸福的成功者”的办学理念，学校以激发学生兴趣、培养学生特长为切入点，以培养德、智、体、美全面发展的学生为目的，自 2007 年起启动并实施了校本课程建设工作，取得了卓有成效的成果。

第一节 校本课程的探索与开发——探求幸福之道

《国家中长期教育改革和发展规划纲要（2010—2020年）》指出，学校要“把育人为本作为教育工作的根本要求”，“关心每个学生，促进每个学生主动地、生动活泼地发展，尊重教育规律和学生身心发展规律，为每个学生提供适合的教育”。成功的教育必然是帮助学生发现其特长、强化其特长、发展其特长的教育。

一、五大系列校本课程开发

学校以《国家基础教育课程改革纲要（试行）》和课程标准为指导，构建完善的国家、地方、学校三级课程体系，结合“让人人都成为幸福的成功者”的学校办学宗旨和育人理念，坚持以学生发展为本，通过尊重学生、信任学生、指导学生等手段和途径，让每一位学生的个性都得到积极有效的发展，并以此为契机，发扬与升华学校特色，全面提升教学质量，促使学校、教师、学生共同成长。

（一）开发目标

1. 坚持自愿自主、灵活开放的原则，给学生想象、创造的空间，培养学生的兴趣爱好、个性特长，提高学生自主学习、自我完善的能力。

2. 根据学生的实际情况，多层次拓展学生的知识领域，培养学生的创新精神和实践能力。

3. 培养学生的团结合作、自主创新意识，提高学生的思想品德修养和审美能力，陶冶情操，增进身心健康，使学生热爱生活，适应社会。

4. 通过校本课程的开发，打造一支具有较高科研能力和综合素质的教师团队。

（二）校本课程开发的领域

为满足学生个性发展的需要，培养学生的创造精神和实践能力，我们根据教师的个性特长，以教师丰富的实践为基础，自编或选编校本课程教材。

依据学校实际，结合学校三年规划目标，学校共开发五大系列校本课程：励志修身、活动体验、实践探索、心理辅导与家庭教育、学科拓展。

(三) 校本课程开发包含的内容

1. 撰写校本课程纲要。

(1) 课程目标应全面、恰当、清晰地阐述课程涉及的目标与学习水平。

(2) 课程实施包括方法、组织形式、课时安排、场地、设备、班组规模等。

(3) 课程评价主要是对学生学业成绩的评定，涉及评定方式、计分方法、成绩来源等。

2. 编写校本教材的要求。

教材要体现趣味性、游戏性、知识性、艺术性，图文并茂。每一类均分为上下两册，为学生一学年的学习量。每册要有前言、目录、结束语。每一册最少有四个单元十五课，每一课的内容要充实，所选学习内容需用两课时完成。

3. 教材内容的展现形式。

知识讲解、资料补充、学生活动设计、学习反馈等。

(四) 评价与奖励

上述校本教材内容除指定的教师承担开发任务外，欢迎其他教师依据自己的特长开发新领域的校本课程。学校将对教师开发的校本课程进行多层面的评价，依据评价结果择优奖励，同时推荐优秀校本课程参加区、市组织的优秀校本课程评选。

奖励：一等奖 500 元，二等奖 400 元，三等奖 300 元。

评选方法：

1. 按时上交校本教材电子稿与《幸福街小学校本课程开发申请表》。(10 分)

2. 学校组织评委对编写的教材进行评价。评价的内容：教材内容的充实性、可行性、知识性与趣味性；教材版面设置的艺术性与完整性。(60 分)

3. 编写的教材适用一段时间后由学生与听课教师进行评价。(30 分)

幸福街小学校本课程开发申请表

课程名称			开发时间	
课程开发主持人			参与者	
课程类型				
活动形式	□课堂教学	□实践活动	□讲座	□其他
组织形式	□固定班级	□走班	□小组	□其他
课时数量	（ ）课时/周，共（ ）学期（ ）课时			
适用年级				
课程目标：				
课程评价（考核方式、评价标准）：				
学校课程委员会意见：				

二、立足学校课程，培养特长学生

我校开发实施的"幸福教育"校本课程工程正是基于培养"合格加特长"学生的考虑。学校倡导的办学理念"让人人都成为幸福的成功者"很好地诠释了"幸福教育"课程的内涵。

（一）观念先导，制度落实求发展

师生的幸福感来自何处？什么样的教育内容能提高与增加师生的幸福感？哪些是能让学生终身受益的？这是我校领导层深深思考的问题。

为此，学校树立了国家、地方、学校三位一体的教学观，严格规范落实国家、地方课程，同时努力把蕴藏于师生中的生活经验、个性差异、兴趣爱好等转化为课程资源，系列规划并开发实施了"幸福教育"课程体系。

（二）"幸福教育"课程培养目标

1. 培养学生的兴趣、爱好，发展其个性特长。

2. 拓展学生的知识领域，培养创新精神和实践能力。

3. 提高学生的思想品德修养和审美能力，陶冶情操，增进身心健康。

4. 培养学生的团结协作和社会活动能力，使学生热爱学校、热爱生活、适应社会。

(三)"幸福教育"课程内容

1. 学校环境育人课程。

我们在课间和放学时间播放经典名曲，在入学时间播放诗文诵读，以此让学生感受经典韵文、乐曲的韵律美。在教室或楼梯走廊设立童话廊、成语角、对联墙、谜语栏等，让墙壁"说话"。在教学楼内悬挂祖国的名胜古迹简介，如万里长城、故宫、泰山、西湖等，以此激发学生强烈的民族自豪感和爱国热情。我们还把传统与现代相结合，在楼内悬挂了近代世界科技的最新成就介绍，如航天技术、克隆技术、纳米技术等，使学生耳濡目染，从小就对科学产生浓厚的兴趣。

为了进一步开发潍坊地域文化，深入挖掘家乡的课程资源，我们又建成了以潍坊古今文化为主题的"幸福文化园"教育基地。"幸福文化园"充分利用东楼的12根廊柱和两面墙壁，内容包括开篇语、潍坊名人简介、潍坊名人诗词、潍坊民俗文化、潍坊城市文化、结束语六大部分。

为扩大教育空间，学校还着力打造了书吧文化。我们借助多变、弹性的设计，重新赋予空间环境以新的教育价值，把每层楼的走廊两端设计成书吧。书吧配有形态各异的座椅、颜色各异的书桌，以及种类齐全的图书，不仅满足了学生自主、个性化的读书需要，更作为一种学习环境对学生起着潜移默化的作用。书吧的名字都来自《诗经》中，如"蒹葭""桃夭"等。这些美丽的名字对我校的学生来说，不仅仅意味着一种朦胧美，更意味着一种根文化。

班级文化建设同样是环境育人课程的一扇窗口。内容涉及班级学生阅读经典的成果展示，有经典美文推荐，也有班级活动介绍。它们既促进了学生的学习又营造了浓浓的文化气息，在潜移默化中完成了对学生的养成教育。

2. 校内实践化课程。

励志修身类：学校教育的最终目的是育人，包括对学生健全人格、正确人生观与价值观的培养。励志修身课程的开设注重学生良好品质、健全人格的培养。

经典诵读类：我们用博大精深的经典文化来丰厚学生的文化底蕴，提高学生的人文素养。通过组织学生诵读经典文章、赏析名篇佳段、点评经典人物、演绎经典片段等形式为学生的人生涂上最亮丽的一抹底色。

艺术活动体验类：“艺术乃德行的宝库”，艺术教育有着令人赏心悦目、净化心灵、陶冶情操的神奇魅力，该课程让学生感受美、热爱美、创造美的天性得以发展和升华，使学生的艺术素养和人文素养得以融合，对学生的全面发展起到了重要的作用。

科技创造类：该课程促进了学生自身创造潜能的生成，促进了学生素质的全面发展、和谐发展、创新发展，培养了学生的创造个性。这既是创新素质教育的任务，也是青少年创造性心理潜能健康发展的内在需要。

（四）建立“幸福教育”课程保障体系

1. 领导重视，创设氛围。

（1）成立校本课程开发专项小组。学校成立了校本课程开发领导小组、校本课程实施领导小组、校本课程实施评价小组。各组都制订了相应的规章制度及奖励措施，定期召开调度会、研讨会、协调会，学校分管领导亲自策划、指导、参与校本课程的整个开发与实施，以给予专业的指导，及时调整相关工作，确保校本课程实施工作成效高效并重。

（2）组织全体教师进行理论学习，转化教师的思想观念。学校邀请齐鲁名师李秀伟、潍坊区科研主任多次到我校指导工作，他们对学校前期的工作给予了高度肯定，并中肯地提出了宝贵建议。在专家的指导下，教师的观念发生了较大转变，教师不再只是被动地使用教材，很多教师积极投入课程开发队伍中，80%的教师成了课程开发的积极探路者与实践者。

（3）自我充实。在校本课程实施过程中，学校鼓励教师大胆创新，不断总结、反思，遇到困难就随时切磋交流。教师们阅读专家论著，用专家的教育思想指导自己的行为，形成了总结、反思、论证、提高的良性自我发展模式。学校每学期定期开展的各种讲座，沙龙，谈心得、谈感想活动也为教师的成长搭建了良好的发展平台。

（4）资源配备。学校随时对图书室、阅览室、各专用教室的设备等进行调整，统一部署，做到随时更新、维修、完善，妥善安排各功能室的使用，保证学生有较好的活动空间和活动时间。

2. 教师培养，专业引领。

（1）依托“幸福工作室”，促使骨干教师的持续发展。我校现有市区级教学能手 40 人左右，他们是教师队伍的中坚力量。为了使这些骨干教师实现可持续发展，让他们始终走在课程改革的前沿，充分发挥其先锋带头作用，学校成立了由业务校长牵头的“幸福工作室”，下设语文、数学、英语、创新教育四个工作室。工作室的负责人分别由教导处各位主任和少先大队辅导员担任，工作室的成员是各学科的骨干教师。工作室每月按计划定期开展研讨活动，活动的原则是课题带动，活动形式为理论提升、案例分享、课例打磨等。工作室活动的开展为我校打造了一支研究型、反思型的骨干教师队伍，撑起了我校教育改革的一方晴天。

(2) 启动“F22”学科导师制。所谓“F22”是指由22位学科导师组成的教师培养精英团队。“F22”蕴含着学校领导对这支队伍的深切厚望与无限祝福，意即以22位学科导师带领全体教师迅速成长为我校的精干力量。这22位学科导师是通过民主评议选出的。学校把这22位教师的教学风格、教育理念通过刊版的形式在全校展示，采取双向选择的形式确定导师与青年教师的组成。学校每学年组织教师进行两次培养结果展示，展示的方式由教师自己定，学校组成专业评委现场打分。对表现好的“导师—青年教师”组合均给予奖励。

(3) 走科研之路，引领教师成长。随着校本课程建设工作的逐渐深入，学校成立了由校长为组长、副校级领导为副组长的课题实验领导小组，建立完善了由课题组长、子课题负责人、课题组成员组成的三级科研组织。各课题负责人依据课题实施方案和配档表认真制订阶段工作计划，定期举行课题组例会，分析研究工作，理顺各个子课题，整理原始资料，建立档案，完善过程管理。

3. 加强管理，规范运作。

(1) 安排课时，保证校本课程的开展。学校在课程计划上严格遵守义务教育阶段的课时安排，首先确保国家、地方各课程课时开足、开全，再利用学校与地方课时进行校本课程的实施。必修与选修结合，既促进了学生个性发展又凸显了学校办学特色。其中语文、数学、英语等学科拓展类校本课程为必修课，纳入学校正式课程表，每周一课时。其他科目为选修课，选修课利用每周四下午两节课后的时间，每次上课时间为两课时。学校为2000名学生提供了菜单式的课程表，班内学生可各取所需，每人选报一个科目，人人都参加选修课。学校在学生自愿报名的基础上，重新组成50余个教学班，这样就打破了原来年级和班级的界限，让学生接触到学校更多的优秀教师资源。同时，在选修课的学习中学生结交了许多其他班级甚至高年级的学生，锻炼了人际交往的能力。

(2)坚持抓好"四落实"。

① 时间、地点落实。教导处在每学期初就安排好每个班上课的地点。选修课打乱了原来班级的人员组成，增加了管理的难度，为了保证学生的上课秩序，教导处要求上课教师在上课前一定要清点人数，发现未到的学生及时反馈给所在班的班主任。学校每周通过校园网反馈各班学生出勤率及上课情况，公示时重点总结教师的好经验、好做法，树立榜样，鼓励大家共同进步。

② 内容、辅导教师落实。学期初，学校依据双向选择的原则选聘指导教师并与之签订责任书，保证教师的教学质量不打折。教导处不定期地通过学生座谈、家长沟通等方式了解学生学习情况，保证教学计划不缩水。

③ 规章制度的落实。建立和课程实施有关的规章制度，对课程实施全过程的每个环节提出工作任务和质量要求。

④ 方式的落实。组织展示、比赛，促进课程规范实施。我校每年的校本课程实施情况利用中期反馈与学年末展示相结合的方式进行汇报。中期反馈的参与者是学生家长，学期末各学科采取自主申报、学校审核的方式进行一个学期的课程教学展示。学校每年还定期组织艺术节，内容包含文艺会演、书法、美术、摄影、手工制作、黑板报评比等活动。

(五)课程管理与评价

1. 形成了四个层面的组织管理系统。

校级领导：负责课程开设的总体思路及框架构成。

学校中层：对校本课程的开发、实施过程实行调控、指导，同时把实践层面的经验、做法进行梳理。

各年级组：组织学生科学地选课。

学科指导教师：负责各科课程纲要的撰写、各科校本课程开发、教学方法的制订、学生学习评价等。

2. 章程落实促规范。

为了使各项校本课程有计划、有步骤地进行，学校制订了《幸福街小学幸福教育校本课程实施方案》，对校本课程实施全过程的每个环节提出工作任务和质量要求。

3. 多层面评价。

学校将评价作为课程管理过程中重要的工作之一，不断调整完善评价的内容及方式，通过科学的评价指导学校工作的深入开展，同时不断总结管理经验，为以后的工作提供参考依据。

(1) 评价层面。① 教师课程开发方面评价的内容：教材内容的充实性、可行性、知识性与趣味性；教材版面设置的艺术性与完整性。② 教师课程实施方面评价的内容：教学目标的制订、教学环节设计、教学效果反馈、学生组织与管理。③ 学生层面的评价：学习科目的持续性、学习态度、学习效果。

(2) 评价方法。学校根据科目的特点采取书面与非书面的评价方式。每学期组织至少一次开放课堂、一次体育节、一次艺术节。通过开放课堂向家长直观展示学校在开发校本课程资源、提高学生综合素质方面的研究成果。同时，本着家校共建的原则听取家长对校本课程开发内容及形式方面的意见和建议。学校还将学生参与校本课程的成绩计入学期末学生综合素质评价。

(3) 评价主体。① 对教师的评价：由学校中层组成的校本课程过程管理指导小组负责每周一次的教师评价，此项占总评成绩的40%；学期末学生对教师的评价占60%。② 对学生的评价：共包含教师、同学、自评三个层面，分别占总评成绩的40%、30%、30%。

(六) 幸福教育结硕果

1. 学生的素养提高、自信心增强。

(1) 学生的审美能力与辨别是非能力增强了。艺术教育给了学生一双善于发现的眼睛、一对善于聆听的耳朵，激发了学生热爱生活、积极进取的热情。学生在不知不觉中变得温文儒雅，责任感意识增强，同学之间的关系更加融洽，整个校园呈现一片和谐的氛围。

(2) 学生对艺术有了更深刻的认识。通过对艺术作品的欣赏和学习，学生的艺术欣赏水平得到提高，大部分学生能在教师的指导下撰写有独特见解的听后感和观后感，有些学生还能结合自己的学习和成长经历谈对艺术的看法。

(3) 经典诵读课程的开展为我们带来了一片生机，它时时唤起学生创造的灵性，激发学生的好奇心和充满激情的美好情怀。

2. 形成了科学系统的课程体系。

学校立足实践，开发了多层面的校本课程。以培养学生综合能力为主的综合实践活动课程，锻炼了学生的探究能力，培养了学生爱科学、学科学、用科学的兴趣与能力。结合重大节日，我校开发了入队教育、离校教育、文明礼仪教育、感恩教育、关爱老人教育等课程。另外，还开展了"走进社会，感受生活变化"的社区教育课程。多种校本课程的开发使我校对学生的教育更全面，使学生健全人格的培养，正确价值观、人生观的建立有了可靠保障。

3. 幸福教育成果显著，学校办学声誉逐年提高。

我校先后被评为山东省教学示范校、山东省艺术教育示范校、山东省校本研究重点实验基地、山东省体育传统项目（篮球）学校、潍坊市优秀体育传统项目（篮球）学校、潍坊市素质教育示范校、奎文区"经典育人"特色学校等。两次获潍坊市优秀校本课程奖励。

2010 年，我校的经典诵读又先后获得潍坊市教育创新奖第一名，潍坊市政府成果一等奖。2011 年，经典教育的国家级课题结题。

学校还先后七次举办了民乐团专场音乐会，全校家长及学生出席了音乐会，反响热烈。学校的民乐队、舞蹈队多次获奎文区艺术节一等奖第一名。

2009 年，我校教师指导的手球啦啦操《幸福飞翔》在威海市举行的全运会手球比赛上精彩展现。同年 8 月 5 日，舞蹈《剪纸姑娘》参加了在潍坊市育华学校举办的全国手球赛的开幕仪式演出，展示了奎文区艺术教育的成果。2012 年，我校艺术教育获奎文区第二届政府成果一等奖，奎文区创新燎原一等奖。

我校先后接待过来自美国、日本等国外，以及安徽、福建、江西等国内教育考察团十几次。他们聆听了学校领导关于校本课程建设方面的汇报后，深入课堂亲身体验，看到孩子们兴高采烈地参加各项选修课，并在教师的组织下尽情地徜徉于书海、乐海。他们深深感叹：这才是真正适合学生发展的教育，是真正的幸福教育。

（七）思考与展望

1. 校本课程过程管理评价还缺乏更加科学的策略。

目前学校对这一方面的评价还仅限于教师上课是否按时、课前是否备课、教学态度怎样、教学效果如何等方面，还没形成较完善的涉及从选课到上课再到评价等全过程的有效的调控方案。特别是活动体验类的学生评价方式还有待于探求学生更乐于接受、对提高学生学习热情更有帮助的方法。

2. 教师的课程观亟待转变。

目前部分教师还处于被动的、仅仅是教材使用者的角色，缺少主动性。还有的教师在校本课程开发与实施中缺少解决问题的有效方法。今后学校将采取更多的措施提高广大教师的研究能力与创新能力。

第二节　校本课程的管理——践行"幸福课程"

我校校本课程打破了原来班级的界限，上课的班级都是由原来好几个班的学生临时组成的，学生人员复杂、流动性大，这就加大了管理的难度。为了保证教学秩序，提高学习效率，让校本课程的学习时间成为最愉快的时刻，让学生的个性得到充分发展，学校采取民主、集中管理，将责任落实到各处室、各级部门，在课程实施过程中加大指导力度，做到随时走动不放松、发现问题及时处理。

一、校本课程管理的基本原则

（一）发展性原则

考虑学生的需要、兴趣与经验，科学设计课程与教学方案，合理组织教学内容，积极探索自主、合作的学习方式，实施发展性评价，为学生全面而主动的发展提供课程保障。

（二）科学性原则

在学校课程的管理中，不以国家课程挤占地方课程或校本课程的课时，不随意提高国家、地方规定的课程标准，也不将校本课程变为国家规定的文化课程的延伸和补充，而是根据相关的文件，正确处理好这三类课程的关系，保证各类课程的合理比例，充分发挥它们对学生发展的不同价值。

（三）实际性原则

立足于本校的现有条件，最大限度地挖掘和利用校内的人力、物力、财力等资源，努力把蕴藏于师生中的生活经验、兴趣爱好转化为课程资源，合理配置设施资源，充分利用和拓展校外的课程资源，重视实践基地的建设，注意发挥家长与社区资源的作用，积极开展与校外机构的合作，并鼓励教师和学生充分利用网络资源。

二、校本课程管理中教师的职责及对教师的要求

1. 教师要教育学生遵守上课纪律，爱护所在教室的财物；保证学生课间

休息按秩序，不在走廊做游戏。

2. 安排好值日生，放学前清扫卫生，关闭门窗，桌椅摆放整齐；放学时送学生出校门。

3. 首次上课时，教师要统计好学生的班级与姓名，建立点名册；统计表上交教导处，点名册于学期结束时上交教导处；开课第一周制订教学计划并将纸质稿上交教导处。

4. 每次上课前教师要提前到教室组织学生；到专用教室上课的教师要提前开门；上课前先点名，及时与班主任联系了解未到学生的情况。

5. 教师不得随意或自行调课、代课、停课，不得随意更改上课的时间和地点，如有特殊情况必须事先报教务处批准。

6. 备课要求：(1) 每位上课教师必须认真备课，提前写好教案，并遵守各项教学常规；努力探讨教学方法，以取得满意的教学效果。(每周三上交教案电子稿，学期结束后上交所有教案纸质稿) (2) 凡是外聘教师的课程，组织教师做好除上课以外的其他工作的组织协调；要把学校的要求告知外聘教师，在做好服务工作的同时保证学校教学计划的顺利实施；组织教师全程靠班，做好上课过程记录，每周五上交上课记录。(3) 负责民乐的组织教师还要负责各乐器组学生人员的补充。

7. 教师依据所教学科的性质、运用恰当的方式，进行课堂开放；每学期结束前，组织不同层次的家长参加课堂开发，听取家长意见与建议，及时调整思路，力求上课效果最佳。

三、校本课程管理中学生的职责及对学生的要求

1. 学生是学习校本课程的主人，有权自主选修兴趣活动类课程，有权对各类校本课程给予评价和建议。

2. 每个学生每学期至少选修一门校本课程，其成绩和表现记入学生综合素质评价表，并作为期末评优的量化指标之一；参加学校校队（民乐、篮球等）的队员在评优时适当加大量化权重，成绩优异者可评为单项特长生。

3. 学生在一个学期中一旦确定选修某门课程，中间不得随意更改或退出；学生如想改换选修的校本课程，必须提出书面申请，经班主任和科任教师同意后报教务处审批。

4. 对学生上课的管理，由班主任负责统计各科目学生选修情况，名单报送教导处，由教导处组成考核小组负责检查学生的上课情况。

5. 学生必须认真完成自己选择的课程，不得无故缺课；尊重教师，团结同学，发扬团队精神，创造性地、高质量地完成各类任务。

四、校本课程管理中学校各部门的职责

（一）教导处职责

主要负责校本课程的日常管理，牵头组成各考核小组，考核小组每周按照校本课程表进行全面检查，对检查情况做好记录，随时与上课教师交换意见。

考核小组负责三次课堂开放的顺利运行，包括邀请函的发放、过程实施、小结等。

最后一次上课时收齐点名册、学生反馈表、总结、教案等存档材料。

组织学生对教师上课进行评价，评价结果作为教师评优的重要依据之一。

（二）德育处职责

做好校本课程实施中学生的管理工作，及时对学生在上课期间出现的思想品德问题做出处理。

（三）总务处职责

主要做好校本课程的后勤保障工作，为校本课程能够顺利、有序地开展提供服务，在课堂各种设施的配备上做到及时、到位。

第三节　基于校本课程下的学生活动——悦享“幸福课程”

学校设立校本课程的目的之一是活跃学生校园生活，让学生在轻松愉快的氛围中掌握知识与技能、培养高雅的情趣，同时运用学到的技能丰富自己的业余生活。学校每年组织文化艺术节、金秋读书节、科技节等活动，这些活动在充实学生校园生活的同时，也将校本课程的教学成果显现出来。

一、金秋读书节，与经典为伴

（一）活动目的

为引导学生树立终身学习的观念，建设学习型家庭，推动我校读书活动深入有效地开展，决定举办幸福街小学金秋读书节。

（二）活动时间

每学年的9月中旬到10月中旬。

（三）活动主题

与经典为伴，与文明同行。

（四）活动项目

1. 读书沙龙。

各班全体学生在教室内参加读书交流活动，可介绍读书经验，可推荐新书，可发表读书感受，也可提出疑问和困惑寻求解答。

2. “书友之秋”图书交易市场。

班主任组织学生从家中带来自己的书，以书市的形式进行竞卖，学生可以讨价还价。目的是以较优惠的价格为同学们提供有利于青少年提高思想政治、人文修养、科技知识等方面的书籍，实现资源共享，同时培养学生的社会实践能力。

3. 读书演讲。

以演讲的形式向同学推荐自己最喜欢的书，达到相互交流、共享读书快乐的目的。先在班级里根据个人的演讲推出最受大家喜欢的十本书，然后进行年级交流，推出年级最受欢迎的十本书，之后进行学校交流，选出本年度学校最受欢迎的十本书，最后通过出海报等形式向全校师生提出诵读倡议。

4. “幸福杯”读书知识竞赛。

印发读书知识试题，在学生中开展读书知识竞赛活动，引导广大学生了解更多读书知识，形成发奋读书的良好风气，指导学生更好地进行读书。

5. “影响我成长的一本书”征文大赛。

通过征文比赛的形式，进一步激发广大学生的读书热情，使读书成为学生丰富知识、拓展视野、完善自我的重要途径。征文文体不限、题目可自定。同时举行读书小报评比。

6. 经典诵读竞赛。

竞赛形式分两种：一是书面竞赛，主要考查各班学生对本学期诵读内容及上学期诵读内容的熟记情况，包括经典著作和诗词、成语、谚语等；二是各班学生进行现场竞背，主要考查学生熟练程度、表情朗诵等情况。

7. "书香班级"评选。

评选标准：(1) 教室布置品位高雅，独具特色，具有书香味；学生举止文明，班内文化氛围浓厚。(2) 班级平日读书成果展示材料丰富，有成效。

8. 活动看板评比。

以年级为单位出一块读书活动看板。

9. 作家校园行演讲活动。

邀请著名作家为全校学生做关于读书的演讲，为学生提供系统的读书方法及与作家近距离接触的机会。

二、文化艺术节，乐享生活

(一) 指导思想

为丰富广大师生的校园生活，增强学校的文化氛围，培养学生的高雅兴趣，激发学生热爱生活、热爱校园、热爱艺术的丰富情感，为学生搭建展现自我、提升自我的平台，使学生在积极参与中体验艺术带来的美感，展现我校师生积极向上、乐观进取的精神，特组织校园文化艺术节。

(二) 活动时间

每学年的5月初至6月初。

(三) 艺术节主题

放飞梦想，畅想未来。

(四) 参赛对象

1～6年级全体学生。

(五) 活动内容及要求

1. 美术作品类。

(1) 绘画。分蜡笔画、水彩画、水粉画、国画、版画、素描、卡通画七大类，学生可任选一种绘画形式参赛。绘画作品要求在构思、技巧上有所创新，绘画内容以展现健康向上的校园生活、表现对未来向往的题材为主。

(2) 书法。① 硬笔书法：1、2年级用铅笔，3～6年级用钢笔，学校统一提供比赛用纸，由班主任组织全班学生参赛。书写内容为赞美祖国大好河山的诗歌或散文，具体内容各年级自己统一指定。赛后每班选出2～5幅作品上交教导处参加学校比赛，其他作品张贴在教室内。② 软笔书法：每班上交2～5幅软笔书法作品。作品内容要求不限。每幅作品的右下角注明题目、班级、姓名、年龄。

(3) 黑板报评比。各班充分利用教室内的黑板报宣传校园文化节的活动理念，营造班级良好的文化氛围。

(4) 艺术展板。东二、三楼的展板每班一块，利用该展板宣传班级艺术成果或展示班级优秀作品。

2. 文艺表演类。

(1) 器乐比赛。以班级为单位，每班选送1个节目。参赛内容为古今中外的优秀器乐作品，独奏、重奏、合奏、民乐组合等均可。演奏时间不超过5分钟。参演选手提前10分钟到比赛现场，逾期不到者做弃权处理。除钢琴外，其他乐器由选手自备。

(2) 自选文艺表演类。以年级为单位，每年级上报2个节目，参赛学生人数原则上为5～10人。参赛形式可以是声乐、舞蹈、小品、课本剧、相声、魔术、口技中的任何一种，原创、模仿均可。内容必须展现人们积极向上的生活态度、健康的生活理念。服装、道具、音乐等自己准备。

(3) 合唱比赛。每班演唱1首歌曲，要求全员参与。参赛歌曲从学校校本课程《乘着歌声的翅膀》中选取。伴奏带自备或现场钢琴伴奏，要求服装统一。

(六) 奖项设置说明

1. 各单项奖励分低、中、高三个年级段分别评选。分别设一等奖5名，二等奖10名，三等奖15名。集体项目奖励按年级段设一、二、三等奖。

2. 艺术节团体奖励计分方法：按一等奖3分，二等奖2分，三等奖1分累计算出每个班的总分，评选优秀班级若干。凡是不按照要求组织活动的班级，取消其评选优秀集体的资格。

3. 获奖优秀作品展现方式：美术类优秀作品以优秀作品展的方式呈现，文艺表演类优秀作品参加艺术节颁奖暨闭幕式文艺会演。

第四节　成就学生，提升自我——教师感悟

自校本课程实施以来，每周四下午成了学生最喜欢的时光，整个校园成了欢乐的海洋。他们在这短短的两个小时里尽情地唱、尽情地跳，无拘无束，连那些最腼腆的孩子也变成了爱说爱笑的天使。教师最大的快乐就是学生得到幸福，他们任劳任怨、积极参与校本课程的开发与实施，学生的点滴成长无不蕴含着他们的深情付出。他们与学生一起享受着校本课程带来的喜悦与成就感。

静听自由成长的声音

校本课程的开发和实施，一直以它特有的旋律氤氲着我们的校园。新学期伊始，学校的校本课程书目之一——《放飞梦想的舞台》一路漂流，来到了我现在任教的三年级孩子们的手中。这册《放飞梦想的舞台》是根据中年级孩子的特点开发的，形式倾向于课本剧的表演。孩子们把这本书捧在手中，顷刻间就仿佛成了小演员一般，兴奋异常。

一直以来，我都有一种感觉，那就是大多数的高年级孩子，或许是觉得自己长大了，或许是觉得自己应该长大了，或许是担心自己的言谈举止得不到别人的称赞，或许是担心自己的言谈举止可能会招致别人的不屑……林林总总的原因，让他们不再有低中年级孩子的那种渴望表演的激情。换言之，更多的孩子变得内敛、沉稳起来。每每看到这种现象，我都会有些许担忧，这些日趋"成熟"的孩子，这么早就这样沉默起来了，他们还会尽情自由地释放内心深处的童真吗？这么一想，我就觉得让孩子们释放本真、自由成长是多么令人留恋的事情啊。

现在，让这些三年级的"小天真"表演课本剧，真是最合适不过的方式了。

于是，每隔两周的周一下午第一节课，我班的校本课程课就成了孩子们最为期盼的时间。为了这节课，他们要自由组合、自由编排，足足准备两周的时间。我对他们唯一的要求就是，一个学期下来，每位同学都必须与人合作，至少上台一次，至于是演主角还是演配角，是导演还是旁白，完全由学生自己说了算！

没想到，我这种"放任自流"的方式，换来的是孩子们更大的热情。如

果我们约好的课本剧表演课，因为某种特殊原因要调课的话，孩子们是最不情愿的，他们一定会三三两两结伴到办公室跟我商量，直到我答应找个时间还给他们才罢休。

当然，我的这种管理方式，也不是无所事事、什么都不过问。我主要是调控课堂。办法很简单，我对他们说："要尊重别人的劳动，静静地听，不由自主地笑。如果做不到，你所在的小组就没有上台表演的优先权。"这种调控的效果挺好的。每当有一个小组的数名成员上台表演的时候，我总会悄悄地到孩子们中间找一个合适的座位坐下欣赏。像其他孩子们一样，我也成了一名忠实的观众，也会情不自禁地发笑、不由自主地鼓掌，还会用我的手机不失时机地抓拍几张照片。一节课下来，我们会评出表演还不错的小组和小演员，然后由我颁发奖品——一些大大小小、形状各异、色彩缤纷的诸如小红花、笑脸、五角星等好看的贴纸。领奖的孩子笑得灿烂如花，捧回去马上把它贴在自己的语文课本上。一个学期下来，不少孩子的语文课本的封面，因为有了这些花花绿绿的小奖品的映衬，变得更加漂亮。

时间流逝，孩子们一如既往地热情参与，我一如既往地享受其中，一切顺其自然。偶尔，我也会提点我的小建议。

有一次，在孩子们表演《沉香救母》这个剧本时，有位男生带来了自制的道具——一把用硬纸做成的菜刀。菜刀做得很精致，也很标准，跟厨房里用的毫无两样，我猜测他在家里花了不少的功夫，也许还有家长的帮忙。他饰演沉香，演得挺卖力。一把菜刀在他的手中挥舞了几下，还呼呼有声呢，惹得同学们哈哈大笑！表演结束后，我对他说："你的道具需要改良啊。沉香劈山救母用的是斧头，开山斧，而不是菜刀。"他有些不好意思地笑了。两周以后，另外一个小组也表演这个课本剧，这位男生的道具再次被借来。不过，这一次，他给这把菜刀加了一个长柄，看起来真有点开山斧的样子了！

另一次的表演中，孩子们为了一个道具——一条较粗的红绳绞尽脑汁想不出办法，我建议他们把红领巾连接起来，他们高兴地采纳了我的建议，表演得以继续进行。

就这样，一个学期下来，孩子们居然表演了不少的课本剧。要说其中精彩的表演真的是寥寥无几，但是我乐在其中，孩子们乐在其中。因为我只希望这些可爱的孩子们能够尽情地释放、自由地成长，而我静听他们自由成长的声音，真是别有一番滋味，别有一番情趣！

（祝洪芹）

让孩子借助校本的平台展翅高飞

在当今新课改大潮的冲击下，校本课程的开发和实施俨然成为全国各地各学校都急于解决的一个问题。长期以来，全国中小学基本上沿用一个教学计划、一套教学大纲和一套教材，缺乏灵活性和多样性，如果教师不能充分理解课程开发者的意图，就不能很好地实施课程，就很难使课程达到设计者预期的效果。而校本课程的出现恰恰弥补了这一缺陷。校本课程开发赋予了教师一定的自主权，充分调动了教师积极参与课程开发的热情，为教师提供了发挥创造性的空间和大显身手的机会。教师可以根据目前本校本地的状况及周围的环境开发一些适合学生的课程。这样的校本课程既体现了各校的办学宗旨、学生的特别需要和本校的资源优势，又是学生需要的、适合的、喜欢的。

世界上没有完全相同的两片树叶。人与人是不同的，在同样的学习状态下因为人各有异也就有了各种不同的结果，而这些结果中有好多恰恰是我们所不愿看到的。其实我们开发校本课程的目的无非就是为了孩子，为了给他们一定的自主权，让他们开心自由地去体验、收获。我曾经看过一篇文章说美国的孩子更自信，因为美国学校一直强调“鼓励教育”“尊重教育”，他们引导学生建立正面的自我认识，使学生意识到每个人都是独特的个体，都拥有自己的闪光点。某一学生也许学数学不开窍，但是人缘好，有领导才能；也许作文不行，但是画画好，有艺术细胞；也许不善表达，但是体育好，有运动天分。我们的校本课程恰恰能让孩子看到自己最精彩的那一面。

我校三年级有一个叫陆奇的男孩子，每次考试都是“D”。这个孩子坐不住，不愿意学习，刚刚学过的东西下课再问他就忘了。不管老师在他身上下多大功夫，他最多也只能得个“C”。在大多数情况下，如果一个孩子几次三番或是一直考“D”的话，教师就会对他失去耐心，他就会处于被忽视的地位。这是应试教育体制下的一种普遍现象。后来我看了鲁子问教授的一个视频，他说，每一个学生都有自己的学习优势，关键是我们怎样基于这种优势，使其发挥作用，或者说把它最大化。于是我们对陆奇的优势进行了分析。他虽然遗忘得快，但是对知识点理解得也很快；他不适合一般的讲解背诵，而是对动画或是表演动作性的学习记忆深刻；他没有一般学习不好的孩子的那种自卑，课堂提问时，如果遇到他会的问题，他就会大胆地举手回答。我们基于他的这些优势，和他进行了沟通。之后，在校本课程方面他选择了小剧团。在小剧团里，他表演时大方积极，背台词时热情高涨。我们看到了他的变化，便一直表扬鼓励他，让他知道自己有表演的天分，并且不比别人差。一方的自信同时也带动了其他的方面。两年后，陆奇的成绩在班上已经是中上水平了。这不能不说是自身优势与校本结合所产生的效应。

作为老师，我们要多去发现学生身上的学习优势，同时为学生创造一种能够发挥其优势的环境，让学生把时间和精力用于基于优势的学习活动上，让他们都能够成为学习的成功者。

关注优势，就会为孩子缔造美好的明天；开发校本，就会让孩子更加辉煌。愿更多的教师加入校本课程的研发与实施中来，让孩子借助校本的平台展翅高飞！

（苏秀红）

感受“幸福教育”校本课程体系

夏去秋来，伴随着丹叶秋风，我们即将迎来期待已久的新学期，心中那份激动竟无法用言语来形容。作为一名青年教师，我回想起上学年的教学工作，心中那一份期盼和激动仍在延续——上学年学校根据国家、地方、学校三位一体的课程观，严格规范落实国家、地方课程，同时把师生的生活经验、个性差异、兴趣爱好等转化为课程资源，规划并开发实施了“幸福教育”校本课程体系。

1. 创新思维，链接幸福。

学校领导对本校校本课程的开发做出了富有远见的决策，进行了可贵的尝试、探索，开发研讨了“幸福教育”校本课程体系。

“幸福教育”校本课程体系的开发，实现了我校教师角色的转变，在课程开发的实践过程中，教师提升了自身的专业发展。所以教师参与课程开发不仅是编制出一系列的课程文本，更重要的是参与课程开发过程本身。面对新一轮课程改革带来的机遇和挑战，作为一名青年教师，一方面我们要紧跟时代发展的步伐，不断学习，树立正确的知识观、人才观、学生观，增强课程意识，积极投身于校本课程改革；另一方面，学校为我们开展校本培训提供了良好的条件，采取了诸如名师讲座、辅导、名著阅读、课程理论书籍讨论等方式提高教师的教育理论水平，增强教师的课程理论修养，为教师参与校本课程开发奠定基础。教师角色的转变，促进教师自觉、主动地参与校本课程开发，提高了课程开发能力。

2. 收集阳光，放飞希望。

作为学习主体的学生在校本课程开发中扮演着重要的角色。孩子们的兴趣、爱好、学习方式都将影响到校本课程开发决策，尤其是中、高年级的学生，他们的主体意识日趋强烈，对于周围的事物有自己的看法。取得孩子们的支持，不仅表现为尊重孩子的选择，更重要的是让他们能够从自己的兴趣出发，寻找真正适合自己的课程。参与校本课程的教师由同一年级不同学科的教师组成，他们根据低、中、高三个年级段的孩子的知识、能力、兴趣、爱好，制订更有利于孩子发展的校本教材。目标指向明确、内容多样、课程设置灵活的校本课程能使学生在掌握国家课程规定的基础知识、基本技能的同时，在众多的课程选择中得到个性发展的良好机会，形成更多、更广泛的能力，更好地认识学习的价值，从而塑造健全的人格。这些正是"幸福教育"校本课程体系开发的意义所在。

3. 幸福满满，收获多多。

"一个书香充盈的校园必然是一个美丽的学校"，校园里处处可闻的读书声——这份宝贵的精神财富，让孩子们在经典诵读中得到熏陶。"启迪创新灵感、培养智慧少年"——这种新颖的形式激发了孩子们探究新知的欲望和灵感，培养了他们创新的兴趣和热情。"艺术乃德行的宝库"，艺术教育有着令人赏心悦目、净化心灵、陶冶情操的神奇魅力，艺术类校本课程让孩子们感受美、热爱美、创造美的天性得以发展和升华，使孩子们的艺术素养和人文素养得以融合，对他们的全面发展起到了重要的作用。

教始于思，学贵在行。作为一名教师，我们的成长应永无止境，校本课程的开发让我们用心灵感受心灵，用生命点燃生命，用智慧开启智慧。

辛勤的汗水与甜蜜的果实之间的距离有多远，恐怕没有固定的衡量尺度。但我们必须抱着最大的希望，做出最大的努力。愿每一位教师都能手捧一朵依米小花的坚韧，满腹承载荆棘鸟的执着，且行且珍惜。

（于　平）

小学英语校本课程的开发和实施

1. 课程背景。

英语校本课程是以英语知识为载体，以激发学生学习兴趣、特长为目的，以学生为活动主体，使学生热爱英语学科，并形成良好的英语素质的一门课程。英语课程必须根据学生身心发展和英语学习的特点，关注学生的个体差异和不同的学习需求，爱护学生的好奇心、求知欲，充分激发学生的主动意识和进取精神，倡导自主、合作、探究的学习方式。校本课程的教育取向是立足于人的发展本位，强调教育的人性化、个性化，它对于满足学生的发展、充分发挥学生个性潜能优势，对于满足学校的需要、学科的需要，创建学校特色和特色课程，促进学生个性的全面和谐发展，有着独特的意义和重要的作用。校本课程的开展无疑给英语教学注入了新鲜的血液，并在英语教学改革中，为学生创建了一个多姿多彩的英语学习平台。

阅读教学是小学英语教学中的一个重要环节，其主要目的是通过阅读，教授学生阅读的方法，训练其阅读技巧，培养和提高学生的阅读理解能力。阅读教学的目的不只是让学生读懂一篇文章，更重要的是要设法增加阅读信息量，让学生学会阅读。阅读是一个多种语言知识，包括文字、词汇、句法和语义等知识的复杂的相互作用的过程，任何单一的语言知识都不能促成对阅读材料的真正理解。而阅读正是一个巩固和扩大词汇量的好方法，它不仅是语言学习的一个重要方面，更拓宽了学生的语言接触渠道。英语学习如果仅仅依赖于目前所使用的统一教材，是满足不了学生的学习需求的，这就是说我们必须从学生的需求出发，补充大量的阅读素材，使不同的文化背景、期待心理、价值尺度、语言思维模式和语言修辞习惯带来的信息差异减到最小。我们在原有研究的基础上进一步深入拓展，将已有的阅读材料进行筛选、整理，附上练习，并在已有阅读教学策略、模式的基础上进一步研究，形成我们幸福街小学3～6年级的英语阅读校本课程《快乐阅读》。这不仅给学生提供了很好的学习机会，也使学校的英语教学提高一个层次。

2. 课程开发原则。

选编合适的英语阅读材料是发展学生英语阅读能力的重要条件。这些阅读材料必须符合以下基本原则。

(1) 趣味性原则。选取内容生动、学生喜闻乐见的阅读材料，如一些小笑话、小故事等，激发学生的学习兴趣，让学生在一种轻松的状态下通过阅读去习得知识，并尽可能在英语教学中采用表演的形式让学生更乐于参与。

(2) 学生个体发展需要原则。学生受智力与非智力因素的影响，对学习内容有着不同的需求，而主教材只能满足基本要求，在我校，大部分学生的水平较高，出现了"吃不饱"现象。我们的阅读课程为学生铺设了另一条学习途径，为他们开拓了更广阔的语言输入空间。

(3) 渐进性原则。在选编阅读材料时，我们注意循序渐进，与学校教学相结合，重视知识重现，难易适度，因为太难或太易的阅读材料都不利于提高学生的阅读兴趣。

(4) 多样性原则。阅读材料的内容尽可能贴近生活，题材尽可能满足不同学生的需要，吸引不同学生的兴趣。体裁要呈现多样性，如儿歌、绕口令、小诗、对话、故事、习语等。

(5) 实用性原则。阅读中出现的语言材料应尊重生活、贴近学生的生活背景，即学生可以在日常生活中经常使用的，以此拓展学生语言的实践空间，增强学生活用语言的能力。

(6) 选择性原则。我校的阅读材料很多，学生有比较多的选择。这些多层次、多角度的阅读材料，能满足不同学习程度、不同学习能力、不同学习品位的学生的要求。这符合学生开展课外英语阅读的自主性特征。

3. 课程实施。

(1) 营造良好的课堂气氛，使每一个学生敢于说、乐于说。

良好的课堂气氛能使学生消除紧张和焦虑情绪，处于最佳的学习状态。创造良好的课堂气氛，首先，教师要充满激情，要用丰富的表情、幽默的语言，激发学生的愉快情绪，使他们乐于开口说英语。其次，教师要采用新颖多样的教学方法，运用多种形式组织好课堂活动。再次，要给予学生及时、充分的肯定和鼓励。最后，教师要平等对待每一个学生，更应多给他们实践的机会，当他们尝到成功的喜悦之后，就会充满信心地投入学习之中了。

(2) 开展形式多样的阅读课堂教学。

学生英语阅读能力的培养，"得法于课内，得益于课外"。英语阅读课堂教学往往只注重阅读技巧的指导，如导读、略读、检索读、细读等，但是对于小学生来说，英语阅读课堂教学关键不在技巧，而在于阅读兴趣和动机的培养。因此，开展阅读教学活动，应该根据阅读教学要求，从单词、句子、短文入手，由易到难，循序渐进，让学生的阅读量在有限的时间和空间内得到延伸，让学生在运用英语进行活动、思维、交流的过程中不断地增加对阅读信息的渴望和追求，增加阅读量。

(3) 教学过程交际化，为每一个学生创造听说英语的机会。

英语教学应努力使课堂教学交际化。教师要坚持用英语讲课，使课堂成为一个小小的英语世界，增加学生听说英语的机会，使每一个学生在耳濡目染中自然地形成记忆，促进学生听说能力的提高。在课堂教学中，教师还应创设尽可能真实的交际环境，围绕所学语言知识进行具有交际特征的语言实践活动。在这种交际性的实践活动中学习英语，学生更容易理解语言的意义，掌握语言技能，尽快地培养起运用语言进行交际的能力。

4. 课程评价。

英语阅读校本课程的评价主要是对学生学习效果的评价。

(1) 教师通过抽查和测验相结合的方式来了解学生阅读能力的发展。通常有口头测试、书面监测和活动参与三种形式。

(2) 教师根据校本课程开发的适切性、合理性、科学性的原则和特征对课程实践进行评价。

5. 课程实施成果。

我校结合校情，根据校本课程管理、课程资源，开发了多元化校本课程，创办出自己学校的特色，教师、学生的素质都有了明显的提高。

当然，英语教学仍然任重而道远。英语知识的增长是日积月累的结果，我们应该把培养学生的口语交际能力作为培养学生能力的重中之重，在英语教学中让学生敢于用英语表达自己的思想、见解、看法，全面提高学生的英语语感、英语意识。校本课程开发还仅仅是开始，我们还有许多困难与问题有待解决，但是我们有决心、有信心战胜困难、解决问题，让校本课程的生命力永远燃烧。

(武佳丽)

校本课程助我专业成长

我又一次端坐于案前，迫不及待地拿起学生的习作本，边翻阅边欣赏小作者妙笔生花的佳作，品读小读者妙语连珠的评语，反复斟酌，我才谨慎而又愉快地写下自己对小作者文章和小读者评价的评改意见。这是我班习作教学改革后我批改作文的快乐心情，与之前每次批改都感觉自己如愚公移山一样辛苦无望的心态大相径庭，这得益于我校开设的校本课程。我参与的是《赏析　互评　写作》的教材编写与课堂教学，经过一段时间的研究摸索，我受益匪浅。

提起作文教学，学生是"愁眉紧锁、搜肠刮肚、咬牙切齿"，语文教师也是束手无策，似乎"山重水复疑无路"。从我多年的从教经历来看，我觉得学生谈"文"色变的问题主要出在教师"包办习作"上。回想一下，无论是指导审题、选材、观察，还是批阅、修改、讲评，都是辛勤的老师大显身手、"指点江山、激扬文字"，整个作文过程缺少孩子们积极主动的参与，缺乏个性化的体验，所以他们才觉得自己就像"傀儡"一样被指挥着，没有了习作兴趣，是被迫去写的，慢慢地就产生了畏难情绪。那我们为何不改变思维方式，大胆放手，让学生走进丰富多彩的生活，品味生活之美，并通过习作互评学会欣赏，学会写作的方法，激发写作兴趣呢？随着《赏析 互评 写作》这一校本课程的实施，我感受最深的是，只要教师敢于放手，为学生的习作提供有利条件和广阔空间，减少对学生写作的束缚，鼓励他们亲身体验、自主参与，妙笔生花将不再是天方夜谭。

茅盾曾说，模仿是创造的第一步。学生在阅读过程中汲取营养，丰富语言积累，从阅读中领会写作方法，以阅读促进写作，在阅读中学会写作。而阅读同伴的习作更使学生充满好奇和亲切感，阅读和点评会更加用心，对方的优点容易"拿来"，缺点容易避免，提出的建议也更贴近对方修改的能力范围，所以互评指导课是提高学生习作水平和鉴赏能力的关键。

在互评指导中，我采取的是"读、画、议、评、改、赏"六步法，每一步都精心设计，循序渐进，让学生乐于参与。好的评价既是思想的盛宴，也有鲜活的体验，更少不了灵动的语言。"纸上得来终觉浅，绝知此事要躬行。"光说不练总归是纸上谈兵，为了更好地让学生掌握"渔"的方法，我把自己以前写的有代表性的评语或是作文书上精彩的点评，做成课件展示给学生，让他们懂得好的评语有什么特点，写评语应注意的原则，引导他们批改时要注意尊重小作者，不必全篇改头换面，只对明显失误或缺陷进行批改，提出自己的看法或建议。经过一段时间的互评，学生的评语已经写得相当精彩了，这些评语可分为聊天谈心型、激励点拨型、雅言浸润型、幽默风趣型。

每次学生互评完再将作文交给我，我进一步深入地审阅、点评。教师点评时不仅要看小作者的文章、自评，还要看点评者的评语，肯定点评者的工作；不仅应抓个性化的问题，更要发现全班共性的优缺点，并做好记录，以便讲评时使用。这个工作量不小，但是为了让学生习作水平得以提高，我甘于奉献。孩子们的每一点进步都让我感到惊喜，我称批作文为"发现之旅"，发现他们会运用评改符号了，会写眉批了，会言辞恳切地鼓励别人了……每一点都让我感动，让我觉得优质高效的课堂教学并不是遥不可及，只要教师用心去做，学生就会超乎我们的想象，甚至创造奇迹！

为了让学生有耐心重改习作，在互评中掌握写作的规律，提高习作水平，真正做到"博采他山之石，琢成自家美玉"，我在教室的墙上布置了"妙笔生花"栏目，定期将学生修改后的佳作展示出来。这样，既使学生体味到修改作文的快乐，又使其他学生得到启示，让每个学生实实在在地领悟到"好作文是改出来的"。

为了使学生产生更浓厚的习作兴趣，我还运用了很多激励策略，并引导他们把自己的作文本当成作品集，起个富有诗意的名字，撰写个性化的序言、图文并茂的目录……为了解决习作和读书脱节的现象，我让学生在每一页的页眉、页脚处写上与本次习作相关的“两言”（名言警句、诗词名句），“四语”（谚语、俗语、成语、歇后语）等内容，自己配好插图，或贴上自己喜欢的大头贴、照片等，这样每一个翻阅的人都会感到赏心悦目，特别珍惜每一次写作或互评的机会。每学期末，大家还联合起来出班级文集，因为他们觉得只有好文章还不够，有懂得欣赏的“伯乐”的点评才叫完美。

现在每次批改习作，我没有了“路漫漫其修远兮”的无奈，取而代之的是“柳暗花明又一村”的欣喜。校本课程的开设助我专业成长，并真正为学生习作插上隐形的翅膀，使学生的习作达到妙笔生花、文道合一的理想境界！

（周 波）

半盏繁华盈绚烂

我校校本课程的开发迎头走在课程改革的大军中，我有幸参加了学校校本课程的开发与实施工程，其中有辛劳、有苦涩，更有成长、有收获。下面细数我在校本课程开发路上的些许感悟。

1. 摒弃杂念求发展。

我初次与校本课程这一概念相识是在暑假前的一次全体教师校本课程开发动员会上。为了学生的特长发展，学校要开发属于我们自己的校本课程。我原以为课程开发哪是我们这些“小老师”可以染指的？说大了那是国家的事，说小了那也是学校的事。然而，接下来校长解读的学校完整的校本课程研发实施方案，却让我了解到校本课程的开发关系到每一位善于思考、乐于总结的教师，与教师的专业成长与发展息息相关。

在与其他教师及领导的交流中，我愈加明确了这一点：校本课程的开发的确要立足于我们一线的教师，一是可以根据自己的特点、风格，合理重组国家课程内容，使之符合学生的实际；二是可以选编一些学生喜欢与感兴趣的内容进入课程，以多种形式教给学生。抱着“苔花如米小，也学牡丹开”的心境，以个性化教师的发展为目标，我也打算“穿自己的鞋，走自己的路”，立志编写符合学生年龄特点的校本课程。摒弃杂念后，我不再漫无目标虚度日夜，而是在坚定中耕耘。

2. 才下眉头却上心头。

有了目标，具体的课程开发要怎样进行呢？选什么样的主题呢？课程的纲要及其内容是什么？以什么样的形式展现课程？真正下手做了却是问题多多，才下眉头却上心头，茫茫然不知所以然。

此时，学校的校本课程开发实施方案设定了目标、主题，并根据教师的特点、学段要求教师组成了课程开发小组。我有幸参与了数学学科实践活动低年级校本课程的开发，凭借自己对数学文化、数学思维、数学活动的兴趣，积极投入其中。我们小组在郑旭主任的带领下，前后开了几次研讨会，从内容的确立到每个栏目的小标题的商榷，从框架的构建到每个单元前后衔接的分配，从主线索的思考到步骤导语的摸索，从整体的部署到细节的把握，一步步走向圆满，最终确立了文化篇、知识篇、实践篇、拓展篇四大主题单元，并在分工合作的基础上定出了每部分的小样稿，再讨论分析，之后每个人根据自己的学段开始编写。这样，低、中、高年级的数学实践校本课程既有承前启后的连贯性，又符合各自年龄段的特点。初稿形成后，学校领导对每一类校本课程进行了初审，并单独开会提出修改建议。校本课程的开发也如课例打磨般三次修改两次研讨。好书多磨，经过我们的精心编撰，数学实践校本课程终于出版印刷了。看着自己的名字在编委里，我很有成就感，感觉自己的"小宇宙"燃烧起来了！

3. 向青草更青处漫溯。

经过学校领导的引领和自己的坚持，在编写好二年级数学实践校本课程后，我觉得自己对数学教学的本质有了更深的理解。数学学习的精髓是在活动中积累丰富的经验，而我们的数学实践校本课程就很好地利用了数学活动，从数学文化的起源到具体的实践活动，都让孩子在操作中感悟数学、在活动中锻炼思维。

开发校本课程的过程是漫长而且费力费心的，但是也让我成长了。我学会了建立框架式的内容线索，我学会了编撰精美的版面，我学会了组织既紧扣教材又能培养学生发散思维能力的内容，我感受到了积极创新的乐趣，感受到了合作创造的愉悦，感受到了快乐学习的重要……

随着我校创新教育校本课程的开发，我又编写了《奇思妙想科学金点子》校本课程，从创新教育的角度挖掘科技金点子在生活中的广泛应用。校本课程的开发给了我一双隐形的翅膀，让我驻足学生、驻足教材、驻足课堂，成就教材的同时也成就了自己。

我沿袭课程开发的脚步，接受它的沐浴，"撑一只长篙，向青草更青处漫溯"，因为我知道彼岸定是姹紫嫣红，风光无限。校本课程的开发让我

“满载一船星辉，在星辉斑斓里放歌”！

（徐秀丽）

校本课程缔造快乐学习

校本课程是国家课程、地方课程的延续和补充，是学校及教师根据学生需求，发挥地方资源优势，自行设计和研究的、为学生量身定做的个性化课程；是开发本校师生潜能、发展师生个性的以人为本、以校为本的课程；是一种提升学校品位的新型课程。乘着课程改革的东风，校本课程早已纳入研究者和实践者的视野，对它的探索和研究也形成了我们幸福街小学特色教育的一道亮丽风景线。作为《诵国学之美 展君子之风》这一经典剧目剧本校本课程的开发者、实践者之一，我一路走来，上下求索，且行且歌，受益匪浅。

1. 学校领导身体力行，加强理论指导，注重人文关怀。

我们的校本课程集中体现学校的办学特色，是促进学校发展和学生成长的育人课程、特色课程。因此，学校领导非常重视，在开发、实施过程中，他们既是引导者、指导者，更是同行者。他们与教师们一起潜心研究，及时了解教师的需求，努力为教师解决困惑，使校本课程在大家的努力下得以顺利开发、实施。通过学校各级领导的讲解、指导，提高了教师对校本课程的认识和理解，为我们揭开了校本课程的“神秘面纱”，帮助我们做好了必备的理论积奠，同时也帮我们消除了开发校本课程“繁、难、杂”的心理障碍，激发了我们的热情，给予了我们充足的信心和动力，让我们的个性特长在校本课程这一特色领域中绽放光彩。

2. 学生学习热情高涨，事半功倍。

剧本表现了一个什么主题？怎样表现？你来演什么角色？能不能演好？一系列的问题都需要学生去思考，需要学生认真阅读剧本后才能解决。编演经典剧目，戏剧的有关知识是基础中的基础，过去学生对戏剧常识不愿学习，但现在他们可主动了。同时，在编演过程中，对学生的语文知识的要求是多方面的，首先，要有扎实的语文基础。剧本大部分是对话，而对话语言要规范，用词要准确，对话还要与人物性格相符合，这些要求的落实都需要学生有扎实的语文基础。编演过程是学生主动学习语言的过程，也是其语文素养得到提高的过程。其次，编演经典剧目又是一种创造性活动。改编是一种创造，表演更是一种创造。每个学生在阅读时都有自己独特的体会，改编后进入表演，个人的创造性发挥到了极致；会演时，观看的学生把台上的形象与自己创造的形象相比照，不断调整充实。台上台下交流创新成果，使得学生的语文素养得到提高。

3. 教学策略优化，画龙点睛。

主体教育论认为，求知是孩子的天性，好表现是孩子的需要，因此，我们引导学生在读中找戏，在戏中觅趣，在趣中显智，让学生以最大的热情投入表演之中。

(1) 读中找戏。在鼓励学生自主研读校本课程内容的过程中，培养学生探究性阅读和创造性阅读能力是十分必要的。因为只有如此，学生才能把书读活。这不仅能激发学生的阅读兴趣，还能充分发挥其想象力，将静态的符号语言转化为动态的情境语言。

(2) 戏中觅趣。就经典剧目而言，学生在戏中不仅能提升语文素养、寻觅情趣，还能获得意境，变积累为开拓。比如，在编演《鸿门宴》时，主客间的座次排序充满杀机；宴会上"范增数目项王"，更是剑拔弩张；项庄拔剑起舞，意在沛公。整个鸿门宴，戏中有戏，戏中有趣。如何把这种似乎只可意会、不可言传的意象清晰化呢？这就需要学生发挥其主观能动性。他们有的上网查阅资料，有的带着问题四处求教，一旦解开疑团，那种愉悦难以言表。这岂不是又一种学习之趣？

(3) 趣中显智。校本课程的学习氛围异常活跃，每一出剧目的演出都集中体现了学生的智慧。他们把相声、小品的语言技巧借鉴过来，妙语连珠；他们把戏曲那丰富的表情借鉴过来，妙趣横生；他们把舞蹈那优美的动作借鉴过来，华丽典雅……凡此种种，不能不说是"乐学"与"乐教"和谐共振的结果。

校本课程的开发、研究与实施，提升了教师的教育教学及科研水平，满足了学生的需要，为师生打开了一个新的活动天地，使每个学生都体验到成功，使每位教师都感受到幸福，这就是我们所追求的！

（杨艳青）

音乐如诗　诗如画

我是一名音乐老师，在平时的教育教学中时刻感受着学校经典诵读带给我的惊喜。在课堂上，我经常被学生那出口成章、引经据典、旁征博引的精彩画面所吸引。

在欣赏民乐合奏《江南好》一课时，我说："悠扬的笛声，仿佛把我们带到了风景如画的江南水乡，让我想到了'小桥、流水、人家'。"话音未落，学生就异口同声地接道："枯藤老树昏鸦，小桥流水人家，古道西风瘦马，夕阳西下，断肠人在天涯。"我一惊，这可是备课中没有想到的。我的本意是为学生描绘一下"小桥、流水、人家"的江南水乡画面，却引出了同学们的"西风、瘦马、断肠人"。我觉得这首诗与音乐格格不入，于是，马上跟学生说："这首诗给人的感觉太悲凉了，是思念故乡的。我记得有首诗——白居易的《忆江南》，诗中的情境更适合这首曲子。"

我刚刚开始背："江南好，风景旧曾谙……"没想到学生们随后附和道："日出江花红胜火，春来江水绿如蓝。能不忆江南？"我很吃惊，小学四年级已经学到这样长的诗句了？我惊奇道："你们都会啊？"学生们自豪地说："是啊。"接着纷纷从书包里拿出了一本小册子《书风沐雨》，这不是我们学校四年级的经典诵读手册吗！

有一位学生说："老师，这段音乐让我想起了杜牧的一首诗《江南春》。"

"你能为大家背诵一下吗？"

"《江南春》，杜牧。千里莺啼绿映红，水村山郭酒旗风。南朝四百八十寺，多少楼台烟雨中。"

"老师，因为南朝的皇帝信奉佛教，大肆兴建寺庙，因此才有了《江南春》中的'南朝四百八十寺'的诗句。"另一位学生说。

"同学们说得太好了，让我们来一段配乐诗朗诵吧。"

伴着优美的旋律，学生们的朗诵声情并茂、铿锵有力。

我感叹于教师们的智慧，也感叹于学生的学以致用！

是学校实施的经典诵读使我的音乐课堂变得更加丰富起来，有了传统国学音符的加入，我们的学生会更加健康快乐地成长！我们的民族精神将会被发扬光大！

（刘华杰）

在快乐中前行

晴空万里的周四下午，我校的校本选修课又在如火如荼地进行了。看，远处操场上一个个小运动健将，拍动着篮球在躲闪着飞速前进，眨眼间天空中划过一道美丽的弧线——一个漂亮的三分球，围观者激动地跳着、叫着，拍手为其欢呼！如此精彩的一幕，仅仅是我们校本选修课的一个小小缩影。在这个充分张扬孩子个性的下午，校园中的每一个角落都能看到他们天真无邪的脸庞，每一片空气中都充溢着他们的欢声笑语。这其乐融融的一幕，总让人情不自禁地嘴角上扬，多么和谐、幸福的画面啊！而我也有幸成为其中的一员——担任小剧团的指导老师。

走出常规课堂的孩子们，像一匹匹脱缰的小野马，在与他们相处的三年中，我看到了他们最真实、活泼、可爱的一面。下面请大家追随我的文字走入孩子们的本色舞台。

谁是主角？

"像晏子这样思维敏捷、口齿清晰的雄辩家，当然是由我来担此重任喽，我肯定是本色出演的!"一贯"自恋"的王冠宇同学又一次勇敢地毛遂自荐。正当我们的小导演张璐瑶准备拍板敲定之际，又一名"实力派演员"王鹏程跳了出来，他大喊一声："等等！我要向王冠宇提出挑战。"一场《晏子使楚》剧目的主角 PK 大赛就此拉开帷幕。以张璐瑶为主的其他组内成员变成了评委，大家从动作、神情的表现，语气、语调的把握，人物心理的揣摩等几个方面对他俩进行评价。在一番比斗之后最终敲定了主角的人选——实力更胜一筹的王冠宇同学。类似这样的场景在我们的表演课上随处可见。经过两年多的学习和锻炼，孩子们不仅能通过自己的理解把握好人物的角色，透过语言、语调、神情、动作、心理等真实地展现人物角色，同时更敢于亮出自己，将最真实的水平与才华展露在观众面前，去除矫揉造作，本色出演。

最佳导演奖！

"小小孩童本领大，我导你演配合佳。精彩剧目抢先看，冠军必定到我家。"吟诵着一首自编的小诗，我们的小才女范思佳缓缓走上舞台，这次她的目标是拿下本年度的最佳导演奖。接下来，这位从幕后走向台前的"导演"带领着她的团队为新片《昆虫记》着力进行了宣传。从剧本的改编到演员的甄选，从幕后的指导到台前的表演，我们这位小才女可谓倾尽心血，在这片属于她的舞台上将自己的才华充分施展出来，最终得到了观众的阵阵欢呼与称赞，毫无悬念地夺得了本年度的最佳导演奖！在小剧团的舞台上，孩子们成为自己真正的主人，他们的所思、所想、所悟都得到了最淋漓尽致的体现！所以课下孩子们总会跟我说："我爱小剧团！因为它让我在快乐中学到了很多东西，让我能更勇敢地表现最真实的自我!"

是的，这就是"阳光周四"校本选修课程带给孩子们的。他们在寓教于乐中学习，在快乐中成长，在这片真正属于他们的乐土上尽情地驰骋，彰显真我个性！

（李　娜）

第八章 走“实”后勤服务 建构幸福后备体系

学校总务后勤人员应该建章立制，加强学习，提高自身素质，强化节约意识，对学生行为规范、设施设备、校园环境等实施动态管理，深入一线，了解实际，发现问题，及时解决，起到对学校资产有效监管的作用，为学校的可持续发展提供正能量，使学校工作与时俱进。

第一节 健全管理制度，提高人员素质

一、健全总务后勤管理制度

没有规矩不成方圆，大至一国，小至一团体、单位、家庭，都要有自己的管理制度，否则人们就会为所欲为、各行其是，最终将一事无成。我校在原有制度的基础上，建立健全了总务后勤人员巡视制度、资产管理月报制度、校舍修缮管理制度、校产检查维修周周报制度等。这不仅是科学管理的需要，也是一种教育手段，还是一个集体赖以生存的有力保障。制度的进一步完善也为总务后勤工作提供了制度支持，使管理有章可循。

二、建立总务检查考核机构

总务处在人员紧张的情况下，聘请部分认真负责的班主任，成立总务检查考核机构，建立考核标准，以具体的数字标准进行衡量，做到赏罚分明，重视信息的反馈工作，发扬民主精神，广泛地倾听师生的意见和建议。总务管理领导深入各处室部门，通过劳动、辅助工作、谈心等形式，走到教师们中间，用听、看、查、比等方法，及时掌握第一手资料，做到周记、月查、季评、年汇总，为总务后勤管理工作考评提供依据，并把考核结果作为评先树优的依据之一。

三、加强总务后勤队伍建设

建立一支思想好、作风硬、懂业务、会管理的总务后勤队伍，是抓好总务后勤工作的前提，也是学校工作的需要。在当今和谐社会的大背景下，总务后勤人员素质需要极大提高，总务后勤人员应热情、周到、主动地为教师服务。从某种程度上讲，他们的工作将影响教师的教学积极性。而目前我校总务后勤人员少，素质有待于进一步提高，学校领导经常鼓励他们加强学习，多读一些有教育意义和思想价值的书。另外，目前总务后勤人员评定职称不占优势，虽然他们一直辛勤工作，却在职称上一无所获，这会影响他们的工作积极性。针对这一情况，总务领导鼓励他们积极考取教师资格证，在他们自愿的前提下适当安排教学任务，为总务后勤人员评定职称奠定基础，解除他们的后顾之忧。

四、明确管理原则

（一）局部服从整体

学校总务后勤管理要处理好整体与局部的关系。整个学校工作是全局，总务后勤工作是部分，我们要坚持局部服从整体。这就要求总务后勤工作的主管领导要善于摆正位置，在遇到大事时，善于请示和汇报，尤其是要向一把手做好报告。

（二）服从和服务于中心工作

教育教学是学校的中心工作，而总务后勤工作的宗旨就是为教育和教学服务，学校总务后勤的一切工作都要围绕这一宗旨来进行。为此，总务后勤人员不但要树立全心全意为教育、教学服务的思想，还要懂得教育、教学的规律和总务后勤工作的规律，要根据教育、教学工作的需要和实际情况的变化，不断调整自己的工作部署，以优质周到的服务去促进教学、科研的开展，充分调动师生学习和工作的主动性和积极性，这样才能更好地做好服务工作。

（三）过程管理与目标管理相结合

确定总务后勤管理工作的目标固然重要，但是，总务后勤工作的过程管理也不可轻视。从服务的角度来看，要使师生满意，就必须不断地对总务后勤人员进行教育，以督促他们不断改善服务态度；必须不断地检查和督促总务后勤人员的工作，以不断提高他们的服务质量。从安全的角度来看，设施和设备的安全隐患随时都可能出现，因此，必须经常对它们进行检查和维修，以便发现和排除隐患。从财务管理的角度来看，更要做到日清月结，否则就会一塌糊涂。总务后勤管理贵在平时，重在过程。

（四）优化资源配置

无论是钱，还是物，对于学校来说，都是相当有限的。因此，要优化配置人力、物力、财力等资源，争取使有限的资源得到充分合理的利用，最大限度地满足教育和教学工作的需要，取得最大的经济效益和社会效益。要坚持该原则，就要合理有效地使用人、财、物、时间等资源，要把有限的资金用在刀刃上，做到人尽其才、物尽其用。

（五）以人为本

在学校管理中，总务后勤人员若能主动热情地为师生提供超前、优质、高效的服务，就会大大促进和推动学校其他工作的开展。因此，调动总务后勤人员的积极性和创造性是非常重要的。学校的管理者要善于运用科学而艺术的工作策略，变简单的行政命令为指导激励，使总务后勤人员的积极性充分迸发出来。人是管理的第一要素，管理者只有重视人、关心人，在评先、表模、职称评定等方面满足总务后勤人员的正当需要，坚持“以人为本”，把“人”的积极性调动起来，总务后勤管理才会到位，总务后勤工作的服务功能也才会真正得到充分发挥。另外，学校最大的人群是学生，“人本”意识能否在学生身上落实，是决定学校管理成败的重要环节。

五、更新观念，提高认识

（一）提高对小学总务后勤工作的地位和作用的认识

1. 总务后勤工作具有服务育人功能。

总务后勤人员除了可以在其工作中，利用与学生的接触，直接对学生进行教育外，还可以通过耐心细致的工作和优质的服务去感染学生，也可以通过自己辛勤劳动所创造的优美环境对学生起到潜移默化的熏陶作用。这就是总务后勤工作的服务育人功能。

2. 总务后勤工作是学校德育、智育、体育工作的物质保证。

德育工作需要一定的投入，其中就包括总务后勤工作的支持。试想，如果教室或宿舍的灯坏了，窗玻璃、桌椅坏了，屡次报修不见动静，一拖再拖，学生就会感到很失望，甚至恼火，就会感到学校没有人关心他们，那么我们又怎能理直气壮地要求学生关心学校、关心集体、关心他人呢？因此，总务后勤人员只有千方百计、想方设法地做好保障工作，才能为德育工作提供有力的物质保证，否则就会影响德育工作的正常进行。

加强学校后勤工作，也是充分调动教师献身教育工作的积极性、主动性、创造性的重要环节。后勤部门按照有关教育法规创造条件，保证教师的生活福利待遇，解决他们工作、生活中的困难，才能增强教师从事教书育人工作的信心和干劲。

（二）更新观念，具有积极向上、认真负责的工作态度

长期以来，在一些学校，总务后勤管理工作没有得到足够的重视，甚至有的同志认为做后勤工作低人一等，这种观念显然是极其错误的。如果以这种不正确的思想指导学校工作，在人员的任用选拔、工作业绩的考核评比等方面就会出现不公正的现象，其结果必然严重挫伤后勤工作人员的积极性。我们必须摒弃那些轻视总务后勤工作和后勤人员的陈旧观念，平等对待他们，以促进学校各项工作的和谐发展。

（三）总务后勤人员应具备良好的心理素质

1. 要有较高的道德素质。

总务后勤人员要办事公道，作风正派。所谓公道，就是以广大人民的根本利益为最高准则，识大体，顾大局，讲团结，待人处世公平合理，不偏不倚。所谓正派，就是襟怀坦白，光明磊落，举止行为端庄正派。

2. 要有勇于创新的精神。

总务后勤人员必须思想解放、头脑灵活，要善于打破旧的管理模式，建立适应社会要求的新的管理体制，要敢于出点子、当参谋，不断改革、不断创新、不断开拓进取，以推动学校工作的开展。因此，开拓精神就成为学校总务后勤人员必备的重要心理素质之一。

3. 要有无私奉献的精神。

每一个总务后勤人员都要树立主人翁的责任感，积极发挥主观能动性，以优质的服务态度、灵活多样的服务形式为教育、教学服务，为教职员工排忧解难。学校总务后勤工作摊子大，任务重，困难多，虽然总务后勤人员整天辛辛苦苦、忙忙碌碌，还是“众口难调”。因此，总务后勤人员应当具备任劳任怨、埋头苦干、勤勤恳恳、甘当无名英雄的奉献精神。有了这种精神，才能正确对待名与利、苦与乐、荣誉与地位，才能把总务后勤工作做好。

第二节　完善计划，认真执行

一、完善管理计划

任何工作都要有计划，这样才不至于临时抱佛脚。总务后勤管理计划是总务后勤工作的根本，工作中应坚决贯彻计划管理，让每位总务后勤人员明确各自的工作任务和工作职责。结合三年发展规划，总务后勤管理领导要走到教师中，发扬民主精神，在广泛征求意见的基础上，制订短期、中期、长期计划。目标计划要综合平衡，充分考虑当前与长远、一般与重点、局部与整体的计划性、可行性、易操作性。

二、认真控制协调

控制的前提是掌握情况，要根据学校需要做好准备；协调就是调节人力、物力、财力，通过调节促进各项活动和谐、快速地发展。我校在争创山东省教育示范区过程中充分体现了这一点。学校总务后勤部门根据对示范区的要求、配备标准及已有仪器情况，控制好各种设备的购置数量，协调各部门报送数据，大量购置图书，并根据需要适当购置仪器，确保在示范区争创中高标准、高质量、及时地完成各项工作任务。

总务后勤工作者必须强化从事总务后勤管理、服务和保障的角色意识，准确定位，明确职责，始终牢记自己的责任和使命。总务后勤工作也存在专业分工，如固定资产管理、接待服务、政府采购、水电管理等，每个人都应该按照专业化的要求做好自己的工作，提高工作水平和服务质量，这样才能更有效地为全局各项工作服务。

学校的总务后勤工作任务，就是为教学科研第一线服务，为其创造必要的物质条件。因此，一个学校要搞好，就要有一批人把这方面的事情管理好，解除教学科研人员的后顾之忧，使他们能够集中精力从事教学科研工作，发挥专业特长，为提高教育教学质量多做贡献。

三、例行勤俭节约

为深入贯彻中央、省、市、区关于厉行勤俭节约、反对铺张浪费的要求，坚持领导带头、制度跟进、标本兼治、综合治理的原则，通过强化舆论引导、加强督导检查、严格责任追究、健全长效机制等措施，督促引导广大教师、干部大力弘扬艰苦奋斗、勤俭节约的优良传统，坚决抵制和纠正各种铺张浪费行为，在全体教职工中间形成节约光荣、浪费可耻的良好社会风尚，学校总务后勤部门协调各部门做了以下工作。

一是认真学习宣传，深刻领会精神实质。要求全校教职工认清新形势下厉行勤俭节约的重大意义，切实把思想和行动统一到中央的决策和部署上来，弘扬中华民族的传统美德。

二是结合学校实际，搞好自查自纠。将贯彻中央厉行勤俭节约精神列入反腐倡廉工作的重要内容，大力倡导精文简会，改进文风会风，严格控制办公经费支出，鼓励节约，反对浪费。

三是开展全面清查，从简安排各种会议和活动。认真检查和清理学校在春节期间的走访慰问等活动，严格从简节约，对不符合要求的安排一律予以调整，禁止用公款搞宴请、走访等活动。

四是做到"六不"。全体教职员工必须牢固树立节约光荣、浪费可耻的思想，做到"不吃请，不请吃，不送礼，不公款消费，不赌博，不酒驾"，要当正面典型，不当反面典型。

五是加强排查，构建长效机制。结合上级文件精神，坚持鼓励节约、整治浪费的原则，进一步修订、完善相关制度，重点抓好财务管理、会议管理、后勤服务、公务接待等规章制度的梳理，增强制度的针对性、可操作性和指导性。建立责任分工机制，将厉行勤俭节约、反对铺张浪费的责任分解落实到具体的处室和工作岗位，确保厉行勤俭节约，反对铺张浪费的经常化、制度化。

第三节　身正为范，为人师表

教师是学生模仿的对象，学生往往把教师身上的行为转化为自身的行为。因此，教师平时要注重自己的言谈举止，要求学生做到的，首先自己要做到；要求学生不做的，自己坚决不能做。鉴于此，学校总务后勤人员作为管理者和教育者，必须严格要求自己，做到作风正派、工作认真、任劳任怨、坚持原则、实事求是。

一、学会倾听

有人说："倾听是一种习惯，是对人的一种礼貌，更是一门艺术。"会倾听的教师，将会得到学生的信赖；会倾听的教师，将会受到学生的尊重；会倾听的教师，将会受到学生的爱戴。其实，倾听是一种双赢。

总务后勤人员在处理学生的问题时，要耐心倾听。小学生正处在好说、好动的年龄阶段，犯错误是在所难免的，有时是无心之错，如一不小心把走廊的玻璃打破了，或者把水桶打破了。出了这样的问题后，关键是看总务后勤人员如何处理，如果处理方法得当，学生就会口服心服，从而使犯错误的学生走向正轨；如果处理方法不妥，学生就会不服气，有敌对情绪，或口服心不服，这样很有可能就此埋下学生继续犯错，甚至犯大错的祸根。处理学生问题时，切忌简单粗暴，总务后勤人员要耐心倾听学生的意见，允许学生说话，允许学生辩解，允许学生争论，从中了解学生犯错的原因，特别是要摸清学生犯错的思想根源，以便对症下药。如果不分青红皂白，各打五十大板，或一碗水端不平，偏向一方，后果就会不堪设想。总之，学会倾听，能拉近师生之间的距离，增进师生之间的感情，构建人与人之间的和谐关系。

二、学会适当地运用惩罚

教育离不开惩罚，青少年研究专家孙云晓认为，没有惩罚的教育是不完整的教育。马卡连柯也曾经说过：“合理的惩罚制度有助于形成学生的坚强性格，能培养学生的责任感，能锻炼学生的意志和人的尊严感。”但惩罚是一把双刃剑，如何运用是一种艺术。只要我们创造性地运用惩罚，定能给教育增添别样的风采。

教师需要牢记的一点是，惩罚绝不是体罚，惩罚的前提是尊重，惩罚要有理有据、公平公正。如损害公物就需要照价赔偿，通过这样的一种赔偿方法，让学生知道损害公物的害处，从而让每个学生都养成爱护公物的文明习惯。

第九章 走“动”校园文化 养成学生精神气质

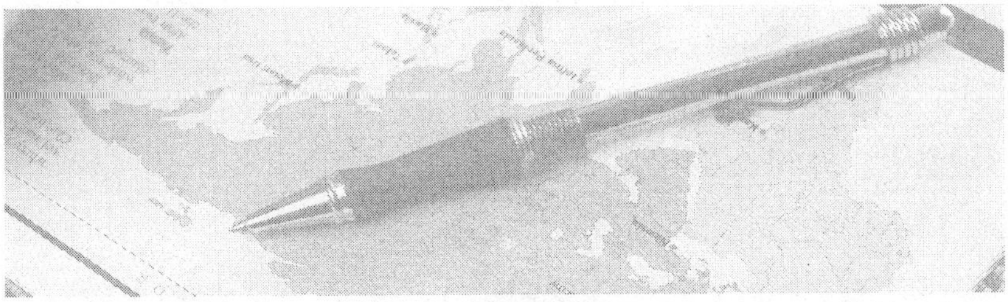

学校文化建设意义重大。我校根据时代主题，准确定位自身的文化理念，精心打造我们的学校文化。我校的文化包括动态文化和静态文化两类。其中，动态文化是指学校长期积淀而形成的风气和文化氛围，是学校文化灵魂的凝练。而静态文化是学校文化灵魂在物质环境上的投射，它是动态人文环境的外显和固化。我校文化是我们的精神底色，更是我们的灵魂。

第一节 内凝于神：兴于诗

“诗者，志之所之也，在心为志，发言为诗”，“故，言启蒙当先学诗”。五年以前，我校就实施了小学生经典诵读工程，引导学生诵读经典，与好书相伴，将千百年来经久不衰的经典诗文高声唱响。

一、经典诵读工程的内涵

（一）何谓经典诵读

经典是永垂不朽的作品，是民族智慧的结晶，所载为常理常道，其价值历久而弥新，任何一个文化系统皆有其永恒不朽之经典作为源头活水。“取法乎上，得乎其中；取法乎中，得乎其下。”诵读中外经典，就仿佛与圣贤照面相处，长期浸润其中，这些经典文化就会渗透于学生的潜意识里，默默地、自然地影响学生的思维和行为，使之成为具有深厚文化底蕴、高尚道德品质的一流人才。

（二）经典诵读的基本框架

语文是最重要的交际工具，是人类文化的重要组成部分，语文课程应致力于学生语文素养的形成与发展。语文教学担负着培养学生语文素养的重要使命，单靠一本语文教材是教不好语文的，单靠课堂四十分钟也是教不好语文的。没有课外阅读量的积累，没有以学生为主体的阅读兴趣、阅读心理、阅读方法、阅读习惯的培养与优化，没有学生全身心投入的自主阅读的感悟、探究、发现，培养学生的阅读能力乃至全面的语文素质及人文素质也必将落空。语文既然是人类文化的重要组成部分，那么我们就必须把语文的范畴扩大，不是单指语文教材，而是更广泛意义上的人类文化经典之作，以此来滋养学生的心灵，丰富学生的情感，启迪学生的智慧，才能实现语文素养乃至人文素养的提高。我校让小学生在小学六年的学习时间内，随着年级的升高，结合年龄特点，有计划、有步骤、有层次地进行有效的经典诵读，以语文教材为例子，对学生进行兴趣、习惯和方法的培养，然后通过大量的经典诵读进行课外延伸，从而充实学生的文化底蕴。

（三）实施经典诵读的设想

吕叔湘先生说过，我们拿出了三千多学时来学习语文，结果却人人不过关。他将阅读教学存在的问题总结为“少、慢、差、费”，即阅读数量太少，阅读速度太慢，阅读效率太差，阅读时间太浪费。一名学生，在多年的语文学习后，仍不能自主选择阅读，没有一定的阅读速度，达不到一定的阅读数量，不能不说是语文阅读教学的一大缺憾。因此我们想通过整合语文教材，改革语文课堂教学，来提高课堂教学效率，同时吸取人类文化的经典之作，补充语文学习素材，将薄薄的语文课本变“厚”，通过课内外的有效结合，夯实学生的语文基础，丰厚学生的文化底蕴。

我们要做的重点有以下几方面：第一，对现行的语文教材进行整合；第二，改革语文课堂教学，提高教学效益；第三，建立经典作品资料库；第四，课内外结合，有计划地进行经典诵读。

二、经典诵读工程的基本原则

（一）诵与读相结合

儿童期是记忆力发展最好的时期，因此必须抓住这一时机，让学生背诵一些名篇佳作，如“经史子集”、唐诗、宋词等，在此同时，还要引导学生进行大量阅读，积累好词佳句。

（二）读与写相结合

读是输入，是接受精神的营养，而写是输出，是读后的创新，在读的同时，必须加强写的训练，从而达到学以致用的目的。学校要求学生从学习拼音开始就坚持写日记，六年下来，不仅能够培养学生的写作水平，而且能够磨炼意志、提高道德品质。

（三）读与生活实践相结合

生活是创作的源泉。学校让学生走进大自然，关爱社会，珍惜环境，在主题性综合实践活动中，培养学生搜集信息、处理信息的能力，激发其阅读和写作的兴趣。

（四）共性与个性发展相结合

为了使活动扎实深入，在读书内容及量的要求上要有一个标准，但又要照顾到个体的差异，鼓励学生多读书，读自己喜欢的书，用自己喜欢的方法读书。

（五）精读与粗读相结合

对于要求背诵的经典之作，仅限于背诵最佳经典，如《论语》《老子》等；而有的经典仅限于阅读了解。阅读的书目也一样，有的要求进行精读赏析，有的只限粗读了解，有的则需要摘读。

三、经典诵读工程的主要策略

（一）课题带动策略

在经典诵读的过程中，教师要加强对诵读内容、方法及规律的研究，从而激发学生的诵读兴趣，使其形成良好的诵读习惯。研究的主题包括以下几方面。

1. 诵读兴趣的培养。

兴趣是诵读的关键，只有培养起浓厚的兴趣，才能实现由“要我读”变为“我要读”，“让我背”变为“我要背”。

2. 阅读习惯的养成。

经典诵读工程的最终目标是实现学生自主诵读，形成他们终身学习的愿望和要求，为他们的终身发展奠定基础，因此必须加强阅读习惯的养成教育。

3. 阅读方法的指导。

不同性质的书有不同的阅读要求和阅读方法，有的适合慢慢咀嚼，有的则只需囫囵吞枣，但怎样咀嚼，怎样吞，又有各自的阅读技巧。教师要在诵读过程中教给学生有效的阅读方法，提高其阅读质量。

4. 图书资源的共享。

要实现大量阅读，必须有丰富的图书资源做后盾。如何有效地使家庭图书、学校图书等发挥其应有的作用，实现图书资源的合理利用，是一项亟待解决的问题。

5. 学习型家庭（学习型社区）的创建。

要实现“时时为读书之时，处处为读书之人”，这是经典诵读工程的最高目标。为了营造浓厚的读书氛围，必须掀起师生共读、亲子共读的良好学习热潮。

6. 阅读评价体系的建立。

为了促进经典诵读工程持续、健康、深入地发展，必须有一套行之有效的评价体系做支撑，如建立阅读档案、开展系列读书活动等，以此来调动学生诵读的积极性。

（二）活动载体策略

经典诵读工程应以活动为载体，寓读书于丰富多彩的活动之中，主要包括以下几个方面。

1. 开展主题性实践活动，将读书与生活相结合。

结合学生年龄特点、季节特点、地域优势、时事新闻等，让学生走出课堂，走出校园，拥抱大自然，关注环境，在调查实践中，激发学生的探求欲望，引导学生去搜集、阅读相关的信息，从而将阅读融入社会生活实践，使读书活动主题化、系列化、趣味化。

2. 开展各种诵读竞赛活动，搭建展示诵读成果的平台。

学校定期开展常规性的读书活动，主要有以下几种形式。

（1）每年一届读书节，时间为十月份第二三周。我们的首届读书节，共安排了十多项内容：读书沙龙、“书友之秋”图书交易市场、“书海扬帆，伴我成才”读书演讲比赛、畅销书回顾评选、“幸福杯”读书知识竞赛、“影响我成长的一本书”征文大赛、“经典背诵大王”评选、“书香家庭”评选、优秀阅读指导课评选、“书香班级”评选、读书活动看板评比等。读书节活动既是对经典诵读工程的展示交流，又是对其的总结表彰，将经典诵读推向了高潮。

（2）除了读书节活动之外，我们每学期还定期举行一些读书系列活动：演讲比赛、故事会、读书知识竞赛、大型经典诵读比赛、读书笔记展评、读书辩论会、童话节、成语节等。

（3）为配合经典诵读的开展，促进学生读书写作能力的提高，我校成立了青苹果文学社，举行了社长的竞选演讲，在全体同学之中开展了社名、社徽的征集活动，社名、社徽的命名与设计都出自学生之手，并编辑出版了每月一期的《青苹果报》，极大地调动了学生读书写作的热情，促进了经典诵读深入有效的开展。

3. 采用环境浸润策略。

（1）利用课间播放经典名曲、好歌及古典诗文。我们的目标是在六年中让学生欣赏百首名曲、百首好歌、三百首诗文，让经典教育于无声中“浇灌”学生的心田，慢慢改变其气质，陶冶其情操。

（2）教室门口设名言板，每日一句名言警句，并将每节课前的师生问好改为名言警句的背诵，师生在激昂的背诵中感受着伟人的教育和鼓舞，使他们精神振奋，一天都处于积极的精神状态。

（3）在教室或楼梯走廊设立童话廊、成语角、对联墙、谜语栏等，使学生随时随地都能感受中华文化的博大精深。

4. 改革语文课堂教学，提高课堂教学效率。

把语文教材归类整合，分为精读课文、略读课文和补充自读美文。对精读课文的教学，教师要精备，在课堂上要落实好语文基础知识的学习，抓好学生听、说、读、写等能力的培养。略读课文主要由师生一起编写学习提纲，然后教师放手让学生自学。这两类争取用半学期时间完成，余下的时间主要进行补充自读美文的教学。

5. 改革考试形式和内容。

传统的考试命题过于注重对语文基础知识和基本技能的考核，而对于学生综合语文素养的考查却难以从纸面上体现出来，因此导致考什么教师就教什么，考什么学生就学什么。这在一定程度上制约了学生语文素养的培养和发展。因此要想使经典诵读工程落到实处，除了从根本上转变教师的教育观念外，更应该对考试进行改革。在考试的形式上，除了笔试之外，还应该增加口头表达能力和朗读能力的测试。在考试的内容上，增加综合运用语言文字能力的考核比重，减少体现教材学习质量的内容比例。

6. 建立资料库，编辑诵读手册。

为了确保选编作品的质量，发挥选编内容与语文教材的互补作用，教师必须认真研究教材和课程标准，明确各年级的教学目标，结合学生的认知水平，从中华浩瀚的文化宝库中精选适合各年段阅读的文章，然后分人物篇、状物篇、写景篇、叙事篇等几大部分，将其整理成为课外美文阅读资料库，以备教师和学生自主选择。

根据六年诵读计划，我们还精选了100个歇后语、100条谚语、100幅对联、2000个成语、200句名言警句等，按照年级汇编成学校诵读手册，共六册。

另外，我们还根据年级特点确定了各个年级的课外必读书目和选读书目，以供学生有计划地阅读。

7. 拓宽诵读范围，开放诵读方式。

经典诵读的语文课堂分为三方面，即常规课堂（室内阅读，读有字书）、天地课堂（自然阅读，读无字书）、网络课堂（网络阅读，读信息书）。常规课堂又分为阅读指导课、经典背诵课、自由阅读课、阅读活动课等课型，这样使每一节课的目标更具体，任务更明确，训练更到位。

8. 建立多元的评价体系。

为了调动学生的诵读积极性，确保经典诵读工程持续深入地开展，建立一套完善的诵读评价体系是实施诵读活动的重要环节。除了进行考试改革之外，我们还编写了经典诵读评价手册，里面包括阅读记录、背诵记录及读书感受，还有新书推荐和名家简介等内容。该手册按年级分为六册，手册的编写有以下好处：可以让学生直观地感受到自己诵读的成绩，享受成功的快乐；可以让家长和教师及时了解学生诵读的情况，从而有目的、有计划地对学生实施引导。

9. 师生共读，亲子共读。

为营造浓郁的学习氛围，建设学习型文化校园，我们还开展了园丁读书工程，要求全体教师要带头读书，成为一个爱书人。在教师中，我们开展了"三个一"活动：每天读一小时的书、每天记一篇教学随笔或读书笔记、每学期发表一篇高质量的教育教学论文。我们要求教师要读写结合，并将其作为学校教师队伍建设的一项重要举措。

经典诵读工程还带动了许多家长的参与，不少家长买来《论语》和孩子一起学习，该项活动能够促进学习型家庭的建立，提高家长的素质和家教水平。

10. 学科综合，实施"大语文教学"。

语文学科是学习其他学科的基础性课程，这种性质决定了其学习范围的开放性。语文学习服务于其他学科，同样，其他学科的学习反过来促进语文能力的提高，因此我们必须站在全部课程内容系统的高度，把全部的课程都纳入语文课程的范畴，从所有教师都是语文老师的角度去理解语文。

四、经典诵读工程的目标要求

1. 背诵 10 篇经典古文。

2. 背诵 200 首古诗词。

3. 熟记 2000 个成语。

4. 熟记 100 幅对联，100 个歇后语，100 条谚语，200 句名言警句，100 首歌曲童谣。

5. 赏读 12 部文化名著，补充学习 600 篇美文佳作。

6. 观看 12 部经典电影。

7. 每周记日记不少于 4 篇。

8. 欣赏 100 首经典名曲及老歌。

学生诵读书目

年级	背诵书目	必读书目	选读书目
一	《三字经》《笠翁对韵》	《格林童话》《安徒生童话》《木偶奇遇记》	《伊索寓言》《海底两万里》《丁丁历险记》《一千零一夜》《阿凡提的故事》《十万个为什么》
二	《弟子规》《千字文》	《伊索寓言》《中华寓言故事》《汤姆·索亚历险记》	《成语故事》《鲁滨孙漂流记》《爱的教育》《中国神话传说》《少儿百科全书》《好兵帅克》《雾都孤儿》
三	《百家姓》《诗经》	《成语故事》《鲁滨孙漂流记》《海底两万里》《西游记》	《中华寓言故事》《钢铁是怎样炼成的》《堂·吉诃德》《爱丽斯漫游奇境记》《世界名人故事》
四	《论语》《唐诗三百首》	《昆虫记》《童年》《汤姆叔叔的小屋》《水浒传》	《少年维特之烦恼》《封神演义》《孙子兵法》《苦儿流浪记》《东周列国故事》《格列佛游记》《小思想家在行动》《尼尔斯骑鹅旅行记》
五	《大学》《中庸》	《中华上下五千年》《三国演义》《格兰特船长的儿女们》《八十天环游地球》	《歌德诗选》《儒林外史》《散文》《小王子》《数学与头脑相遇的地方》《时间和宇宙》《海蒂》
六	《老子》《孟子》	《世界上下五千年》《徐霞客游记》	《资治通鉴》《雪莱诗选》《尚书》《古文观止》《神秘岛》《巴黎圣母院》《HAPPY 数学》《雾都孤儿》《基督山伯爵》《斯巴达克斯》

“掬水月在手，弄花香满衣。”几年来，经过全体师生的探索实践和不懈努力，一个学习型书香校园已经形成，得到了社会、家长的充分肯定。它时

时唤起学生创造的灵性，激发学生的好奇心和充满激情的美好情怀，提升了学生的人格魅力，促进了学生的文化品位、审美情趣，提高了学生的语文水平，培养了学生的语文素养。

第二节　外显于象：立于礼

胸中有丘壑，腕底起云烟。深厚的文化底蕴使得学生言语脱凡、气质不俗，此时对学生进行文明礼仪教育自然是水到渠成的事情了。

一、文明礼仪教育的背景

孔子曰："不学礼，无以立。"意思是，没有礼仪的约束，丰富的文化内涵便不会完美地展现。孔子曰："博学于文，约之以礼，文质彬彬，然后君子。"意思就是，广泛地学习古代的文化经典，用礼来约束自己，文质彬彬，方能成为君子。因此，伴随着经典诵读工程的实施，我们提出了"博文约礼，书香幸小"的口号，目的明确地对学生进行文明礼仪教育，培养小学生的君子之风。

二、文明礼仪教育中的"五个注重"

（一）注重载体创新

我们紧密结合实际，通过主题新颖、学生喜闻乐见的实践活动来培养学生的文明礼仪素养，坚持经典诵读同礼仪教育的有机结合，有针对性地对学生实施文明习惯养成教育，重点开展了"12233"文明礼仪训练，即培养1种习惯——讲文明、讲礼貌习惯；规范2个阵容——升旗仪式、大课间；学会2种语言——礼貌语言、体态语言；建立3种秩序——集会秩序、课间秩序、路队秩序；保持3个面貌——个人精神面貌、班级环境面貌、校园环境面貌。

（二）注重全员参与

文明礼仪教育的对象不仅是学生，更重要的是教师。若每一位教师都能"俯下身子，蹲下来"与学生进行心与心的交流，使学生懂得行为规范中的真、善、美，就会很好地做到以身立教。我们通过发挥课堂主阵地的作用，与经典课堂相结合，全方位渗透文明礼仪知识。班主任在每周的主题班队会上结合经典名篇中的语句，对学生进行包括举止礼仪、谈吐礼仪、家庭礼仪、校园礼仪及公共场所礼仪等方面的礼仪教育，以灵活多样的组织形式，引导学生积极、主动地获取知识。各科科任教师结合本学科的特点，灵活运用教材内容，有机地进行礼仪教育，以达到巩固、强化、渗透的作用。将经典礼仪知识渗透于课堂教学的各个环节，每位学生都受到了文明礼仪的感染和熏陶，课堂真正成为了文明礼仪教育的重要阵地。

（三）注重文明劝导

我们在校内广泛设立文明礼仪监督岗，从 5～6 年级各班选出数位品行优秀的学生担任值勤队员轮流值日，对各班的卫生、纪律包括文明礼仪、两操、路队等情况进行登记评分，做到天天有检查、周周有评比、月月有总结，从而使学生认识到“我必须这样做”，将良好的行为习惯内化为学生的自觉行为。

（四）注重科学评价

我们在开展文明礼仪正面教育的同时，注重发现典型。对表现好的班级、个人，我们会大张旗鼓地表扬，使他们充分发挥榜样带头作用；对家庭中、社会上的一些不文明行为，我们通过案例让学生们认识其危害，鼓励学生尽力劝阻。

（五）注重舆论宣传

我们充分发挥网络平台和校园广播的作用，德育主任会不定期地将抓拍到的个别学生或班级的音像资料上传，或者利用课间操广播时间对“文明标兵”进行表扬和奖励，使文明礼仪的宣传真正形成舆论声势。

第三节　华彩展现：成于乐

艺术教育是我校突出的办学特色之一，学校构建了艺术教育的运行机制，创设了良好的艺术教育氛围。我校的春蕾少儿艺术团于 1994 年成立，是潍坊市首家少儿艺术团，艺术团由民乐队、管乐队、合唱队、舞蹈队、竖笛队等组成。为了给学生提供实践机会，我们从1994年起就设立了每年一次的艺术节，全校师生全员参与艺术节的文艺会演，使艺术教育得到了最大限度的普及。由于连续多年对艺术教育的坚持和积累，学校培养了大批的艺术特长生，民乐团也成为潍坊市规模最大、演奏水平最高的民族乐团。

一、全面普及艺术教育

为使艺术教育真正成为学校全面育人的一项基础工程，学校成立了由校长任组长的艺术教育领导小组，制订了艺术教育实施方案，将艺术教育纳入学校的教学常规管理之中。学校还特别重视教师队伍建设，除了加强对我校专职音乐、美术教师专业能力的培养，还从市艺术馆、艺校、文化馆等处聘请了10余名兼职教师，对学校的民乐、舞蹈、合唱等进行辅导。音乐、美术课堂教学是艺术教育的主阵地，学校成立了音乐、美术中心教研组，深入开展教改教研工作，加大课堂教学改革力度，实施音乐、美术学科素质教育改革实践。

我们还以春蕾少儿艺术团为基础，开发了"阳光周四"校本课程，组建了各种特长活动小组，有二胡、琵琶、古筝、扬琴、唢呐、笙、笛子、柳琴、合唱、舞蹈、美术、书法、演讲等14类30多个特长班。每周四下午的快乐活动成了对学生进行艺术教育的乐园，优美的琴声、嘹亮的歌声熏陶着每一个学生。良好的艺术教育氛围、丰富多彩的艺术教育活动，结出了丰硕的成果，学校涌现出了许多小歌手、小画家、小书法家。

二、艺术教育的丰硕成果

在实践中，我们认识到艺术教育是提高综合素养、开发智力、培养意志品质的好方式。因此，我们的民乐队、管乐队、舞蹈队、合唱队等坚持常年训练，美术、书法组织也坚持活动。多年来，学校的艺术教育已硕果累累。早在2000年，我校就被命名为山东省艺术教育示范学校，2001年被评为潍坊市艺术教育特色学校。在2001年潍坊市举行的中小学艺术调演比赛中，我校的民乐队、舞蹈队分别获得一等奖。同年，学校参加了《中国教育报》报社组织的第二届"世纪之星"全国少儿美术绘画比赛，我校有120名学生参加，2人获金奖，5人获银奖，28人获铜奖，82名同学获优秀奖，1名教师获"伯乐"金奖，2名教师获辅导铜奖，学校荣获团体一等奖。民乐队、舞蹈队、合唱队、美术、书法等先后荣获省、市、区奖杯、奖状、证书共计200余件。音乐、舞蹈有515人次获个人单项奖。

我校民乐队更是多次代表市、区参加比赛，均获得一等奖的好成绩。2001年5月，我校获山东省中小学素质教育成果汇报表演一等奖第一名，并赴山东省电视台参加了由省教委举办的全省素质教育成果汇报演出，受到与会专家的高度好评。同年7月份，我校举办了幸福街小学民乐团建团五周年专场音乐会，取得了成功，三次在潍坊电视台的黄金时间播出。2001年4月，我校的春蕾少儿艺术团先后两次接待了美国客人的来访，为他们全方位地展示了我校艺术教育的风采，他们赞不绝口。同年11月，山东省音乐优质课评选在潍坊市举行，济南、烟台、临沂等地50多名专家、领导来我校参观，丰富多彩的艺术教育成果得到了参观者的高度评价。这表明，我校艺术教育工作已走在了全省前列。

三、与时俱进的艺术教育

艺术教育是素质教育的重要组成部分，艺术教育可以提高学生的音乐素养，提高学生的生活品位，为学生长大后有一个艺术化的人生奠定良好的基础。因此，我校本着为学生的终身发展负责的态度，四届领导班子历时16年，对艺术教育常抓不懈。2002年9月，学校为山东省创新教育鉴定会成功举办了由民乐、舞蹈、合唱、管乐、课本剧组成的大型汇报演出，当时震惊了与会人员，他们无论如何也不相信这精彩的节目出自于一所小学，来自北京中央教育所的华国栋兴奋地说：“这是我所见到的水平最高的小学生演出，真是太了不起了，学校一定要继续发扬光大。”2004年5月，舞蹈《风雪师生情》获全国舞蹈大赛一等奖。2004年6月，学校在潍柴礼堂，成功举办了幸福街小学庆“六一”音乐专场音乐会，受到了与会专家、领导的高度赞誉。2004年9月两次参加建区十周年演出，均收到良好的效果。2009年11月，我校艺术团为全国语文主题学习研讨会成功举行了汇报演出，得到了与会代表的一致好评，教育部专家崔峦称从这里他看到了最棒的课本剧。

多年来的艺术教育，促进了学校教育教学质量的提高，促进了学生素质的全面发展。我们将在艺术教育这块园地里不断探索、耕耘，继续以艺术教育为突破口，深入实施素质教育，使我校的艺术教育办学特色更加突出，为教育事业做出新的贡献！

第十章

走在路上的幸福视野

Zouzai Lushang de Xingfu Shiye

《中庸》有云：“极高明而道中庸。”说的是极高明的境界并不需要在多高的地位上才能达到。我们信奉并秉持了这一理念，在平凡的日常教育中孜孜以求，在走动管理中大胆取舍，用经典文化打造出我们的校园品牌，从另一个角度阐释了“让人人都成为幸福的成功者”这一管理理念。

第一节 幸福"走"起来

时至初夏，草木葱茏。走进我校，一股浓浓的幸福气息扑面而来，浸润幸福的校园文化、和谐成长的幸福教师、欢乐微笑的幸福学生，无不沉静在幸福之中。校园的每一个角落都跳跃着幸福的喜悦，述说着幸福的故事，弥漫着幸福的味道。

幸福，是人类追求的最高价值和教育的最终归宿。我校围绕办好人民满意教育，奠基学生幸福人生，坚持"让人人都成为幸福的成功者"的办学理念，继承传统，务实求真，深入实施走动管理，创新开展科技教育，打造学校特色优势品牌，为全校师生打开了幸福之门，让教师享受教育幸福，让学生体验幸福教育，使学校走出一条独具特色的优质教育之路。

一、走动管理之源头

（一）以走动管理开创特色教育发展之路

科学管理是学校持续发展的重要保障。我校在前期零距离管理的基础上提出了与时俱进的走动管理理念。通过强化管理者的责任心和使命感，加强与教职工之间的情感交流、关注师生的幸福成长，真正实现管理上的零距离，营造了和谐、高效和以人为本的工作氛围，推动了学校各项工作科学健康地发展。

（二）增强责任感和使命感，推动管理重心下移

走动管理强调管理者以平等的朋友的姿态出现，遵循以尊重、信任、激励、发展、成全为原点和归宿的人本思想，摒弃训斥、命令、束缚、控制的刚性管理手段，打造具有亲和力的学校人文生态环境。

（三）感受师生成长需求，师生零距离携手共进

学校以周到的生活服务为教师解除后顾之忧，用真诚为教师的教育教学服务，用赏识、激励和尊重成就教师独特的教育个性，使他们保持奋发努力的积极状态，从而产生崇高的理想和追求，最终使追求化为一种孜孜以求的螺旋式上升的幸福过程，使每一位教师都走向成功。同时，走动管理让管理者深入学

生群体，依据学生爱好及年龄特点，了解他们真正的需求，把以实践活动为主要特色的"阳光周四"推向纵深，推动了学生的个性和特长的发展。

（四）推进走动管理制度建设，构建和谐管理新机制

文化是管理的精魂，管理是文化的延伸。学校积极响应奎文区教育局推进学校制度化建设的精神，充分尊重教职工的意愿，集思广益，以加强现代学校管理体制创建为基础，不断完善管理制度，实现了走动管理制度化和规范化。学校经过反复调查研究，对学校现状进行深入分析，形成章程和规划，将动态的管理文化制度化，进而加强师生在价值理念、岗位责任等方面的教育和引领，使学校师生在价值取向方面达成共识，为深入实施走动管理打下坚实的基础。

二、走动管理之成效

（一）以科技创新占领素质教育发展高地

创新是一个民族的灵魂，是国家兴旺发达的不竭动力。科技创新作为现代社会发展的根本动力，是深化素质教育改革的内在需要。我校牢牢抓住教育改革与发展的主动权，研究和探索学生创新精神和创造能力的培养方法与途径，实施科技创新战略，扎实有效地推进素质教育，取得了显著成效。

（二）深化课堂教学改革，构建高效创新课堂

课堂是实施科技教育的主渠道，学校立足实际，着力构建"1＋1"科技创新课堂教学模式，其中的"1＋1"即"问题探究＋开放生成"。"1＋1"科技创新课堂以问题讨论为主线，以开放性问题为载体，设计开放式教学模式，要求学生不断地寻求在给定条件下多种可能存在的答案。这类问题帮助学生克服处理问题时的思维单一化，培养学生思维的深度和广度，启发学生用不同的方法解决同一问题，而不必拘泥于固定问题的解决程序，有效增强了学生的创新意识。

（三）成立创新工作室，加快教师队伍专业发展

学校成立了创新工作室，旨在引领骨干教师形成自己的教学特色，提高教师的工作积极性，促进教师的专业发展。创新工作室集专家指导、教师研讨、科技沙龙于一体，为教师提供了一个问题研讨的平台。创新工作室通过进一步提升教科研水平，在工作室内营造浓郁的创新教育氛围，鼓励每一位成员积极从事创新教科研工作，以创新教科研带动教育教学能力的提升，努力将创新教育打造成工作室的特色和品牌。

（四）构建科技创新课程体系，促进学生个性特长发展

学校围绕着科技创新这条主线，先后构建了科技类、文学类、艺术类“三点一线”校本课程体系，培养学生的兴趣爱好和创新精神，满足学生个体差异需求，促进学生个性特长的发展。

（五）开展各类发明活动，为科技教育提供平台支撑

创新活动是创新教育的载体，没有活动就没有活力。学校启动少年科研中心建设，形成系列化的科学创新教育阵地，使学生的创新才能得以发挥。根据小学生的成长特点，学校积极开展具有思想性、科学性、趣味性、实践性、创造性，内容丰富，形式多样的创新教育活动，使学生在参与活动的过程中学习科学知识、掌握科学方法、培养科学精神、提高科技创新素养。另外，学校每年都参加各级各类科技竞赛活动，学生可以根据自己的特长，自主选择项目，主动参与竞赛，在实践中体验成功的喜悦，找到自身努力的方向，大大激发了学习科学知识的自觉性、主动性、探究性和创造性。

自强不息凌云志，唯有奋斗结硕果。几年来，正是在“让人人成为幸福的成功者”这一办学理念引领下，学校以“走动”的方式，走出一种和谐的沟通氛围，走出一个高效的管理体制，走出一片可持续发展的教育空间。

第二节　梦想“动”起来

我校实施的走动式校园管理，其目的是通过走动强化管理者的责任心、增强管理者的使命感，通过走动加强与教职工之间的情感交流、关注师生的幸福度，真正实现管理上的零距离，进而营造一种和谐、高效和以人为本的工作氛围。走动管理将“以学生发展为本”的科学教育发展观和“公平、优质、均衡、和谐”的高效教育教学理念融为一体，在实现和谐教育管理与高效课堂教学活动的同时，有效地保证素质教育与课程改革的深入开展，突出落实“全程教育教学质量观”“办好学校、带好队伍、教好学生”的工作思路和发展策略。

一、走入师生群体，实践幸福零距离

学校领导以朋友的姿态走近师生，听听、看看、想想，写下每周一次的《走动管理信息采集表》，分门别类地列出目前学校管理中存在的问题，根据问题的轻重缓急，抓住主要矛盾，各个击破。由此，学校种种潜在问题得以发现并有效解决。

为了教师是学校教师管理的使命，服务教师是学校教师管理的要务，解放教师是学校教师管理的人性化回归，发展教师是学校教师管理的核心，成就教师是学校教师管理的终极目标。我校通过自己的组织策划，建立了一套完整的、人性化的规范制度，让教师真正成为学校的主人，为学校教师的自主发展搭建阶梯。

我校自建校之初，就确定了以艺术教育为突破口，全面实施素质教育的发展战略，十几年来坚持不懈，并进行了卓有成效的探索和研究，使艺术教育普及到每一个学生。走动管理让管理者思考现状，积极发现问题，带领学校不断创新，把以实践活动为主要特色的"阳光周四"推向纵深，细化为主要包括艺体类、经典类和科技创新类的系列校本课程。

作为市、区两级自主、互助的实验学校，我校依托"自主互助参与式教学模式研究"省级立项课题，科学制订了创新课堂教学的方向与目标，努力实现课堂教学方式从单一接受到创新发展的转型，引领学生从传统的"小课堂"走向创新发展的"大课堂"。学校以经典文学实践活动为主，开设文学社和小剧团，开展系列性活动，进而把活动纳入系列性研究之中。

种种创新进步皆因管理者走到师生间，"弯下腰"以一个低姿态体会师生心理、感受师生需求、与师生携手共进。

二、群策群力，建立和谐管理体制

一所学校的发展并不仅仅取决于物质条件和师资素质，更在于隐藏在其背后的学校的核心精神和核心能力。而学校核心精神和核心能力的形成，则在于学校的管理理念，在于学校新型管理文化的建设。

学校坚持走动管理，这是一种双向监督，一方面是管理者身先士卒，接受普通教师的监督，另一方面，教师的日常教学也直接接受领导的管理。为了让教师实现高境界、达到高品位，我校积极实施名师名校战略，成立了潍坊市首家名师工作室。该室由学校的2位齐鲁名师担当带头人，带动全区的数学、语文学科的名师培养。经过一段时间的运作，教师真正实现了由教书匠向研究型学者的转变，先后有18位教师的论文获国家级奖项，14位教师的论文获省级奖项，22位教师的论文获区级奖项，9位教师撰写的金点子案例在潍坊市获奖。目前，学校已有全国优秀教师1人，齐鲁名师2人，山东省教学能手3人，山东省优秀教师2人，潍坊市名师1人，潍坊市特级教师1人，潍坊市、区教学能手46人。

同时，我校深掘校训、校歌、校旗、校徽等特定的文化内涵，感染、美化师生的心灵，营造一种团结向上的群体氛围。张扬走动管理“大局着眼，以诚待人、无微不至、真情无限”的“精细化”管理理念，管理者深入被管理者中间，形成以“校长—中层—教师—学生”为辐射中心的多维立体走动网络，形成了强大的团体凝聚力。

爱尔兰诗人叶芝曾说：“教育不是灌满一桶水，而是点燃一把火。”相信走动式校园管理已经点燃了广大师生的激情。我校正以昂扬的斗志、饱满的激情，全力以赴迈向打造一流教育的新征程。

第三节　科技阳光照亮校园

我校是一所市级规范化学校，始终坚持“创办规范加特色学校，培养合格加特长人才”的办学宗旨，以科研兴校为先导，以艺术教育为突破口，全面实施素质教育，在学校管理、教育科研、艺术教育等方面进行了卓有成效的尝试，走出了一条自主创新、内涵发展之路。

一、强化创新教育的主核心——学校管理创新

百年大计，教育为本；教育创新，管理先行。我校将管理创新作为实施创新教育的核心，带动课堂教学创新和实践活动的创新。

（一）加强组织，明确分工

奎文区教育局成立创新教育课题小组，保障创新教育的有效实施。我校成立以一把手为组长的创新教育工作小组，保障创新教育工作的顺利开展。

创新教育课题小组和工作小组各司其职，明确分工。课题小组负责把握创新教育的工作方向，对学校创新教育的开展情况进行过程监管，并辅以有针对性的指导和帮助，稳步推动创新教育深入开展。工作小组负责创新教育工作的具体实施，鼓励师生全员参与，有效建立创新教育校本课程体系和活动课程体系，收集整理创新教育的过程性材料，定期向课题小组汇报工作进展，及时总结经验做法，以便更好地进行推广。

（二）注重研究，积极调研

学校以实施开展创新教育为契机，系统分析目前学校工作中取得的经验和存在的问题，进行全面梳理和有效整合；积极组织创新教育骨干教师参加培训和外出考察，学习外地市及兄弟学校的优秀经验做法；聘请相关教育专家和学者，有效发挥他们的作用，对教师和学生进行专业化指导。

（三）走动管理，确保实效

走动管理的核心即人人都是管理者。学校要求中层以上领导走出办公室，走进课堂听课，走到教师们中间，走到学生们中间，通过和师生的广泛交流，及时了解创新教育各项工作进展情况，发现和解决创新教育工作中出现的问题，并及时向创新教育课题小组汇报，强化过程管理，确保工作实效。

（四）制订创新教育发展的预期目标

学生发展目标是通过开展创新教育，使学生成长为乐学善思、勇于探索、批判思维强的学生。教师发展目标是通过开展创新教育，使教师成长为自主管理、全面育人、专业素养高的教师。学校发展目标是通过探索创新教育，形成以民主管理为核心，具有批判、创新意识的学校管理文化，成为特色鲜明、育人质量高、社会声誉好的学校。成果性目标是形成以"阳光周四"为基础，以少年科研中心和社团活动为辐射的创新教育校本课程的评价机制和实施机制；走动管理、经典诵读经验结集出版，开展区级推介会。

二、打通创新精神的主渠道——课堂教学创新

正确的教育思想是课堂教学的灵魂。我校在课堂教学改革中不断探索实践，总结了具有自己特色的课堂教学模式、校本课程体系和个性化教师培养体系，改变了学校的教育思想，拓宽了教学改革空间。

（一）“1＋1”创新教育课堂教学模式

我校主要从两个方面实施“1＋1”创新教育课堂教学模式：第一方面，以问题讨论为主线，设计探究式的教学模式；第二方面，以开放性问题为载体，设计开放式教学模式。

（二）“1＋1”创新校本课程体系

“1＋1”创新校本课程体系即“合格加特色”校本课程体系的构建。根据学校办学思想、历史传统等因素确定个性化、特色化课程，以满足学生个体差异需求，促进学生个性特长的发展。校本课程的内容包括培养学生兴趣爱好的科技类、文学类、艺术类等课程。

（三）“1＋1”个性教师培养

课堂教学行动创新之处在于教师的自我提高和学校的有效促进。“1＋1”个性教师，即“合格＋个性”教师。合格，即教师作为教育教学的研究者，要以研究者的心态置身于课堂教学情境中，以研究者的眼光审视和分析教学理论和教学实践中的各种问题，对自身的行为进行反思，对出现的问题进行探究，对积累的经验进行总结，使其形成规律性的认识，再有效地运用于课堂教学中，并得以成长。个性，即教师总结出来的旨在培养学生创新能力、形成创新人格的独特的学习方式及其对应的教学方式。

三、夯实创新教育的主阵地——实践活动创新

实践活动是育人的重要内容和有效手段，在教育中发挥着重要作用。我校将实践活动作为创新教育的主阵地，充分利用各种资源，带动学生的积极性，使实践活动真正起到锻炼学生能力的目的。

（一）成立少年科研中心

少年科研中心的具体工作包括以下几方面：积极与奎文区教育局仪器站、区科协联系，争取添置一些学习研究的仪器和工具，建成一个可供学生开放式研究性学习的实验室和科普教育景点；根据学生的年龄特点，制订发展目标。

（二）创新工作室建设

学校成立由孟会玲具体负责的创新工作室，在工作室的引领下使骨干教师形成自己的教学特色，提高教师的工作积极性，促进教师专业发展。创新

教育工作室集专家指导、教师研讨、科技沙龙于一体，为教师提供一个问题研讨的平台。主要研究内容：(1) 打造创新教育品牌；(2) 落实创新专题研讨；(3) 追求辐射效应。

“潮平两岸阔，风正一帆悬”，我校开展的科技创新教育顺应时代的发展需求，是勇于推进素质教育的明智之举，是凝聚品牌力量的智慧之作。“路漫漫其修远兮，吾将上下而求索”，创新教育任重而道远，我们正满怀激情地朝着阳光大道阔步前进，我们要借科技的阳光照亮整个校园，让每一位学子沐浴科技的温暖，让人人成为幸福的成功者。

第四节　走动管理走出新天地

在新的教育环境大背景下，创新的管理体制、高效的组织结构是建设一所学校首先应该关注的。为此，我们需要用一种崭新的管理理念来推动教育事业的发展。我校的走动管理是我们借鉴企业管理中先进的管理理念，在我校前期零距离管理的基础上提出的。在实施走动管理的过程中，我们注意抓好“两步走”，在学校管理中走出了一番新天地。

一、将学校打造为“教育家”

一位校长就是一所好学校，但是如果这位校长调任了，这个学校还是一所好学校吗？在学校内部建立起一套管理机制，运用它把学校打造成一位“教育家”，那么即使有一天校长调任了，学校仍然可以自动持续发展。

首先，依托依法治校，达成价值共识。在走动管理中，管理者走出办公室，走到群众中间。以学校章程和其他制度为凭借，加强全校师生在价值理念、岗位责任等方面的教育和引领，使学校成员在价值取向方面达成共识，为后期采取及时、正确的决策打下坚实的基础。

其次，加强情感交流，形成文化共鸣。管理者深入被管理者中间，学校成员打成一片，彼此了解各自的想法、看法和意见，加强上、下级之间的情感交流，消除一些由于隔阂而产生的误会和误解，以便形成团体凝聚力。

二、营建出学校的教育生态

教师的专业成长、学生的全面发展，就像生物成长一样，需要一种营养丰富的生态环境，这样教师、学生、学校之间才能相互和谐、共生共荣，促进彼此协同进化。因此我们从生态的视角审视学校管理，从人本的角度关注个体的人，确立学校的教育伦理，形成学校这个集体的良心，最终构建学校可持续发展的教育生态。

首先，权力下放，扩大自主创新空间，形成以“校长—中层—教师—学生”为辐射中心的多维立体走动网络，使得问题的发现和解决都立体化、人本化。

其次，互相制约，确立学校的管理伦理。实行走动管理，管理者及时发现、及时解决学校各项工作中潜在的问题，但在解决问题的过程中，能依据的法规条文毕竟有限，绝大多数行为问题的解决要靠行为主体和管理者对问题的共识，以及在思想意识、舆论氛围、人际关系等方面的共识，这样久而久之，约定俗成的对待问题的态度和解决问题的观点会逐渐成为学校的伦理道德，成为学校集体的规则，从而引导大家用公认的善恶标准来律人律己。

总之，我校实施的走动管理构建了学校自动向前发展的管理机制，确立了学校的管理伦理，加强了学校的教育道德建设，营建出学校“绿色”的教育生态环境，提升了我校的品牌形象，使学校拥有了可持续发展的内驱力和生命力。

教师说
（代跋）

“大知闲闲”“大言炎炎”的幸福领头人

“大知闲闲，小知间间；大言炎炎，小言詹詹”，庄子在《齐物论》里如是说。意思是，最有智慧的人，总会表现出豁达大度之态，小有才气的人，总爱为微小的是非斤斤计较；合乎大道的言论，其势如燎原烈火，既美好又盛大，让人听了心悦诚服，那些耍小聪明的言论，琐琐碎碎，废话连篇。

我们幸福街小学校长罗军，正是这样一位“大知闲闲”“大言炎炎”的幸福领头人。他以简单快乐的工作风格，把复杂事情简单化，把沉重工作快乐化，带出了一个真抓实干、勇于创新、处处为群众着想的好班子，抓出了一个以“让人人都成为幸福的成功者”为办学理念的好学校。

走动管理：谈笑声里定乾坤

罗校长在学校管理中引进企业管理的先进理念，实行走动管理，要求学校领导走出办公室，走进教室，走进校园，走到教师们中间，走到学生们中间，通过和师生的广泛交流，及时发现、了解教育教学工作中出现的问题，能解决的当场解决，不能解决的进行认真研究，对要集中整改的重点问题进行归类排队，明确列出哪些是学习实践活动中可以立即解决的突出问题，哪些是依靠自身力量难以解决的问题，分门别类提出整改意见。走动管理让管理灵活了，效果提高了。

在一般情况下，学校管理过程中管理者有绝对的话语权，一般教师很少有发言机会。而走动管理赋予了教师充足的发言权。校领导在走动中仔细倾听一线教师的心声，听取他们对于学校管理的意见或建议，并且就发现的问题现场组织讨论，人人都可以发言，人人都可以站在管理者的角度上来解决问题。正是因为走动管理的有效实施，像职称竞聘、师德评选、年度考核这些在其他单位比较敏感的话题，在我校却进行得行云流水一般顺民心、合民意。

同时，罗校长认识到，优秀的管理者不应该只是一个传声筒，真正有实效的管理也不应只是对上级文件材料的传达与执行，更应该渗透着管理者独到的思想特色。他在走动管理的过程当中将自己的教育思想表达出来，让教师们去感悟、去理解、去辨析、去探讨。

就是这样，在他的带动下，学校领导在走动中，大事化小，小事化了，于谈笑间营造出了一片和谐向上、正气蓬勃的人文沃土。

"阳光周四"：打造"风云人物"的自由天地

阳光来自哪里？思想就是阳光。让每一个学生都成为"风云人物"——罗军这一简简单单的想法为每周四的自选课程镀上了一层和煦的阳光。

将国家课程地方化，地方课程校本化，校本课程人本化，再结合学校历史情况和学生本身特点，我校开始为学生量身打造适合他们成长的课程。艺术教育是我校自建校以来就形成的办学特色，2007—2008 学年下学期，在罗校长的引领下，学校对已有的艺术资源充分利用、科学设计，以原有的民乐队为主阵地开设了"阳光周四"自选校本课程，课程设置分为民乐类、体育舞蹈类、美术书法类等三十多个活动小组。学生自由报名、按需学习，从合唱到轮滑，从古筝到跆拳道，几乎人人都"身怀绝技"。每年一届的"六一"儿童节会演是学生大展身手的盛会，所有的家长都被邀至校园，家长既是观众又是评委，热烈的掌声、喝彩声将校园变成了欢乐的海洋。

自选课程的设立促进了我校艺体活动的发展。我校手球队于 2008 年参加全国比赛获冠军，同年参加机器人比赛获全国一等奖。我校男女篮球队在奎文区历次比赛中成绩斐然，2009 年更是双双获得冠军，创造了奎文区篮球历史上"双冠王"的奇迹。同年，手球啦啦操《幸福飞翔》在全运会手球比赛上精彩亮相。2011 年，民乐合奏《映山红》与舞蹈《剪纸姑娘》在全国小学生手球比赛开幕式演出中获得热烈好评。

更为重要的是，我校立足"阳光周四"校本课程开发了多层面的校本课程：以培养学生综合能力为主的综合实践活动课程；以提高学生学科能力为主的各学科实践课程；结合重大传统节日、中外节日开发的入队教育、离校教育、文明礼仪教育、感恩教育、关爱老人教育等课程；走进社会感受生活变化的社区教育课程；等等。

"阳光周四"校本课程的开发与实施，只是我校开发适合学生成长课程的一个剪影。它不但让每个学生都享受到了成长的快乐，而且反过来正在逐渐改变着师生员工的价值观、组织行为和学校文化，给学校带来了清新自由、生机盎然的新气象。

经典诵读：朗朗音韵里染书香

简简单单读经典，快快乐乐学做人。在罗校长到幸福街小学上任的几年间，他带领师生实施小学生六年经典诵读工程，使学生与好书相伴，将千百年来经久不衰的经典诗文高声唱响。

我校通过“请进来”“走出去”，开拓了眼界，更新了观念。请专家领导多次到校指导、提出宝贵建议；派出骨干教师到外地“取经”，参加经典诵读研讨会议；定期开展各种讲座、沙龙、谈心得、谈感想等一系列活动，几经探索，教师的教育观念发生了较大转变，经典诵读的推行实施也逐渐走向纲举目张，直至形成常规。

我校多措并举，引领学校通过环境浸润，使学生随时随地都能感受到中华文化的博大精深；通过定期举行演讲比赛、故事会、读书知识竞赛、大型经典诵读比赛、读书笔记展评、读书辩论会、童话故事会、成语故事会等，丰富学生经典诵读的内容；通过实施《经典诵读评价手册》、评选星级教师等多元评价方式，深入推进；通过学科融合，培养师生的文雅情趣。这些年来，在罗校长的引领下，经过全体师生的探索实践和不懈努力，一个学习型书香校园已经形成。

科技创新：敲敲打打中开启智慧

2011 年 6 月 1 日，潍坊市航模基地和少年科研中心在我校揭牌成立。基地和中心的成立旨在以科技、环保为理念，建成两处可供学生开放式研究性学习的实验室和科普教育景点，最终形成系列化的科学课程资源，这只是罗校长在学校实施科技创新教育的举措之一。

我校根据学生个体差异需求和创新发展需求，分别设定了低、中、高三个年级段的培养目标和相应课程。比如，让低年级学生了解一些与日常生活紧密相关的浅显的科学知识，学会科学观察。到了高年级，重在学习科学知识，培养对科技的兴趣。

在奎文区第四届科技节上，我校取得了总分 96 分的好成绩，其中“节能金点子”取得了第一名，创造发明有 6 件作品获奖，“环保时装秀”获得了团体第二名，学校的机器人创意——水温自动报警器代表奎文区参加了潍坊市的比赛获得佳绩，机器人足球代表队参加了全国的比赛并勇夺冠军。

我校创新教育活动的进一步实施，以及取得的成绩，在社会上形成了一定的影响。《现代教育报》于 2011 年 5 月和 11 月分别以整版篇幅对学校的创新教育进行长篇报道。

苏霍姆林斯基曾说："在教学大纲和教科书中，规定了给予学生各种知识，但却没有给予学生最重要的东西，这就是幸福。理想的教育是培养真正的人，让每一个从自己手里培养出来的人都能幸福地度过一生。这就是教育应该追求的恒久性、终级性价值。"

他就是一位追求教育终极价值的校长，同时又是一位负有政治使命感的教育者：在教育改革的浪潮中，坚持党性，处变不惊；在从容简单的微笑中，把握导向，筹谋腾飞。这就是幸福街小学的校长——罗军。

（孙云霄）

我们的精神领袖——罗校长

那天，因为爱人需要我家的户口本，让我发一份传真给他。天哪，我可从来没有发过传真，再说，学校里只有罗校长办公室里有传真机，该怎么办呢？因为急需，所以，我只好硬着头皮敲响了罗校长的办公室。当我告诉罗校长后，他二话没说，拿过我的复印件，拨通了我爱人那边的电话，就把事情办完了。

我心里十分感激，如果不是急需，我怎么敢来麻烦罗校长呢？不说日理万机，各种各样的事也够罗校长忙的了。

其实，我对罗校长总有一种畏惧感，以为他不苟言笑，过于严肃。后来经过接触，我发现他常与教师们谈笑风生，平易近人。他经常与男教师们一起打篮球；举行羽毛球比赛时和我们一样兵来将挡，水来土掩；踢毽比赛，他也花样频出，当仁不让。他用他的行动告诉各位老师，身体是革命的本钱，有一个健康的身体，才是做好工作的前提。所以，教师们都利用课余时间和学生一起加强锻炼，践行着"每天锻炼一小时，健康工作五十年，幸福生活一辈子"的理念。

还记得那次放学时，我把自行车随便一放，就去打卡了。不出半分钟，我回来时，发现罗校长正搬着我的自行车挪地方。原来，我把车停在了孩子们放学的通道上。正好罗校长执勤，为方便学生行走，就把自行车搬离了原来的地方。一时间，我有些无地自容，自己竟然干了这样的事！

想起罗校长，我很自然地就想起他深入课堂听课的事。如果在多功能教室，他总是坐在教室的最后，认真地听，仔细地记。如果在教室，他则会提前打声招呼，免得搞突然袭击，让教师措手不及。记得那次我讲《滴水穿石的启示》，罗校长听完后，很用心地给我评课。还有一次，他帮我修改《"六一”献词》的稿子，十分细心，大到一段话，小到一个标点，他都认真修改，真让人感动不已。

我们感激校长的好，还因为无论哪位教师家中有了困难，他总是及时伸出援手，让大家心里暖融融的。

罗校长用自己的人格魅力，展示了一种良好的形象，给人以无言的教育。他的人格魅力是一种力量，给人以鼓舞和鞭策；他的人格魅力也是一种表率，给人以示范和引导。所以，我们都把罗校长当作我们的精神领袖。

（陈秀玲）

教师“小饭桌”的温暖

临近中午放学，我校的教师们便不由自主地拿起饭缸，脸上洋溢着幸福的笑容，三五成群地走向饭菜飘香的“小饭桌”，大家边走边讨论今天的饭菜。还没来得及打饭的老师询问着今天的饭菜情况，打回饭菜的老师则已经大吃起来。大家都是一副满足的样子。

说起教师“小饭桌”，老师们无不拍手称赞，看似小小的举动，却给教师们带来了不少方便与温暖。以我为例，我家住在高新区，距离学校比较远。因此，我中午一般都不回家。以前学校没有开设教师“小饭桌”的时候，一到中午，我就开始为中午饭发愁。首先愁不知道该吃什么。偌大一条幸福街，从东头走到西头，再从西头走到东头，转来转去也想不好吃什么。幸福街上小吃虽多，但由于天天吃，早已吃够了。再者，外面饭菜的质量实在不敢恭维，先不说添加剂如何，只一想到地沟油就足以令人作呕。而一到寒冬腊月，北风呼号，我和同事们把身子裹在羽绒服里，顶着寒风，上幸福街找饭吃，好不狼狈。总之，在外面吃饭的那几年，钱没少花，健康却大打折扣。那时，我们的老师的共同心愿就是中午能有一个安心吃饭的地方。

终于，我们的愿望实现了。

罗校长解决了教师们中午吃饭的难题。所以，提起教师“小饭桌”，我们特别感谢罗校长。经过学校领导的研究，幸福街小学校园边上一处最不起眼的地方，摇身一变，变成了打饭的地方。地方虽小，却充满了温暖，充满了学校领导对教师们的关爱。一顿饭三元，管饱，从周一到周五饭菜不重样，荤素搭配，有汤有菜，而且每周都有一天做特色菜。每次打饭回来，遇到那些平时不在学校吃饭的同事，他们都会羡慕地说：“哎，今天又没有口福饱尝这可口的饭菜啦！”每次打饭的时候，学校领导还会在旁边嘘寒问暖，询问饭菜是否可口，让我们提出自己的意见，这让我们感觉温暖备至。而且，教师"小饭桌"从成立到现在一直在不断改进，为了让教师满意，已经不计成本，渐渐成为一种福利了。

通过带给教师温暖的教师"小饭桌"，幸福街小学以人为本的理念不彰自显。

（胡阿芳）

江苏凤凰教育出版社

《行知工程》系列丛书目录

系列	序号	书名	主编	定价
教育探索者系列	1	《让个性绽放精彩——学校课程体系整合与创生》	谢建伟　徐淑萍	30.00
	2	《让每个学生都幸福——最能润泽生命的学校文化建设》	谢建伟　张新喜	30.00
教育管理力系列	3	《“走”出教育的精彩：走动式学校管理文化构建》	罗　军	30.00
	4	《校长兵法：学校管理四十六计》	皮大鹏	30.00
教育家核心思想系列	5	《多元智能理论的本土化应用》	刘治富	30.00
	6	《大教育家最具施教力的教学思想》	白刚勋	30.00
创新教学探索系列	7	《粘连作文教学：让习作成为有个性的自我建构》	黄瑞夷	30.00
	8	《备学式教学——在体验中建构数学思维》	单广红　范雪梅	30.00
	9	《向着自主进发——自主教育的创新实施智慧》	朱亚红	30.00
	10	《写中学——让学习更有效的学科写作教学》	钟传祎	30.00
	11	《小学科学实验总动员 ——大科学课堂有效提升学生创新力》	江美华	30.00
	12	《小学语文单元整体课程实施与评价》	李怀源	30.00
	13	《小学英语单元整体课程实施与评价》	李怀源	30.00
	14	《小学数学单元整体课程实施与评价》	李怀源	30.00
教师必读系列	15	《教师不可不知的教学心理效应》	叶勇军	30.00
	16	《班主任不可不知的管理效应》	奚一琴	30.00
	17	《教师不可不知的教育心理效应》	孙　媛	30.00
	18	《校长不可不知的管理效应》	谢申刚　张金豹	30.00
	19	《成为好教师的7项修炼》	王福强　李维华	30.00
	20	《如何让学生会学习》	龙　冰	30.00
	21	《如何让学生爱学习》	周震宇　许小燕	30.00
幼师成长系列	22	《幼儿行为背后——教师如何读懂幼儿的心思》	吴亚英	30.00
	23	《最具教育力的22种幼儿教育思想》	杨　达	30.00
	24	《幼儿教师必知的安全应急措施》	杨　达	30.00
	25	《幼儿教师必备的教育技能》	李　玲	30.00
	26	《卓越园长21条幼儿园管理策略》	周　丹　江东秋	30.00
核心教学主张系列	27	《新生代语文名师核心教学主张》	许友兰	30.00

系列	序号	书　名	主编	定价
行思讲坛系列	28	《师爱无疆——润泽学生心灵的教育故事》	侯忠彦	30.00
	29	《怎样反思更有效——促进教师专业发展的反思策略》	诸贝贝	30.00
	30	《成为高度自觉的教育者——写给后课标时代的数学教师》	许卫兵	30.00
	31	《哲思数学课》	刘全祥	30.00
	32	《把学生教聪明》	严育洪	30.00
	33	《教师最应该规避的教育误区》	杨坤道	30.00
	34	《用语文的方式教语文——潘文彬教学主张与实践智慧》	潘文彬	30.00
	35	《跨越式实现高效课堂 ——信息技术与课程整合高效教学方案评析》	陈　玲　刘　禹	30.00
	36	《怎样让阅读教学更有效 ——提升教学能力的十种读诵模式》	汪秀梅	28.00
	37	《让生命在润泽中起舞——当代小学生最需要的主题班会》	吴联星　罗　琳 冯卫东	30.00
	38	《让生命欢快拔节——当代中学生最需要的主题班会》	冯卫东　吴联星	30.00
	39	《课堂因生成而精彩——高效教学的生成智慧》	张文质	30.00
	40	《回到每一个人的生命化教育 ——张文质二甲中学教育行动录》	张文质	30.00
	41	《智慧数学课——黄爱华教学思维的实践策略》	黄爱华	30.00
高效能教学系列	42	《让作文落地生根——提高写作实效的教学策略》	黄桂林	30.00
	43	《高效能作文教学5项修炼》	陈步华	30.00
	44	《高效能校长的10个好习惯》	张　勤	30.00
	45	《高效能教师的10个好习惯》	谢　英	30.00
	46	《高效能语文教学5项修炼》	王其华	30.00
教育求索系列	47	《思政教学的人文力量》	戴晓华	30.00
	48	《师道新说——给教育者的30条箴言》	徐　卫	30.00
中国教育变革之路丛书	49	《百年树人师何为——教师队伍建设困顿与出路》	将丽珠　李玉向	30.00
	50	《入园何时不再难——学前教育困惑与抉择》	曾晓东 范　昕　周　慧	30.00
	51	《三尺书桌何处寻——流动人口子女教育困难与破解》	范先佐	30.00
	52	《苦旅何以得纾解——高考改革困境与突破》	郑若玲	30.00
	53	《择校纠结何时了——择校问题困局与治理》	曾晓东　周文海 曾娅琴	30.00
创新教学思想系列	54	《“大问题”教学的形与神》	黄爱华　张文质	30.00
校长领导力系列	55	《高品质学校生长要素》	王益民	30.00
	56	《校长高校教学领导力提升策略》	徐世贵　郭文尔	30.00

系列	序号	书名	主编	定价
教育漫笔系列	57	《课堂，诗意地栖居》	吴书华	30.00
新思维系列	58	《教育中的“不一定”——打破教育的19种思维惯式》	严育洪	30.00
教学全手册系列	59	《小学习作教学全手册》	郭家海	30.00
	60	《中学写作教学全手册》	郭家海	30.00
	61	《情境教学操作全手册》	冯卫东	35.00
	62	《合作教学操作全手册》	李春华	35.00
	63	《探究教学操作全手册》	周新桂	35.00
	64	《自主教学操作全手册》	诸葛彪	35.00
	65	《创新教学操作全手册》	王　玮	35.00
	66	《班主任工作全手册》	刘沛华	35.00
	67	《新教师工作全手册》	周震宇	35.00
	68	《学生心里健康教育全手册》	刘海莉　刘春杰	35.00
	69	《高效教学操作全手册》	马友平	35.00
校本研修系列	70	《特色校本课程开发范例解读》	刘永平　李秀伟　张雪梅	30.00
	71	《高效校本研修模型构建艺术》	刘素雁	30.00
教学提升系列	72	《有思想地教阅读——让学生学会品读文字真意》	王学东	30.00
教育艺术提升系列	73	《藏在师生体态语言里的教学智慧》	张　宇　廖生波	30.00
创新人才培养系列	74	《创新人才培养校园科普精品课程开发与指导——人大附中创新人才培养》	罗　滨	30.00
	75	《创新人才培养特色校本课程开发与创新人才培养——清华附中“国际安全下的科学技术”课程构建与实施》	王殿军　方　研　赵宏雁	30.00
	76	《创新人才培养：学校实验室建设与管理》	刘克文　杨发丽　杨　平	30.00
	77	《创新人才培养：数学探究活动开发与指导》	马云朋　韩继伟	30.00
	78	《创新人才培养：化学研究活动开发与指导》	王　磊	30.00
	79	《创新人才培养：物理探究活动开发与指导》	廖伯琴	30.00
	80	《创新人才培养：地理探究活动开发与指导》	张建珍　陈　澄	30.00
	81	《创新人才培养：生物探究活动开发与指导》	张迎春	30.00
	82	《创新人才培养：理念探索与思维突破》	王晶莹	30.00

系列	序号	书名	主编	定价
教育思想者系列	83	《教育，一切从孩子出发》	黄　俭	30.00
名师感悟系列	84	《让心灵伴着歌声成长——22位音乐名师的教育智慧》	陈　璞	30.00
	85	《超越自我的教师——32位名师的成长感悟》	李卫东　李秀伟	35.00
	86	《心灵的守护者——19位名班主任的教育智慧》	王晓松　曲文弘	30.00
	87	《名师感悟班主任有效工作艺术90例》	符礼科	30.00
	88	《名师感悟有效教学90例》	林高明　徐玉烟	30.00
新生代通派名师系列	89	《简约数学教学》	许卫兵	30.00
	90	《语文教学的本真——情意课堂展现母语之美》	吴建英	30.00
	91	《语文课堂的理想追求——欢快达成三维目标》	董一红	30.00
	92	《阅读教学的真髓——意象构建读出文学的真美》	祝　禧	30.00
	93	《美术教育的真谛——审美人生教育让生命绚丽成长》	陈铁梅	30.00
	94	《语文教学的理想境界——无痕教学润泽生命》	李　凤	30.00
	95	《儿童作文的本义——嬉乐作文让儿童乐并成长着》	王笑梅	30.00
	96	《名师是怎样炼成的》	王建明　王笑君	35.00